ELABOR
HR CONTENT CREATOR

# 2024년 주요 노동판례 행정해석집

법무법인(유) 지평 노동그룹+중앙경제

중앙경제

2024년

# 주요 노동판례·행정해석집

초판인쇄 2025년 3월 19일
초판발행 2025년 3월 21일

지은이 법무법인(유) 지평 노동그룹 ‖ 중앙경제
펴낸이 김남진
펴낸곳 중앙경제

디자인 이지훈, 최가영
마케팅 신석재, 김성울, 이소영, 윤지희, 김선혜
경영지원 이상훈, 박세라, 조용환

출판등록 80.6.21 제2-66호
주소 서울시 중구 다산로11길 19(신당동 355-8) 백석빌딩 신관 4층
전화 02)2231-7293
팩스 02)2235-5344
홈페이지 www.elabor.co.kr

ISBN 978-89-7017-570-6 (13360)
정가 28,000원

2024년

# 주요 노동판례 · 행정해석집

법무법인(유) 지평 노동그룹 ▎ 중앙경제

중앙경제

## 인사말

지난해 노동판례의 압권은 통상임금의 고정성 요건을 폐기한 대법원 전원합의체 판결일 것입니다. 2024년이 다 저물기 열흘 남짓 전에 나온 이 판례는 2025년 이후에도 큰 파장을 미칠 것입니다. 임금 체계의 근간을 흔든다는 점에서 뿐만 아니라 종전에 대법원 전원합의체가 선언한 핵심 법리가 불과 11년 만에 송두리째 바뀌었다는 점에서 상당한 충격을 안겨준 것이 사실입니다.

그러나 이 또한 하나의 현실입니다. 현실은 되돌릴 수 없습니다. 받아들여야 하는 이유입니다. 대법원 판례는 일정 부분 입법과 유사한 작용을 한다는 점을 환기한다면, 더욱 그렇습니다. 통상임금에 관한 법령이 새로 제·개정된 경우와 마찬가지로 침착하게 대응하는 것이 노사관계자 모두에게 요구됩니다.

더구나 이러한 경험은 노사관계의 법리적 쟁점이 다루어진 여러 영역에서 전에도 있었습니다. 그리고 앞으로도 거듭될 수 있는 일입니다. 예를 들어 중대재해, 직장 내 괴롭힘, 경영성과급, 플랫폼 노동 등의 이슈가 금세 떠오릅니다. 그러기에 노사관계의 어느 국면에서건 판례를 치밀하게 분석하고 따라잡는 것은 끊임없이 계속되어야 할 중요한 일입니다. 지평 노동그룹이 최신 노동판례와 노동칼럼을 실은 「노동뉴스레터」 발간을 멈추지 않고 있는 것도 그러한 요청에 따르기 위함입니다.

이번 「2024년 주요 노동판례 행정해석집」 역시 지평 노동그룹이 지난해 「노동뉴스레터」에 수록한 판례와 칼럼, 그리고 중앙경제가 「노동법률」에 수록한 지난해 주요 행정해석례를 체계적으로 분석 · 정리한 것임은 예년과 다를 바 없습니다. 특히 지평 노동그룹은 지난해 덴톤스 리 노동팀이 합류하여 더욱 강화된 역량을 갖추게 되었고, 리걸타임즈의 인사노무분야 리그테이블 순위에서 Tier 1을 줄곧 받고 있습니다. 지평 노동그룹의 긍지와 자부심을 담은 이 책이 노동법률 문제에 관심을 가진 모든 분들에게 조금이나마 도움이 되었으면 하는 바람은 결코 숨기지 않겠습니다.

이 책이 나오기까지 지평 노동그룹장 권영환 · 김용문 파트너변호사를 비롯한 노동그룹 변호사 여러분이 집필과 편집에 수고를 마다하지 않았습니다. 여기에 중앙경제 관계자 여러분이 출간 작업에 지원을 아끼지 않았습니다. 이분들의 헌신에 깊이 감사드립니다. 무엇보다 이 책은 이 책을 펼쳐보는 분들을 위한 것입니다. 독자들의 시선이 오래 머물고 고개를 자주 끄덕이면 좋겠다는 것은 책을 펴내는 모든 이의 소망일 것입니다. 이 책도 예외가 아닙니다. 변함없는 애정과 격려 부탁드리겠습니다.

감사합니다.

2025년 3월

법무법인(유한) 지평

고문변호사 김 지 형

## 지평 노동그룹 소개

법무법인(유) 지평 노동그룹은 임금·근로시간 등 기업의 일상적인 인사관리나 징계처분 과정에 대한 법률자문, 합병·회사분할·정리해고 등 구조조정 과정에서 발생하는 여러 인사노무 문제 또는 노동조합과의 관계에서 발생하는 문제에 대한 자문을 제공합니다. 뿐만 아니라 이와 관련한 분쟁(소송)에서 좋은 결과들을 내고 있어서 고객들로부터 매우 높은 평가를 얻고 있습니다.

지평 노동그룹은 분쟁예방을 위한 사전대비책 및 시의적절한 소송 전략에 관하여 효과적이고 신속한 자문을 제공하며, 해당 프로젝트의 특성과 상황에 대한 철저한 분석 하에 창의적인 솔루션을 제공합니다.

지평 노동그룹은 대법관을 역임한 김지형 고문변호사를 필두로, 서울고등법원에서 노동전담 재판부 재판장을 역임한 윤성원 대표변호사, 고용노동부 자문변호사이자 ILO 파견 경험이 있는 김용문 변호사, 서울고등법원 노동전담부 재판연구원 출신으로서 노동법 주석서 집필진인 권영환 변호사(공인노무사), 법관 재직 시 다양한 노동사건을 수행한 문수생 변호사 및 권창영 변호사(노동법 박사), 노동 관련 다양한 소송 및 자문 업무를 성공적으로 수행해온 김성수 변호사(의사, 공인노무사), 서울지방노동위원회 공익위원인 심요섭 변호사, 사내변호사 출신의 이시원 변호사 등이 풍부한 경험과 전문성을 최대한 활용하여 고객의 요구에 부응하는 수준 높은 서비스를 제공하고 있습니다.

노동 형사·행정처분 관련 대응 면에서도 고용노동부 기획조정실장 및 서울지방노동 위원회 위원장 등을 역임한 전운배 고문, 서울고용노동청 광역근로감독/근로개선지도과장 등을 역임한 신권식 전문위원, 산업안전 및 환경 분야 전문가인 권경배 전문위원, 고용노동부 대전노동청 광역중대재해수사과 수사팀장 등을 역임한 유훈종 전문위원, 고용노동지청 산재예방지도과 중대재해감축로드맵TF 전담 팀장 등을 역임한 임유택 전문위원과 검찰 등 주요 수사기관에서 다양한 경험과 지식을 축적한 전문가들이 긴밀하게 협력하여 탁월한 법률 서비스를 제공하고 있습니다.

최근 지평 노동그룹은 중대재해처벌법 시행과 관련하여 컨설팅 및 수사 대응 업무를 수행하고 있고, 노조의 불법시위나 점거에 대한 가처분에서 인용결정을 받았으며, 각종 중요 노동 소송(불법파견, 임금피크제, 부당노동행위, 근로자지위확인소송 등)에서 좋은 성과를 이뤄내고 있습니다.

# 지평 노동그룹 구성원 프로필

김지형 고문변호사
T. 02-6200-1828
E. kimjih@jipyong.com

**[학 력]**

- 전주고등학교 졸업
- 원광대학교 법경대학 졸업
- 원광대학교 대학원 명예법학 박사

**[경 력]**

- 제21회 사법시험 합격
- 사법연수원 제11기 수료
- 해군법무관
- 서울지방법원 동부지원 판사
- 서울민사지방법원, 전주지방법원 정읍지원 판사
- 해외 법관연수(독일 괴팅겐대학교)
- 광주고등법원, 서울고등법원 판사
- 헌법재판소 헌법연구관
- 광주지방법원 순천지원 부장판사
- 사법연수원 교수
- 서울지방법원 부장판사
- 특허법원 부장판사
- 대법원장 비서실장
- 서울고등법원 부장판사
- 사법연수원 연구법관
- 대법원 대법관
- 사법연수원 석좌교수
- 원광대학교 법학전문대학원 석좌교수
- 한국신문윤리위원회 위원장
- 국세청 조세법률고문
- 삼성전자 반도체 등 사업장에서의 백혈병 등 질환 발병 관련 문제 해결을 위한 조정위원회 위원장
- 신고리 5·6호기 공론화위원장
- 법무법인(유) 지평 대표변호사
- 대통령 소속 규제개혁위원회 민간위원장
- 고 김용균 사망사고 진상규명과 재발방지를 위한 석탄화력발전소 특별노동안전조사위원회 위원장
- 삼성 준법감시위원회 위원장(비상근)
- 현대제철 안전·환경 자문위원회 위원장
- 사회복지법인 사회복지공동모금회 사랑의열매 이사
- 한국전력공사 윤리준법위원회 외부위원
- 현 대한상사중재원 중재인
- 현 삼성전자 반도체 등 사업장에서의 백혈병 등 질환 발병 관련 지원보상위원회 위원장
- 현 사법연수원 운영위원장
- 현 숙명여자대학교 경영전문대학원 석좌교수
- 현 법무법인(유) 지평 고문변호사

**박상옥** 고문변호사
T. 02-6200-1632
E. sopark@jipyong.com

**[학 력]**

- 서울 경기고등학교 졸업
- 서울대학교 법과대학 졸업
- 미국 George Washington University Law School M.C.L.(비교법석사)

**[경 력]**

- 제20회 사법시험 합격
- 사법연수원 제11기 수료
- 육군법무관
- 서울지방검찰청 검사
- 수원지방검찰청 여주지청 검사
- 서울지방검찰청 동부지청 검사
- 부산지방검찰청 검사(고등검찰관)
- 춘천지방검찰청 속초지청장
- 대검찰청 검찰연구관
- 인천지방검찰청 특수부장검사
- 대검찰청 중앙수사부 범죄정보관리과장
- 사법연수원 교수
- 서울지방검찰청 외사부장검사
- 대전지방검찰청 홍성지청장
- 서울고등검찰청 검사
- 법무부 반부패세계회의 준비사무국장
- 대전고등검찰청 검사
- 서울고등검찰청 검사
- 의정부지방검찰청 고양지청장
- 대검찰청 공판송무부장
- 사법연수원 부원장
- 의정부지방검찰청 검사장
- 서울북부지방검찰청 검사장
- 법무법인 충정 구성원 변호사
- 법무법인 산호 구성원 변호사
- 법제처 법령해석심의위원회 위원
- 법무법인 도연 대표변호사
- 사학분쟁조정위원회 위원
- 한국형사정책연구원 원장
- 대법원 대법관
- 미국 평화연구소(USIP) 객원연구원(Visiting Scholar)
- 현 법무연수원 석좌교수
- 현 법무법인(유) 지평 고문변호사

**윤 성 원** 대표변호사
T. 02-6200-1801
E. swyoon@jipyong.com

**[학 력]**
- 서울 동성고등학교 졸업
- 고려대학교 법학과 졸업

**[경 력]**
- 제27회 사법시험(사법연수원 17기)
- 공군법무관
- 서울지법 북부지원 판사
- 서울형사지법 판사
- 대구지법 김천지원 판사
- 대구지법 김천지원(구미시) 판사
- 서울지법 판사
- 법원행정처 법정국 법정심의관
- 서울고법 판사 겸 법원행정처 법정국 법정심의관
- 서울고법 판사
- 제주지법 부장판사
- 대법원 재판연구관
- 서울동부지법 부장판사
- 법원행정처 민사정책심의관(총괄)
- 법원행정처 사법등기국장
- 서울지법 부장판사
- 광주고법 부장판사
- 광주지법 수석부장판사
- 서울고법 부장판사(선거, 형사사건 전담)
- 법원행정처 사법지원실장
- 서울고법 부장판사(공정거래, 노동사건 전담)
- 광주지방법원장
- 법무법인(유한) 클라스 대표변호사
- 현 법무법인(유) 지평 대표변호사

**김 용 문** 변호사
T. 02-6200-1820
E. ymkim@jipyong.com

**[학 력]**
- 군산고등학교 졸업
- 서울대학교 법과대학 졸업
- SNU-KLI(서울대학교 법학전문대학원-한국노동연구원) 노사관계최고지도자과정 수료

**[경 력]**
- 제45회 사법시험 합격
- 사법연수원 제35기 수료
- 법무법인(유) 화우 변호사
- 법무법인(유) 광장 변호사
- 국제노동기구(ILO) 파견
- 한국산업은행 인권경영위원회 외부전문가 위원
- 대한변호사협회 노동인권소위원회 전문가위원
- 덴톤스 리 법률사무소 변호사
- 서울남부지방법원 민사조정위원
- 현 대법원 노동법실무연구회 회원
- 현 조달청 정책연구심의위원회 외부위원
- 현 경기지방노동위원회 심판담당 공익위원
- 현 조달청 갑질옴부즈만
- 현 근로복지공단 가입자격판단심의회의 위원
- 현 중소기업중앙회 노동인력위원회 위원
- 현 서울시 노사민정협의회 공익위원
- 현 중앙노동위원회 법률자문위원
- 현 고용노동부 자문변호사
- 현 법무법인(유)지평 파트너 변호사

**권영환** 변호사
T. 02-6200-1877
E. yhkwon@jipyong.com

**[학 력]**

- 대일외국어고등학교 졸업
- 고려대학교 정치외교학과 졸업
- 한양대학교 대학원 법학과 석사과정 졸업(노동법)
- 서울시립대학교 법학전문대학원 졸업(총장상 수상)
- 네덜란드 Leiden University LL.M.(국제인권법)

**[경 력]**

- 제11회 공인노무사시험 합격
- 한국발전산업노동조합 정책부장
- 한국노동연구원 · 한국노동법학회 연구간사
- 제3회 변호사시험 합격
- 서울고등법원 노동전담부 재판연구원(민사, 행정)
- 서울시립대학교 법학전문대학원 겸임교수(민사실무
- 서울지방변호사회 ESG특별위원회 자문위원
- 현 대법원 노동법실무연구회 발간 노동조합법주해서 집필위원
- 현 로앤비 산업안전보건법, 산업재해보상보험법 온라인 주석서 집필위원
- 현 로웨이브 인사노무, 산업안전 · 중대재해 전문위원
- 현 한국산업은행 인권경영위원회 위원
- 현 한국국제협력단 인권경영위원회 위원
- 현 법무법인(유) 지평 파트너 변호사
- 리걸타임즈, 인사노무 분야 Leading Lawyer(2024)
- Asia Business Law Journal, Korea's Top Lawyers(2024)

김성수 변호사
T. 02-6200-1716
E. sskim@jipyong.com

[학 력]

- 수원고등학교 졸업
- 한국방송통신대학교 법학과 수석졸업(법학사)
- 서울대학교 의과대학 의학과 졸업(의학사)
- 미국 Case Western Reserve University School of Law LL.M.(법학석사)

[경 력]

- 제37회 사법시험 합격
- 사법연수원 제27기 수료
- 제64회 의사국가시험 합격
- 국가인권위원회 검경수사 전문위원
- 국방부 군의무발전추진위원회 위원
- 서울시 법률 고문변호사
- 고용노동부 법률자문 변호사
- 한국금연운동협의회 이사
- 의료문제를 생각하는 변호사 모임 대표
- 의료분쟁조정중재원 비상임 감정위원
- 범부처신약개발사업단 투자심의회 심의위원
- 보건복지부 담뱃갑 경고그림위원회 위원
- 국방부 지뢰피해자 및 유족 여부 심사 실무위원회 위원
- 사단법인 한국의료관광협회 의료 법률고문
- 서울특별시 환자권리옴부즈만
- 현 대한상사중재원 중재인
- 현 국민건강보험공단 본부 자문위원회 위원
- 현 서울시 지방보조금심의위원회 위원
- 현 보건복지부 산하 음주조장환경 개선 협의체 위원
- 현 한국의료복지사회적협동조합연합회 이사
- 현 보건복지부 국민건강정책심의위원회 금연정책전문위원회 위원
- 현 한국금연운동협의회 부회장
- 현 서울아산병원 고문변호사
- 현 법무법인(유) 지평 파트너변호사

**권창영** 변호사
T. 02-6200-1844
E. cykwon@jipyong.com

**[학 력]**

- 목포고등학교 졸업
- 서울대학교 물리학과 졸업(사법학 부전공)
- 서울대학교 대학원 법학과 석사과정 졸업
- 서울대학교 대학원 법학과 박사과정 졸업
- 미국 The University of Texas at Austin School of Law Visiting Researcher

**[경 력]**

- 제38회 사법시험 합격
- 사법연수원 제28기 수료
- 의정부지방법원 부장판사
- 창원지방법원 부장판사
- 서울고등법원 판사
- 서울행정법원 판사
- 서울남부지방법원 판사
- 서울서부지방법원 판사
- 춘천지방법원 판사
- 사법제도개혁추진위원회 노동분쟁해결제도연구회 연구위원
- 법원실무제요 발간위원회 위원(민사집행, 비송 분과위원회)
- 한국항공대학교 항공우주법학과 겸임교수
- 서울지방국세청 조세법률고문
- 경제사회노동위원회 해운산업위원회 공익위원
- 석탄화력발전소 특별노동안전조사위원회 자문위원
- 경제사회노동위원회 어선원고용노동환경개선위원회 공익위원
- 법제처 법령해석심의위원회 위원
- 한국방송공사(KBS) 자문변호사
- 대검찰청 중대재해자문위원회 위원장
- 현 서울고등검찰청 국가송무 상소심의위원회 위원
- 현 대법원 노동법실무연구회 편집위원
- 현 대한상사중재원 중재인
- 법제처 법령해석심의위원회 위원
- 현 서울대학교 법학전문대학원 겸임교수
- 현 한-EU FTA 노동 분야 분쟁 조정 전문가 패널
- 현 고용노동부 자문변호사
- 현 해양수산부 중대재해자문위원회 위원장
- 현 온주 편집위원
- 현 중앙노동위원회 법률자문위원
- 현 법무법인(유) 지평 파트너변호사

**심요섭** 변호사
T. 02-6200-1830
E. ysshim@jipyong.com

**[학 력]**

- 서현고등학교 졸업
- 고려대학교 법과대학 졸업
- 고려대학교 일반대학원 법학과 석사과정 졸업(노동법)
- 미국 University of San Diego School of Law (USD) Visiting Scholar
- 고려대학교 일반대학원 법학과 박사과정 수료(노동법)

**[경 력]**

- 제49회 사법시험 합격
- 사법연수원 제39기 수료
- 육군법무관
- 법무법인(유) 광장 변호사
- 김앤장 법률사무소 변호사
- 덴톤스 리 법률사무소 변호사
- 현 대한변호사협회 노무변호사회 부회장
- 현 근로복지공단 가입자격판단심의회의 위원
- 현 경제사회노동위원회 법률자문단 위원
- 현 서울지방노동위원회 공익위원
- 현 법무법인(유) 지평 파트너변호사

**이시원** 변호사
T. 02-6200-1833
E. swlee@jipyong.com

**[학 력]**

- 우신고등학교 졸업
- 성균관대학교 법과대학 졸업
- 고려대학교 노동대학원 석사과정 수료(노동법학과)

**[경 력]**

- 제52회 사법시험 합격
- 사법연수원 제42기 수료
- 법무부 인권구조과, 중앙노동위원회, 서울중앙지방검찰청 공익법무관
- 미래에셋증권(舊 대우증권, 미래에셋대우) 법무실
- 법무법인(유) 화우
- 덴톤스 리 법률사무소
- 현 한국노동조합총연맹 울산본부 노동법률지원단 자문변호사
- 현 서울지방고용노동청 직장 내 괴롭힘 판단 위원회 전문위원
- 현 법무법인(유) 지평 파트너 변호사

**장현진** 변호사
T. 02-6200-1826
E. janghj@jipyong.com

**[학 력]**
- 이대부속고등학교 졸업
- 서울대학교 사회학과 졸업
- 고려대학교 법학전문대학원 졸업
- 고려대학교 일반대학원 법학과 사회법 박사 졸업

**[경 력]**
- 제6회 변호사시험 합격
- 현 법무법인(유) 지평 파트너 변호사

**문수생** 변호사
T. 02-6200-1882
E. ssmoon@jipyong.com

**[학 력]**
- 진주고등학교 졸업
- 서울대학교 법과대학 졸업
- 서울대학교 법과대학원 석사과정 졸업
- 미국 University of California at Davis (UC Davis) Visiting Scholar

**[경 력]**
- 제36회 사법시험 합격
- 사법연수원 제26기 수료
- 인천지방법원 판사
- 서울지방법원 남부지원 판사 창원지방법원 판사
- 창원지방법원 진해시법원 판사
- 서울남부지방법원 판사
- 서울고등법원 판사
- 서울서부지방법원 판사
- 광주지방법원 부장판사(구례곡성 선거관리위원회 위원장)
- 인천지방법원 부천지원 부장판사
- 부천시 소사구 선거관리위원회 위원장
- 서울남부지방법원 부장판사
- 고려대학교 법학전문대학원 겸임교수
- 현 한국거래소 분쟁조정심의위원회 위원
- 현 법무법인(유) 지평 파트너변호사

김치헌 변호사
T. 02-6200-1681
E. chkim@jipyong.com

[학 력]
- 완산고등학교 졸업
- 한국외국어대학교 법과대학 졸업
- 한국외국어대학교 법학전문대학원 졸업

[경 력]
- 제1회 변호사시험 합격
- 고용노동부 노동변호사
- 인천미추홀경찰서 수사과 경제범죄수사팀장, 형사과 형사팀장
- 경찰청 기획조정관실
- 서울중랑경찰서 수사심사관
- 공정거래위원회 기록물관리개선TF 자문위원
- 현 인천경찰청 수사심의위원회 위원
- 현 법무법인(유) 지평 파트너변호사

위계관 변호사
T. 02-6200-1732
E. kkwi@jipyong.com

[학 력]
- 순천고등학교 졸업
- 경찰대학교 행정학과 졸업
- 경북대학교 법학전문대학원 졸업
- 연세대학교 법학전문대학원 박사과정 재학 중(형사법)
- 미국 University of Southern California(USC) LL.M. (법학석사)

[경 력]
- 인천경찰청 기동대 근무
- 서울경찰청 종암경찰서 근무
- 전남경찰청 함평경찰서 근무
- 서울경찰청 기동본부 근무
- 서울경찰청 용산경찰서 근무
- 제6회 변호사시험 합격
- 법무법인(유한) 바른 변호사
- 현 서울서초경찰서 수사민원상담센터 자문변호사
- 현 법무법인(유) 지평 파트너변호사

김 혜 인 변호사

T. 02-6200-1835

E. hikim@jipyong.com

[학 력]
- 점촌고등학교 졸업
- 서울대학교 법과대학 졸업
- 고려대학교 법학전문대학원 졸업

[경 력]
- 제6회 변호사시험 합격
- 법무법인 인 변호사
- 법무법인(유) 광장 변호사
- 덴톤스 리 법률사무소 변호사
- 현 법무법인(유) 지평 변호사

양 지 윤 변호사

T. 02-6200-1652

E. jyyang@jipyong.com

[학 력]
- 성신여자고등학교 졸업
- 성균관대학교 법과대학 졸업
- 성균관대학교 법학전문대학원 졸업
- 고려대학교 대학원 노동법 박사과정 연수 중

[경 력]
- 제6회 변호사시험 합격
- 서울고등법원 재판연구원
- 현 한국전력거래소 규제혁신위원회 위원
- 현 법무법인(유) 지평 변호사

장 연 실 변호사

T. 02-6200-1836

E. ysjang@jipyong.com

[학 력]
- 이화여자대학교 정치외교학과 졸업
- 이화여자대학교 법학전문대학원 졸업

[경 력]
- 제6회 변호사시험 합격
- 법무법인(유) 에이펙스 변호사
- 덴톤스 리 법률사무소 변호사
- 현 법무법인(유) 지평 변호사

**박종탁** 변호사

T. 02-6200-1653

E. jtpark@jipyong.com

**[학 력]**
- 세광고등학교 졸업
- 서울대학교 법과대학 졸업
- 성균관대학교 법학전문대학원 졸업

**[경 력]**
- 제7회 변호사시험 합격
- 광주지방법원 재판연구원
- 광주고등법원 재판연구원
- 현 법무법인(유) 지평 변호사

**백규하** 변호사

T. 02-6200-1937

E. khbaek@jipyong.com

**[학 력]**
- 대원외국어고등학교 졸업
- 미국 Cornell University 노사관계학 졸업
- 고려대학교 법학전문대학원 졸업

**[경 력]**
- International Labour Organization (Geneva) 인턴
- 제8회 변호사시험 합격
- 현 법무법인(유) 지평 변호사

**안신영** 변호사

T. 02-6200-1838

E. syahn@jipyong.com

**[학 력]**
- 명덕외국어고등학교 졸업
- 고려대학교 법과대학 졸업
- 이화여자대학교 법학전문대학원 졸업

**[경 력]**
- 제9회 변호사시험 합격
- 법무법인(유) L.K.B & Partners
- 덴톤스 리 법률사무소
- 현 법무법인(유) 지평 변호사

정 석 환 변호사
T. 02-6200-1662
E. shjeong@jipyong.com

[학 력]
- 전주 영생고등학교 졸업
- 고려대학교 중어중문학과 / 사회학과 졸업
- 고려대학교 법학전문대학원 졸업

[경 력]
- 제9회 변호사시험 합격
- 현 법무법인(유) 지평 변호사

오 진 우 변호사
T. 02-6200-1887
E. jwoh@jipyong.com

[학 력]
- 부산동고등학교 졸업
- 서울대학교 영어영문학과 졸업
- 서울대학교 법학전문대학원 졸업

[경 력]
- 제10회 변호사시험 합격
- 덴튼스 리 법률사무소 변호사
- 법무법인(유) 세종 변호사
- 현 법무법인(유) 지평 변호사

강 바 다 변호사
T. 02-6200-1886
E. bdkang@jipyong.com

[학 력]
- 부산 브니엘고등학교 졸업
- 서울대학교 정치외교학부 졸업
  (최우등졸업, 철학과 복수전공)
- 고려대학교 법학전문대학원 졸업(우등졸업)

[경 력]
- 제10회 변호사시험 합격
- 공군법무관
- 현 법무법인(유) 지평 변호사

김은별 변호사
T. 02-6200-1797
E. ebkim@jipyong.com

[학 력]
- 대구 신명고등학교 졸업
- 고려대학교 경영학과 졸업
- 고려대학교 법학전문대학원 졸업

[경 력]
- 제10회 변호사시험 합격
- 법무법인(유한) 동인 변호사
- 현 법무법인(유) 지평 변호사

김서율 변호사
T. 02-6200-1676
E. sykim@jipyong.com

[학 력]
- 대전외국어고등학교 졸업
- 성균관대학교 영문학과, 경영학과 졸업
- 한양대학교 법학전문대학원 졸업

[경 력]
- 제11회 변호사시험 합격
- 법률사무소 BLP 변호사
- 법무법인(유) 동인 변호사
- 현 법무법인(유) 지평 변호사

이수연 변호사
T. 02-6200-1676
E. sykim@jipyong.com

[학 력]
- 목포 영흥고등학교 졸업
- 고려대학교 가정교육과 / 경영학과 졸업
- 이화여자대학교 법학전문대학원 졸업

[경 력]
- 제12회 변호사시험 합격
- 법무법인 센트로 변호사
- 현 법무법인(유) 지평 변호사

**노선우** 변호사
T. 02-6200-1855
E. swnoh@jipyong.com

**[학 력]**
- 한영외국어고등학교 졸업
- 연세대학교 사회복지학과 졸업
  (수석졸업, 경영학 복수전공)
- 서울대학교 법학전문대학원 전공인증 프로그램 이수
  (고용 · 복지법)
- 서울대학교 법학전문대학원 졸업(우등졸업)
- 서울대학교 법과대학원 박사과정 재학 중
  (사회경제법)

**[경 력]**
- 제13회 변호사시험 합격
- 현 법무법인(유) 지평 변호사

**전운배** 고문
T. 02-6200-1866
E. wbjeon@jipyong.com

**[학 력]**
- 서울 동성고등학교 졸업
- 동국대학교 경제학과 졸업
- 동국대학교 행정학 석사
- 미국 University of Wisconsin_Madison 석사
  (노사관계)
- 동국대학교 경영학 박사

**[경 력]**
- 제30회 행정고시 합격
- 서울강남고용노동지청장
- 주미대사관 노무관
- 청와대 노사 관계비서실 행정관
- 경기지방노동위원회 상임위원
- 고용노동부 노사협력정책국장, 기획조정실장
- 서울지방노동위원회 위원장
- 고용노동연수원 원장
- 법무법인 광장 고문
- (주)롯데케미칼 사외이사
- 덴톤스 리 법률사무소 고문
- 현 법무법인(유) 지평 고문

**신권식** 전문위원
T. 02-6200-1845
E. gsshin@jipyong.com

**[학 력]**
- 보성고등학교 졸업
- 성균관대학교 금속공학과 졸업

**[경 력]**
- 서울지방노동위원회 심판과(조사관)
- 고용노동부 기획예산담당관실(예산총괄담당)
- 서울고용노동청 고용관리과장
- 대전고용노동청 근로개선지도1과장
- 서울고용노동청 근로개선지도1과장, 광역근로감독과장
- 서울동부고용노동지청 근로개선지도2과장
- 덴톤스 리 법률사무소 전문위원(노무사)
- 현 서울동부고용노동지청 신고사건/정보공개심사위원회 위원
- 현 서울서부고용노동지청 신고사건/정보공개/청년일자리창출위원회 위원
- 현 서울고용노동청 노사협력 및 근로기준분야 기관평가 위원
- 현 서울강남고용노동지청 신고사건심사위원회 위원

**권경배** 전문위원
T. 02-6200-1843
E. kbkwon@jipyong.com

**[학 력]**
- 서울대학교 조선해양공학과 졸업
- 포항공과대학교 환경공학과 석사과정 졸업
- 서울과학기술대학교 에너지시스템공학 박사과정 졸업

**[경 력]**
- 현대중공업 선박 기본설계 기사
- 한국표준협회 국제 표준 연구개발 선임위원
- DNV 선임심사원 수석 전문위원
- 한국스포츠과학연구원 선임연구원
- Thenamaris 선주 안전감독관
- DL케미칼 HSEQ 매니저
- (주)안전경영연구소 대표이사
- 덴톤스 리 법률사무소 전문위원
- 현 법무법인(유) 지평 전문위원

**유훈종** 전문위원
T. 02-6200-1952
E. yuhj@jipyong.com

**[학 력]**

◦ 한밭대학교 환경공학과 졸업
◦ 한성대학교 대학원 산업위생공학과 석사과정 졸업

**[경 력]**

◦ 사단법인 대한산업보건협회 환경위생부, 보건관리부
◦ 고용노동부 보령지청 산재예방지도과
◦ 고용노동부 충청권 중대산업사고 예방센터 근로감독관
◦ 고용노동부 대전노동청 광역팀 근로감독관
◦ 고용노동부 서산출장소 근로감독관
◦ 고용노동부 대전노동청 광역중대재해수사과 수사팀장
◦ 현 법무법인(유) 지평 전문위원

**임유택** 전문위원
T. 02-6200-1695
E. ytlim@jipyong.com

**[학 력]**

◦ 세명고등학교 졸업
◦ 계명대학교 공중보건학과 졸업
◦ 한성대학교 대학원 기계시스템공학과 석사과정 졸업
◦ 현 한성대학교 대학원 기계시스템공학과 박사과정 재학 중

**[경 력]**

◦ 박애의료재단 박애병원 산업보건연구소
◦ 대구가톨릭산업보건센터 산업환경부
◦ 일송학원 한림대학교 한강성심병원 산업의학센터
◦ 중앙산업안전보건연구원
◦ 고용노동부 포항지청 산재예방지도과 근로감독관
◦ 고용노동부 천안지청 산재예방지도과 산업안전 상황팀장
◦ 고용노동부 청주지청 산재예방지도과 중대재해감축로드맵TF 전담팀장
◦ 현 법무법인(유) 지평 전문위원

## 목 차

## 다. 인사조치, 징계 및 해고



## 라. 임금 · 퇴직금

### 1) 최저임금

## 자. 재해보상



## 차. 직장 내 괴롭힘 및 성희롱



## 카. 취업규칙

## 타. 임금피크제



## 파. 기타

## 02 비정규직

### 가. 묵시적 근로관계



### 나. 근로자파견

#### 1) 성립여부



#### 2) 불법파견의 효과

### 다. 기간제 근로



### 라. 차별적 처우



## 03 집단적 노사관계

### 가. 노동조합법상의 근로자



### 나. 노동조합 및 조합활동

## 다. 단체교섭



## 라. 공정대표의무



## 마. 부당노동행위

## 04 노동칼럼



## 05 주요 행정해석

# 01

# 개별적 근로관계

# 플랫폼 노무제공자인 차량 호출 서비스 드라이버는 근로기준법상 근로자에 해당한다고 판단한 사례

대상판결 : 대법원 2024. 7. 25. 선고 2024두32973 판결

## 1. 사안의 개요

원고는 2011. 10. 31. 설립되어 상시 약 400명의 근로자를 사용하여 자동차 렌트업 등을 영위하는 법인이고, D 주식회사(이하 'D회사')는 2011. 1. 28. 설립되어 상시 약 100명의 근로자를 사용하여 소프트웨어 개발업 등을 영위하는 법인입니다. E 주식회사(이하 'E회사')는 2017. 6. 29. 설립되어 상시 약 120명의 근로자를 사용하여 인력공급업 등을 영위하는 법인입니다.

피고보조참가인(이하 '참가인')은 2019. 5. 23. E회사와 사이에 '드라이버 프리랜서 계약'을 체결하고 F 드라이버 업무를 수행하였습니다. E회사는 2019. 7. 12. 참가인을 비롯한 E회사 소속 F 드라이버들에게 인원 감축 통보 메시지를 보냈는데(이하 '이 사건 인원 감축 통보'), 참가인은 '이 사건 인원 감축 통보는 부당해고에 해당한다'라고 주장하면서 D회사를 상대로 부당해고 구제신청을 하였습니다(이하 '이 사건 구제신청'). 참가인은 당사자변경신청을 통해 E회사를 피신청인으로 추가한 이후 당사자변경신청을 통해 피신청인을 D회사만으로 변경하였고, 재차 당사자변경신청을 통해 원고와 E회사를 피신청인으로 추가하였습니다. 서울지방노동위원회는 2019. 12. 26. '참가인은 근로기준법에서

정한 근로자에 해당하지 않는다'는 이유로 이 사건 구제신청을 각하하였습니다.

참가인은 이에 불복하여 2020. 2. 6. 중앙노동위원회에 재심신청을 하였습니다. 중앙노동위원회는 2020. 5. 28. '참가인은 임금을 목적으로 종속적인 관계에서 근로를 제공한 근로기준법상 근로자에 해당하고, D회사와 E회사는 참가인의 사용자에 해당하지 않으나 원고는 참가인을 실질적인 지휘·감독한 사용자에 해당하며, 이 사건 인원 감축 통보는 해고에 해당하고 근로기준법 제27조에서 정한 서면통지의무를 위반하였으므로 부당해고에 해당한다'는 이유로 이 사건 구제신청 중 원고를 상대로 한 부분은 인용하고, D회사 및 E회사를 상대로 한 부분은 기각하였습니다(이하 '이 사건 재심판정').

## 2. 판결 요지

제1심판결은 드라이버가 근로기준법상 근로자에 해당하지 않기에 이 사건 재심판정이 위법하다고 판단하였으나, 원심판결은 1) 드라이버의 운전 용역은 기본적으로 C 서비스 운영자가 F 앱을 통하여 운행을 시작·종료하는 등 F 앱에 따라 제공되었고, 이외에 드라이버가 자신의 업무 내용을 스스로 정할 수 있는 부분은 없었던 점, 2) 드라이버는 F앱을 통하여 D회사로부터 교육, 복무, 평가받는 등 구체적인 지휘·감독을 받은 점 등을 근거로 드라이버가 근로기준법상 근로자에 해당한다고 판단하였습니다.

대법원도 아래와 같은 사정에 비추어 보면 드라이버는 근로기준법상 근로자에 해당하고, 드라이버의 사용자는 원고라고 보아 원고의 상고를 기각하고 원심판결의 결론을 유지하였습니다.

## 가. F 서비스의 사업 구조와 원고, D회사, E회사의 역할

1) F 서비스는 자동차대여사업자인 원고가 D회사가 개발 · 운영하는 F 앱을 기반으로 하여 그 앱의 이용자에게 원고 소유의 F 차량을 대여함과 동시에 차량 운전기사를 제공하는 서비스이다.

2) 원고는 D회사를 100% 자회사로 인수하고 D회사와 '예약중개계약'을 체결하여 D회사로 하여금 F 앱 및 그와 연관된 F 서비스 운영 업무를 수행하게 하였다. 원고는 E회사 등 협력업체와 운전용역 제공 계약을 체결하여 F 서비스 운영에 필요한 프리랜서 드라이버를 공급받았는데, 프리랜서 드라이버의 임금, 업무 내용은 원고가 결정하였다. 원고는 F 서비스 이용금액 중 10%의 수수료를 D회사에게, 시간 단위로 정한 운전용역대금을 협력업체에 각 지급하고 남은 수입을 보유하여 이윤을 창출하였으며, F 차량을 소유하고 필요한 부대비용 일체를 부담하였다.

3) D회사는 원고와 체결한 예약중개계약에 따라 F 앱 개발 · 운영, 이용자 모집, 서비스 이용대금의 결제 및 수령 대행 업무를 수행하였다. 그 외에도 협력업체에 'F 드라이버 교육 가이드', 'F 드라이버에 대한 배차거부(계약해지) 표준 가이드라인' 등(이하 '교육자료 등')을 제작하여 배포하고, F 드라이버의 운행 내역을 수집하여 작성한 근태관리 리포트를 협력업체에 보내면서 교육 등 조치를 취하여 회신할 것을 요청하는 등으로 협력업체 관리와 F 드라이버의 지휘 · 감독 업무를 수행하였다. 이러한 F 서비스의 구조, 원고와 D회사의 역할과 두 회사의 관계 등에 비추어 보면, D회사는 F 서비스의 일부 업무를 독립하여 수행하였다기보다 F 서비스 운영자인 원고를 위해 위 업무를 대행하였다고 평가할 수 있다.

4) E회사는 근로자파견사업허가를 받은 업체로서 원고와 체결한 운전용역 제공 계약에 따라 F 차량을 운전할 프리랜서 드라이버를 모집하여 원고에게 공급하고, D회사로부터 운전용역대금을 지급받아 프리랜서 드라이버에게 보수를 전달하였으며, 그 차액을 수수료로 받았다. (E회사는) 프리랜서 드라이버를 교육하고 별도의 근무규정을 마련하여 제재하였으나 D회사로부터 제공받은 교육자료 등을 거의 그대로 사용하였고, 그 외에는 프리랜서 드라이버의 구체적인 업무 내용을 별도로 결정하거나 프리랜서 드라이버의 업무 수행을 독자적으로 관리 · 감독할 자료나 수단을 보유하지 않았다.

## 나. 업무 내용의 결정, 상당한 지휘 · 감독

1) 원고가 운영하는 F 서비스의 핵심적인 부분은 F 드라이버가 수행하는 운전업무이

다. 원고는 F 서비스를 균질화하고 표준화할 필요에 따라 D회사로 하여금 운전업무의 수행 절차와 방법 및 위반 횟수별 제재조치에 관한 교육자료 등과 근태관리자료를 제작하여 협력업체에 배포하도록 하고, D회사는 협력업체로 하여금 교육과 제재조치의 실행을 담당하게 하였다.

2) 참가인에게 적용될 별도의 취업규칙이나 복무규정은 없었으나 D회사가 협력업체에 배포한 교육자료 등과 F 앱을 통하여 운전업무 수행의 절차와 방법, 위반에 따른 제재조치가 안내되었다. D회사가 제작한 교육자료 등에는 운전업무를 원활히 수행하기 위한 내용 외에도 운행 전 차량 상태 확인, 주유, 요소수 보충 등 차량 관리에 관한 내용이 포함되었고, 운전업무 수행의 각 단계에서 이행할 사항과 금지된 사항이 구체적으로 기재되어 있다. 이는 사실상 참가인이 운전업무를 수행할 때 준수하여야 하는 복무규정으로 기능하였다.

3) 참가인은 원고, D회사가 사전에 결정하고 협력업체를 통해 안내된 운전업무 제공 방법에 따라 업무를 수행하였고, 이용자의 정보를 제한적으로 제공받은 채 호출 수락 여부를 결정했으며, 운전업무 수행 방법이나 합당한 보수를 따로 결정할 수 없었다. 요금 징수, 업무평가, 불만사항 처리 등은 모두 원고나 D회사가 수행하였다.

4) 참가인 등 F 드라이버의 출근, 호출 수락 여부, 이동 경로, 휴식, 퇴근 등의 운행 내역은 F 앱을 통하여 자동으로 기록 · 관리되었다. D회사는 원고를 대신하여 이와 같이 F 드라이버의 근태를 관리 · 감독하였다.

### 다. 근무시간 · 장소의 지정 및 구속 여부

1) 참가인은 일단 배차가 완료되면 정해진 근무일과 출근시간에 차고지에 도착하고 배차받은 차량에 탑승하여 '출근하기' 버튼을 누른 후 운전업무를 수행하여야 할 뿐, 임의의 시간과 장소에서 근무할 수 없었다.

2) 참가인은 F 앱이 지정한 대기장소로 이동하여 호출을 대기하다가 F 앱이 배정한 운전업무를 사전에 지정된 방식에 따라 수행하였다. 참가인은 목적지 등 운전업무의 내용을 가늠할 수 있는 정보를 제공받지 못하였으므로 이용자를 선택할 수 있었다고 보기 어렵고, 이용자도 F 드라이버를 임의로 선택할 수 없었다. 이는 온라인 플랫폼이 일을 수행할 작업자를 선택하고 일감을 배분하며 노무 수행 방법을 지정 · 통제하는 것이므로 참가인에게 온전한 선택권이 부여되었다고 볼 수 없다.

3) F 앱을 통해 운행 내역이 기록되고, 이를 토대로 위와 같은 제재조치나 특별수수료

지급 기회 상실이 예정되었던 이상 참가인이 호출 수락 여부, 휴식, 업무 종료를 자유롭게 선택할 수 있었다고 보기 어렵다.

라. 사업자적 징표의 존부

1) 참가인은 제3자로 하여금 운전업무를 대신 수행하게 할 수 없었고, F 앱에 따른 업무를 수행하면서 동시에 다른 업무를 수행하거나 F 앱이 지정한 이용자 외에 다른 승객을 승차시킬 수 없는 등 추가적인 이윤 창출을 할 수 없었다.
2) 참가인이 운전업무에 사용한 F 차량과 비품은 모두 원고의 소유였고, 세차비, 주유비 등 부대비용 일체를 원고가 부담하였다. 반면 참가인은 손실을 초래할 위험을 부담하지 않았다.

마. E회사의 독립성, 독자성 여부

E회사는 독자적인 기업조직과 설비를 갖추고 있었으나 F 서비스 운전업무에 관하여는 독자적인 장비나 물적 시설을 갖추지 못하였다.

바. 보수의 근로대상성 등

1) 참가인이 기본급이나 고정급을 지급받지 않았고, 근로소득세를 원천징수당하지 않았다는 사정은 온라인 플랫폼을 매개로 한 노무제공의 특성 때문이므로 이에 큰 의미를 두기 어려운 데다가, 참가인은 업무 수행의 질과 관계없이 근무시간에 비례한 보수를 지급받았으므로 참가인의 보수는 근로 자체의 대가라고 볼 수 있다.
2) 참가인은 운행시간 외에서 겸업이 가능하였을 뿐, 배차받은 운행시간 내에서는 F 서비스의 운전업무만 수행할 수 있었다. 참가인은 근로시간이 짧았을 뿐이지, 원고에 대한 전속성이 낮았다고 보기는 어렵다.

## 3. 의의 및 시사점

산업재해보상보험법은 근로기준법상 근로자뿐만 아니라 온라인 플랫폼을 통해 노무를 제공하는 종사자도 산재보험의 적용을 받을 수 있도록 하고 있습니다(제91조의15제2호). 다만 현행 근로기준법에 따를 때 플랫폼 노무제공자가 근로기준법상 근로자에 해당한다고 볼 수 있을지에 대해서는 이견이 있는 상황이었습니다.

대상판결은 플랫폼 노무제공자의 근로기준법상 근로자성을 인정하였다는 점에서 의의가 있습니다.

대상판결은 플랫폼 노동과 관련하여 '온라인 플랫폼이 일을 수행할 작업자를 선택하고 일감을 배분하며 노무 수행 방법을 지정·통제하는 것이므로 참가인(플랫폼 노무제공자)에게 온전한 선택권이 부여되었다고 볼 수 없다'고 판시하였는데, 이는 대상판결의 회사뿐만 아니라 다른 플랫폼 노동의 사례에도 시사하는 바가 큽니다.

나아가 대상판결은 구조가 새롭고 복잡한 플랫폼 사업자들의 특성을 분석하여 노무제공자들의 최종적인 사용자 판단 시 고려하여야 할 요소들에 대하여 구체적으로 설시하였다는 점에서도 의의가 있습니다. 대상판결로 인해 추후 플랫폼 근로자의 근로자성과 관련된 분쟁이 증가할 것으로 예상됩니다. 관련 사업에서는 위 대법원 판결의 취지를 고려하여 운영실태를 점검하는 조치가 필요합니다.

# 보험설계사들에 대한 보험청약 설계지원 업무 등을 담당한 보험총무사무원이 근로기준법상 근로자에 해당한다고 판단한 사례

대상판결 : 대법원 2024. 1. 11. 선고 2023다279983 판결

## 1. 사안의 개요

보험회사인 피고는 피고의 GA(피고와 계약을 맺고 보험 판매를 전문으로 하는 대리점) 소속 보험설계사들의 보험 청약 설계를 지원하고 교육하기 위해 자격을 갖춘 자를 GA 트레이너, GA 코치로 선임하여 업무를 수행하도록 하였습니다. GA 트레이너의 주된 업무는 GA 소속 보험설계사들에 대한 보험청약 설계 지원이고, GA 코치의 주된 업무는 GA 소속 보험설계사들에 대한 보험청약 설계 지원 및 보험상품과 관련된 교육 제공입니다.

원고는 2014. 3. 10. 피고에 입사하여 근무하다가, 2014. 7. 피고의 GA 트레이너로 선임되었고, 2014. 7. 11. 피고와 보험설계사 위촉계약을 체결하여 2014. 7. 18. 피고의 보험설계사로 위촉되었습니다. 이후 2015. 2. 1.자로 피고의 GA 코치로 선임되어 피고의 GA 트레이너 또는 GA 코치로 근무하다가 2018. 8. 23. 보험설계사 지위에서 해촉되었습니다.

그러자 원고는 자신이 근로기준법상 근로자라고 주장하면서 피고를 상대로 미지급 퇴직금 1,300여만 원과 연차휴가수당 170만 원 등의 지급을 구하는 소를 제기했습니다.

## 2. 판결 요지

제1심은 원고의 청구를 기각하였으나, 제2심은 아래와 같은 논거로 원고가 피고의 근로자에 해당한다고 보았습니다. 대법원 역시 제2심의 판단을 모두 수긍하였습니다.

가. 사용자가 상당한 지휘 · 감독을 하였는지

원고는 피고로부터 보험상품 관련 정보 및 교육자료를 전달받아 업무에 활용하였음. 피고의 지점장 및 부지점장 등은 메신저 단체 대화방 공지 등을 통해 수시로 원고에게 업무상 지시를 하였고, 본사 전산 프로그램을 통해 GA 코치들의 일정, 교육 등을 관리 · 감독하였음.

나. 취업규칙 또는 복무(인사)규정 등의 적용을 받았는지

취업규칙이나 복무규정의 적용은 받지 않았으나, 피고의 GA 코치 · 트레이너 해임기준, 수수료 지급기준 등은 취업규칙 또는 복무규정과 유사한 성격을 가지는 것으로 판단됨.

다. 사용자가 근무시간과 근무장소를 지정하고 원고가 이에 구속을 받았는지

피고는 본사 전산 프로그램을 통해 GA 코치의 월간/주간일정을 관리 · 감독하였고, 메신저 단체 대화방을 통해 일정 등을 관리하였음. 지점에 사무공간을 두어 필요한 경우 지점으로 출퇴근하도록 하였고, 근무시간도 주5일, 오전 9시~오후 6시로 정해져 있었음.

라. 노무제공자가 스스로 작업도구 등을 소유하는지

피고는 업무 및 교육을 위한 자료를 제공하였고, 매달 정액의 통신비 및 교통비를 지원하였으며, 접대에 소요된 식대와 출장교통비를 실비로 지급하였음. 컴퓨터, 명함, 사무용품 등 비품 및 사무공간을 제공하고 피고 본사 전산 프로그램에 접속할 수 있는 아이디와 비밀번호를 부여하였음.

마. 보수의 성격이 근로 자체의 대상적 성격인지

원고의 월별 수수료 편차가 비교적 크지 않았음. 원고가 보험설계사 지원 업무 외에

보험모집 업무도 수행하였으나 매년 3~8건 정도에 불과하였으므로, 수수료는 주로 보험설계사 지원 및 교육의 대가로 지급된 것으로 보임. 수수료 중 가장 비중이 큰 종합성과수수료는 실질적으로 기본급과 유사하게 지급되었고, 보험설계사들에 대한 지원 · 교육이라는 근로의 양과 질을 평가하여 성과급적 성격으로 지급된 보수라고 볼 수 있음.

### 바. 근로제공관계의 계속성과 전속성 유무와 정도

원고는 약 4년 3개월간 피고의 보험설계사, GA 트레이너/코치로 근무하여 계속성이 인정되고, 사실상 피고에 전속되어 근로를 제공하였음.

## 3. 의의 및 시사점

대상판결은 근로기준법상 근로자에 해당하는지 여부를 계약의 형식보다는 실질에 따라 판단해야 한다는 기존 판례(대법원 2019. 10. 18. 선고 2018다239110판결 등) 법리에 따라, 업무상 지휘 · 감독 여부 등을 실질적으로 살펴 근로자성을 인정하였습니다. 보험회사의 위탁계약형 지점장에 대해 근로자성을 인정하였던 사례(대법원 2022. 4. 14. 선고 2021두33715 판결 등)에 이어, 보험설계사를 관리하고 지원하는 보험총무사무원에 대해서도 근로자성을 인정하였다는 점에서 의의가 있습니다.

다만, 대법원은 특정 업무의 종류보다는 업무수행의 실질을 기준으로 구체적인 사안마다 다르게 판단하고 있습니다. 가령, 보험회사와 위탁계약을 맺은 지점장의 경우라도 상당한 지휘 · 감독을 한 것으로 평가하기 어렵고 수수료에 큰 격차가 있으며 근태관리를 하지 않는 등의 사정이 있다면 근로자성이 인정되지 않을 수 있습니다(대법원 2022. 4. 14. 선고 2021다246934 판결).

# 지입차주가 산업재해보상법 및 근로기준법상 근로자에 해당한다고 판단한 사례

대상판결 : 대법원 2024. 1. 25. 선고 2020두54869 판결

## 1. 사안의 개요

소외 1 회사는 기업체로부터 문서파쇄를 의뢰받아 현장에서 문서파쇄를 대행해주는 업체로, 문서파쇄 및 운송 업무를 소외 2 회사에 위탁하는 계약(이하 '이 사건 위탁계약')을 체결하였습니다. 원고는 소외 1 회사의 문서파쇄 및 운송 업무를 수행하던 기존 지입차주로부터 위 업무에 사용된 적재량 8톤의 화물자동차(이하 '이 사건 차량')를 구입한 후, 소외 2 회사와 이 사건 차량을 소외 2 회사에 지입하는 내용의 화물자동차 위수탁관리운영계약(이하 '이 사건 지입계약')을 체결하고 2012년부터 이 사건 위탁계약에 따른 문서파쇄 및 운송 업무를 수행하였습니다.

원고는 2017. 7. 27. 위 문서파쇄 업무를 하던 중 파쇄기에 손이 빨려 들어가는 사고(이하 '이 사건 사고')를 당하여 '좌측 제1수지 근위지부 불완전 절단' 등의 상병을 진단받았습니다. 원고는 소외 1 회사 소속 근로자로서 업무를 수행하던 중 이 사건 사고가 발생하였으므로, 이 사건 사고는 업무상 재해에 해당한다는 이유로 피고(근로복지공단)에 요양급여를 신청하였습니다. 피고는 2018. 2. 9. 원고가 임금을 목적으로 사용종속적인 관계에서 소외 1 회사에

노무를 제공하였다고 볼 수 없다는 이유로 요양불승인 처분(이하 '이 사건 처분')을 하였습니다. 이에 원고는 이 사건 처분의 취소를 구하는 소를 제기하였습니다.

## 2. 판결 요지

대법원은 원고가 산업재해보상보험법상 근로자에 해당하는지는 계약의 형식보다 근로제공관계의 실질에 따라 판단해야 한다고 전제하고, 다음과 같은 사정을 고려하면, 원고가 지입차주로서 이 사건 차량을 실질적으로 소유하면서 그 유지·관리를 위한 비용도 일부 부담하였다고 하더라도 종속적인 관계에서 소외 1 회사에 근로를 제공하는 산업재해보상보험법상 근로자에 해당한다고 판단하였습니다. 이에 따라 '원고가 소외 1 회사의 근로자에 해당하지 않는다'고 판단한 원심 판결을 파기하였습니다.

가. 소외 1 회사는 직영기사와 동일하게 지입차주인 원고에 대하여 업무지시를 하고, 근태와 업무수행을 감독하였음. 원고가 수행한 문서파쇄 업무는 소외 1 회사의 사업에서 가장 중요한 업무인데, 원고는 해당 업무를 5년간 수행하였음.

나. 문서파쇄 업무에 필수적 설비인 파쇄장비는 소외 1 회사 소유였고, 원고는 소외 1 회사가 배정한 업무만을 수행하면서 소외 1 회사로부터 매월 고정된 대가를 직접 지급받았음. 이 사건 차량에는 소외 1 회사의 상호와 광고가 도색되어 있었고, 소외 1 회사의 문서파쇄 업무를 수행하기 위해서만 사용될 수 있었음.

다. 이 사건 차량의 자동차등록원부상 소유자이던 소외 2 회사는 이 사건 차량의 매매과정에서 아무런 역할을 하지 않았으며, 원고는 이 사건 차량을 운행하는데 화물자동차 운송사업 허가가 필요하여 소외 2 회사와 이 사건 지입계약을 체결하였을 뿐임.

### 3. 의의 및 시사점

지입차주가 근로기준법 혹은 산업재해보상보험법상 근로자에 해당하는지는 구체적인 사정에 따라 달리 판단되고 있습니다. 대법원은 과거 판결에서, 지입차주가 1) 자신의 기본적인 업무 내용을 운송용역계약에 따라 정하고 2) 그 업무수행 과정 및 방식을 스스로 결정할 수 있으며 3) 위탁업체의 취업규칙·복무규정·인사규정 등의 적용을 받지 않고, 4) 자신의 비용으로 차량을 관리하는 등의 사정이 인정된다면 근로기준법상 근로자가 아닌 독립된 사업자에 해당한다고 판단한 바 있습니다(대법원 2011. 6. 9. 선고 2009두9062 판결, 대법원 2013. 7. 11. 선고 2012다57040 판결 등). 결국 법원은 각 사안의 구체적인 사정에 따라 지입차주의 근로자성을 판단하고 있는데, 이 사건의 경우 지입차주인 원고가 문서파쇄 업체인 소외 1 회사로부터 직접적인 업무상 지휘·감독을 받았다는 점이 인정되어 근로자로 판단되었습니다.

# 01

# 개별적 근로관계

# 근로기준법 제11조 제1항에서 정한 '상시 5명 이상의 근로자를 사용하는 사업 또는 사업장'의 판단 기준을 제시한 사례

대상판결 : 대법원 2024. 1. 25. 선고 2023다275998 판결

## 1. 사안의 개요

원고는 2016. 9. 22.부터 2018. 3. 21.까지 성남시 중원구 C에 있는 D모텔(이하 '이 사건 모텔')에서 야간 카운터 담당으로 22:00부터 다음날 09:00까지 근무한 사람입니다. 피고는 2016. 11. 1.부터 이 사건 모텔에서 실제 숙박업을 하는 사람입니다.

원고는 이 사건 모텔은 E을 포함하여 상시 5명 이상의 근로자를 사용하는 사업장이므로, 원고는 연장・야간・휴일근로수당 및 연차유급휴가미사용수당을 지급받아야 함에도 이를 지급받지 못하였다고 주장하였습니다. 원고는 피고를 상대로 미지급 임금 및 퇴직금 등의 청구하는 소를 제기했습니다.

## 2. 판결 요지

원심은 이 사건 모텔이 상시 5명 이상의 근로자를 사용하는 사업장에 해당하지 아니하여 근로기준법상 연장・야간・휴일근로에 대한 가산임금 규정 등이 적용되지 않는다고 판단하였습니다. 대법원 역시 원심의 판단에 잘못이 없다고 보며, 상시 5명 이상의 근로자를 사용하는 사업 또는 사업장의 판단 기준

및 증명책임에 관하여 아래와 같은 법리를 제시하였습니다.

가. 근로기준법 제11조 제1항의 '상시 5명 이상의 근로자를 사용하는 사업 또는 사업장'이라 함은 '상시 근무하는 근로자의 수가 5명 이상인 사업 또는 사업장'이 아니라 '사용하는 근로자의 수가 상시 5명 이상인 사업 또는 사업장'을 뜻하는 것이고, 이 경우 '상시'란 상태(常態)를 의미하므로 근로자의 수가 때때로 5인 미만이 되는 경우가 있어도 사회통념에 따라 객관적으로 판단하여 상태적으로 5인 이상이 되는 경우에는 이에 해당함.

나. 이러한 취지에 비추어 보면 주휴일은 근로기준법 제55조 제1항에 따라 주 1회 이상 휴일로 보장되는 근로의무가 없는 날이므로, 주휴일에 실제 근무하지 않은 근로자는 근로기준법 제11조 제3항의 '상시 사용하는 근로자 수'를 산정하는 기준이 되는 같은 법 시행령 제7조의2 제1항의 '산정기간 동안 사용한 근로자의 연인원' 및 같은 조 제2항 각호의 '일별 근로자 수'에 포함하여서는 아니됨.
이때 매월 또는 매주 휴무일이 발생하는 일자나 요일이 특정되어 있고 휴무일수가 일정한 경우뿐만 아니라, 근로자들이 매월 또는 매주를 주기로 순환하여 휴무일을 가짐에 따라 휴무일이 발생하는 일자나 요일 및 휴무일수가 변동되는 경우에도 마찬가지로 근로기준법이나 근로계약 등에 따라 '휴일로 보장되는 근로의무가 없는 날'에 실제 근로자가 근무하지 않았다면 '산정기간 동안 사용한 근로자의 연인원' 및 '일별 근로자 수'에 포함되지 아니함.

### 3. 의의 및 시사점

상시근로자 수가 5인 이상인지에 따라 연장·휴일·야간근로수당 발생 여부(근로기준법 제56조), 연차유급휴가 부여 여부(근로기준법 제60조) 등이 결정되기에, 상시근로자 수 산정은 실무적으로 중요한 의미를 갖습니다. 한편, 근로기준법령은 1주 동안의 소정근로일을 개근한 근로자에게 1주 평균 1일 이상의 유급휴일(이하 '주휴일')을 부여하도록 규정하였는데(근로기준법 제55조 제1항, 동법 시행령 제30조제1항), 이러한 주휴일도 근무일과 마찬가지로 상시

근로자수 산정에 반영되는지 여부가 문제될 수 있습니다.

이와 관련하여 대법원 2023. 6. 15. 선고 2020도16228 판결은 상시근로자 수 산정에 주휴일에 실제로 출근하지 않는 근로자는 제외되어야 한다고 최초로 판시하였는데, 대상 판결은 위 판결의 법리를 재확인하였다는 점에서 의미가 있습니다.

참고로 고용노동부는「중대재해처벌법」관련 질의회시를 통해, 병가자의 경우 상시 근로자 산정에 포함된다는 견해를 밝혔습니다(중대산업재해감독과-2191, 2022. 6. 10.).

# 동일 그룹 소속인 외국법인 B사의 한국법인 A사와 외국법인 D사의 한국영업소 E사가 근로기준법상 '하나의 사업 또는 사업장'이라고 본 사례

대상판결 : 대법원 2024. 10. 25. 선고 2023두57876 판결

## 1. 사안의 개요

한국법인 A사는 2006. 5. 10. 설립되어 국내·외 여행업 등을 영위하는 법인입니다. 아랍에미리트 두바이에 본사를 둔 외국법인 B사는 2015. 11. 경 한국법인 A사의 지분 100%를 인수하였고, 이후 호주에 본사를 둔 디지털 관광 비즈니스 기업인 C사가 2018. 11.경 외국법인 B사의 지분을 100%로 취득하였습니다.

C사의 종속기업 중 아랍에미리트 두바이에 본사를 두고 호텔예약사업 등을 하는 외국법인 D사는 2017. 2. 1. 한국영업소 E사를 설치하였습니다. 한국영업소 E사는 2019. 3.경부터 2020. 12.경까지 한국법인 A사의 사무실을 함께 사용하였고, 2019. 8. 1. 한국법인 A와 별도로 해당 사무실에 관한 임대차계약을 체결하였습니다.

이와 같은 회사 간 관계를 다이어그램으로 보면 아래와 같습니다(외국법인 D사의 경우 여러 개의 상위 회사가 더 있으나 편의상 생략하였습니다).

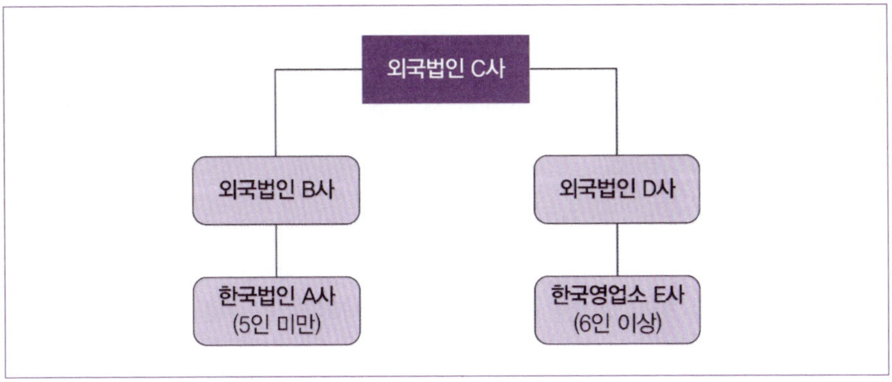


근로자 F는 2016. 10. 17. 한국법인 A사에 입사하여 회계업무를 담당하였습니다. 한국법인 A사는 사업 폐지의 일환으로 재경팀 업무가 불필요해졌다는 이유를 들어 2020. 10. 22. 부로 근로자 F를 해고하였습니다(이하 '이 사건 해고'). 이에 근로자 F는 2020. 11. 13. 서울지방노동위원회에 부당해고 구제신청을 하였습니다.

서울지방노동위원회는 한국법인 A사의 상시근로자 수가 4명에 불과하므로 부당해고 구제신청에 관한 규정이 적용되지 않는다는 이유로 구제신청을 각하하였습니다. 그에 반해 중앙노동위원회는 외국법인 C사 전체의 근로자 수가 포함되어야 하며, 상시 5명 이상의 근로자를 사용하는 사업에 해당하므로 근로기준법 제23조 제1항이 적용되고 해고에 정당한 이유가 없어 부당하다고 판단하였습니다.

이후 제1심 및 원심도 한국법인 A사와 한국영업소 E사가 사실상 경영상 일체를 이루는 하나의 사업장으로 운영되었다고 보아, 한국법인 A사는 상시 5명 이상의 근로자를 사용하는 사업장에 해당한다고 보았습니다. 나아가 근로자 F에 대한 해고를 부당해고로 보아 재심 판정을 정당하다고 판단하였습니다.

## 2. 대상판결의 요지

대법원은 대상판결을 통해 '하나의 사업 또는 사업장'에 대한 판단 기준에 관한 법리를 세웠습니다.

가. 법인격의 분리 여부가 독립된 사업 또는 사업장에 해당하는지를 판단하는 우선적인 기준이 되므로 법인격이 다른 기업조직은 특별한 사정이 없는 한 하나의 사업 또는 사업장을 구성할 수 없음이 원칙이다.

나. 다만 별개의 법인격을 가진 여러 개의 기업조직 사이에 단순한 기업 간 협력관계나 계열회사, 모자회사 사이의 일반적인 지배종속관계를 넘어 실질적으로 동일한 경제적, 사회적 활동단위로 볼 수 있을 정도의 경영상의 일체성과 유기적 관련성이 인정되는 특별한 사정이 있는 경우에는 이들을 하나의 사업 또는 사업장이라고 볼 수 있다.

다. 복수의 기업조직이 하나의 사업 또는 사업장에 해당하는 특별한 사정이 있는지 여부는 (i) 업무의 종류, 성질, 목적, 수행방식 및 장소가 동일한지, (ii) 업무지시와 근로자의 채용, 근로조건의 결정, 해고 등 인사 및 노무관리가 기업조직별로 구분되지 않고 동일한 사업주체 내지 경영진에 의하여 통일적으로 행사되는지, (iii) 각 단위별 사업활동의 내용이 하나의 사업목적을 위하여 결합되어 인적 · 물적 조직과 재무 · 회계가 서로 밀접하게 관련되어 운영되는지 등과 같은 사정을 종합적으로 고려하여 신중하게 판단하여야 한다.

대상판결은 다음과 같은 사정을 근거로, 한국법인 A사와 E사를 '하나의 사업 또는 사업장'에 해당하는 것으로 보았습니다.

가. 한국법인 A사와 한국영업소 E사는 같은 사무실 내에서 동종 호텔 판매업을 동일한 방식으로 영위하였고, 직원들은 2019. 3.경부터 이 사건 해고 무렵까지 한국영업소 E사의 지사장을 최상위 책임자로 하는 하나의 통합된 조직으로 편성되어 함께 업무를 수행하였다.

나. 한국법인 A사와 한국영업소 E사의 직원들과 관리자 모두가 두 회사를 사실상 하나의 사업 또는 사업장으로 인식하였던 것으로 보이고, 한국법인 A사 직원들 중 상당수가 한국영업소 E사로 소속을 옮겨 계속 근무하는 등 직원들 간의 인적교류도 이루어졌다. 즉 두 회사의 인적 · 물적 조직과 재무 · 회계가 서로 유기적으로 운영되었다고 볼 수 있다.

다. 한국영업소 E사 지사장이나 북아시아 지역 관리자가 한국법인 A사 직원들의 인사 및 노무관리 등을 담당하였고, 한국법인 A사 내에는 이러한 역할을 담당하는 관리자가 존재하지 않았다. 즉 한국법인 A사의 직원들과 한국영업소 E사 직원들에 대한 인사 및 노무관리가 외국법인 D사측에 의하여 통일적으로 이루어졌다.

라. 한국법인 A사와 한국영업소 E사는 이 사건 해고 무렵 이미 인적 · 물적 조직이 통합되어 실질적으로 동일한 경제적, 사회적 활동단위로서 상당한 기간 동안 운영되어 온 상태였다.

이어서 대상판결은 다음과 같은 사정을 근거로 이 사건 해고를 부당해고로 볼 수 있다고 판단하였습니다.

**가. 한국법인 A사는 이 사건 해고를 폐업에 따른 통상해고라고 주장하나, 다음과 같은 이유로 정당성을 인정할 수 없다.**

1) 어떤 기업이 경영상 이유로 사업을 여러 개의 부문으로 나누어 경영하다가 그중 일부를 폐지하기로 하였다 하더라도 이는 원칙적으로 사업 축소에 해당할 뿐 사업 전체의 폐지라고 할 수 없다(대법원 1992. 5. 12. 선고 90누9421 판결 참조). 특히, 사업 부문의 일부 폐지를 이유로 한 해고가 통상해고로서의 정당성을 갖추었는지에 대해서는 사용자가 이를 증명할 책임이 있다(대법원 2021. 7. 29. 선고 2016두64876 판결 등 참조).

2) 한국법인 A사와 한국영업소 E사는 독립한 별개의 사업을 영위하였다고 보기 어렵다. 한국법인 A사 근로자 중 상당수는 한국영업소 E사로 소속을 변경하여 계속 근무하였다. 따라서 두 회사 근로자들의 업무종사 호환성 및 전환배치 가능성이 인정되므로, 한국법인 A사의 사업 폐지는 사업의 일부 축소나 업무 통합으로 보인다.

**나. 이 사건 해고를 경영상 이유에 의한 해고로도 정당성을 인정할 수 없다.**

1) 이 사건 해고가 경영상 해고로 정당하다는 점은 상고심에서 처음 한 주장이다.

2) 기록상 이 사건 해고를 피하기 위한 해고회피노력을 하였다는 점, 합리적인 절차로 해고 대상자를 선정하였다는 점 등 경영상 이유에 의한 해고의 요건을 갖추었다는 사정이 인정되기 어렵다.

## 3. 의의 및 시사점

대상판결은 '상시근로자 수 판단 시 하나의 사업 또는 사업장의 판단 기준'이 문제된 사례입니다. 이 사건에서는 같은 그룹사에 속해 있지만, 각기 다른 해외법인을 본사로 둔 두 개의 한국 사업장이 실질적으로는 하나로 운영되는 것으로 평가되었습니다.

정리하면, (i) 대한민국 내 사업장의 근로자 수가 5인 미만인 경우, 해외 본사의 근로자 수가 상시 5인을 상회하더라도 근로기준법상 상시 5인 이상이 근무하는 것으로 평가하기 어렵습니다. 그러나 (ii) 만일 대한민국 내 다른 법인 내지 영업소가 존재하고, 각 법인 내지 영업소가 통합적으로 운영되고 있어 통합하여 계산할 시 대한민국 내 사업장에서 근로자 수가 5인 이상이라면, 이는 근로기준법상 상시 5인 이상이 근무하는 것으로 볼 수 있습니다.

한편, 대법원은 외국법인의 산하기관인 한국영업소 E사에게도 근로기준법이 적용된다고 판시하였으나 국제사법상 논의는 전혀 하지 않았습니다. 이는 대법원이 (i) "근로관계를 규율하는 강행법규의 대다수는 성질상 공법의 범주에 속하는 것이고, 이와 같이 공법의 성질을 갖는 법규의 적용관계는 국제사법상 원칙과는 다른 별개의 원칙, 즉 '공법의 속지주의 적용 원칙'에 의하여 결정되어야 하며, 따라서 국제사법상 당사자자치의 원칙에도 불구하고 특히 법정지인 자국이 노무제공지인 경우 자국의 공법적 성질을 갖는 노동법규는 모든 근로관계에 항상 직접 적용되어야 한다"는 '공법이론(公法理論)'을 채택한 것인지, (ii) 아니면, "근로기준법 제11조 제1항은 국제사법 제48조와의 관계에서 준거법 결정을 위한 객관적 연결점으로 역내사업을 규정한 것으로, 위와 같은 취지를 실질법규인 근로기준법에 반영하여 저촉법적 준칙을 정한 것으로 보아야 한다"는 '객관적 연결론'을 채택한 것인지 여부는 명확하지 않습니다. 다만 후술하는 대법원 2024. 10. 25. 선고 2023두46074 판결의 취지에 비추어 보면, 객관적 연결론을 채택한 것으로 해석할 수 있습니다.

# 외국기업이 국내에서 사업을 영위하며 근로자를 사용하는 국제근로관계에서는 원칙적으로 '국내에서 사용하는 근로자 수'를 기준으로 상시근로자 수를 판단하여야 한다고 본 판결

대상판결 : 대법원 2024. 10. 25. 선고 2023두46074 판결

## 1. 사안의 개요

A사는 미국 아이오와 주에 본사를 두고 아이오와 주 기업법에 따라 설립되어 석유 및 가스 관련 기계 최적화 서비스 등 사업을 경영하는 법인으로서, 대한민국에 별도의 법인이나 영업소를 설치하지 않았습니다. B사는 미국 워싱턴 주에 본사를 두고 델라웨어 주 기업법에 따라 설립되어 비파괴 검사장비 판매 등의 사업을 경영하는 법인으로서, 대한민국에서의 영업을 위하여 대전에 상시 5명 이상의 근로자를 사용하는 영업소를 두고 있었습니다. A사와 B사는 모두 C사의 관계회사입니다.

근로자 D는 2018. 3. 22. A사로부터 입사 제안을 받고 고용조건에 관한 내용이 포함된 이메일과 비밀유지계약서를 송부 받았고, 2018. 3. 26. 이에 서명하여 A사에 송부하였습니다. 이후 근로자 D는 사용자 명의가 B사로 기재된 근로계약서도 별도로 송부 받았으나, 이에 서명하지는 않았습니다. 근로자 D는 근로를 제공하는 과정에서 A사의 직원들에게 보고를 하였으나, B사의 대한민국 영업소에서 근무를 하였으며 임금도 B사로부터 받았습니다. 다만, B사에 근로자 D에게 지급한 급여, 복리후생비, 사무실 제공비용 등을 A사가 보전해주

었습니다.

A사는 2020. 3. 25. 근로자 D에게 근로계약 만료의 통지를 송부하였습니다. 이에 근로자 D는 해당 근로계약 만료 통지가 부당해고라고 주장하면서 구제신청을 하였습니다. 서울지방노동위원회와 중앙노동위원회는 근로자 D의 사용자는 A사이며, A사는 국내 사업장이 없고 인사노무관리를 직접 하고 있지 않으므로, 근로자 D에게는 대한민국의 근로기준법이 적용되지 않는다고 보아 위 구제신청을 각하하였습니다.

## 2. 원심의 판단

원심을 담당한 서울고등법원은 (i) 사용자의 확정, (ii) 준거법의 결정, (iii) 상시근로자 수의 결정에 대하여 다음과 같이 판단하였습니다.

### 가. 사용자의 확정 : 근로자 D의 사용자는 A사

1) A사는 한국 내 건설회사 등을 상대로 석유 및 가스 관련 기계 등을 판매하는 회사이고, B사는 한국수력원자력 등을 상대로 비파괴 검사장비를 판매하는 회사로서, 서로 그 영업의 내용과 성질을 전혀 달리하고, 실제로 법인격도 엄격하게 구분되어 있다.
2) 근로자 D는 처음부터 A사와 근로계약체결을 위한 협의를 하였다. 근로자 D가 B사 명의의 근로계약서도 전달받기는 했으나, 이는 이미 A사와의 근로계약 체결 시 협의된 사항이었으며 결국 근로자 D는 B사 명의의 근로계약서에 서명하지 않았다.
3) 근로자 D는 A사의 직원에게만 보고하고 평가를 받았으며, B사를 위한 업무를 수행하지 않았고, B사로부터 어떠한 지시나 감독 및 평가를 받지 않았다.
4) B사가 근로자 D에게 근로관계 종료합의서와 대기발령 종료 및 복직통보서 등을 전달하기도 하였으나, 이러한 인사명령은 A사의 의사에 따른 것이었고 단지 그것이 B사를 통해 근로자 D에게 전달된 것이었다. B사가 근로자 D에게 임금을 지급한 것 역시, A사가 편의상 한국에 사무소가 있는 B사를 통하여 임금을 지급한 것에 불과하다.

### 나. 준거법의 결정 : 이 사건 근로관계의 준거법은 대한민국 근로기준법

1) 이 사건은 대한민국 국적자인 근로자 D가 미국 아이오와 주에 본사를 두고 있는 외국법인인 A사와 근로계약을 체결하고 그에 따라 노무를 제공하던 중 발생한 법률관계에 관한 것이므로, '외국적 요소'가 있는 경우에 해당하여 국제사법이 정한 바에 따라 준거법이 결정되어야 한다.

2) 계약의 당사자가 명시적 또는 묵시적으로 준거법을 선택하였을 경우, 그 선택한 법에 따르되(제25조 제1항) 당사자가 준거법을 선택하지 않은 경우에는 '해당 계약과 가장 밀접한 관련이 있는 국가의 법'에 따라야 한다(제26조 제1항). 다만, 근로계약에 관하여는 '근로자가 일상적으로 노무를 제공하는 국가의 법'에 의하여야 한다(제28조 제2항).

3) 근로자 D와 외국법인 A사 사이에서 근로계약관계에 대한 준거법을 델라웨어 주의 법으로 하는 합의는 존재하지 않았고, 대한민국 근로기준법을 준거법으로 하는 합의도 존재하지 않았다. 따라서 이 경우 '근로자가 일상적으로 노무를 제공하는 국가의 법'이 준거법이 되는데, 근로자 D가 일상적으로 노무를 제공하는 국가는 대한민국임이 명백하므로, 이 사건 근로계약관계의 준거법은 대한민국 근로기준법이다.

### 다. 상시근로자 수의 결정 : 외국 본사에서 근무하는 근로자 수도 합산

1) 근로기준법 제11조의 입법취지를 고려하면, 근로기준법이 전부 적용되는 사업(또는 사업장)인지 여부는 경영상 일체로 평가되는 하나의 사업(또는 사업장)을 전제로, 그 사업(또는 사업장)이 근로기준법이 전부 적용될 때의 경제적 · 행정적 부담을 감당할 수 있는지 여부를 기준으로 판단하는 것이 타당하다.

2) 설령 A사와 근로계약을 체결하고 대한민국에서 근무하는 사람이 근로자 D밖에 없다고 하더라도, 근로기준법 제11조의 해석과 관련하여 A사는 상시 5명 이상의 근로자를 사용하고 있다고 보아야 한다. 이와 달리 본다면, A사와 같이 외국에 소재하는 회사 본사의 규모가 상당하여 대한민국 근로기준법이 적용될 시 경제적 · 행정적 부담을 감당할 수 있는 경우에도, 단지 국내에서 4명 이하의 근로자를 사용한다는 이유로 해당 회사의 대한민국 내 사업장에 근로기준법상 근로자 보호규정을 적용하지 않는다면, 이는 근로기준법 제11조의 입법취지에 정면으로 반한다.

## 3. 대상판결의 요지

대법원은 (ii) 쟁점인 준거법의 결정에 대해서는 원심 판결에 수긍하였으나, (iii) 쟁점인 국제 근로관계에서 '상시근로자의 수'를 판단한 부분이 부당하다고 보아 이 부분을 파기하였습니다[피고 측이 (i) 쟁점에 대해서는 상고하지 않은 것으로 보입니다].

대법원은 대상판결을 통해 "외국기업이 국내에서 사업활동을 영위하며 근로자를 사용하는 국제근로관계에서는 원칙적으로 '국내에서 사용하는 근로자 수'를 기준으로 근로기준법상 '상시 5명 이상의 근로자를 사용하는 사업 또는 사업장'에 해당하는지 여부를 판단하여야 한다"는 법리를 세웠습니다. 구체적인 내용은 다음과 같습니다.

가. 근로기준법 제11조의 사업 또는 사업장은 근로기준법 적용의 단위로서, 이는 근로조건의 규율, 근로자들 간의 의견 교환 및 협의, 경영상 해고를 비롯한 해고의 정당성 판단 등을 위한 기초 단위가 된다. 따라서 근로관계의 각종 규율이 통일적으로 적용될 수 있는 실질적으로 동일한 경제적, 사회적 활동단위라고 볼 수 있는 경우에 한하여 하나의 사업 또는 사업장을 구성할 수 있으므로, 근로기준법 제11조의 사업 또는 사업장은 대한민국 내에 위치한 사업 또는 사업장을 말한다고 봄이 타당하다.

나. 외국기업이 외국에서 사용하는 근로자에 대하여는 특별한 사정이 없는 한 외국의 노동관계법령이 적용될 뿐이므로, 대한민국 근로기준법이 적용되지 않는 외국에서 사용하는 근로자 수까지 합산하여 근로기준법 제11조 제1항의 '상시 5명 이상의 근로자를 사용하는 사업 또는 사업장'에 해당하는지 여부를 판단할 수는 없다.

대법원은 위와 같은 법리에 기초하여, A사가 대한민국 내에서 상시 사용하는 근로자 수는 1명에 불과하므로, 설령 미국에서 고용하는 근로자 수까지 합산할 경우 상시근로자 수가 5명 이상이 된다고 하더라도 근로기준법 제11조 제1

항이 정한 '상시 5명 이상의 근로자를 사용하는 사업 또는 사업장'에 해당한다고 볼 수 없다고 판단하였습니다. 그리고 이와 달리 판단한 원심판결을 파기하였습니다.

## 4. 의의 및 시사점

먼저 대법원은, 근로기준법 제11조 제1항 본문의 의미를 "근로기준법은 '대한민국 영역 내에 있는 모든 사업·사업장'에 적용된다"고 해석하였습니다. 이에 의하면, 역내사업(域內事業)은 국제사법 제48조와의 관계에서 준거법 결정을 위한 객관적 연결점이 되고, 근로기준법은 원칙적으로 역내사업에 강행적으로 적용되는 속지법(屬地法)의 성격을 가진다는 해석이 가능합니다.

다음으로, 대상판결에서 쟁점이 되었던 국제근로관계에서 준기법의 결정과 상시근로자 수의 산정의 문제는 외국법인이 대한민국에서 근로자를 고용하여 영업을 할 경우 자주 마주치게 되는 이슈입니다. 특히 외국기업의 경우 해외 본사의 규모가 굉장히 크면서도 국내에서 고용하는 근로자들의 수는 적은 경우가 많았기에, 근로기준법상 상시근로자 수의 산정은 최근 계속 문제가 되고 있었습니다.

근로기준법의 속지법적 성격을 강조한 대상판결에 따라, 향후 '해외 본사가 대한민국에서 상시근로자 수 5인 미만을 고용하여 사업을 운영하는 경우'에는 근로기준법 제11조에 따라 근로기준법의 일부만 적용될 가능성이 높아졌습니다. 참고로, 현재 상시근로자 수에 따른 노동 관련 주요 규제 현황은 아래와 같습니다.

### 상시근로자 수 5인 이상에 적용되는 사용자의 의무

◦ 근로기준법 전부[해고 시 '정당한 이유'(제23조 제1항), 근로시간(제50조), 연차휴가(제60조) 등]
◦ 안전보건교육[정기, 채용 시, 작업내용변경 시(산업안전보건법 제29조 제1항, 제2항)]
◦ 중대재해처벌법(중대재해처벌법 제3조)

### 상시근로자 수 20인 이상에 적용되는 사용자의 의무

◦ 유공/보훈자 우선고용의무(국가유공자 등 예우 및 지원에 관한 법률 제33조의2)

### 상시근로자 수 30인 이상에 적용되는 사용자의 의무

◦ 노사협의회 설치(근로자참여 및 협력증진에 관한 법률 제4조 제1항)
◦ 고충처리위원 임명(근로자참여 및 협력증진에 관한 법률 제26조)
◦ 채용절차법(채용절차의 공정화에 관한 법률 제3조)

### 상시근로자 수 50인 이상에 적용되는 사용자의 의무

◦ 장애인 의무고용(장애인고용촉진 및 직업재활법 제28조 제1항)
◦ 안전관리자 · 보건관리자 선임(산업안전보건법 제17조1항, 제18조 제1항 등)

### 상시근로자 수 100인 이상에 적용되는 사용자의 의무

◦ 안전보건관리규정 작성(산업안전보건법 제25조)
◦ 산업안전보건위원회 설치(일부 산업은 50인 이상, 산업안전보건법 제24조)

### 상시근로자 수 300인 이상에 적용되는 사용자의 의무

◦ 전담안전관리자/전담보건관리자 선임(산업안전보건법 제17조 제3항 등)

### 상시근로자 수 500인 이상에 적용되는 사용자의 의무

◦ 직장보육시설 설치의무(영유아보육법 시행령 제20조 제1항)

# 01

# 개별적 근로관계

# 장기간 동안 유지된 대기발령의 경우 대기발령의 필요성이 없어진 시점을 전후로 하여 유·무효 여부를 별도로 따져봐야 한다고 판단한 사례

대상판결 : 대법원 2024. 9. 12. 선고 2024다250873 판결

## 1. 사안의 개요

피고는 병원을 운영하고 있는 학교법인입니다. 해당 병원의 행정사무국장으로 근무하던 원고는 병원장 직무대행자로부터 '별도 지시가 있을 때까지 자택대기하라'는 대기발령(이하 '이 사건 대기발령')을 통지받았습니다.

원고는 피고를 상대로 이 사건 대기발령의 사유가 부존재하고, 설령 대기발령 사유가 있더라도 사회통념상 부당하게 장기간 유지되고 있어 무효라고 주장하면서 이 사건 대기발령 전체의 무효 확인을 청구하였습니다.

제1심판결과 원심판결은, 대기발령은 원고의 감사 방해를 저지하기 위한 데 주된 목적이 있는데 피고의 감사가 종료됨으로써 대기발령의 필요성이 없어졌음에도 대기발령이 그대로 유지되고 있어, 원고를 사회통념상 합리성이 없을 정도로 부당하게 장기간 동안 잠정적 지위의 상태로 두는 것이 되어 부당하다고 보고 대기발령 처분이 무효라고 판단하였습니다.

## 2. 판결 요지

대상판결은 이 사건 대기발령의 필요성이 없어진 시점부터는 대기발령이

부당하게 장기간 유지되는 것이어서 무효로 보아야 한다는 원심의 판단은 정당하다고 보았습니다. 그러나 대상판결은 피고의 감사 종료 이전의 대기발령 시기와 이후의 대기발령 시기를 구분하여, 원심의 판단은 피고가 잠정적인 인사명령인 이 사건 대기발령을 부당하게 장기간 유지하는 조치가 무효라는 것이므로, 대기발령의 필요성이 있을 수 있는 피고의 감사 종료 이전 부분에 관하여는 그 무효 사유를 별도로 따져 봐야 하고, 감사 종료 이후의 부당한 대기발령 유지 조치가 무효라는 이유만으로 그 이전 부분까지 전체가 당연히 무효로 된다고 볼 수는 없다고 판단하였습니다.

또한 대기발령이 언제부터 무효인지 여부에 관한 추가 심리・판단이 필요하다고 보아, 원심판결을 파기하고 사건을 원심법원에 환송하였습니다.

### 3. 의의 및 시사점

앞서 대법원은 대기발령을 받은 근로자가 상당한 기간에 걸쳐 근로의 제공을 할 수 없다거나 근로제공을 함이 매우 부적당한 경우가 아닌데도 사회통념상 합리성이 없을 정도로 부당하게 장기간 동안 잠정적 지위의 상태로 유지하는 것은 특별한 사정이 없는 한 정당한 이유가 있다고 보기 어려우므로, 합리성이 없을 정도로 부당하다고 볼 만한 시점 이후부터의 대기발령은 무효라고 보아야 한다는 법리를 제시하였습니다(대법원 2007. 2. 23. 선고 2005다3991 판결, 대법원 2013. 5. 9. 선고 2012다64833 판결 등 참조).

대상판결은 위 대법원 판례 법리를 구체화한 것으로, 1) 사회통념상 합리성이 없을 정도로 부당하다고 볼 만한 장기간의 대기발령은 무효이나, 2) 이로써 대기발령이 전부 무효인 것은 아니고 대기발령의 개시 및 일정 기간 동안의 대기발령은 유효할 수 있으며, 3) 대기발령이 언제부터 무효인지는 별도로 따져봐야 한다는 취지입니다.

# 정당한 배치대기발령에 불응하여 출근하지 않았을 경우 출근하지 않은 기간에 대한 임금지급의무가 없다고 판단한 사례

대상판결 : 대법원 2024. 1. 4. 선고 2021다169 판결

## 1. 사안의 개요

원고는 2002. 3. 13. 피고의 사내협력업체인 A회사와 근로계약을 체결하고, 같은 날부터 피고에 파견되어 피고의 공장에서 자동차조립업무에 종사하였습니다. A는 2005. 2. 2. 원고에 대하여 징계해고를 한 다음 원고의 사업장 출입증을 회수하였고, 피고는 같은 날 'A회사에서 해고되어 피고 사업장 출입증이 없다'는 이유로 원고의 사업장 출입을 금지하였습니다. 이에 원고는 2005. 3. 15. 피고를 상대로 부당해고구제신청을 하였으나 지방노동위원회는 피고가 원고의 사용자가 아니라는 이유로 각하하고, 중앙노동위원회는 같은 이유로 기각하였습니다. 원고는 중앙노동위원회의 재심판정에 대한 취소소송을 제기하였으나, 제1심과 항소심 모두 이를 기각하였습니다.

그러나 상고심은 "피고는 구 「파견근로자보호 등에 관한 법률」(2006. 12. 21. 법률 제8076호로 개정되기 전의 것, 이하 '구 파견법') 제6조 제3항 본문에 따라 2004. 3. 13.부터 원고를 직접 고용한 것으로 간주되는데, 이를 부정하면서 원고의 사업장 출입을 봉쇄하여 노무수령을 거절한 것은 해고에 해당한다"는 취지로 파기환송 판결을 선고하였습니다(대법원 2010. 7. 22. 선고 2008두

4367 판결, 이하 '선행 대법원판결'). 이후 서울고등법원은 상고심 취지에 따라 재심판정을 취소하는 판결을 선고하였고, 그 판결은 2012. 2. 23. 상고기각으로 확정되었습니다.

이어 중앙노동위원회는 선행 대법원판결 취지에 따라 2012. 5. 2. '피고의 2005. 2. 2.자 해고는 부당해고임을 인정하며, 피고는 원고를 원직에 복직시키고 해고일부터 복직일까지 임금 상당액을 지급하라'는 내용으로 재심판정(이하 '이 사건 재심판정')을 하였습니다. 피고는 위 재심판정의 취소소송을 제기하였다가 2018. 5. 19. 소를 취하하였습니다.

한편 피고는 2013. 1. 7. 원고에게 보직을 부여하지 않은 채 2013. 1. 9. 08:00까지 공장 인사팀으로 출근하라는 내용으로 배치대기의 인사발령을 하였습니다(이하 '이 사건 배치대기발령'). 그러나 원고는 이 사건 배치대기발령에 불응하여 출근하지 않았습니다. 피고는 2016. 12. 7. '원고가 이 사건 배치대기발령이 있은 2013. 1. 7.부터 현재까지 총 927일간 무단결근을 지속하며 근로제공을 거부하였다'는 사유로 원고에 대한 해고를 의결하고 2016. 12. 20. 이를 원고에게 통보하였습니다.[1)]

원고는 이 사건 소송을 통해 ① 2005. 2. 2.자 해고 이후 기간(2005. 2. 2.~2016. 12. 19.)에 대한 임금 및 ② 피고 노사가 체결한 단체협약 제36조(가산금 조항[2)])에 따른 징계가산금(평균임금의 2배)을 청구하였습니다. 다만, 원고는 항소심에서 임금 청구 중 일부 기간(2014. 4. 1.~2016. 12. 19.)에 대한 임금 청구를 취하하였다가 이를 번복하고 취하한 부분을 다시 추가하였습니다.

---

1) 2016. 12. 20.자 해고의 정당성은 이 사건의 쟁점이 아니었습니다.

2) 해고가 노동위원회 또는 법원의 판결에 의해 부당징계로 판명되었을 때에는 피고는 판정서 혹은 결정서 접수당일부로 징계무효 처분을 하고 원직복직명령을 하며 임금 및 해고 기간의 평균임금의 200%를 즉시 가산 지급한다.

## 2. 판결 요지

### 가. 재소금지원칙 위반 및 가산금 조항의 적용 여부

원심은 원고들이 2014. 11. 19.자 청구취지변경신청서 진술을 통하여 임금 및 가산금 청구의 일부를 감축한 후 다시 같은 청구를 추가한 것은 재소금지에 관한 민사소송법 제267조 제2항에 위반되어 부적법하다고 판단하였습니다. 대법원 역시 원심 판단이 정당하다고 보았습니다.

대법원은 가산금 조항의 취지를 피고의 부당한 해고처분을 억제하고 해고처분이 부당하다고 판명되었을 때 근로자를 신속하게 원직에 복귀시키도록 하기 위한 것으로 보았습니다. 따라서 피고가 근로자에 대하여 징계권을 행사한 것이거나 징벌적 조치를 취한 경우에 한하여 해고된 근로자가 가산금 조항의 적용을 받을 수 있다고 보았고, 해고처분이 무효라는 점이 노동위원회나 법원에서 판명되어야 한다는 점을 지적하였습니다. 그리고 다음과 같은 사정을 고려하면 원고가 피고를 상대로 이 사건 가산금 조항에 따른 가산금을 청구할 수 없다고 판단하였습니다.

1) 2010. 7. 22.에야 원고와 피고 사이의 파견근로관계 성립을 인정하는 선행 대법원 판결이 선고되었고, 이는 피고와 피고의 사내협력업체 근로자 사이의 파견근로관계 성립을 인정한 최초의 대법원 판결임.

2) 피고가 2005. 2. 2.경 원고에 대하여 사업장 출입을 금지한 것은 'A의 근로자임'을 전제로 하여 원고가 A에서 해고되었음을 이유로 한 조치임. 피고가 원고를 자신의 근로자로 인식하여 징계권을 행사하거나 징벌적 조치를 취한 것으로 보이지 않음.

### 나. 배치대기발령의 정당성 및 결근한 기간에 대한 임금지급의무 존부

대법원은 부당해고된 근로자의 복직과 관련하여 사용자의 경영상 필요, 작업환경의 변화 등을 고려하여 종전의 일과 다소 다르더라도 정당하게 복직시킨 것으로 볼 수 있다는 판례 법리(대법원 2013. 2. 28. 선고 2010다52041 판결 등)와 사용자가 부당해고한 근로자를 복직시키면서 일시적인 대기발령을 하는 경우 그 대기발령이 아무런 보직을 부여하지 않는 인사명령이라는 이유만으로 위법하다고 볼 것은 아니라는 판례 법리(대법원 2023. 7. 13. 선고 2020다253744 판결 등)를 재확인하였습니다.

그리고 다음과 같은 사정을 고려하면 이 사건 배치대기발령은 그 필요성과 상당성이 인정되어 정당하므로 원고가 이에 불응하여 출근하지 않은 것은 정당한 사유가 있다고 보기 어렵기에 해당 기간 동안 피고의 임금지급의무를 인정하지 않았습니다.

1) 원고는 해고시점부터 7년 이상 경과한 후 복직하는 것이었으므로, 피고로서는 그 사이에 이루어진 작업방식의 변화, 원고의 업무수행능력, 각 공정의 배치수요를 살펴 원고에게 합당한 보직을 부여할 필요가 있었음.

2) 원고는 비정규직 근로자의 정규직 전환을 요구하며 2012. 10.경부터 철탑농성을 시작하여 이 사건 배치대기발령을 받고도 이에 불응한 채 2013. 8. 8.까지 농성을 하였음. 원고가 농성을 종료한 후 2013. 8. 26.부터 출근하겠다는 의사를 밝힘에 따라 피고는 3주간의 직무교육을 편성하여 준비하였는데, 원고는 위 일자에 출근하지 않고 면담을 요구하였음. 이에 피고가 원고와 수차례 면담을 하면서 3~4주의 대기발령기간 동안 직무교육을 거쳐 구체적 업무에 배치할 것임을 밝혔으나, 원고는 피고가 가산금 조항을 적용하지 않고 원직복직을 시키지 않는다는 등의 이유로 출근을 거부하였음.

3) 원고는 피고와 구 파견법상 고용간주의 효과로 근로자의 지위를 획득한 근로자일 뿐, 피고와 직접 근로계약을 체결하여 근로조건을 형성한 적이 없었음. 원고와 피고 사이

에 현실적인 근로관계 형성을 위해서는 인사관리를 위한 서류를 제출하고 피고의 근로자들에게 실시되는 직무교육을 받는 등 현실적인 고용절차가 이루어질 필요가 있었음.

4) 피고는 대기발령기간에 대하여도 급여를 전부 지급하므로 원고에게 경제적 불이익이 발생하는 것이 아니었고, 출근장소 역시 공장 내 인사팀이어서 출퇴근에 불편함이 가중되는 것도 아니었음.

5) 피고는 이 사건 재심판정으로 원직복직 구제명령을 받은 후 8개월이 지나서야 이 사건 배치대기발령을 하였는데, 그 사이에 피고는 B노동조합과 원고의 복직 문제를 포함하여 사내협력업체 근로자의 정규직 전환에 관한 특별협의를 13차례 진행하였음. 그리고 2012. 12.경 그 특별협의가 C노동조합 D지회의 반대로 무산되자 이 사건 배치대기발령을 하였음. 이러한 경위에 비추어 피고가 이 사건 재심판정을 받은 후에도 계속하여 원고의 복직을 부당하게 지연시킬 의도를 가졌다고 보기 어려움.

## 3. 의의 및 시사점

첫째, 대상판결은 구 파견법 위반에 따른 고용간주 및 부당해고를 인정하면서도, 단체협약상 부당해고에 대한 가산금 조항의 적용 여부를 '해고 당시 사용자의 주관적 인식'에 따라 제한적으로 해석하였습니다.

둘째, 대상판결은 부당해고로 판단된 이후 원직복직의무의 내용 및 형태와 관련하여, 반드시 즉각적인 원직(또는 이와 유사한 직무)으로의 복직이 아니라, 당사자 및 사업장의 구체적 사정을 고려하여 직무교육 등에 필요한 합리적 범위 내의 대기발령도 원직복직의무 이행으로서 정당하다고 판단하였습니다. 참고로, 대법원은 같은 날 대상판결의 법리를 기초로 일시적인 대기발령에 불응하여 무단결근한 근로자를 징계해고한 것이 정당하다고 판단하기도 하였습니다(대법원 2024. 1. 4. 선고 2019두34807 판결).

# 실효된 대기발령에 대해 노동위원회에 구제신청을 할 이익을 인정한 대법원 판결

대상판결 : 대법원 2024. 9. 13. 선고 2024두40493 판결

## 1. 사안의 개요

원고 회사는 2021. 3. 8. 총무부장으로 근무하던 피고보조참가인(이하 '참가인')을 총무부 민원지도팀장으로 보직을 변경하였습니다(이하 '이 사건 인사발령'). 참가인은 2021. 3. 12. 육아휴직을 신청하면서 휴직신청기간을 2021. 4. 15.부터 2022. 4. 14.까지로 하였는데, 2021. 3. 31. 원고 회사로부터 2021. 4. 1.자 대기발령을 받았습니다(이하 '이 사건 대기발령').

참가인은 노동위원회에 이 사건 인사발령과 이 사건 대기발령에 대한 구제신청을 하였고, 중앙노동위원회는 참가인의 이 사건 인사발령과 이 사건 대기발령에 대한 구제신청을 모두 받아들이는 취지의 재심판정을 하였습니다. 이에 원고 회사가 중앙노동위원회 재심판정 취소 청구의 소를 제기하였습니다.

원심은 참가인의 구제신청 당시 이 사건 대기발령이 실효되었다는 이유로 이 사건 대기발령에 관해 참가인이 구제명령을 받을 이익이 존재하지 않는다고 판단하였습니다.

한편, 원고 회사의 취업규칙과 인사 및 복무규정은 대기발령 기간을 승진소요기간에 산입하지 않는다는 취지의 규정을 두고 있습니다. 또한 원고 회사의

취업규칙과 급여규정은 급여를 기본급과 제수당으로 구분하면서, 대기발령자에게는 기본급만 지급한다는 취지의 규정도 두고 있습니다.

## 2. 판결 요지

대상판결은 참가인이 이 사건 대기발령으로 인하여 승진에 제한을 받고 보수가 감액되는 등의 불이익을 입게 된 점을 고려하였습니다. 그렇다면 참가인이 이 사건 대기발령에 대한 구제신청을 하기 전인 2021. 4. 15.부터 육아휴직 기간이 개시되면서 이 사건 대기발령이 실효되었다고 가정하더라도, 참가인이 구제신청 당시 원고 회사의 근로자 지위를 유지한 채 위와 같은 불이익에서 회복되지 못한 상태에 있었다면 참가인으로서는 이 사건 대기발령에 대한 구제를 신청할 이익이 있었다고 봄이 타당하다고 판단하여 원심판결 중 대기발령에 관한 부분을 파기하였습니다.

한편, 대상판결은 이 사건 인사발령은 원고의 인사권 범위 내에서 행사된 것으로서 정당하다고 보아 원심판결 중 인사발령에 관한 부분은 그대로 확정하였습니다.

## 3. 의의 및 시사점

판례는 대기발령은 근로자가 현재의 직위 또는 직무를 장래에 계속 담당하게 되면 업무상 장애 등이 예상되는 경우에 이를 예방하기 위하여 일시적으로 해당 근로자에게 직위를 부여하지 않음으로써 직무에 종사하지 못하도록 하는 잠정적인 조치를 의미한다고 설명합니다(대법원 2011. 10. 13. 선고 2009다86246 판결 등 참조).

대기발령이 장래를 향하여 실효되더라도 대기발령에 기하여 발생한 효과는 특별한 사정이 없는 한 소급하여 소멸하지 않으므로, 취업규칙 등에서 대기발령에 따른 효과로 승진·승급에 제한을 가하는 등의 법률상 불이익을 규정하고 있는 경우 대기발령을 받은 근로자는 이러한 법률상 불이익을 제거하기 위하여 그 실효된 대기발령에 대한 구제를 신청할 이익이 있습니다(대법원 2010. 7. 29. 선고 2007두18406 판결 참조).

이 사건 근로자는 2021. 3. 12. 육아휴직을 신청하였고, 이후 2021. 4. 15.을 시작일로 하는 육아휴직 기간에 들어가기 전인 2021. 4. 1.자로 대기발령을 받았습니다. 그 결과 이 사건 회사의 취업규칙에 따라 1) 대기발령 기간이 승진소요기간에 산입되지 아니하며, 2) 대기발령 시부터 육아휴직 시작 시점인 2주간 제수당이 제외된 기본급만 지급받는다는 불이익이 있었습니다.

이에 대하여 대상판결은 육아휴직의 개시로 대기발령이 실효되었다고 가정하더라도, 참가인 근로자가 구제신청 당시 원고 회사의 근로자 지위를 유지한 채 위와 같은 불이익에서 회복되지 못한 상태에 있었다면 참가인으로서는 이 사건 대기발령에 대한 구제를 신청할 이익이 있다고 판단하였습니다. 따라서 기존에 내린 대기발령이 실효되더라도 이미 근로자에게 발생한 불이익이 있으며 그러한 불이익이 치유되지 않았다면, 여전히 구제신청의 이익이 존재하는 것으로 보았습니다.

# 저성과자에 대한 해고가 정당하다고 판단한 사례

대상판결 : 서울고등법원 2024. 3. 22. 선고 2023나2024051 판결

## 1. 사안의 개요

피고는 자동차 산업 관련 사업을 영위하고 있는 회사입니다. 원고는 2001. 10. 1. 피고 회사에 입사한 근로자입니다.

피고는 2016년부터 2018년까지 누적 업무평가결과 평균 C+ 미만자를 대상으로 저성과자 프로그램을 시행하기로 하였고(이하 '1차 저성과자 프로그램'), 피고의 직원 1,895명 중 원고를 포함한 29명을 대상자로 선정하였습니다. 원고에 대한 1차 저성과자 프로그램은 2019. 8. 1.부터 2019. 10. 31.까지 이루어졌는데 원고는 최종평가에서 역량 향상 목표 달성 정도에 관하여 C등급을, 성과 향상 목표 달성 정도에 관하여 D등급을 부여받았습니다.

1차 저성과자 프로그램 후 22명은 직무로 복귀하였고 원고를 포함한 나머지 3명에 대해서는 재차 저성과자 프로그램이 시행되었습니다(이하 '2차 저성과자 프로그램'). 원고는 해당 평가에서도 역량 향상 목표 달성 정도에 관하여 D등급을, 성과 향상 목표 달성 정도에 관하여 D등급을 부여받았습니다.

피고는 2020. 6. 1.부터 원고에게 2개월간의 대기발령(이하 '1차 대기발령')을 명하였는데, 원고는 대기발령 중 실시된 두 차례의 코딩테스트에서 모두

0점을 받아 D등급 평가를 받았습니다. 이에 피고는 원고에게 2020. 8. 1.부터 1개월간 대기발령 연장을 명하였는데(이하 '2차 대기발령'), 원고는 해당 기간 동안 진행된 코딩테스트에서도 평균 1.6점을 받아 D등급 평가를 받았습니다.

이에 따라 피고는 원고의 근무태도 및 근무성적이 극히 불량하고 개선의 여지가 없다고 판단하여 원고를 해고하였습니다(이하 '이 사건 해고').

## 2. 판결 요지

제1심 법원은 원고의 근무능력이 상당한 기간 동안 일반적으로 기대되는 최소한에도 미치지 못하고 향후에도 개선될 가능성을 인정하기 어려워 사회통념상 고용관계를 계속할 수 없는 경우에 해당한다고 봄이 타당하다고 판단하였습니다. 구체적인 근거는 아래와 같았습니다.

가. 피고는 원고에게 단순 장애접수 업무 외에 컴퓨터 시스템 관련 업무를 부여하였다. 또한 피고는 원고에게 기술사 자격증 취득을 위한 준비를 하도록 지시하였고 관련 서적을 지급하는 등으로 원고의 업무역량 강화를 지원하였다. 피고가 부당하게 원고에게 업무를 부여하지 않았다거나 그로 인하여 원고가 정상적인 업무능력을 유지하지 못하게 되었다고 보기는 어렵다.

나. 원고는 ① 근무시간 중 사적인 통화와 냉방 문제로 자주 장기간 이석 행위를 하였고, ② 교육 및 근태 사항을 관리자의 승인 없이 일방적으로 통지하고 이를 지적 받았음에도 개선하지 않았으며, ③ '해도 저평가이고 안 해도 저평가인데 무엇을 하라고 하나'고 불만을 표시하는 등 부적절한 근무태도를 보이기도 하였다.

다. 1, 2차 저성과자 프로그램 중 원고는 포털 시스템에 대한 분석 · 개선 업무를 부여받았는데, 1차 저성과자 프로그램에서는 보고서를 제출하지 않았고, 2차 저성과자 프로그램에서는 개선 계획서만을 제출하고 실질적인 개선 업무는 수행하지 않았다.

라. 1, 2차 대기발령 기간 중에도 1, 2차 저성과자 프로그램에서 요구한 것과 동일한 방식으로 평가가 이루어졌는데 원고는 0점에 가까운 점수를 받았다.

마. 업무 평가와 관련하여 피고는 원고가 수행한 업무의 내용, 평가의 근거가 된 행위 등을 구체적으로 특정하여 평가서를 작성하였고 달리 피고가 원고에게 불이익을 주기 위하여 의도적으로 부적절한 평가기준을 적용하였다고 볼만한 사정은 없다.

대상판결 역시 이 사건 해고 처분의 정당성을 인정하였습니다. 대상판결은 아래와 같은 사정을 추가적으로 지적하였습니다.

가. 저성과자로 선정되는 인원은 전체 직원 중 약 1% 내외(2015년 1%, 2016년 0.8%, 2017년 1.6%)에 해당하는 소수이고, 저성과자 프로그램 대상이 된 직원의 상당수는 직무로 복귀하였는바, 원고에 대한 저성과자 프로그램이 원고를 해고할 목적으로 시행되었다고 인정하기에 부족하고, 달리 이를 인정할 증거가 없다.

나. 업무평가는 근태관리, 증빙자료 미제출, 자격증 미취득, 납기 미준수 등 객관적 지표에 대한 평가에 기반하여 이루어졌으며, 코딩테스트에 대하여는 획득점수를 기준으로 하는 정량평가를 통하여 이루어졌던 점 등에 비추어 보면, 원고에 대한 업무평가가 부당하게 이루어졌다고 볼 수 없다.

다. 원고는 시스템 개발 및 운영업무를 정상적으로 수행하기 위하여 필요한 기본적인 프로그래밍 역량을 갖추지 못하였다고 보인다. 원고는 2016년도 이후부터 2020년도까지 일관되게 최하위, 최저점의 평가를 받았으며, 저성과자 프로그램에서도 개선의지와 성과를 보여주지 못하였다. 특히 피고는 원고에게 일정한 기간 직무부담을 완전히 면제하고 업무역량과 성과 향상에 전력을 다할 수 있도록 2개월 간 대기명령을 하는 등 저성과자 프로그램 시행 이후 실제로 이 사건 해고에 나아가기 전까지 해고를 회피하기 위한 노력을 보였다.

## 3. 의의 및 시사점

최근 법원에서는 저성과자에 대한 해고가 적법하다는 취지의 판결이 종종 선고되고 있습니다(대법원 2023. 12. 28. 선고 2021두33470 판결, 대법원 2021. 2. 25. 선고 2018다253680 판결). 대상판결 역시 저성과자 해고의 정당성을 인정한 사례로서, 향후 저성과자 프로그램 운영과 인사조치에 참고가 될 수 있습니다.

한편, 대상판결은 대법원 2024. 7. 12. 자 2024다234598 판결로 확정되었습니다.

# 부당해고된 근로자가 복직하여 원직 아닌 업무를 수행하였을 경우 원직을 기준으로 소급임금 및 임금을 지급해야 하고, 원직 아닌 업무를 수행하여 지급받은 임금은 중간수입 공제가 아닌 전액을 공제하여야 한다고 판단한 사례

대상판결 : 대법원 2024. 4. 12. 선고 2023다300559 판결

## 1. 사안의 개요

피고 법인은 2020. 4. 3.자로 피고 법인이 운영하는 중증 장애인 요양 거주시설(이하 '이 사건 시설') 원장이었던 원고를 징계해고하였습니다. 이에 원고는 전북지방노동위원회에 징계해고가 부당하다고 주장하며 구제신청을 하였고, 전북지방노동위원회는 2020. 8. 13. 원고를 해고한 것은 부당해고에 해당한다고 판정하였습니다. 그럼에도 피고 법인은 2020. 9. 15.경 이 사건 시설 원장을 따로 채용하였고, 2020. 9. 25. 원고를 이 사건 시설의 생활재활교사로 입사하도록 복직명령을 하여 원고는 2020. 10. 5. 부터 2021. 9. 24.까지 생활재활교사로 근무하면서 임금을 지급받았습니다.

이에 원고는 위와 같은 복직 명령은 정당한 원직 복직으로 볼 수 없다고 주장하면서, 해고 시부터 원직 복직이 이루어질 때까지 기간 동안 원장으로 근무하였다면 받을 수 있었던 임금 상당액 및 지연손해금 등을 피고 법인에 청구하였습니다.

## 2. 원심의 판단

원심은, 근로자가 부당해고된 경우 사용자가 그 해고 기간 중의 임금을 지급함에 있어서는 휴업수당에 관한 근로기준법 제46조가 적용되어 휴업수당의 범위 내의 금액은 중간수입으로 공제할 수 없고 휴업수당을 초과하는 금액만을 중간수입으로 공제할 수 있다는 기존의 법리(대법원 1993. 11. 9. 선고 93다37915 판결 등 참조)를 확인하였습니다. 그리고 이러한 법리는 근로자가 해당 사용자의 사업장에 복귀하여 근로를 제공하고 급여를 수령한 경우에도 동일하게 적용되는 것으로 보았습니다. 따라서 원고가 이 사건 시설에 복직 후 생활재활교사로 근무하여 급여를 수령하였다고 하더라도, 피고 법인이 해고 기간 중의 임금을 지급함에 있어서는 원고가 원장으로 근무하였을 경우 받을 수 있는 임금액의 70%를 초과하는 범위에서만 중간수입으로 공제 가능하다고 보았습니다.

## 3. 대상판결의 요지

대법원은 사용자가 부당하게 해고한 근로자를 원직이 아닌 업무에 복직시켜 근로를 제공하게 하였다면 근로자는 사용자에게 원직에서 지급받을 수 있는 임금 상당액을 청구할 수 있는 것으로 보았습니다. 그런데 이러한 경우 근로자가 복직하여 실제 사용자에게 근로를 제공한 이상 휴업하였다고 볼 수는 없으므로, 근로기준법 제46조를 적용하여 휴업수당을 초과하는 금액의 범위 내에서 중간수입을 공제할 수는 없다고 보았으며 원직이 아닌 업무를 수행하여 지급받은 임금은 그 전액을 공제해야 하는 것으로 판단하였습니다. 그리고 이와 달리 판단한 원심을 파기하였습니다.

## 4. 의의 및 시사점

휴업에는 개개의 근로자가 근로계약에 따라 근로를 제공할 의사가 있음에도 불구하고 그 의사에 반하여 취업이 거부되거나 또는 불가능하게 된 경우도 포함되므로 근로자가 사용자의 귀책사유로 인하여 해고된 경우에도 위 휴업수당에 관한 근로기준법이 적용될 수 있습니다. 그리고 이 경우에 근로자가 지급받을 수 있는 해고 기간 중 임금액 중 위 휴업수당의 한도에서는 위 중간수입공제의 대상으로 삼을 수 없고, 그 휴업수당을 초과하는 금액범위에서만 공제하여야 합니다(대법원 1991. 12. 13. 선고 90다18999 판결, 대법원 1993. 11. 9. 선고 93다37915 판결 등 참조). 따라서 근로자가 해고기간 중 다른 직장에 종사하며 얻은 수입이 있는 경우에는, 다른 직장에서 근로하면 받은 임금 전체가 아니라 휴업수당을 초과하는 금액의 범위에서만 공제가 됩니다.

원심은 위 법리에 기초하여 원고가 피고의 귀책사유로 인해 복직한 이후에도 원장이 아니라 생활재활교사로 근무하였으므로, 원장으로 근무하였더라면 받을 수 있었던 임금의 30% 범위(즉, 휴업수당 70%를 제외한 범위) 내에서 중간이익이 공제될 수 있다고 보았습니다. 원심은 원고가 원장으로 근로를 제공할 의사가 있음에도 불구하고 그 의사에 반하여 원장으로 근로를 제공할 수 없었다는 점에 주목한 것으로 보입니다.

그러나 대상 판결은 근로자가 복직을 하여 근로한 이상 휴업수당에 관한 법리가 그대로 적용될 수 없고, 생활재활교사로 근무하면서 받은 임금 전체가 공제되어야 한다고 판단하였습니다. 이는 어떠한 형태로든 사용자의 사업장에서 근로를 제공한 이상, 근로기준법상 '휴업'으로 볼 수 없다는 점을 중요하게 고려한 것으로 보입니다.

# 코로나19 당시 관광호텔이 특정 사업부문을 폐지하고 단행한 경영상 해고의 정당성을 인정한 사례

대상판결 : 대법원 2024. 12. 12. 자 2024두52465 판결

## 1. 사안의 개요

피고보조참가인(이하 '이 사건 사용자')은 서울 중구에 위치한 A호텔(이하 '이 사건 호텔')을 경영하고 있는 사용자이고, 원고 1 내지 10(이하 '이 사건 근로자들')은 이 사건 사용자 회사에 입사하여 이 사건 호텔에 근무하였던 자들입니다.

이 사건 사용자는 코로나바이러스감염증-19(이하 '코로나19')로 극심한 경영상의 위기를 겪던 중 이 사건 호텔의 식음료사업부문을 폐지(이하 '이 사건 조직개편')하였고 근로자대표와 협의를 거쳐 2021. 12. 10.자로 정리해고(이하 '이 사건 정리해고')를 단행하였습니다.

정리해고된 근로자들과 노동조합은 이 사건 정리해고가 근로기준법상 정리해고의 요건을 갖추지 못한 부당해고이자 특정 노동조합(이하 '이 사건 지부')에 대한 불이익 취급 또는 지배・개입의 부당노동행위에 해당함을 이유로 노동위원회에 구제신청을 제기하였으나, 노동위원회가 이를 모두 기각하자, 중앙노동위원회 재심판정의 취소를 구하는 소를 제기하였습니다.

## 2. 판결 요지

제1심과 원심은, 아래와 같은 사정으로 미루어 보아 이 사건 정리해고는 근로기준법 제24조에서 정한 (i) 긴박한 경영상의 필요성, (ii) 해고 회피 노력, (iii) 합리적이고 공정한 기준에 따른 대상자 선정, (iv) 해고 50일 전 통보 및 근로자 대표와 성실한 협의의 요건을 모두 갖추어 정당하고, 불이익 취급 및 지배・개입의 부당노동행위에 해당하지도 않는다고 보았습니다. 대법원도 원심의 판단이 타당하다고 보아 원고들의 상고를 기각하였습니다(심리불속행기각).

[정리해고의 정당성 여부]

가. 긴박한 경영상의 필요성

1) 코로나19로 인하여 대한민국을 방문하는 외국인 관광객 수가 급격히 감소하였고, 이는 이 사건 사용자의 사업에 악영향을 미쳤다.
2) 2021년 기준 이 사건 사용자의 유동부채(약 352억 원)는 유동자산(약 4억 원)을 약 348억 원 초과하고 있었고, 더 이상의 운영자금 대출이 어려운 상황이었다.
3) 이 사건 호텔의 객실 점유율 및 객실 단가가 급격하게 하락함에 따라, 객실 부문은 2020년 약 48억 원의 영업손실이 발생하게 되었다.
4) 이러한 경영상 위기는 코로나19로 인하여 발생한 것인데, 이 사건 정리해고 무렵 이 사건 사용자가 코로나19 관련 문제가 가까운 시일 내에 해소될 것이라고 전망하기 어려웠을 것으로 보인다.
5) 이 사건 호텔이 2021. 10. 1. 객실 부문은 유지하되 시설팀과 식음료사업 부문을 폐지하는 이 사건 조직개편을 함에 따라 일정 부분의 유휴인력이 발생하게 되었다.
6) 매출액 대비 인건비 비중이 급격하게 상승함에 따라 고정적인 인건비 지급이 이 사건 호텔의 재무 상태에 미치는 영향력이 더욱 가중되었다.

나. 해고 회피를 위한 노력

1) 이 사건 사용자는 무급휴직, 고용유지지원금을 통한 유급휴직, 휴가비 등 임금 삭

감, 연차휴가 소진 및 복리후생 부문 감축, 골프회원권 매각 및 당진목장 매도 시도, 희망퇴직 실시 등의 다양한 해고 회피 노력을 하였다.

2) 이 사건 사용자는 2021년에도 희망퇴직을 실시하였고 조직개편을 통해 식음료사업 부문을 폐지하였는데 이러한 상황에서 이 사건 사용자에게 유휴인력에 대한 직무교육 · 전환배치 등 추가적인 노력을 통하여 고용을 유지하고 해고 규모를 최소화할 여력이 충분하지 않았던 것으로 보인다.

다. 합리적이고 공정한 기준에 따른 대상자 선정

1) 이 사건 정리해고의 해고대상자 선정기준은 인사고과 성적, 상벌 사항, 외국어 구사 능력, 근속연수, 부양가족, 다른 가족의 소득, 재산보유, 장애 유무의 9개 항목으로 구성되어 있다. 그중 인사고과 성적, 상벌 사항, 외국어 구사 능력은 사용자의 업무상 필요에 따른 요소에 해당하고, 근속연수, 부양가족, 다른 가족의 소득, 재산보유, 장애 유무는 근로자의 개별적인 보호를 위한 요소에 해당한다. 사용자측 요소가 다소 우위에 있기는 하나 근로자의 개별적인 보호를 위한 요소 역시 적정하게 포함된 것으로 보인다.

2) 이 사건 정리해고의 해고대상자 선정기준 중 '인사고과 성적' 평가항목은 합리성과 공정성이 인정된다. 인사고과표에 따른 근무평정의 기준이 객관적이고 공정하지 않다고 보기 어려우며, 인사고과표에 따라 평가가 실시된다는 것이 직원들에게 충분히 공지되었다. 인사고과를 기초로 한 연봉책정 결과 통보 및 이의신청 등 불복절차를 보장하여 절차의 공정성도 어느 정도 인정된다.

3) 이 사건 정리해고의 해고대상자 선정기준 중 '외국어 구사 능력' 평가항목 역시 합리성과 공정성이 인정된다. 호텔 객실 영업의 특성상 직원의 외국어 능력이 요구되므로, 외국어 구사 능력을 평가항목으로 설정할 필요성이 존재하며, 불이익을 최소화하기 위하여 응시만 하더라도 기본점수로 1.5점을 부여하였다.

4) 결과적으로 이 사건 지부 소속인 원고들만이 해고대상자로 선정되었다는 사정만으로 그 선정 결과에 합리성이나 상당성이 없다고 보기는 어렵다.

라. 해고 50일 전 통보 및 근로자 대표와 성실한 협의

1) 이 사건 사용자는 과반수 노동조합이 존재하지 않는 상황에서, 이 사건 지부를 대표하는 근로자 1명, R노동조합을 대표하는 근로자 1명, 비조합원을 대표하는 근로자 1명을 민주적인 방법에 따라 선출하여 이들을 구조조정 협의체 구성원으로 하

는 것을 제안하였는데, 이러한 구조조정 협의체 구성 방안에 합리성이 결여되었다고 보기 어렵다.

2) 이 사건 사용자가 이 사건 지부에 여러 차례에 걸쳐 구조조정 협의체 참석을 요청하였음에도 불구하고 이 사건 지부는 합리적 이유 없이 불참 의사를 밝히면서 이 사건 정리해고를 포함한 구조조정에 관한 협의를 전면적으로 거부하였다.

3) 구조조정 협의체는 1차 회의부터 16차 회의에 이르기까지 이 사건 정리해고 등에 관하여 논의를 하였고, 구조조정 협의체를 통하여 이 사건 정리해고에 관한 실질적인 협의가 충분히 진행되었던 것으로 보인다.

4) 이 사건 사용자는 이 사건 지부와의 10차례에 걸친 개별교섭 과정에서 이 사건 지부를 상대로 경영 상황에 따른 구조조정의 불가피성, 이 사건 사용자의 해고 회피 노력, 이 사건 정리해고의 해고대상자 선정기준 등에 관하여 설명하고자 노력하였다.

5) 이 사건 지부는 이 사건 정리해고의 해고대상자 선정기준 등에 반대하면서 정리해고의 중단을 요구하였을 뿐, 해고대상자 선정기준 등에 관하여 구체적인 의견을 적극적으로 개진하지 않았던 것으로 보이고, 조합원들에게 부양가족 등에 관한 필요서류를 제출하지 말 것을 요구하기도 하였다. 이 사건 지부와 실질적인 협의가 진행되지 않은 것에 대하여 이 사건 사용자에게만 책임을 묻기는 어려운 것으로 판단된다.

[부당노동행위 성립 여부]

1) 이 사건 정리해고는 앞서 본 바와 같이 근로기준법 제24조의 요건을 충족하여 정당한 것으로 판단된다.

2) 이 사건 사용자가 이 사건 지부에 수차례 구조조정 협의체 참석을 요청하였으나 이 사건 지부가 합리적 이유 없이 불참의사를 밝혀 이 사건 정리해고에 관한 협의를 전면적으로 거부하였다. 이에 비추어 보면 이 사건 지부의 대표자가 구조조정 협의체에 참석하지 않게 된 것에 대하여 이 사건 사용자에게 부당노동행위의 의사가 있었다고 보기 어렵다.

3) 이 사건 정리해고의 해고대상자 선정기준에 따른 해고대상자 선정결과에는 합리성과 상당성이 있는 것으로 보이고, 선정기준이 오로지 이 사건 지부 조합원들의 노동조합 가입 내지 활동에 대한 불이익을 부과하거나 가입된 노동조합에 따른 차별적 처우를 위하여 마련되었다고 볼 만한 사정은 보이지 않는다.

4) 이 사건 지부 소속인 이 사건 근로자들만이 해고대상자로 선정되기는 하였으나 이는 이 사건 지부의 지시에 따라 이 사건 근로자들이 외국어시험에 미응시하고 부양가족 등에 관한 필요서류를 제출하지 않은 것을 원인으로 하는 것이어서 결과적으로 이 사건 사용자에게 부당노동행위의 의사가 있었다고 보기는 어렵다.
5) 이 사건 정리해고 이후로 이 사건 지부의 조합원 규모가 축소되었다는 사정만으로 이 사건 사용자에게 부당노동행위의 의사가 있었다고 보기는 어렵다.

### 3. 의의 및 시사점

근로기준법 제24조에 따른 경영상 이유에 의한 해고의 요건 중 첫 번째로 문제되는 것은 '긴박한 경영상의 필요성'입니다. 대상판결은 코로나19로 인하여 매출액, 영업이익 등 재무상태에 큰 타격을 받은 호텔 사업장의 긴박한 경영상의 필요를 인정하여 정리해고의 정당성을 확인한 점에서 의미가 있습니다.

또한, 대상판결은 결과적으로 특정 노동조합의 근로자들만이 해고대상자로 선정되었음에도 불구하고, 그러한 사실만으로 사용자의 부당노동행위의사를 인정하지 않았다는 점에서 주목할 만합니다.

# 경비원을 직접 고용해 관리하던 아파트입주자대표회의가 경비원들을 해고하고 외주 업체에 위탁관리를 한 것에 대하여 경영상 해고의 정당성을 인정한 사례

대상판결 : 대법원 2024. 5. 30. 선고 2020두47908 판결

## 1. 사안의 개요

원고(아파트 입주자대표회의)는 경비업무에 대한 관리방법을 자치관리에서 위탁관리로 변경하면서, 직접 고용한 소속 경비원들을 경영상 해고하였습니다. 원고는 경비원들을 해고하는 대신 '경비원 전원 고용보장', '기존 급여 보장', '정년 70세로 연장(기존 60년)', '용역업체가 임의로 해고할 수 없도록 기존 경비원 고용 지속 보장 장치 마련' 등을 보장사항으로 내걸었으나, 경비원들은 이에 반발하며 부당해고 구제신청을 하였습니다.

## 2. 제1심 판단의 요지

제1심 법원은 '경비업무에 대한 관리방법으로 자치관리 방식보다 위탁관리 방식이 관리비용, 노무관리, 업무의 효율 등에서 우월하다는 정도만으로는 정리해고의 필요성을 인정하는 등 그 요건을 완화하여 해석할 수 없다'는 전제 아래, 긴박한 경영상의 필요가 없으므로 경영상 이유에 의한 해고로서 정당하지 않다고 판단하였습니다.

### 3. 제2심 판결 및 대상판결의 요지

그러나 제2심 법원은 아래와 같은 점을 들어 경비원에 대한 해고는 경영상 이유에 의한 해고로서 정당하다고 판단하였고, 이는 대법원에서 확정되었습니다.

- ◦ 경비원에 대한 해고는 공동주택관리법 개정에 따른 경비업무 관리 운영상의 어려움, 원고의 전문성 부족과 관리능력 결여, 최저임금 인상과 퇴직금 부담 증가 등 비용상의 문제 등을 이유로 아파트의 경비업무에 대한 관리방식을 자치관리에서 위탁관리로 변경하기로 함에 따른 것으로서 객관적 합리성을 인정할 수 있으므로, 경영상 이유에 의한 해고로서 '긴박한 경영상의 필요'가 있다고 인정된다.

- ◦ 이 사건 아파트 경비업무의 위탁관리 용역계약 체결을 입찰에 부치면서 경비원 등의 연령은 70세 미만으로 함을 원칙으로 하되 현재 근무자를 고용할 때에는 연령 제한을 받지 않도록 하였고, 기존 근무 중인 경비원에 대한 고용은 전원 보장되어야 한다는 점 등을 조건으로 제시하였으므로 아파트 입주자대표회의는 해고 회피의 노력을 다하였다.

- ◦ 아파트 입주자대표회의는 이 사건 아파트의 경비업무 전체를 외부업체에 위탁하면서 경비원 전부를 해고하고, 이들 전부의 고용보장을 조건으로 제시하였으므로, 해고의 기준에 차별이 없어 합리적이고 공정하다고 볼 수 있다.

- ◦ 해고일로부터 50일 전에 노동조합에 협의일정을 통지하고, 노사협의 회의를 개최하는 등 노동조합과 성실하게 협의를 거친 것으로 보인다.

- ◦ 위 협의의 대상은 해고를 피하기 위한 방법이나 해고의 기준 등이고, 이 사건에서 관리방식 변경 여부 자체도 협의의 대상으로 포함하여야 한다고는 보이지 않으며, 정리해고의 협의 절차에 관한 위 법리에 비추어 보더라도 위와 같은 사정만으로 이 사건 해고가 협의 절차에 흠이 있어 무효라고 볼 수는 없다.

## 4. 의의 및 시사점

대법원은 공동주택 입주자들이 공동주택을 자치관리하다가 위탁관리하는 것으로 방식을 변경하는 것은 사업의 폐지라고 볼 수 없고, 그로 인한 관리직원의 해고는 경영상 이유에 의한 해고에 해당한다고 판시한 바 있습니다(대법원 2011. 3. 24. 선고 2010다92148 판결 참조). 대상판결은 위 대법원 판례를 그대로 유지하여, 근로기준법 제24조의 요건 충족 여부를 검토한 다음 경영상 해고가 유효하다고 판단했습니다.

일반적으로 경영상 해고 요건은 엄격하게 인정하나, 아파트입주자대표회의가 직접관리하다가 위탁관리로 전환한 사안에서는 1) 공동주택관리법 개정으로 자치관리가 어려운 점, 2) 입주자대표회의의 전문성 결여와 관리능력의 부족, 3) 최저임금 인상과 퇴직금 부담 증가 등을 이유로 경영상 해고의 정당성이 비교적 널리 인정되는 편입니다. 하지만 아파트입주자대표회의의 위탁관리 전환이 아닌, 일반 기업의 통상적인 경영상 해고 인정 기준이 완화된 것이라고 단정하기는 어렵습니다.

# 구제명령의 이행의무를 부담하는 사용자는 법인등기사항전부증명서상 대표이사가 아니라 구제명령을 이행할 실질적 권한과 책임을 가지는 사람이라고 본 판결

대상판결 : 대법원 2024. 4. 25. 선고 2024도1309 판결

## 1. 사안의 개요

A 회사 소속 근로자가 지방노동위원회에 부당해고 구제 신청을 하였습니다. 노동위원회는 근로자의 부당해고 구제신청을 인용하면서 법인등기사항전부증명서상 대표이사 B를 A 회사의 대표자로 기재하여 부당해고 구제명령을 내렸습니다. A 회사는 재심을 신청하지 않았고, 그에 따라 2021. 3. 23. 구제명령이 확정되었는데 이를 이행하지 않았습니다.

이후 검찰은 위 확정된 구제명령 불이행에 대하여, 등기부상 대표자로 기재된 B가 아닌 실질적인 사주로 회사를 경영해 온 피고인 C를 근로기준법 위반으로 기소하였습니다.

## 2. 원심의 판단

서울중앙지방법원은, 피고인 C가 근로자를 해고한 시점부터 구제명령 불이행으로 서울지방노동위원회로부터 고발당한 시점까지 계속하여 주식회사를 실질적으로 경영해 왔으므로 구제명령을 이행할 의무가 있다고 보았습니다. 그럼에도 불구하고, 피고인 C가 이를 이행하지 않은 이상, 근로기준법 제111조, 제31

조 제3항을 적용하여 유죄를 인정하였습니다.

### 3. 대상판결의 요지

피고인 C의 상고에 대하여 대법원은 아래와 같이 기존 법리를 재확인하면서, 원심의 판단을 정당한 것으로 판단하였습니다.

가. 형식상으로는 대표이사가 아니지만 실질적으로는 사주로서 회사를 사실상 경영하여 온 자는 구제명령을 이행할 실질적 권한과 책임을 가지는 사람으로서 근로기준법 제111조에서 규정하고 있는 "확정된 구제명령 또는 구제명령을 내용으로 하는 재심판정을 이행하지 아니한 자"에 해당된다(대법원 2002. 11. 22. 선고 2001도3889 판결, 대법원 2012. 6. 14. 선고 2012도1283 판결 등 참조).

나. 노동위원회 구제명령에 회사의 대표자로 법인등기사항전부증명서상 별도의 대표이사가 기재되어 있다고 하더라도 이는 위 회사를 특정하기 위한 기재일 뿐 구제명령의 이행의무자를 한정한 것이라고 볼 수 없다.

다. 피고인 C가 해당 사건의 근로자를 해고한 시점부터 구제명령 불이행으로 서울지방노동위원회로부터 고발당한 시점까지 계속하여 회사를 실질적으로 경영해 왔으므로 구제명령을 이행하지 아니한 실제 행위자에 해당한다.

### 4. 의의 및 시사점

대법원은 기존에도 형식상으로는 대표이사직에서 사임하였으나 실질적으로는 사주로서 회사를 사실상 경영하여 온 자(대법원 2002. 11. 22. 선고 2001도3889 판결), 대표이사로 취임하지는 않았으나 그룹 회장으로서 등기부상 이사로 재직하면서 자금집행이나 임금지급에 대하여 재가를 내린 자(대법원 2012. 6. 14. 선고 2012도1283 판결)를 근로기준법상의 사용자로서 형사상 죄책을 부담하는 것으로 판단하였습니다.

대상판결 역시 같은 취지에서 구제명령을 담은 판정서에 의무자로 형식상 대표이사가 기재되어 있었지만, 실질적으로 구제명령을 이행할 권한과 책임을 가진 피고인 C를 이행 의무자로 보았습니다.

# 징계위원회 개최 금지 가처분 신청을 인용한 사례

대상판결 : 전주지방법원 군산지원 2024. 8. 16.자 2024카합10023 결정

## 1. 사안의 개요

채권자는 채무자가 운영하는 G대학교의 I과 교수로 재직 중이었습니다. 채무자는 2021. 9. 29. 채권자에게 '채권자가 동료 교수를 강제추행하여 「성폭력범죄의 처벌 등에 관한 특례법」(이하 '성폭력처벌법') 위반 등의 혐의로 검찰에 송치되었으므로 징계 제청한다'는 취지의 '교원 징계 의결 요구 사유'를 통보하였습니다. 이어서 채무자는 2021. 12. 13. 채권자에게 '학생들에게 반말을 하는 등 학생을 모욕하고, 강의시간에 성 관련 이야기를 하였으며, 학생들에게 채권자의 책을 구매할 것을 강요하는 등 「부정청탁 및 금품 등 수수의 금지에 관한 법률」(이하 '청탁금지법') 위반 혐의로 징계 제청한다'는 취지의 '교원 징계 의결 요구 사유'를 추가 통보하였습니다.

한편 전주지방검찰청 군산지청은 2022. 8. 3. 채권자에게 성폭력처벌법 위반 등 혐의에 관하여 불기소처분을 하였습니다. 이후 피해자가 재정신청을 하였지만 광주고등법원은 2023. 7. 6. 검사의 불기소처분이 정당한 것으로 수긍할 수 있다는 이유로 기각하였습니다. 또한 전북군산경찰서장은 2022. 11. 29. 채권자에 대한 청탁금지법 위반 등의 혐의에 대하여 불송치 결정을 하였습니다.

하지만 채무자는 2023. 3. 20. 채권자에게 '2023. 3. 27.까지 소명서를 제출하고, 2023. 3. 29. 개최될 징계위원회에 참석하라'는 취지로 통지하였으나, 위 2023. 3. 29.자 징계위원회가 개최되었는지 및 징계위원회에서 채권자에 대한 징계 의결이 이루어졌는지는 불분명했습니다.

채무자는 다시 2023. 9. 4. 채권자에게 실질적으로 동일한 징계혐의 사유를 이유로, 재차 '교원 징계 의결 요구 사유'를 통보하였고, 2023. 11. 13. 채권자에게 '2023. 11. 20.까지 소명서를 제출하고, 2023. 11. 22. 개최될 징계위원회에 참석하라'는 취지로 통지하였습니다. 위 징계위원회는 2024. 1. 3. 징계사유의 존부와 징계 양정에 대하여 판단하지 않은 채, 징계절차의 위반이 존재한다는 이유로 '각하' 의결을 하였습니다.

채무자는 2024. 4. 2. 채권자에게 다시 실질적으로 동일한 징계혐의 사유가 존재한다면서 '교원 징계 의결 요구 사유'를 통보하고, 2024. 8. 5. 채권자에게 다음 표와 같이 '소명서 제출일까지 각 소명서를 제출하고 제1, 2, 3차 징계위원회에 각 참석하라'는 취지로 통지하였습니다(이하 심문기일 전에 개최일이 이미 도과된 제1차 징계위원회를 제외한 나머지 제2, 3차 징계위원회만을 '이 사건 각 징계위원회'). 그러자 채권자는 '교원 징계 의결 요구 사유'의 각 안건(이하 '이 사건 각 안건')은 모두 허위로 아무런 근거가 없으며 징계시효 3년도 도과하는 등 이 사건 각 징계위원회의 개최는 위법하므로 징계위원회 개최를 금지하는 취지의 가처분을 구하였습니다.

## 2. 결정 요지

재판부는 사립학교법과 채무자의 정관에서 징계시효를 둔 취지는 사용자의 징계권 행사에 제한을 가하여 피징계자로 하여금 상당 기간 불안정한 지위에 있는 것을 방지하여 피징계자의 신분을 보장하는 데 있으므로, 채무자가 정관에서 사립학교법의 시효기간보다 단기의 징계 시효를 정하고 있는 경우 피징계자의 신분보장 취지상 이를 무효라고 할 수 없을 뿐 아니라 먼저 적용되어야 한다는 기존 법리(대법원 2008. 7. 10. 선고 2008두2482 판결, 대법원 2012. 10. 25. 선고 2012다54119 판결 등 참조)를 확인하였습니다.

그리고 다음과 같은 사정에 비추어 보면, 이 사건 각 징계위원회의 개최는 채무자 정관을 위반하여 위법하고, 채권자에게는 채무자를 상대로 그 개최금지를 구할 가처분에 관한 피보전권리가 인정된다고 판단하였습니다.

가. 채무자의 정관 제61조의2에서는 "교원징계 의결의 요구는 징계사유가 발생한 날로부터 2년(금품 및 향응수수, 공금의 횡령 · 유용의 경우에는 3년)을 경과한 때에는 이를 행하지 못한다"고 규정하고 있다. 따라서 이 사건 안건 중 금품수수를 이유로 한 것만 3년의 징계시효가 적용되고, 나머지 안건의 경우 2년의 징계시효가 적용된다. 금품 수수를 이유로 한 안건을 제외한 나머지 안건의 경우 채무자의 주장에 따르더라도 마지막 행위일자가 2021. 5.경이므로 2년의 징계시효가 도과하였음이 역수상 명백하다.

나. 금품 수수의 경우 행위 일시가 특정되지 않았으나, 2021. 12. 13. 채권자에게 처음 징계사유가 통보된 이래 아직까지 정확한 일시가 특정되지 않은 점, 경찰 수사단계에서도 청탁금지법 위반에 대하여 불송치 결정이 내려진 점 등을 볼 때 이 부분 안건 역시 징계시효가 도과되었다고 보인다.

다. 채무자는 사립학교법 제66조의3 제2항에서 '경찰 등 수사기관에서 수사 중인 사건에 대해서는 수사 개시 통보를 받은 날부터 징계의결의 요구나 그 밖의 징계절차를 진행하지 아니할 수 있다'고 규정되어 있고, 같은 법 시행령 제24조의10 제2항에서도 '위 중지된 기간은 징계의결기간에 포함되지 않는다'는 취지로 규정되어 있으므로, 이 사건 각 안건에 대한 징계시효가 아직 도과하지 않았다는 취지로도 주장한다. 그러나 위 규정은 징계'의결'기간에 관한 규정이므로 징계시효 도과 여부를 판단하는 기준과 직접적으로 관련이 없다.

> 라. 사립학교법 제66조의4에서는 '사립학교 교원의 임용권자는 징계 사유가 발생한 날부터 3년이 지난 경우에는 제64조에 따른 징계의결을 요구할 수 없으나(제1항), 수사 중인 사건에 대하여 징계 절차를 진행하지 못하여 제1항의 기간이 지나거나 그 남은 기간이 1개월 미만인 경우에는 제1항의 기간은 수사의 종료 통보를 받은 날부터 1개월이 지난 날에 끝나는 것으로 본다(제2항)'고 규정되어 있는데, 이 사건의 경우 관련 수사가 2022. 8. 또는 2022. 11. 종료되어 '수사 종료 통보를 받은 날부터 이미 1개월이 지남'으로써 징계시효가 도과되었다고 봄이 타당하다.

나아가 이 사건 각 징계위원회의 경우 채무자의 귀책사유로 인하여 채권자는 장기간에 걸쳐 채무자의 징계 요구에 대한 소명서를 제출하거나 징계위원회에 반복적으로 출석하는 등의 과도한 부담을 지게 되었다고 보이므로, 가처분에 관한 보전의 필요성도 인정된다고 판단하였습니다.

### 3. 의의 및 시사점

대상결정은 근로자가 사용자에 대하여 징계위원회 개최금지의 가처분을 구한 것으로 다소 이례적인 사안입니다. 근로자는 징계 처분과 관련하여, 징계 절차가 모두 종료된 후 최종적인 징계 처분의 효력을 다투는 것이 일반적이기 때문입니다. 대상결정의 경우 근로자는 사용자가 근로자에 대하여 장기간 동일한 징계사유를 근거로 반복적으로 징계위원회 개최를 통지한 점, 징계위원회를 개최만 하였을 뿐 실제 징계 처분에 나아가지 않고 있는 점 등의 제반 사정을 고려하여, 이례적으로 징계위원회 개최 금지를 구하는 가처분을 선택한 것으로 보입니다.

한편 대상결정에서는 징계시효가 주요 쟁점이 되었습니다. 대법원은 징계사유가 발생한 때로부터 징계시효가 기산된다는 입장으로, 징계권자가 징계사유의 존재를 알게 된 시점부터 시효가 기산되는 것은 아니라고 설명하고 있습니다(대법원 2021. 12. 16. 선고 2021두48083 판결 등 참조). 대상결정 역시 징계시효의 기산점은 위 대법원 법리와 동일하게 판단하였습니다. 참고로, 징계시효 규정은 사용자가 반드시 이를 취업규칙 등에 규정해야 할 법적인 의무를 부담하지는 않습니다. 하지만 취업규칙이나 단체협약에 징계시효에 관한 규정을 두었다면, 사용자는 이에 구속되므로 주의가 필요합니다.

# 01

# 개별적 근로관계

# 포괄임금계약의 최저임금법 위반 여부를 판단하기 위한 비교대상 임금 산정 방법을 제시한 사례

대상판결 : 대법원 2024. 12. 26. 선고 2020다300299 판결

## 1. 사안의 개요

망인은 2018. 5. 21. 리프트를 이용한 화물 운반 작업 도중 몸이 리프트와 바닥 난간 사이에 끼이는 사고(이하 '이 사건 사고')를 당하여 같은 날 사망하였습니다. 원고들(망인의 상속인들)은 망인의 사용자인 피고 1 회사, 위 리프트의 점유자인 피고 2 회사와 그 대표자인 피고 3을 상대로 일실수입과 일실퇴직금 등의 손해배상을 청구하였습니다.

이 사건 사고 당시 망인은 기본급과 법정수당 산정의 기준이 된 시간급의 액수를 정하지 않고, 기본임금과 법정수당을 구별하지 않은 '월 급여 290만원'의 정액을 지급받기로 하는 약정에 따른 급여를 지급받아 왔습니다(이하 '이 사건 포괄임금 약정').

## 2. 판결 요지

원심은, 피고 1 회사는 보호의무 또는 안전배려의무 위반으로 인한 채무불이행책임에 따라, 피고 2 회사는 민법 제758조 제1항에 따라, 피고 2 회사의 대표자인 피고 3은 민법 제750조에 따라 공동하여 원고들에 대하여 손해를

배상할 책임이 있다고 판단하였습니다. 나아가 원심은 이 사건 사고 당시 망인이 피고 1 회사로부터 이 사건 포괄임금약정에 따라 지급받은 임금이 최저임금법에 따른 최저임금에 미달하였다고 판단하여 최저임금을 기준으로 망인의 일실수입과 일실퇴직금을 산정하였습니다.

그러나 대법원은 아래와 같은 사정을 들어 이 사건 포괄임금 약정은 기본임금을 미리 정하지 아니한 채 법정수당까지 포함된 금액을 근로시간 수와는 상관없이 지급하기로 하는 이른바 '정액급 포괄임금계약'에 해당한다고 하면서, 원심이 근로기준법에 따른 기준근로시간을 초과하는 약정 연장근로시간에 대한 임금을 비교대상 임금에 포함하고 그 약정 연장근로시간도 소정근로시간 수에 포함하여 최저임금 미달 여부를 판단한 것은 위법하다고 보아 원심을 파기·환송하였습니다.

[관련 법리]

가. 임금은 기본임금을 결정하고 이를 기초로 각종 수당을 가산하여 합산 지급하는 것이 원칙이지만, 기본임금을 미리 정하지 아니한 채 법정수당까지 포함된 금액을 월급여액이나 일당임금으로 정하여 근로시간 수와는 상관없이 지급하기로 하는 이른바 '정액급 포괄임금계약'을 체결하거나, 기본임금을 미리 정하면서도 법정 제 수당을 구분하지 아니한 채 일정액을 법정 제 수당으로 정하여 이를 근로시간 수에 상관없이 지급하기로 약정하는 내용의 이른바 '정액수당 포괄임금계약'을 체결하는 것도 가능하다(대법원 2010. 5. 13. 선고 2008다6052 판결, 대법원 2022. 2. 11. 선고 2017다238004 판결 등 참조).

나. 감시 또는 단속적 근로 등과 같이 근로시간, 근로형태와 업무의 성질을 고려할 때 근로시간의 산정이 어려운 경우 포괄임금계약을 체결하더라도 그것이 달리 근로자에게 불이익이 없고 여러 사정에 비추어 정당하다고 인정될 때에는 유효하다(대법원 2010. 5. 13. 선고 2008다6052 판결, 대법원 2016. 9. 8. 선고 2014도8873 판결 등 참조). 그러나 포괄임금계약에 따라 지급된 임금이 최저임금에 미달하는 때에는 포괄임금계약이 유효하다고 볼 수 없고, 사용자는 그 미달액을 지급하여야 한다. 이때

최저임금 미달 여부의 판단을 위한 비교대상 시급의 산정 방법은 다음과 같다.

다. 정액수당 포괄임금계약을 체결한 경우에는 특별한 사정이 없는 한 곧바로 기본임금을 기초로 비교대상 임금을 산정하면 된다. 그러나 정액급 포괄임금계약을 체결하면서 월급여액의 대상이 된 근로시간 수를 정한 경우에는 월급여액으로부터 역산하는 방식으로 기본임금을 구한 후 이를 기초로 비교대상 임금을 산정해야 한다. 그리고 이와 같이 월급여액으로부터 역산하는 경우 그 월급여액에는 최저임금 산입 제외 임금이 포함되어 있으므로 이를 제외해야 하는데, 월급여액 외에 비교대상 임금이나 통상임금에 포함될 다른 임금 항목이 없는 경우에는 특별한 사정이 없는 한 비교대상 임금은 월급여액에 '소정근로시간, 유급 주휴시간 및 가산율을 반영한 연장 · 야간 · 휴일근로시간을 모두 더한 시간'에서 '소정근로시간 및 유급 주휴시간'이 차지하는 비율을 곱하는 방식으로 산정하여야 하고, 이를 구 최저임금법 시행령 제5조 제1항 제3호에 따라 1개월의 소정근로시간 수로 나눈 아래와 같은 방식으로 산정한 비교대상 시급을 최저임금과 비교하여 최저임금법 위반 여부를 판단하여야 한다(대법원 2023. 11. 2. 선고 2018도965 판결 참조).

$$\text{비교대상 시급} = \frac{\text{월급여액} \times \dfrac{\text{월 소정근로시간+월 유급 주휴시간}}{\text{월 소정근로시간+월 유급 주휴시간+가산율을 반영한 월 연장 · 야간 · 휴일근로시간}}}{\text{월 소정근로시간}}$$

[판단]

가. 망인의 근로계약서에서 기본급과 법정수당 산정의 기준이 된 시간급의 액수를 정하지 않은 것으로 보이고, 근로계약서에 기본급이 기재되어 있으나 이를 기초로 법정수당을 산정한 후 합산한 월급여액은 실제 지급된 월급여액과 다른 점, 임금대장에도 기본임금과 법정수당을 구별하지 않은 정액의 월급여액이 기재된 점 등을 종합하면, 망인과 피고 1 회사가 기본임금을 별도로 정했다기보다는 기본임금과 법정수당을 모두 포함한 일정한 금액을 월급여액으로 정한 것이라고 봄이 타당하므로 정액급 포괄임금약정을 체결하였다고 보아야 한다. 그런데 원심은 망인과 피고 1 회사가 정액수당 포괄임금약정을 체결하였다고 잘못 판단하면서도 정액수당 포괄임금약정이 아닌 정액급 포괄임금약정에서의 비교대상 임금 산정 방법인 역산 방식을 취하였다. 원심이 망인의 근로계약이 정액수당 포괄임금약정이라고 판단한 것에는 판결에 영향을 미친 잘못이

있다고 볼 수 없다.

나. 비교대상 시급을 산정할 때 사용되는 '소정근로시간'은 근로기준법 제2조 제1항 제8호에 따른 근로시간, 즉 기준근로시간 범위 내에서 근로자와 사용자가 정한 근로시간을 뜻하므로 기준근로시간을 초과하는 근로시간은 사전에 근로계약에서 근로하기로 정한 약정 연장근로시간이라고 하더라도 연장근로시간일 뿐 소정근로시간에 해당하지 않는다. 따라서 정액급 포괄임금약정의 월급여액으로부터 역산하여 비교대상 시급을 산정할 때에도 기준근로시간을 초과한 약정 연장근로에 대한 임금은 소정근로에 대한 대가가 아니어서 비교대상 임금(분자)에 포함될 수 없고, 그 시간은 소정근로시간수(분모)에 포함될 수 없다. 앞서 본 산식에 따라 산정한 비교대상 시급은 7,801원으로서 2018년 최저임금인 7,530원에 미달하지 않는다.

다. 그러나 원심은 기준근로시간을 초과하는 약정 연장근로시간에 대한 임금까지 포함하여 비교대상 임금을 산정하고 그 약정 연장근로시간도 소정근로시간 수에 포함시켜 최저임금 미달 여부를 판단하였다. 이러한 원심의 판단에는 기본임금을 미리 정하지 않은 정액급 포괄임금약정이 최저임금법에 위배되는지를 판단하는 방법에 관한 법리를 오해함으로써 판결에 영향을 미친 잘못이 있다.

## 3. 의의 및 시사점

대상판결은 포괄임금약정의 효력 여부, 포괄임금계약 내용에 따른 정액수당 포괄임금계약과 정액급 포괄임금계약의 차이를 재확인하였습니다. 즉, 정액수당 포괄임금계약을 체결한 경우에는 특별한 사정이 없는 한 곧바로 기본임금을 기초로 비교대상 임금을 산정하면 되는 반면, 정액급 포괄임금계약을 체결하면서 월급여액의 대상이 된 근로시간 수를 정한 경우에는 최저임금 산입 제외 임금을 제외한 월급여액으로부터 역산하는 방식으로 기본임금을 구한 후 이를 기초로 비교대상 임금을 산정해야 합니다.

# 휴일, 휴가 또는 결근 등의 사유로 근로자가 실제 근로하지 않았음에도 사용자가 단체협약 등에 의해 임금을 지급하기로 한 시간은 최저임금 지급 대상 시간에 포함되지 않는다고 판단한 사례

대상판결 : 대법원 2024. 7. 25. 선고 2023다223744 · 223751 판결

## 1. 사안의 개요

피고는 택시여객 자동차 운송사업 등을 영위하는 회사이고, 원고들은 피고에 고용되어 택시 운전 근로자로 근무하다가 퇴직한 사람들입니다. 원고들은 택시를 운행하면서 전체 운송수입금에서 일정액만 사납금(기준운송수입금) 명목으로 피고에게 납부하고 이를 제외한 나머지 운송수입금(초과운송수입금)을 자신이 차지하며, 피고로부터 일정한 고정급을 지급받는 방식인 이른바 정액사납금제 형태로 임금을 지급받아 왔습니다.

피고가 소재한 지역에서는 일반택시 운전근로자의 최저임금에 산입되는 임금에서 생산고에 따른 임금을 제외하는 최저임금법 제6조 제5항이 2010. 7. 1.부터 시행되었고(이하 '이 사건 특례조항'), 그 무렵부터 피고의 사업장에서는 일련의 임금협정을 통해 순차로 소정근로시간을 단축하는 합의가 이루어졌습니다(이하 '이 사건 합의').

| | 구분 | 소정근로시간 |
|---|---|---|
| 1 | 2002년 임금협정(단체협약) | 1일 8시간, 1주 44시간, 월 220시간 |
| 2 | 2010년 임금협정 | 1일 2.5시간, 1주 15시간 |
| 3 | 2016년 임금협정 이후 | 월 60.8시간 |

원고들은 이 사건 합의는 실제 근무형태나 운행시간의 변경 없이 강행규정인 이 사건 특례조항을 잠탈하기 위한 것으로 무효라고 주장하면서, 2002년 임금협정에서 정한 월 220시간의 소정근로시간을 기준으로 하여 최저임금 미달액과 이를 반영해 재계산한 평균임금을 기초로 한 퇴직금 차액 지급을 청구하였습니다.

## 2. 판결 요지

제1심과 원심은 원고들의 주장을 받아들여 이 사건 합의는 이 사건 특례조항 시행에 따라 생산고에 따른 임금을 제외한 고정급이 최저임금에 미달하는 것을 회피할 의도로 소정근로시간을 기준으로 산정되는 시간당 고정급을 외형상으로만 증액시키기 위해 소정근로시간만을 단축하기로 합의한 것이므로, 강행법규인 이 사건 특례조항의 적용을 잠탈하기 위한 탈법행위로서 무효라고 판단하였습니다.

이에 따라 제1심 및 원심은 원고들에게 적용될 소정근로시간은 2002년 임금협정에서 정한 1일 8시간(1주 44시간)이라고 보아, 원고들의 임금대장상 실제 근로를 하지 않아도 근로한 것으로 인정하는 날인 '인정일' 전부 및 2002년 단체협약이 정한 근로시간 중 근로기준법에 따른 1주 기준근로시간(1주 40시간)을 초과하는 부분을 최저임금 지급 대상 시간에 포함시켜 최저임금 미달액을 계산하였습니다.

대법원은 이 사건 합의의 효력 유무 등에 대한 원심 판단을 수긍하면서도, 아래와 같은 이유로 원심의 최저임금 미달액 계산은 최저임금 산정방법, 소정근로시간 등에 관한 법리 오해의 잘못이 있다고 파기 후 환송하였습니다.

## 가. 인정일에 관한 판단

1) 최저임금법 제6조 제5항, 구「최저임금법 시행령」(2018. 12. 31. 대통령령 제29469호로 개정되기 전의 것, 이하 같다) 제5조의2 단서 제1호는 일반택시운송사업에서 운전업무에 종사하는 근로자의 최저임금에 산입되는 임금(이하 '비교대상 임금')의 범위에 관하여 소정근로시간 또는 소정의 근로일에 대하여 지급하는 임금 외의 임금을 산입하지 아니한다고 정한다. 그리고 구「최저임금법 시행령」제5조 제1항 제3호는 비교대상 임금 중 월 단위로 지급된 임금을 '1개월의 소정근로시간 수'로 나누어 시간에 대한 임금으로 환산하도록 정한다. 여기서 '소정근로시간'은 근로기준법 제50조 등이 정한 기준근로시간 범위 내에서 근로자와 사용자가 정한 근로시간을 뜻하는데, 근로의무가 없는 날인 휴일의 근로시간은 소정근로시간 수에 포함되지 아니한다(대법원 2019. 10. 18. 선고 2018다239110 판결 참조). 한편 최저임금법은 근로자가 자기의 사정으로 소정근로시간 또는 소정의 근로일의 근로를 하지 아니한 경우까지 사용자가 임금을 지급할 것을 강제하는 것은 아니다(최저임금법 제6조 제6항 제1호 참조).

2) 이러한 최저임금법령의 규정 내용과 취지를 고려하면, 소정의 근로일에 해당하지 않아 근로자가 근로하지 아니한 휴일(주휴일은 논외로 한다)이나 소정의 근로일에는 해당하지만 근로자가 실제 근로하지 아니하여 본래 임금을 지급할 필요가 없는 휴가일 또는 결근일에 대하여 근로계약이나 취업규칙, 단체협약 등에 의해 임금을 지급하기로 하였더라도, 그 유급으로 처리된 시간은 특별한 사정이 없는 한 최저임금액 이상의 임금을 지급해야 하는 시간(이하 '최저임금 지급 대상 시간')에 포함되지 않는다고 해석함이 타당하다.

3) 그러나 근로기준법 제60조가 정한 연차 유급휴가를 사용한 날과 같이, 소정근로시간에 포함되는 시간 중 근로자가 실제로 근로를 제공하지 아니하였으나 사용자가 법령에 의해 임금을 지급할 의무를 부담하는 시간은 최저임금 지급 대상 시간에 포함된다고 보아야 한다. 이러한 시간은 별도 약정이 없더라도 사용자가 임금 지급 의무를 부담하는 시간이라는 점에서 실제 근로를 제공한 시간과 다를 바 없고, 연차 유급휴가를 사용하여 유급으로 처리된 시간이 최저임금 지급 대상 시간에 포함되지 않는다고 본다면 최저임금액 미만의 임금을 지급받는 근로자들의 연차 유급휴가 사용이 사실상 위축되는 부당한 결과가 초래될 우려가 있기 때문이다.

4) 원고들의 임금대장에 표시되어 최저임금 미달액 청구의 기초가 된 인정일은 원고들이 유급휴일, 유급휴가 등의 사유로 실제 근로하지 않았음에도 임금을 지급받은

날을 의미하는 것일 가능성을 배제하기 어렵다. 원심으로서는 피고의 사업장에서 인정일이 어떤 의미를 가지는지, 원고들의 인정일이 구체적으로 어떤 사유로 인해 인정된 것이며 성질상 휴일이나 휴가 또는 정당한 이유 있는 결근 중 어느 것에 해당하는지를 심리한 다음, 그 인정일 중 근로기준법상 연차 유급휴가나 그에 준하는 성격을 갖는 날을 제외한 나머지 날의 유급으로 처리된 시간을 최저임금 지급 대상 시간에서 제외하였어야 한다.

나. 소정근로시간에 관한 판단

구 근로기준법(2003. 9. 15. 법률 제6974호로 개정되고 2007. 4. 11. 법률 제8372호로 전부개정되기 전의 것) 제49조 제1항과 근로기준법(2007. 4. 11. 법률 제8372호로 전부개정된 것) 제50조 제1항은 1주의 기준근로시간을 40시간으로 정한다. 위에서 본 바와 같이 소정근로시간은 기준근로시간 범위 내에서 근로자와 사용자가 정한 근로시간을 뜻하므로, 근로자와 사용자가 정한 1주의 근로시간이 40시간을 초과한다면 그 초과 부분은 최저임금 지급 대상 시간 산정의 기준이 되는 소정근로시간 수에 포함될 수 없다. 따라서 원심으로서는 2002년 단체협약의 근로시간 전부가 아니라, 그중 1주 40시간만을 기준으로 최저임금 미달액을 계산하였어야 한다.

## 3. 의의 및 시사점

대법원은 택시회사의 정액사납금제하에서 이루어진 소정근로시간 단축 합의의 효력은 합의를 체결한 근로관계 당사자들의 주된 목적이 최저임금법의 적용을 회피하려는 것이었는지와 아울러 단축된 소정근로시간과 택시운전근로자의 실제 근로시간을 비교하여 양자 사이에 상당한 불일치가 있는지를 중심으로 규범적인 관점에서 판단하여야 한다는 기준을 제시한 바 있습니다(대법원 2024. 5. 30. 선고 2023다279402·2023다280563 판결 참조). 대상판결도 위와 같은 법리에 따라 소정근로시간을 '1일 2.5시간, 1주 15시간' 및 '월 60.8시간'으로 정한 경기도(안양시) 지역의 소정근로시간 단축 노사합의가 무효라고 보았습니다.

대상판결은 소정근로시간 단축 합의의 효력이 인정되지 않는 경우 구체적인 최저임금 미달액 계산과 관련하여 휴일이나 휴가일 또는 결근일에 대하여 근로계약이나 취업규칙, 단체협약 등에 의해 임금을 지급하기로 한 경우 그 유급으로 처리된 시간은 최저임금 지급 대상 시간에서 제외되어야 한다는 점을 명확히 제시하였다는 점에서 의미가 있습니다. 같은 날 선고된 대법원 2024. 7. 25. 선고 2021다229076(본소)·229083(반소) 판결도 동일한 취지로 판단하였습니다.

# 택시운전근로자들이 만근일을 초과하여 근무한 경우 그 근로시간에 대해서는 최저임금 지급 대상 시간에 포함되지 않는다고 본 사례

대상판결 : 대법원 2024. 10. 8. 선고 2021다304779 · 304786 판결

## 1. 사안의 개요

피고(반소원고, 이하 '피고')는 수원시에서 일반택시운송사업을 영위하는 회사이고, 원고(반소피고, 이하 '원고')들은 피고에 고용되어 택시운전근로자로 종사하며 정액사납금제 방식으로 임금을 지급받다 퇴직한 사람들입니다. 일반택시 운전근로자가 수령하는 생산고에 따른 임금을 최저임금 산입에서 제외하는 최저임금법 제6조 제5항이 2010. 7. 1.부터 피고가 소재한 수원시 지역에 시행되었고, 그 무렵부터 피고의 사업장에서는 일련의 임금협정을 통해 순차로 소정근로시간을 단축하는 합의가 이루어졌습니다.

원고들은 본소로써 위 소정근로시간 단축 합의가 무효라고 주장하면서, 2016. 7.부터 각자의 퇴직 시점까지의 기간에 대한 최저임금 미달액과 이를 반영해 재계산한 평균임금을 기초로 한 퇴직금 차액의 지급을 청구하였습니다. 피고는 예비적 반소로써 위 소정근로시간 단축 합의가 무효라면 각 임금협정의 사납금 관련 합의도 무효라고 주장하면서, 그 경우 증액되었을 사납금 상당액의 지급을 청구하였습니다.

원심판결은, 이 사건 소정근로시간 단축 합의가 무효라고 판단한 다음, 원고

들이 월 만근일을 초과하여 근로한 날의 근로시간까지 최저임금 지급 대상 시간에 포함시켜 최저임금 미달액을 계산하여, 본소 청구를 모두 인용하고 예비적 반소 청구를 모두 기각하였습니다.

## 2. 판결 요지

대법원은 대상판결을 통해, 최저임금법령의 규정 내용과 취지를 고려하면 소정의 근로일에 해당하지 않는 날에 근로자가 근로하였더라도 그 근로한 시간은 특별한 사정이 없는 한 최저임금액 이상의 임금을 지급해야 하는 시간(즉, 최저임금 지급 대상 시간)에 포함되지 않는다는 기존의 법리를 세웠습니다.

이러한 법리를 바탕으로, 피고 회사 노사가 2010년 임금협정을 통해 월 근로일수를 25일 만근(2월은 23일 또는 24일)이라고 정한 것은 월 소정의 근로일을 정하는 취지로서 원고들이 만근일을 초과하여 근로한 날의 근로시간은 최저임금 지급 대상 기간에 포함되지 않는다고 보았습니다. 대법원은 이와 달리 판단한 원심을 파기하였습니다.

## 3. 의의 및 시사점

대법원이 노사가 최저임금법을 잠탈할 목적으로 소정근로시간 단축 합의를 할 경우 그 합의는 효력을 인정할 수 없다고 판단한 이후(대법원 2019. 4. 18. 선고 2016다2451 전원합의체 판결), 택시 업계의 구체적인 임금 산정 방식에 관한 판결이 이어지고 있습니다.

대상판결 역시 위 전원합의체 판결의 법리를 토대로, 피고 회사 노사의 소정근로시간 변경 합의의 효력을 인정하지 않았습니다. 구체적인 임금 산정과 관련하여, 만근일을 초과하였을 경우 그 근로시간에 대해서는 최저임금 지급

대상이 아니라고 판단하였습니다. 기존 대법원은 (i) 소정의 근로일에 해당하지 않아 근로자가 근로하지 아니한 휴일(주휴일 논외), (ii) 소정의 근로일에 해당하지만 근로자가 실제 근로를 제공하지 아니하여 본래 임금을 지급할 필요가 없는 휴가일 또는 결근일(다만, 연차 유급휴가 사용과 같이 근로자가 근로를 제공하지 않았다고 하더라도 사용자가 법령에 의해 임금을 지급할 의무를 부담하는 시간 제외)의 경우 최저임금 지급 대상 기간에 포함되지 않는다고 판단한 바 있습니다. 또한 대법원은 (iii) 택시 회사의 노사가 합의한 1주 소정근로시간이 40시간을 초과할 경우 그 초과 부분은 최저임금 지급 대상 시간 산정의 기준이 되는 소정근로시간 수에 포함될 수 없다고 판시하였습니다[대법원 2024. 7. 25. 선고 2023223744(본소), 2023다223751(반소) 판결].

# 01

# 개별적 근로관계

가. 근로기준법상 근로자
나. 상시근로자 수
다. 인사조치, 징계 및 해고
**라. 임금·퇴직금**
  1) 최저임금
  **2) 통상임금**
  3) 법정·약정 수당
  4) 퇴직금
  5) 기타
마. 근로시간
바. 휴일 및 적용제외
사. 근로자대표
아. 산업안전, 중대재해
자. 재해보상
차. 직장 내 괴롭힘 및 성희롱
카. 취업규칙
타. 임금피크제
파. 기타

# 통상임금의 개념 및 판단기준을 재정립한 대법원 전원합의체 판결

대상판결 : 대법원 2024. 12. 19. 선고 2020다247190 전원합의체 판결
대법원 2024. 12. 19. 선고 2023다302838 전원합의체 판결

## 1. 사안의 개요

대법원은 2024. 12. 19. 재직조건부 정기상여금의 통상임금성이 문제된 2020다247190 사건과 근무일수 조건부 정기상여금의 통상임금성이 문제된 2023다302838 사건에서, 대법관 전원의 일치된 의견으로 통상임금의 개념과 판단기준을 재정립하는 판결(이하 '대상판결')을 선고했습니다.

대법원은 과거 2013. 12. 18. 선고한 2건의 전원합의체 판결(2012다29399, 2012다94643, 이하 '종전 전원합의체 판결')을 통해 통상임금을 '소정근로의 대가로 지급되는 금품으로서 정기적·일률적·고정적으로 지급된 것'으로 정의하고, 그 개념요소의 하나인 고정성이 부정되는 예로서 '특정 시점에 재직 중인 근로자에게만 지급하는 임금'(재직조건부 임금) 또는 '일정 근무일수를 충족하여야만 지급되는 임금'(근무일수 조건부 임금)을 제시하였습니다. 그런데 대법원은 대상판결을 통해 위의 고정성 개념을 폐기하고 통상임금의 개념 및 판단 기준을 재정립하였습니다.

## 2. 판결 요지

### 가. 통상임금의 새로운 정의

대법원은 대상판결을 통해 '근로자가 소정근로를 온전하게 제공하면 그 대가로서 정기적·일률적으로 지급하도록 정해진 임금은 그에 부가된 조건의 존부나 성취 가능성과 관계없이 통상임금에 해당한다.'고 판시하였습니다.

### 나. 새로운 정의의 의미 1 : 통상임금의 판단 기준에서 '고정성' 제외

이제 '고정성'은 통상임금의 개념적 징표에서 제외되었습니다. 법령상의 근거가 없고 소정근로의 가치를 온전하게 반영하지 못하며, 연장근로 억제라는 정책 목표에 부합하지 않는다는 것 등이 그 이유입니다. 대법원은 아래 유형의 임금항목들을 예로 들어 판단하였습니다.

#### (1) 재직조건부 임금 : 통상임금성 긍정

어떠한 임금을 지급받기 위하여 특정 시점에 재직 중이어야 한다는 조건이 부가되어 있다는 사정만으로 그 임금의 소정근로 대가성이나 통상임금성이 부정되지 않는다고 보았습니다.

#### (2) 근무일수 조건부 임금 : 소정근로일수 이내의 근무일수 조건이 있더라도 통상임금성 긍정

소정근로일수 이내로 정해진 근무일수 조건의 경우, 그러한 조건이 부가되어 있다는 사정만으로 통상임금성이 부정되지 않습니다. 실제 근무일수가 소정근로일수에 미치지 못하더라도 실제 근무일수는 소정근로가 아닌 실근로와 관련된 것이기 때문입니다. 따라서 휴가의 발생이나 사용에 따른 실근로일수 부족은 통상임금성 판단에서 고려하지 않습니다. 다만, 소정근로일수를 초과하는 근무일수 조건부 임금은 소정근로를 넘는 추가 근로의 대가이므로 통상임금이 아니라고 판단하였습니다.

한편, 소정근로일수는 당사자가 자유롭게 정할 수 있는 사항이지만, 오로지 어떤 근무일수 조건부 임금을 통상임금에서 제외할 의도로 근무실태와 동떨어진 소정근로일수를 정하는 경우와 같이 통상임금의 강행성을 잠탈하고자 하는 경우에는 그러한 합의의 효력이 부정될 수 있다고 판단하였습니다.

#### (3) 성과급 : 일반적으로 통상임금성 부정

성과급은 일정한 업무성과를 달성하거나 그에 대한 평가결과가 어떠한 기준에 이르러야 지급되므로, 일반적으로 '소정근로 대가성'을 갖추었다고 보기 어렵기에 고정성에 관계없이 통상임금에 해당한다고 볼 수 없다고 판단하였습니다.

다만, 종전 전원합의체 판결 입장과 같이 근무실적과 무관하게 최소한도의 일정액을 지급하기로 정한 경우 그 금액은 소정근로에 대한 대가에 해당한다고 보았습니다.

### 다. 새로운 정의의 의미 2 : 소정근로의 대가성과 정기성, 일률성은 여전한 판단기준

근로자와 사용자가 소정근로시간에 제공하기로 정한 근로의 대가라는 '소정근로 대가성', 임금의 지급 시기와 지급 대상이 미리 일정하게 정해졌을 것을 요구하는 '정기성'과 '일률성'의 개념은 여전히 유효한 통상임금의 판단 기준입니다.

#### 라. 새로운 정의의 의미 3 : 새로운 기준에서도 통상임금 부정 사례는 존재

위 새로운 정의에 따를 경우 소정근로의 제공과 관계없이 일시적이거나 변동적으로 지급되는 금품은 여전히 통상임금에서 제외됩니다.

그리고 성질상 통상임금을 기초로 산정되는 주휴수당 등과 같은 법정수당은 개념적으로 통상임금이 될 수 없으므로, 통상임금에 속하지 않습니다.

대법원은 부가된 조건에 따라 통상임금성이 부정될 가능성을 열어 두었습니다. 예를 들어 운수회사에서 일정 기간 동안 교통사고가 발생하지 않을 것을 조건으로 지급하는 무사고수당은, 소정근로 제공 외에 무사고라는 추가적인 자격요건 달성에 대한 보상으로서 지급되는 것이어서 소정근로 대가성이 결여되어 통상임금성이 부정된다고 판단하였습니다.

#### 마. 재직조건과 근무일수 조건의 효력 : 한정적 유효

대상판결은 "사용자와 근로자는 임금 구조와 체계, 개별 임금 항목의 유형과 내용, 임금 총액 등을 자유롭게 정할 수 있고, 임금에 관한 조건도 자유롭게 부가할 수 있다. 그 조건은 강행규정에 위반되거나 탈법행위에 해당하는 등 별도의 무효 사유가 존재하지 않는 한 효력을 가진다. 그러나 조건의 효력 문제와 그 조건이 부가된 임금 항목의 통상임금성 문제는 구별하여야 한다. (중략) 오로지 어떤 근무일수 조건부 임금을 통상임금에서 제외할 의도로 근무실태와 동떨어진 소정근로일수를 정하는 경우와 같이 통상임금의 강행성을 잠탈하고자 하는 경우에는 그러한 합의의 효력이 부정될 수 있다."라고 판시하였습니다.

이에 따르면, 어떠한 임금에 부가된 재직조건 또는 근무일수 조건이 강행규정 위반 내지 탈법행위에 해당하지 않는다면 유효이지만, 그러한 조건만으로 해당 임금의 통상임금성이 부정되는 것은 아니라고 해석될 수 있습니다.

#### 바. 새로운 법리의 효력 범위 : 대상판결 사건과 병행 사건에만 판례변경의 소급효 적용

대법원은 법적 안정성과 신뢰보호를 위하여 새로운 법리는 대상판결 선고일 이후의 통상임금 산정부터 적용하되, 대상판결 사건 및 병행 사건(대상판결 선고 시점에 변경된 법리가 재판의 전제가 되어 통상임금 해당 여부가 다투어져 법원에 계속 중인 사건들)에는 구체적 사건의 권리구제를 목적으로 하는 사법의 본질상 새로운 법리가 소급하여 적용된다고 판단하였습니다.

### 3. 의의 및 시사점

대상판결은 종전 전원합의체 판결이 제시한 통상임금의 개념 및 판단 기준에서 고정성 개념을 폐기하면서도, 판례 변경의 소급효를 당해 사건과 병행사건으로 제한하였으므로, 향후 사업장의 근로시간 운영 및 법정수당 지급에 있어서 중요한 변화를 초래할 수 있다는 점에서 중요한 의미를 갖습니다.

다만, 대상판결에도 불구하고, 사업장에서 지급되는 다양한 형태의 수당, 급여 등이 소정근로 대가성, 정기성, 일률성 등의 요건을 충족하였는지 여부는 개별적, 구체적 사정에 따라 달라질 수 있으므로, 근로관계 당사자들은 새로운 판단 기준을 적용하여 각각의 권리의무관계를 살펴볼 필요가 있습니다.

# 01

# 개별적 근로관계

# 시간강사가 강의를 배정받지 못하여 사실상 휴업한 기간에 대해 휴업수당이 지급되어야 한다고 판단한 사례

대상판결 : 서울중앙지방법원 2024. 3. 21. 선고 2023나34943 판결

## 1. 사안의 개요

원고는 2019. 9. 1. 피고가 설립·경영하는 B국립대학교 총장과 임용계약을 체결한 후 1년 단위로 재임용되어 2022. 8. 31.까지 3년간 재직하였습니다. 그런데 피고는 2022년 1학기(2022. 3. 1.~2022. 8. 31.)에 원고에게 강의를 배정하지 않고 6개월 기간 동안 급여도 지급하지 않았습니다. 이후 원고는 2022. 8. 31. 퇴직하였습니다.

원고는 2022. 3. 1.부터 2022. 8. 31.까지 피고의 귀책사유로 인하여 휴업하게 되었으므로, 근로기준법 제46조 제1항에 따른 휴업수당을 지급할 것을 청구하였습니다. 이에 대해 피고는 대학설립·운영규정에 따른 전임교원의 강의 비율(60%)을 맞추기 위해 강의를 배정하지 못한 것이며, 근로계약상 강의가 없는 학기에는 임금을 지급하지 않는다고 규정되어 있기에 휴업수당 지급의무가 없다고 주장하였습니다.

## 2. 판결 요지

법원은 아래와 같은 사정을 종합하면 피고가 근로기준법 제46조 제1항 소

정의 '사용자의 귀책사유'로 휴업하였다고 봄이 타당하다고 판단하였습니다.

가. 피고로서는 전임교원의 강의 비율 요건을 갖출 필요성이 있었던 것으로 보이나, 이는 기본적으로 피고의 세력범위 내에서 발생한 사정으로 이를 불가항력이라고 보기 어렵다.

나. 피고가 밝힌 정치경제학과의 전임교원 강의비율 현황에 따르면, 2022년 1학기 이전의 전임교원 강의비율이 2019년 2학기는 66.7%, 2020년 1학기는 64.7%, 2020년 2학기는 57.1%, 2021년 1학기는 40%, 2021년 2학기는 70%였는바, 이에 따르면 전임교원 강의비율 60%를 매 학기별로 엄격하게 맞출 필요는 없었던 것으로 보인다. 피고는 2022년 1학기의 경우 전임교원 강의비율을 100%로 배정하고, 시간강사인 원고에게 강의를 전혀 배정하지 않았다.

다. 피고는 수강생 E의 요청으로 2022년 1학기 3개 강의를 전임교원에게 배정하였다고 주장하나, 수강생 E의 요청 이전에 먼저 피고가 수강생 E에게 전공필수 과목 6학점을 전임교원으로 수강하여야 한다고 알려 주어 수강생 E가 위와 같은 요청을 하게 된 것이었다. 수강생 E의 수료, 학위취득에 문제가 되는 것도 아니었다.

라. 2022년 1학기 해당 학과에는 석박사통합과정의 수강생 E 외에도 석사과정에 3명이 재학 중이었는바, 전임교원 강좌와 함께 시간강사인 원고에게 강의를 배정하는 것이 불가능했다고 보이지 않는다.

나아가 법원은 근로기준법에서 정하는 기준에 미치지 못하는 근로조건을 정한 근로계약은 그 부분에 한정하여 무효이고(근로기준법 제15조 제1항), 휴업수당을 사전에 포기하는 것은 강행법규인 근로기준법에 위배되어 무효라고 보아야 할 것이기에, 근로계약서의 내용에도 불구하고 사용자인 피고의 귀책사유로 인하여 원고가 휴업한 이상 피고는 원고에게 휴업수당을 지급할 의무가 있다고 판단하였습니다.

### 3. 의의 및 시사점

대상판결은 시간강사에 대한 휴업수당을 인정한 첫 판결이라는 점에서 의미가 있습니다. 다만 대상판결은 사용자가 강의 자체를 부여하지 않았던 경우이기에 수강생 인원수 미달로 인한 폐강 등 다른 사유에 있어서까지 일반화하는 것에는 어려움이 있을 것으로 예상됩니다.

대상판결은 대법원 2024. 7. 25. 선고 2024다233007 판결로 확정되었습니다.

# 연차휴가미사용수당 청구권 성립의 기초가 되는 근로기간의 기산점 및 상시근로자수 산정기간에 대한 판단기준을 제시한 사례

대상판결 : 대법원 2024. 12. 12. 선고 2023도5476 판결

## 1. 사안의 개요

피고인은 학원(이하 '이 사건 학원')을 운영하는 사용자입니다. 피고인은 이 사건 학원에서 근무한 강사들(이하 '이 사건 강사들')에게 2019년, 2020년에 각 성립한 연차휴가미사용수당을 지급하지 아니하였다는 근로기준법 위반 등 혐의로 기소되었습니다.

피고인은 이 사건 강사들이 근로기준법상 근로자가 아니며, 이 사건 학원의 상시근로자수가 5명 미만이므로 근로기준법상 연차유급휴가 관련 규정이 적용되지 않는다고 주장하였습니다.

## 2. 판결 요지

제1심과 원심 모두 학원강사들은 임금을 목적으로 종속적인 관계에서 피고인에게 근로를 제공하였으므로 근로기준법상 근로자라고 판단했습니다. 이 사건 학원의 상시근로자수와 관련하여 원심은 2019년과 2020년에 성립한 연차휴가미사용수당이 있는지 여부를 판단하려면 이 사건 학원이 해당 연차가 발생하는 전년도인 2017년과 2018년의 각 연도 동안 계속하여 5명 이상의 근로자

를 사용하는 사업장에 해당하여야 하나, 제출된 증거들만으로는 이를 인정하기 어렵다고 보아 무죄를 선고하였습니다.

검사의 상고에 대하여 대법원은 아래와 같은 근거를 제시하며 '이 사건 강사들이 각 근로를 개시한 날'로부터 기산하여 각 연차휴가 산정 단위인 계속근로기간별로 상시근로자수를 산정하여야 한다고 판단하면서, 원심을 파기·환송하였습니다.

[관련 법리]

근로기준법에 따르면, 사용자는 1년간 80퍼센트 이상 출근한 근로자에게 15일의 연차휴가를 주어야 하고(제60조 제1항), 계속하여 근로한 기간이 1년 미만인 근로자 또는 1년간 80퍼센트 미만 출근한 근로자에게도 1개월 개근 시 1일의 유급휴가를 주어야 한다(제60조 제2항). 연차휴가를 사용할 권리 또는 연차휴가미사용수당 청구권은 근로자가 전년도에 출근율을 충족하면서 근로를 제공하면 당연히 발생하는 것으로서, 연차휴가를 사용할 해당 연도가 아니라 그 전년도 1년간의 근로에 대한 대가에 해당한다(대법원 2022. 9. 7. 선고 2022다245419 판결 등 참조). 따라서 연차휴가 부여의무가 있는 상시 5명 이상의 근로자를 사용하는 사업 또는 사업장에 해당하는지도 그 전년도를 기준으로 판단하여야 한다. 1년간 계속근로는 사용자가 사업장 내의 모든 근로자에 대한 연차휴가를 일률적으로 시행하기 위하여 단체협약이나 취업규칙으로 연차휴가권 발생의 기준이 되는 시점을 정하는 등의 사정이 없는 한, 원칙적으로 그 근로자가 근로를 개시한 날로부터 기산한다(대법원 2000. 12. 22. 선고 99다10806 판결 참조).

[판단]

가. 공소사실 기재 연차휴가미사용수당은, 이 사건 강사들 중 ① B가 2017. 5. 2.부터 2018. 5. 1.까지, 2018. 5. 2.부터 2019. 5. 1.까지, 2019. 5. 2.부터 2020. 5. 1.까지, ② C이 2017. 3. 3.부터 2018. 3. 2.까지, 2018. 3. 3.부터 2019. 3. 2.까지, 2019. 3. 3.부터 2020. 3. 2.까지, ③ D가 2016. 11. 21.부터 2017. 11. 20.까지, 2017. 11. 21.부터 2018. 11. 20.까지, 2018. 11. 21.부터 2019. 11. 20.까지 각 1년간 이 사건 학원에서 근로를 제공한 대가로 위 각 1년간의 근로를 마친 다음 날 연차휴가에 관한 권리를 취득하고, 그로부터 1년 이내에 연차휴가를 사용하

지 아니하였거나 1년이 지나기 전에 퇴직하는 등의 사유로 인하여 더 이상 연차휴가를 사용하지 못하게 됨에 따라 발생한 연차휴가미사용수당이다.

나. 이 사건 학원에서 사업장 내의 모든 근로자에 대한 연차휴가를 일률적으로 시행하기 위하여 단체협약이나 취업규칙으로 연차휴가권 발생의 기준이 되는 시점을 정하였다는 자료는 확인되지 아니한다.

다. 이 사건 강사들의 진술과 이 사건 학원의 강사들과 행정직원 등을 대상으로 한 회의일정 투표내역, 이 사건 학원의 수업시간표 등에 따르면 이 사건 강사들의 위 각 근로기간 동안 이 사건 강사들 외에도 원어민 강사들이나 행정직원 등 최소 2인 이상의 근로자를 추가로 사용하는 기간이 있었던 것으로 보인다.

라. 그렇다면 원심으로서는 앞서 본 법리와 사실관계에 비추어, 이 사건 강사들이 각 근로를 개시한 날로부터 기산하여 각 연차휴가 산정 단위인 계속근로기간별로 이 사건 학원이 상시 5인 이상의 근로자를 사용하는 사업장에 해당하는지를 심리하여 이 사건 강사들에게 공소사실 기재 연차휴가미사용수당 청구권이 발생하였는지를 판단하였어야 한다.

마. 그럼에도 원심은 막연히 '2017년' 또는 '2018년'을 연차휴가 산정 단위인 계속근로기간으로 삼았을 뿐만 아니라, 이 사건 강사들이 각 근로를 개시한 날로부터 기산하여 각 연차휴가 산정 단위인 계속근로기간별로 상시 사용하는 근로자 수를 산정할 경우 근로자에 포함될 가능성이 있는 근로자를 제외하는 등으로 이 사건 학원이 위 각 계속근로기간 동안 5명 이상의 근로자를 사용하는 사업장에 해당하지 아니한다고 단정하였다. 이러한 원심의 판단에는 연차휴가미사용수당 산정에 관한 법리 등을 오해하여 필요한 심리를 다하지 아니함으로써 판결에 영향을 미친 잘못이 있다.

## 3. 의의 및 시사점

대상판결은 연차휴가미사용수당 청구권 발생 여부를 판단할 때, 전년도 1월 1일부터 12월 31일까지가 아닌 각 근로자의 근로 개시일을 기준으로 계속근로기간을 산정하고, 해당 기간동안 사업장이 상시근로자 5인 이상을 고용했는지 여부를 판단하여야 한다는 점을 분명히 하였습니다. 다만, 단체협약이나 취업규칙으로 모든 근로자에게 연차휴가권 발생의 기준 시점을 일률적으로 정할 수 있음을 덧붙였다는 점은 특기할 만합니다.

대상판결의 법리에 따라 개별 근로자별로 연차휴가미사용수당 청구권의 성립 여부가 달라질 수 있으므로, 특히 소규모 사업장의 경우 상시근로자수 파악에 주의를 기울일 필요가 있습니다.

# 지방공기업이 정부의 경영평가에서 최하 등급을 받지 않았다면 산하 센터 근무자들에게도 다른 근로자와 같이 성과평가를 실시해 성과급을 지급해야 한다고 판단한 사례

대상판결 : 대법원 2024. 3. 12. 선고 2021다252946 판결

## 1. 사안의 개요

피고는 주택사업, 체육시설업 등을 목적으로 설립된 지방공기업이고, 원고들은 피고 산하 A센터(이하 '이 사건 센터')의 근로자이거나 근로자였던 사람들입니다. 피고는 2007. 4. 2. 각 부서(실·처·단·센터)를 평가 단위로 하는 성과관리 제도를 마련하고, 그 무렵부터 그 평가 결과에 따라 근로자들에게 성과급을 차등 지급해 왔으나, 이 사건 센터 소속 근로자들인 원고들에게는 성과관리규정에 따른 성과급을 지급하지 않았습니다.

이에 원고들은 피고를 상대로 성과관리규정에 따른 성과급의 지급을 청구하는 이 사건 소를 제기하였습니다.

## 2. 판결 요지

원심은 "경영평가에서 최하인 '마'등급으로 평가될 경우 경영평가등급에 따른 지급률은 0%여서 최소한의 지급률이 정해져 있지 않고, 이 경우 원칙적으로 자체평가급을 포함한 성과급이 전혀 지급되지 않으며 예외적으로 자체평가급만을 지급받을 여지가 있을 뿐이고, 자체평가급의 경우, 행정안전부의 규정 등

을 통해 최소한의 지급률이 정해진 바가 없을 뿐만 아니라, 사전에 피고의 보수규정 등을 통해 자체평가급의 지급 여부, 지급대상, 지급조건 등이 구체적으로 확정되어 있지도 않다"며 원고들의 청구를 기각하였습니다.

그러나 대상판결은 개인별 평가등급의 최하등급인 '가' 등급에 부여된 지급률만큼은 보장된 것이므로 피고는 그에 해당하는 성과급을 지급할 의무를 부담한다고 판단하였습니다. 그 구체적인 근거는 다음과 같습니다.

가. 피고가 성과관리규정에 따라 지급하는 성과급은 자체평가급과 인센티브 평가급으로 구분된다. 자체평가급은 행정안전부장관의 경영평가와 관계없이 행정안전부의 지방공기업 예산편성기준에서 그 지급률을 정한다. 인센티브 평가급은 행정안전부장관이 경영실적 등을 토대로 경영평가를 실시하여 피고를 포함한 지방공기업들의 경영평가등급('가'~'마' 등급)을 결정하고 등급별 지급률의 범위를 정하면, 지방자치단체장이 그 지급률의 범위 안에서 각 지방공기업의 지급률을 결정한다.

나. 피고는 위와 같이 정해진 각 지급률을 합산하여 산정된 지급총액을 재원으로 하여, 성과관리규정에 따른 업무성과의 평가 등을 거쳐 개인별 근무성적에 따라 평가등급을 4등급(수, 우, 양, 가)으로 구분하고, 그 등급에 따라 지급률에 차등을 두어 성과급을 지급한다. 피고가 행정안전부장관의 경영평가에서 최하인 '마' 등급을 받게 되면 인센티브 평가급의 지급률은 0%가 되지만, 이 경우에도 자체평가급 지급률(2016년부터 2018년까지 각 연도마다 100%)은 부여된다.

다. 원고들이 성과급 지급을 청구하는 대상연도인 2016년부터 2018년까지 피고는 경영평가에서 '마' 등급을 받은 적이 없다. 피고는 매해 통보받은 자체평가급과 인센티브 평가급의 지급률을 기초로 내부 성과평가를 거쳐 근로자들에게 성과급을 차등 지급하였다. 피고가 개인별 평가에서 최하등급인 '가' 등급을 받은 근로자에게 지급한 인센티브 평가급의 지급률은 2016년도 170%, 2017년도 175%, 2018년도 130%이고, 자체평가급의 지급률은 각 연도마다 100%이다.

### 3. 의의 및 시사점

대상판결은 성과급이 ① 경영평가에 연동되는 성과급과 ② 자체적인 예산 편성기준에 따른 성과급으로 구분되어 있을 경우, 경영평가 결과에 따라 ①의 성과급이 지급되지 않는 경우에도 ②의 성과급은 별도로 지급 요건을 따져 지급 여부 및 지급률을 판단하여야 함을 명확히 하였다는 점에서 의미가 있습니다.

# 01 개별적 근로관계

# 일용직 근로자도 퇴직급여 지급대상에 해당할 수 있다고 판단한 사례

대상판결 : 대법원 2024. 3. 12. 선고 2023다302579 판결

## 1. 사안의 개요

피고는 지붕공사업 등을 영위하는 회사입니다. 원고는 2017. 11. 1.부터 2021. 9. 2.까지 피고가 시공하는 지붕 시공공사 현장에 일용직으로 고용되어 근무하였습니다. 원고의 1일 근로시간은 8시간이었고, 피고는 매달 원고에게 근로를 제공한 일수에 일당을 곱한 금액을 임금으로 지급하였습니다.

그런데 피고는 원고가 일용직 근로자라는 이유로 퇴직금을 지급하지 않았고, 원고는 퇴직금을 청구하는 이 사건 소송을 제기하였습니다.

## 2. 판결 요지

원심은 아래와 같은 법리를 바탕으로 원고의 근무일수는 1개월 기준 최소 11일 이상이므로, 피고는 원고에게 퇴직금을 지급할 의무가 있다고 판단하였습니다(1주 15시간 미만인 달은 제외).

근로자가 반드시 월평균 25일 이상 근무하여야만 근로기준법상 퇴직금 지급의 전제가 되는 근로자의 상근성 · 계속성 · 종속성의 요건을 충족시키는 것은 아니고, 최소한 1개월

> 에 4, 5일 내지 15일 정도 계속해서 근무하였다면 위 요건을 충족한다 할 것이며, 형식상으로는 비록 일용직근로자로 되어 있다 하더라도 일용관계가 중단되지 않고 계속되어 온 경우에는 상용근로자로 보아야 한다(대법원 1995. 7. 11. 선고 93다26168 전원합의체 판결 등 참조).

한편 법원은 2020년 2월, 11월, 12월, 2021년 7 내지 9월은 4주간을 평균하여 1주간의 소정근로시간이 15시간 미만이기에 이를 제외한 후 계속근로연수를 산정하여 퇴직급여를 계산하였습니다(계속근로연수는 2020. 3. 1.부터 2020. 10. 31.까지 및 2021. 1. 1.부터 2021. 6. 30.까지).

## 3. 의의 및 시사점

대상판결은 일용직 근로자라도 최소한 1개월에 4, 5일 내지 15일 정도 계속해서 근무하였다면 퇴직금 지급 대상이 된다는 기존 대법원의 법리를 재확인하였다는 점에서 의미가 있습니다.

한편 통상의 경우보다 현저하게 적거나 많게 산정된 것으로 인정되는 예외적인 경우라면, 이를 기초로 퇴직금을 산출하는 것은 근로자의 통상적인 생활임금을 기준으로 퇴직금을 산출하고자 하는 근로기준법의 정신에 비추어 허용될 수 없는 것이므로, 근로자의 통상적인 생활임금을 사실대로 반영할 수 있는 합리적이고 타당한 다른 방법으로 그 평균임금을 따로 산정하여야 합니다(대법원 2020. 6. 25. 선고 2018다292418 판결).

대상판결은 위 법리를 적용하여 퇴직 직전 3개월 동안의 평균임금이 퇴직 직전 1년의 평균임금보다 현저히 낮기에 직전 1년 동안의 평균임금을 기준으로 하는 것이 타당하다고 판단한 점 역시 특기할만합니다.[3)]

3) 직전 3개월 동안의 평균임금은 74,355.06원, 직전 1년 동안의 평균임금은 114,312.32원(1년 기준)이었습니다.

# 퇴직금 중간정산 당시 지급 사유의 발생이 확정되지 아니한 연차휴가미사용수당을 평균임금에 포함할 수 없다고 본 사례

대상판결 : 대법원 2024. 1. 25. 선고 2022다215784 판결

## 1. 사안의 개요

피고는 제철, 제강, 압연, 주조, 단조재의 생산·판매업을 영위하는 회사이고, 원고들은 피고의 생산직으로 근무 중이거나 근무하였으며, 피고로부터 퇴직금 또는 중간정산 퇴직금을 지급받은 직원들입니다.

피고는 소속 근로자들에게 매년 총 연 8회에 걸쳐 정기상여금을 지급하여 왔으며, 교대근무자들에게 기본 근로시간을 초과한 주당 2시간을 환산하여 연 13일의 유급 특별휴일(월 1일 분할하여 사용)을 형식적으로 부여하고 일종의 미사용 월 휴일 근로수당(이하 '월휴수당')을 지급하였습니다(이하 월휴수당과 피고가 근로자들에게 지급한 법정수당 등을 통칭하여 '이 사건 각 수당').

원고들은 (i) 정기상여금 중 지급 전월 및 전전월의 기본급과 지급액에 변동이 없는 수당에 상응하는 금액(이하 '고정지급분') 등은 근로기준법상 통상임금 및 평균임금을 산정함에 있어 그 기초항목으로 포함되어야 하며, (ii) 기존 평균임금 산정 기초임금에다가 이 사건 각 수당의 미지급분을 더하여 산정한 평균임금을 기초로 퇴직금(또는 중간정산 퇴직금)을 재산정하여야 한다고 주장하였습니다.

## 2. 판결 요지

원심은 정기상여금 고정지급분은 소정근로를 제공하기만 하면 그 지급이 확정된 것이라고 볼 수 있어 통상임금에 해당하며, 그 외 다른 수당들도 피고 노사 간의 단체협약 및 노사합의에 따라 피고의 근로자들에게 계속적·정기적으로 지급되는 임금에 해당하므로 평균임금에 포함된다고 보아, 원고들이 주장하는 이 사건 각 수당의 통상임금 내지 평균임금성을 인정하였습니다.

또한, 원심은 중간정산 퇴직금을 받은 일부 원고들에 대하여 중간정산이 이루어진 연도에 대한 근로의 대가로 다음 해 주어지는 연차휴가수당 중 원고들에 대한 평균임금 산정기간인 3개월의 근로에 대한 부분인 연차휴가수당(이하 '이 사건 미반영 연차휴가수당')은 평균임금을 산정할 때 포함되어야 한다고 판단하였습니다.

그러나 대법원은 정기상여금 고정지급분 등에 대해 통상임금성 또는 평균임금성을 인정한 원심 판단의 결론은 수긍하면서도, 이 사건 미반영 연차휴가수당은 아래와 같은 이유로 중간정산 퇴직금 산정의 기초가 되는 평균임금에 포함되지 않는다고 판단하였습니다.

가. 평균임금 산정의 기초가 되는 임금 총액에는 사용자가 근로의 대상으로 근로자에게 지급하는 일체의 금품으로서 근로자에게 계속적·정기적으로 지급되고 그 지급에 관하여 단체협약, 취업규칙 등에 의하여 사용자에게 지급 의무가 지워져 있으면 그 명칭 여하를 불문하고 모두 포함되고, 근로자가 현실적으로 지급받은 금액뿐 아니라 평균임금을 산정하여야 할 사유가 발생한 때를 기준으로 사용자가 지급 의무를 부담하는 금액도 포함되나(대법원 2002. 6. 11. 선고 2001다16722 판결, 대법원 2005. 9. 9. 선고 2004다41217 판결, 대법원 2023. 4. 13. 선고 2022두64518 판결 등 참조), 지급 사유의 발생이 확정되지 아니한 금품은 포함되지 않음.
따라서 단체협약이나 취업규칙 등으로 달리 정하지 않는 한 퇴직금 중간정산 당시를 기준으로 그 지급 사유의 발생이 확정되지 아니한 금품을 평균임금에 포함하여 중간정산 퇴직금을 산정할 수는 없음.

나. 중간정산 퇴직금 산정의 기초가 되는 평균임금 산정기간의 근로에 따라 취득한 연차유급휴가를 사용하지 않아 발생하는 연차휴가미사용수당은 퇴직금 중간정산 당시에는 아직 그 발생 여부가 확정되지 않았으므로 단체협약이나 취업규칙 등으로 달리 정하지 않는 한 이를 평균임금에 산입하여 중간정산 퇴직금을 산정할 수 없음.

다. 따라서 중간정산 당시에는 그 발생 여부가 확정되지 않았던 연차휴가미사용수당액을 이 사건 미반영 연차휴가수당으로 인정하여 중간정산 퇴직금 산정의 기초가 되는 평균임금에 산입한 원심 판단에는 평균임금 산정에 관한 법리를 오해하여 판결에 영향을 미친 잘못이 있음.

## 3. 의의 및 시사점

연차휴가를 사용할 권리 혹은 연차휴가수당 청구권은 근로자가 전년도에 출근율을 충족하면서 근로를 제공하면 당연히 발생하는 것으로서 연차휴가를 사용할 해당 연도가 아니라 그 전년도 1년간의 근로에 대한 대가입니다(대법원 2021. 10. 14. 선고 2021다227100 판결 등). 이에 따라 중간정산 퇴직금의 기초가 되는 평균임금에 장래에 발생할 미사용연차휴가수당이 포함되어야 하는지에 대한 논란이 있었습니다.

대상판결은 평균임금 산정기간의 근로에 따라 취득한 연차유급휴가를 사용하지 않아 발생하는 연차휴가미사용수당은 퇴직금 중간정산 당시에는 아직 그 발생 여부가 확정되지 않았으므로, 단체협약이나 취업규칙으로 달리 정하지 않는 한 이를 평균임금에 산입하여 중간정산 퇴직금을 산정할 수 없다는 점을 분명히 하였다는 점에서 의미가 있습니다.

참고로 대법원은 '이미 발생한' 미사용연차휴가수당의 평균임금 산입과 관련하여서는 "연차휴가권의 기초가 된 개근 또는 9할 이상 근로한 1년간의 일부가 퇴직한 날 이전 3개월간 내에 포함되는 경우에 그 포함된 부분에 해당하는 연차휴가수당만이 평균임금 산정의 기준이 되는 임금 총액에 산입된다"고 판시하였습니다(대법원 2011. 10. 13. 선고 2009다86246 판결).

# 01

# 개별적 근로관계

# 건설업에서 2차례 이상 도급이 이루어진 경우 직상 수급인이 근로자로부터 임금 수령권한을 위임받은 하수급인에게 임금상당액을 지급한 것만으로는 임금미지급으로 인한 근로기준법 위반의 고의가 부정되지 않는다고 판단한 사례

대상판결 : 대법원 2024. 6. 27. 선고 2024도4055 판결

## 1. 사안의 개요

피고인은 건설업을 하는 ○○○건설 주식회사(이하 '이 사건 회사')의 대표이사입니다. 이 사건 회사는 A로부터 근린생활시설 신축공사(이하 '이 사건 공사')를 도급받아, 그 중 철근콘크리트 공사를 C에게 하도급하였습니다. A는 건설업등록을 하지 않고 상시근로자 15여 명을 사용하여 건설업을 하였습니다.

피고인은 건설산업기본법 제2조 제7호에 따른 건설업자가 아닌 C가 이 사건 공사 현장에서 2018. 10. 19.경부터 2018. 11. 3.경까지 근무하다가 퇴직한 근로자의 임금 1,620,000원을 비롯하여, 근로자 5명의 2018년 10월 내지 2018년 12월분 임금을 당사자 사이에 지급기일 연장에 관한 합의 없이 각 퇴직일로부터 14일 이내에 지급하지 않은 것에 대하여, C와 연대하여 지급할 책임이 있음에도 이를 이행하지 않았다는 이유로 기소되었습니다.

## 2. 판결 요지

원심은 피고인이 근로자들의 임금이 C 또는 D를 통하여 전액 지급되었다고 인식하여 근로자들이 받지 못한 임금이 존재한다는 사실을 알지 못하였다고 볼 여지가 충분하므로, 임금 미지급에 대한 근로기준법 위반의 고의가 있었다고 단정하기 어렵다고 보아, 이 부분 공소사실을 유죄로 인정한 제1심판결을 파기하고 무죄를 선고하였습니다.

그러나 대상판결은 아래와 같은 이유로 피고인의 임금 미지급에 대한 근로기준법 위반의 고의가 인정된다고 보아, 원심판결을 파기환송하였습니다.

1) 구 근로기준법 제44조의2는 그 입법 취지 및 직접지급의 원칙에 비추어 볼 때 직상 수급인이 하수급인과 연대하여 하수급인이 사용한 근로자의 임금을 직접 지급할 책임을 지도록 규정하는 것으로 해석되며, 이 사건 공사의 하도급과 관련하여 이 사건 회사와 C가 작성한 계약서에는 '노임 등의 공사대금은 이 사건 회사가 직접 지불한다'고 기재되어 있다. 그런데 이 사건 회사의 대표이사인 피고인은 위와 같은 위임장을 받고 근로자들이 아니라 C 또는 D의 계좌로 그 임금 상당액을 전부 지급하였으므로 이를 이유로 구 근로기준법 제44조의2에 의한 임금지급의무를 이행한 것으로 볼 수는 없다.

2) 피고인이 C로부터 근로자들 명의의 위임장이나 신분증 사본, C 또는 D 명의의 지급각서를 받았다는 점만으로 임금이 근로자들에게 실제로 지급되도록 하는 충분한 조치를 취하였다거나, 실제로 지급되리라고 의심 없이 믿을 만한 충분한 사정이 존재한다고 보기는 어렵다. 특히 구 근로기준법 제44조의2는 자금력이 확인되지 않은 무등록 하수급인에게 하도급을 주는 위법행위가 하수급인의 임금지급 의무불이행의 위험을 야기한다는 전제에서 직상수급인의 근로자에 대한 직접책임을 규정한 조항이므로, 그 취지에 비추어 볼 때 직상 수급인이 하수급인에게 지급한 임금 상당액이 근로자에게 지급되리라고 믿었다는 사정을 쉽사리 인정해서는 안 된다.

3) 더구나 이 사건 공사현장에는 이 사건 회사 직원이 현장소장으로 상주하였고, C가 이 사건 회사에 보낸 파일에 따르면 2018년 10월과 12월에 이 사건 공사현장에 근무한

근로자는 월별로 20명이고 1일 15명을 넘지 않았다. 이 사건 회사와 근로자의 관계나 이 사건 공사 규모 및 근로자들의 숫자 등을 고려하면, 피고인은 C가 개별 근로자들에게 지급해야 할 임금액 및 C가 청구한 개별 근로자들의 임금액의 정확성, 근로자들이 실제로 외국인인지 여부, 임금 수령권한을 위임하는 이유나 그 위임의사의 진실성, C나 D의 계좌로 지급한 임금 상당액이 근로자들에게 곧바로 지급되었는지 여부 등을 어렵지 않게 확인할 수 있었던 것으로 보인다. 또한 그 확인 결과 어떤 문제가 있다면 해당 근로자에게 직접 임금을 지급하거나 향후 C나 D의 계좌로 임금을 지급하는 것을 거부하는 등으로 임금이 근로자에게 실제로 지급되는 것을 더욱 확실하게 담보할 수 있는 지위에 있었다. 그런데도 피고인은 이러한 조치 없이 계속하여 위와 같은 위임장이나 지급각서 등만을 제출받고 C가 청구하는 대로 모든 근로자들에 대한 임금을 전부 C나 D의 계좌로 지급하였다.

### 3. 의의 및 시사점

대상판결은 건설업에서 2차례 이상 도급이 이루어지고 건설업자가 아닌 하수급인이 그가 사용한 근로자에게 임금을 지급하지 못한 경우, 하수급인의 직상 수급인은 자신에게 귀책사유가 있는지 또는 하수급인에게 대금을 지급하였는지와 관계없이 하수급인과 연대하여 하수급인이 사용한 근로자의 임금을 지급할 책임을 부담한다고 판단한 기존의 법리를 다시 한번 확인하였다는 데에 의미가 있습니다(대법원 2021. 11. 25. 선고 2021도10938 판결).

또한 무등록 건설업자에게 하도급을 주는 위법행위가 야기할 수 있는 하수급인의 임금지급의무 불이행의 위험과 강행규정인 근로기준법 제44조의2의 취지를 고려하여, 직상 수급인의 근로기준법 위반의 고의를 다소 넓게 인정하였습니다. 대상판결에 따르면 무등록 건설업자에게 하도급을 주는 직상 수급인은 하수급인 근로자들에게 직접 임금을 지급하거나, 실제로 임금이 지급되는 것을 확실히 담보할 수 있는 조치를 취해야 할 것으로 보입니다.

# 사용자가 근로자에게 통상임금과 관련하여 개별적인 소제기가 필요 없다는 신뢰를 주었다면 소멸시효 항변이 허용될 수 없다고 판단한 사례

대상판결 : 서울고등법원 2024. 1. 12. 선고 2022나2038619 판결

## 1. 사안의 개요

피고는 자동차 부속품을 제조·판매하는 회사로, 원고들은 피고 소속 근로자이거나 피고 소속 근로자로 근무하다가 퇴직한 사람들입니다. 피고는 원고들에게 연 750%의 정기상여금(이하 '이 사건 정기상여금')을 격월마다 각 100%씩, 설날, 추석 및 휴가 시에 각 50%씩 분할 지급하였습니다. 그런데 피고는 2015. 12. 31. 급여규정을 개정하면서 '상여기간 내 15일 미만 근무한 자'를 이 사건 정기상여금의 지급대상에서 제외하는 조항(이하 '이 사건 근무일수 조항')을 신설하였습니다.

이에 원고들은 이 사건 근무일수 조항은 근로자들의 집단적 동의를 받지 아니하고 근로조건을 불이익하게 변경한 것으로서 근로기준법 제94조 제1항[4]에 따라 효력을 인정할 수 없다고 주장하면서 이 사건 정기상여금을 포함하여

4) 제94조(규칙의 작성, 변경 절차) ① 사용자는 취업규칙의 작성 또는 변경에 관하여 해당 사업 또는 사업장에 근로자의 과반수로 조직된 노동조합이 있는 경우에는 그 노동조합, 근로자의 과반수로 조직된 노동조합이 없는 경우에는 근로자의 과반수의 의견을 들어야 한다. 다만, 취업규칙을 근로자에게 불리하게 변경하는 경우에는 그 동의를 받아야 한다.

통상임금을 재산정한 후 이를 기준으로 산정한 법정수당과 기지급액의 차액 상당을 청구하는 소를 제기하였습니다.

## 2. 판결 요지

### 가. 이 사건 근무일수 조항이 취업규칙의 불이익한 변경에 해당하는지 : 해당

서울고등법원은 통상임금의 개념적 징표에서 고정성을 제외한 대법원 2024. 12. 19. 선고 2020다247190 전원합의체 판결(이하 '변경된 통상임금 전원합의체 판결')이 선고되기 전의 기존 판례(대법원 2013. 12. 18. 선고 2012다89399 전원합의체 판결, 동 2012다94643 전원합의체 판결 등) 법리를 바탕으로 이 사건 근무일수 조항 도입 전인 2015. 12. 31. 이전까지의 이 사건 정기상여금은 통상임금에 해당한다고 판단하였습니다. 그리고 이 사건 근무일수 조항은 취업규칙 불이익 변경에 해당함에도 근로기준법 제94조 제1항에 따른 동의를 받지 못하여 무효이기에, 2015. 12. 31. 이후 지급된 정기상여금도 통상임금에 해당한다고 보았습니다. 구체적으로 재판부는 피고가 내세우는 별도 단체협약 합의서에 '상여기간 내 15일 미만 근무한 자를 정기상여금의 지급대상에서 제외한다'는 내용을 찾을 수 없고, 단체협약에도 이 사건 근무일수 조항과 같은 내용을 찾을 수 없기에 유효한 동의가 없다고 판단하였습니다.

### 나. 피고의 소멸시효 항변에 관한 판단 : 소멸시효 항변 배척

서울고등법원은 원고들이 2019. 10. 24. 이 사건 소를 제기하였으므로 그로부터 역산하여 3년 이전에 발생한 임금채권의 시효기간은 완성되었지만, 피고의 소멸시효 항변은 권리남용으로 허용될 수 없다고 판단하였습니다.

동 법원은 우선 "채무자가 시효 완성 전에 채권자의 권리행사나 시효 중단을 불가능 또는 현저히 곤란하게 하였거나 그러한 조치가 불필요하다고 믿게 하는 행동을 하는 등 특별한 사정이 있는 경우에는 채무자가 소멸시효의 완성을 주장하는 것이 신의성실의 원칙에 반하는 권리남용으로 허용될 수 없다"는 기존 대법원 전원합의체의 법리를 확인하였습니다(대법원 2008. 9. 18. 선고 2007두2173 전원합의체 판결 등 참조). 그리고 다음과 같은 사정에 비추어 보면, 피고의 소멸시효 완성 주장은 신의성실의 원칙에 반하는 권리남용으로 허용될 수 없다고 판단하였습니다.

1) 피고는 2012. 9. 5. 피고 노조와 사이에 2012년 임금교섭 별도 합의서를 작성하고, 통상임금의 범위와 관련하여 '회사는 통상임금 적용 항목과 관련하여 원칙적으로 대표소송을 진행하여야 하나, 피고 회사의 임금체계가 ○○자동차와 유사하게 운영되고 있으므로 통상임금 적용항목 관련 ○○자동차 소송 건에 대한 대법원 최종 확정판결 시 ○○자동차 합의 내용과 동일하게 전 조합원에게 적용한다. 단 지급 대상과 기준이 상이한 항목은 노사 별도 협의한다'는 취지로 합의하였음. 위 별도 합의 내용은 피고가 피고 소속 근로자들에게 권리행사나 시효중단 조치가 불필요하거나 소제기 없이도 시효를 원용하지 않을 것이라는 신뢰를 부여한 것으로 보아야 함.

2) 피고는 그 이후에도 같은 내용을 지속적으로 재확인함으로써 원고들에 대하여 권리행사나 시효중단 조치가 불필요하거나 소제기 없이도 시효를 원용하지 않을 것이라는 신뢰를 계속해서 유지하였음.

3) 2012. 9. 5.경 이전부터 피고 노사 간에 통상임금의 범위에 관한 논의가 지속적으로 있어 왔으나, 2012. 9. 5.자 별도 합의서에서 피고가 '대표소송에서 이 사건 정기상여금이 통상임금에 해당한다는 판결이 확정될 경우 그 동안 미지급된 임금을 소급하여 모두 지급하겠다'는 취지의 신뢰를 부여한 것으로 보이고, 그에 따라 원고들을 포함한 피고 소속 근로자들로서는 별도의 소제기가 필요하지 않을 것이라고 판단하였음. 피고가 단체교섭 관련 별도 합의에서 동일한 신뢰를 반복하여 부여함으로써 위와 같은 판단은 더욱 공고해졌을 것으로 보임.

### 3. 의의 및 시사점

대상판결은 변경된 통상임금 전원합의체 판결 이전의 판례 법리에 근거하여 정기상여금의 통상임금 해당 여부를 판단하였으므로, 해당 부분은 현재로서 큰 의미를 갖지 못합니다.

다만, 변경된 통상임금 전원합의체 판결이 그 소급효의 적용 범위를 당해사건 및 병행사건 원고들로 제한한 상황에서 대상판결이 소송 제기까지의 사실관계를 바탕으로 사용자의 소멸시효 항변을 권리남용으로 보아 배척한 점은 의미가 있습니다.

참고로, 대법원은 취업규칙 해석에 문제가 있어 회사의 고문 변호사나 노무사, 제1심 법원마저 취업규칙의 의미를 정확히 해석하지 못하였던 사안에서, 원고들에게는 추가 퇴직금 청구권을 행사할 수 없는 사실상의 장애사유가 있었다고 봄이 타당하기에 회사의 소멸시효 항변은 신의성실 원칙에 반하여 허용될 수 없다고 봄이 타당하다고 판단하기도 했습니다(대법원 2002. 10. 25. 선고 2002다32332 판결). 대상판결은 대법원 2024. 5. 30.자 2024다220766 판결로 확정되었습니다.

# 01

# 개별적 근로관계

# 당직 및 콜대기 시간 전부 또는 일부가 근로기준법상 근로시간에 해당하는지는 근무의 내용과 질에 비추어 판단하여야 한다고 본 사례

대상판결 : 대법원 2024. 11. 14. 선고 2021다220062, 2021다220079(병합), 2021다220086(병합), 2021다220093(병합)

## 1. 사안의 개요

B공단은 병원을 운영하는 법인입니다. B공단이 운영하는 병원에 근무 중인 근로자들은 B공단을 상대로 당직 및 콜대기 근무가 근로기준법상 근로시간에 해당하므로 해당 시간에 대한 보수는 근로기준법상 야간·연장·휴일근로수당 등의 계산방법에 따라 지급되어야 한다는 취지의 소송을 제기하였습니다.

## 2. 판결 요지

제1심과 원심은 당직 및 콜대기 근무는 전체적으로 보아 숙·일직 업무가 아닌 통상적인 근로로 보아야 하고, 당직 및 콜대기 시간 전부가 근로기준법상 근로시간에 포함된다고 판단하였습니다.

반면 대상판결은 아래와 같은 사정을 들어, 당직 또는 콜대기 근무가 내용과 질에 있어서 그 근무시간의 전부 또는 일부를 근로시간으로 볼 수 있는지를 판단하여야 한다고 하며 원심판결을 파기하였습니다.

◦ 운전기사와 기계 · 전기기사의 경우 당직근무 중 수행한 업무의 내용이 무엇인지, 통상 근무의 태양과는 차이가 있는지, 당직근무 중 자유롭게 이용할 수 있는 시간이 어느 정도 있었는지 등을 알 수 있는 아무런 증거가 없음. 원고들 중 정선병원 외 다른 병원에서 근무한 방사선기사와 임상병리사의 경우도 마찬가지임.

◦ 일부 병원의 다른 방사선기사들이 이 사건 청구기간 중 일부 기간(2013년 3월부터 2014년 12월까지)에 평일 야간 및 휴일 근무를 한 것이 근로기준법상 근로시간에 해당한다고 인정된 판결이 선고되어 확정된 사실은 있으나, 원고들 중 해당 시기에 해당 병원에 근무하였던 방사선기사의 근무 내용 및 태양 등도 이들과 동일하였는지, 2015년 1월 이후 근무 내용 및 태양에 변화가 없었는지 등을 알 수 있는 자료가 없음.

◦ 수술실 간호사, 정선병원의 방사선기사와 임상병리사의 경우 수술실, 영상의학실, 진단검사의학실의 콜 건수 등에 관한 자료가 제출되었으나, 이것만으로는 해당 원고들이 통상근무 시간에 수행한 업무의 내용이 무엇이었는지, 통상근무와 당직 또는 콜대기 근무 사이의 근무 밀도 차이가 어느 정도였는지, 자택에서 당직 또는 콜대기 중 콜을 받으면 몇 분 안에 출근해야 하는지 등을 알 수 없어, 위 원고들의 자택에서의 당직 또는 콜대기 근무시간 전부가 실질적으로 사용자인 피고의 지휘 · 감독 아래에 놓여있는 근로시간에 해당하는지, 그 중 어느 범위까지 근로시간으로 보아야 하는지를 판단하기 어려움.

### 3. 의의 및 시사점

대법원은 과거에도 '당직근무를 하는 도중에 수행하는 업무의 내용이 본래의 업무가 연장된 경우는 물론이고 그 내용과 질이 통상근무의 태양과 마찬가지라고 인정될 때에는 당직근무시간이 근로시간에 포함된다고 보아야 하고, 이와 달리 당직근무가 전체적으로 보아 근무의 밀도가 낮은 대기성의 단속적 업무에 해당하는 경우에는 본래의 업무에 실제로 종사한 시간만을 근로시간으로 보아야 한다'고 하면서, '당직근무를 하는 도중에 수행하는 업무의 내용과 질이 본래의 업무가 연장된 경우에 해당하거나 통상근무의 태양과 마찬가지인지 여부는, 당직근무가 통상의 근무시간의 구속으로부터 완전히 벗어났는지 또는 통상근무의 태양이 그대로 계속되는지 여부, 당직근무를 하는 도중에 본래의 업무에 종사하게 되는 빈도 내지 시간의 장단, 당직근무를 하면서 충분한 수면시간이 보장되는지 여부 등을 충분히 심리하여 정해야 한다'고 판시한바 있습니다(대법원 1995. 1. 20. 선고 93다46254 판결, 대법원 1996. 6. 28. 선고 94다14742 판결 등 참조). 대상판결 역시 기존 대법원 입장과 동일하게 당직 또는 콜대기 근무 중 수행하는 업무의 구체적인 내용과 질, 태양 등을 살펴 근로시간에 해당하는지 여부를 판단해야 한다고 하였습니다.

한편 제1심의 경우 '일반적인 숙·일직 업무와 같은 정도의 업무로 단정하기는 어렵고, 달리 이를 인정할 증거가 없다'고 하여 근로시간이 아니라는 점에 대한 증명책임이 '사용자'에게 있다는 전제에서 판단하였습니다. 이와 달리 대법원은 대상판결에서 '통상근무의 태양과 동일·유사한지 여부에 대한 증거가 없다'고 판단하면서 근로시간에 해당한다는 점에 대한 증명책임이 '근로자'에게 있다는 취지의 판단을 하였다는 점이 특기할 만합니다.

# 대학 시간강사의 소정근로시간에 강의준비시간도 포함된다는 사례

대상판결 : 대법원 2024. 7. 11. 선고 2023다217312 판결

## 1. 사안의 개요

원고들은 피고가 설립・경영하는 국립대학교인 L대학교 또는 M대학교(이하 '이 사건 대학들')에서 비전업 시간강사로 재직 중이거나 재직하였던 사람들입니다. 피고는 비전업 시간강사들의 1주 소정근로시간을 15시간 미만으로 보아 원고들이 미사용한 연차휴가에 대한 연차휴가수당, 주휴수당, 근로자의 날에 대한 유급휴일수당을 전부 또는 일부 지급하지 않았습니다.[5)]

## 2. 판결 요지

원심은 원고들의 소정근로시간은 시간강사 위촉계약에서 정한 주당 강의시수인데, 주당 강의시수가 모두 12시간 이하인 원고들은 초단시간근로자에 해당하므로 연차휴가와 주휴가 부여되지 않는다고 판단하면서 강의준비 등에 필요한 시간까지도 포함해 소정근로시간을 평가하더라도, 1주 평균 소정근로시간이

5) 근로기준법 제18조(단시간근로자의 근로조건) ③ 4주 동안(4주 미만으로 근로하는 경우에는 그 기간)을 평균하여 1주 동안의 소정근로시간이 15시간 미만인 근로자에 대하여는 제55조와 제60조를 적용하지 아니한다.

15시간 미만이라고 봐야 하므로 원고들은 여전히 초단시간근로자에 해당해 연차휴가 및 주휴가 인정되지 않는다고 보았습니다.

그러나 대법원은 주당 강의시수가 원고들의 소정근로시간이라고 보기 어려워 원고들이 초단시간근로자에 해당한다고 단정하기 어렵다고 판단하면서 원심 판결을 파기하였습니다. 구체적인 판단 내용은 다음과 같습니다.

[관련 법리]

대학의 시간강사가 초단시간근로자에 해당하는지 여부는 특별한 사정이 없는 한 강의시간 수가 아니라 강의와 그에 수반되는 업무, 그밖에 임용계약 등에서 정한 업무를 수행하는 데 통상적으로 필요한 근로시간 수를 기준으로 판단하여야 한다. 대학 강의의 특성상 강의 외 업무에 상당한 시간이 필요하기 때문에 강의시간의 정함이 곧 소정근로시간을 정한 것이라고 볼 수 없다. 만약 시간강사가 대학에 근로를 제공할 의무를 부담하는 전체 시간이 강의시간을 초과하는 것이 분명한데도 강의시간만을 기준으로 초단시간근로자 여부를 판단하게 되면, 근로자에게 주휴와 연차휴가를 보장하되 '근로시간이 매우 짧아 사업장에 대한 전속성이나 기여도가 낮고 임시적이고 일시적인 근로를 제공하는 일부 근로자'에 대해서만 예외적으로 주휴와 연차휴가에 관한 규정의 적용을 배제하려는 근로기준법의 취지가 몰각되기 때문이다.

[판단]

가. 원고들의 시간강사 위촉계약서에 주당 강의시수가 기재되어 있기는 하나, 이러한 기재만으로는 주당 강의시수를 소정근로시간으로 정한 것이라고 볼 수 없고, 그밖에 원고들과 대학이 강의시수 또는 다른 어떤 시간을 소정근로시간으로 정하였다고 볼 만한 사정이 없다.

나. 시간강사 위촉계약에 따라 원고들이 수행하여야 할 업무는 수업시간 중에 이루어지는 강의에 국한되지 않았다. 강의를 하기 위해서는 강의계획서를 작성하고 강의 내용과 강의 교재를 마련하는 등의 준비가 요구되었다. 원고들은 학생 상담 및 지도 등의 학생관리 업무와 시험 출제, 채점 및 성적 입력 등의 평가업무, 그 밖에 강의와 관련된 학사행정업무(이하 '강의 수반 업무')도 수행하여야 했다. 이러한 강의준비, 학생관리, 평가 등의 업무는 시간강사가 강의를 할 때 필연적으로 수반되는 업무로서 원고들이

피고에 근로제공 의무를 부담하는 업무이다.

다. 강의 수반 업무의 성격과 내용 등에 비추어 원고들이 이를 수행하는 데 상당한 시간이 필요할 것으로 보인다. 교수 등 전임 교원의 경우 구 고등교육법 시행령(2024. 2. 20. 대통령령 제34227호로 개정되기 전의 것) 제6조 제1항에서 교수시간을 주 9시간을 원칙으로 정하였는데, 이는 강의 수반 업무를 수행하는 데 일반적으로 상당한 추가 시간이 필요함을 고려한 것이다. 교육부는 2019년부터 2022년까지 대학 시간강사들의 퇴직금을 국고에서 지원한 바 있는데, 강의시간의 3배에 해당하는 시간을 소정근로시간으로 보는 전제에서 1주 강의시간이 5시간 이상인 시간강사를 그 지원대상자로 삼았다. 이에 비추어 보면, 특별한 사정이 없는 한 강의시간의 3배에 해당하는 시간이 대학의 시간강사가 강의와 그 수반 업무를 수행하는 데 통상적으로 소요되는 시간을 판단하는 일응의 기준이 될 수 있다. 다만, 이를 절대적 기준으로 볼 것은 아니고, 법원은 여러 사정을 아울러 참작하여야 한다.

라. 원심은 강의 수반 업무까지 고려하더라도 원고들의 1주 평균 소정근로시간이 15시간에 이르지 않는다고 판단하였다. 그런데 일부 원고들이 주휴수당과 연차수당을 청구하는 기간 중에는 1주 강의시수가 8시간, 9시간, 12시간인 학기들도 다수 포함되어 있다. 그럼에도 원심이 위와 같은 원고들까지도 일률적으로 초단시간근로자로 본 것은 강의 수반 업무에 필요한 시간을 거의 인정하지 않은 것과 마찬가지여서 앞서 본 법리에 실질적으로 반한다.

## 3. 의의 및 시사점

대상판결은 대학교의 시간강사가 임금을 목적으로 종속적인 관계에서 학교법인에게 근로를 제공하는 근로자에 해당한다는 대법원 판결 이후(대법원 2007. 3. 29. 선고 2005두13018, 13025 판결), 시간강사의 소정근로시간을 계약서에 기재된 강의시간만으로 한정할 수 있는지에 대한 첫 대법원 판결입니다. 대상판결은 구 고등교육법 시행령(2024. 2. 20. 대통령령 제34227호로 개정되기 전의 것)의 취지를 고려하여 강의시간의 3배에 해당하는 시간이 강의준비시간으로 판단될 수 있다는 일응의 기준을 설시하였다는 점에서 의의가 있습니다. 대학이 아닌 다른 사업장에서도 근로자의 구체적인 업무 내용을 고려하여 소정근로시간이 근로계약의 내용과는 다른 기준으로 산정될 수 있다는 점에서 대상판결을 참고할 만합니다.

참고로 해당 판결 직후 선고된 사안에서, 광주지방법원은 시간강사들의 소정근로시간을 일률적으로 강의시간의 3배로 보아 초단시간근로자 해당 여부를 판단하기도 했습니다(광주지방법원 2024. 8. 28. 선고 2022가단530907 판결).

# 소정근로시간에 관한 유효한 정함이 없는 경우 최저임금 미달액 산정을 위한 소정근로시간의 확정 방법을 제시한 사례

대상판결 : 대법원 2024. 12. 26. 선고 2023다200314 판결

## 1. 사안의 개요

피고는 진주시 소재 택시회사이고, 원고들은 피고의 택시운전근로자로 근무하다가 퇴직한 사람들입니다. 원고들은 격일제로 근무하며 정액사납금제 형태로 임금을 지급받았습니다.

2008. 3. 21. 법률 제8964호로 개정된 최저임금법 제6조 제5항(이하 '이 사건 특례조항')이 2010. 7. 1. 진주시에서 시행되자, 피고는 그 하루 전에 1일 소정근로시간을 3.5시간으로 정하는 2010년 임금협정을 체결하였고, 이후 2017년 임금협정에서는 2.5시간, 2019년 임금협정에서는 2시간으로 소정근로시간을 각 단축하였습니다.

원고들은 위 각 임금협정 중 소정근로시간을 정한 부분(이하 '이 사건 소정근로시간 단축 합의')이 탈법행위에 해당하여 무효이므로 종전 임금협정에서 정한 소정근로시간이 적용되어야 한다고 주장하면서, 최저임금 미달액 및 미지급 퇴직금을 청구하였습니다.

**최저임금법 제6조(최저임금의 효력)** ④ 다음 각 호의 어느 하나에 해당하는 임금은 제1항과 제3항에 따른 임금에 산입(算入)하지 아니한다.

1. 매월 1회 이상 정기적으로 지급하는 임금 외의 임금으로서 노동부장관이 정하는 것
2. 「근로기준법」 제2조제1항제7호에 따른 소정(所定)근로시간(이하 "소정근로시간"이라 한다) 또는 소정의 근로일에 대하여 지급하는 임금 외의 임금으로서 노동부장관이 정하는 것
3. 그 밖에 최저임금액에 산입하는 것이 적당하지 아니하다고 인정하여 노동부장관이 따로 정하는 것

⑤ 제4항에도 불구하고 「여객자동차 운수사업법」 제3조 및 같은 법 시행령 제3조 제2호 다목에 따른 일반택시운송사업에서 운전업무에 종사하는 근로자의 최저임금에 산입되는 임금의 범위는 생산고에 따른 임금을 제외한 대통령령으로 정하는 임금으로 한다.

## 2. 판결 요지

원심은 이 사건 소정근로시간 단축 합의는 모두 무효이나, 2010년 이전에 소정근로시간을 정했던 임금협정 또는 단체협약에 관한 자료가 제출되지 아니하는 등으로 인하여 원고들에게 적용될 소정근로시간을 확정할 수 없어 비교대상 임금도 산정할 수 없다는 이유로 원고들의 청구를 모두 기각하였습니다.

그러나 대법원은 아래와 같은 사정을 들어 위와 같은 원심판결을 파기・환송하였습니다.

- 소정근로시간의 의의와 기능 등을 고려하면, 근로계약, 취업규칙, 단체협약 등에 소정근로시간에 관한 유효한 정함이 없는 경우 법원은 최저임금 미달 여부 및 미달액 판단 등을 위해 근로관계 당사자들의 의사를 보충하여 근로계약을 해석하는 방법으로 유효한 소정근로시간을 확정할 필요가 있음.

- 소송 경과 등에 비추어 종전에 소정근로시간을 전혀 정한 바 없다는 피고의 주장은 믿기

어려우며, 2010년 임금협정은 기존의 소정근로시간을 단축한 것이었다고 충분히 추단할 수 있음. 결국, 2010년 임금협정의 소정근로시간 합의가 탈법행위에 해당하여 무효라고 본 원심으로서는 피고가 종전 소정근로시간에 관한 문서들을 보관하고 있지 않다고 주장한다는 등의 이유만으로 원고들의 청구를 쉽게 배척할 것이 아니라, 적극적으로 석명권을 행사하고 증명을 촉구하는 등으로 소정근로시간에 관하여 심리하고, 만일 그러한 사정이 인정되지 않는다면 원고들과 피고의 의사를 보충하여 근로계약을 해석하는 방법으로 원고들에게 유효한 소정근로시간을 확정한 다음 이를 바탕으로 최저임금 미달액 등을 산정하였어야 함.

### 3. 의의 및 시사점

대법원은 2019년 “정액사납금제 하에서 생산고에 따른 임금을 제외한 고정급이 최저임금에 미달하는 것을 회피할 의도로 실제 근무형태나 운행시간의 변경 없이 소정근로시간만을 단축하기로 한 노사 간의 합의는 강행법규인 이 사건 특례조항 등의 적용을 잠탈하기 위한 탈법행위로서 무효”라고 판단하였습니다(대법원 2019. 4. 18. 선고 2016다2451 전원합의체 판결). 해당 전원합의체 판결 이후 현재까지도 택시회사의 소정근로시간 단축합의의 효력을 다투는 임금소송이 전국적으로 이어지고 있습니다.

대상판결은 택시회사의 소정근로시간 단축 합의가 탈법행위에 해당하는 경우 종전 소정근로시간에 관한 유효한 정함이 없다고 하더라도 법원이 근로관계 당사자들의 의사를 보충하여 근로계약을 해석하는 방법으로 유효한 소정근로시간을 확정하여야 한다는 점을 확인하였습니다. 이는 일반적인 민사소송에서의 입증책임을 보완함으로써 구체적 타당성을 실현한 것으로 평가할 수 있습니다.

# 택시업계의 소정근로시간 변경 합의의 효력을 부정하기 위해서는 제반 사정을 종합하여 엄격하게 판단해야 한다고 밝힌 사례

대상판결 : 대법원 2024. 1. 4. 선고 2023다237460 판결

## 1. 사안의 개요

피고는 대구에서 택시여객자동차 운송사업을 영위하는 회사입니다. 원고들은 피고와 근로계약을 체결하고 피고의 택시를 운전하는 근로자이거나 그 근로자였다가 퇴사한 사람들입니다.

최저임금법이 2007. 12. 27. 법률 제8818호로 개정되어 일반택시 운전업무에 종사하는 근로자의 최저임금 계산 시 산입되는 임금(이하 '비교대상 임금')의 범위에서 '생산고에 따른 임금(초과운송수입금 등)'을 제외하는 제6조 제5항(이하 '이 사건 특례조항')이 신설되었고, 위 법률 부칙 등에 따라 이 사건 특례조항은 2009. 7. 1.부터 대구지역에서 시행되었습니다.

피고와 피고 노동조합은 2011년부터 대략 2년 단위로 단체협약 및 임금협정을 체결하면서 소정근로시간 변경에 관하여 합의하였습니다. 이에 따라 원고들의 소정근로시간은 2011년 6시간 40분에서 2018년 4시간 20분으로 점진적으로 감소되었습니다.

원고들은 2013년부터 순차적으로 소정근로시간을 단축하는 합의를 한 것은 최저임금법을 잠탈하기 위한 것으로서 그 효력을 인정할 수 없다고 주장하면

서, 2013년 단체협약 이전의 소정근로시간인 1일 6시간 40분을 기준으로 산정한 최저임금에 미달하는 금액을 청구하는 소를 제기하였습니다.

## 2. 판결 요지

원심 재판부는 소정근로시간 단축합의의 효력을 판단하기 위해서는 주휴수당 관련 근로시간(이하 '주휴시간')을 포함한 소정근로시간을 기준으로 당시 최저임금 준수 여부를 판단하는 것이 타당하다고 보았습니다. 그리고 2013년부터의 이 사건 소정근로시간 단축합의는 그 직전의 주휴시간이 포함된 소정근로시간을 기준으로 '시간급 비교대상 임금'으로 환산하면 모두 당해 연도의 최저임금에 미치지 못하므로, 이 사건 특례조항 등을 잠탈하여 무효라고 판단하였습니다. 하지만 대법원은 다음과 같은 이유로 원심의 판단이 부당하다고 보았습니다.

가. 근로기준법에서 '소정근로시간'은 기준근로시간 범위 내에서 근로자와 사용자가 정한 근로시간으로 노사간 자유로운 의사에 따라 정할 수 있는 것이 원칙임. 소정근로시간 변경 합의가 이 사건 특례조항 등의 적용을 잠탈하기 위한 것이라는 등 특별한 사정이 있는 경우 그 효력이 부인될 수 있으나, 이는 예외적인 것으로 소정근로시간 변경 합의의 효력을 부정하는 것은 엄격하게 판단하여야 함.

나. 구 최저임금법 시행령(2018. 12. 31. 대통령령 제29469호로 개정되기 전의 것) 제5조 제1항 제2호 및 제3호에 따르면, 시간급 비교대상 임금을 산정할 시 소정근로시간에서 주휴시간을 제외하여야 함. 따라서 2018. 12. 31. 이전 기간에 지급된 임금이 최저임금에 미달하는지 여부를 판단하거나 그 기간 동안 소정근로시간 단축합의가 최저임금법의 적용을 잠탈하기 위함인지를 판단할 경우에는 '시간급 비교대상 임금' 산정 시 주휴시간을 제외하여 계산해야 함.

다. 위와 같은 방식으로 2013년부터 각 소정근로시간 단축합의 직전 소정근로시간을 기준으로 '시간급 비교대상 임금'을 계산하면 당시 법정 시간당 최저임금보다 현저히 높은 금액임. 따라서 피고 노사가 최저임금법의 적용을 잠탈하기 위하여 소정근로시간 변경 합의를 하였다고 보기 어려움.

### 3. 의의 및 시사점

택시업계 노사가 운행시간이나 근무형태 변경 없이 소정근로시간을 단축하였다면 최저임금법 적용을 잠탈하기 위한 것으로서 효력이 부인될 수 있다는 취지의 대법원 전원합의체 판결이 선고된 이후(대법원 2019. 4. 18. 선고 2016다2451 전원합의체 판결), 하급심에서 개별 사건마다 소정근로시간 변경 합의의 효력과 관한 판단이 엇갈리고 있습니다.

대상판결은 소정근로시간 변경 합의와 관련하여, ① 노사가 자유롭게 소정근로시간을 결정할 수 있으며 그 소정근로시간 변경 합의의 효력을 부인하는 것은 엄격하게 판단해야 한다는 점을 밝히고, ② 2018. 12. 31. 이전은 '변경 직전 소정근로시간(주휴시간 제외)'에 따라 계산한 '시간급 비교대상 임금'이 당시 적용된 최저임금을 상회한다면 이는 각 당사자에게 최저임금법 잠탈 의사가 없다는 점을 증명하는 주요한 근거가 된다고 판시하였다는 점에서 의미가 있습니다.

# 최저임금법 특례조항 시행 이후 처음 소정근로시간을 정한 경우에도 근로관계 실질과 상당한 불일치가 있으면 탈법행위로서 무효가 될 수 있다는 판결

대상판결 : 대법원 2024. 10. 25. 선고 2023다206138 판결

## 1. 사안의 개요

최저임금법이 2007. 12. 27. 개정되어 택시운전근로자들의 최저임금에 산입되는 임금의 범위에서 '생산고에 따른 임금'을 제외하는 제6조 제5항(이하 '이 사건 특례조항')이 신설되었고, 피고 회사가 소재한 부천시 지역에는 2010. 7. 1.부터 적용되었습니다.

피고는 2011. 11. 18.경 기존 택시회사를 인수하여 택시운송사업을 영위하는 회사이고, 원고들은 피고에게 고용되어 택시운전근로자로 근무하고 있거나 퇴사한 사람들입니다. 피고 회사는 2011. 7. 3. 취업규칙(이하 '이 사건 취업규칙')을 제정하면서 소정근로시간을 '1일 3시간'으로 정하였고, 2014년 및 2016년 임금협정에서는 이를 유지하다가 2017년 및 2018년 임금협정에서는 소정근로시간을 1일 2시간 30분으로 정하였습니다(이하 '이 사건 각 임금협정').

원고들은 이 사건 취업규칙 및 이 사건 각 임금협정이 최저임금법을 잠탈한 것으로서 무효라고 하면서 미지급 최저임금 및 퇴직금, 지연손해금을 청구하였습니다.

## 2. 제1, 2심의 판단

제1심은 이 사건 취업규칙 및 각 임금협정에서 인수 전 회사의 소정근로시간을 단축한 것인지 혹은 소정근로시간을 단축한 규정을 그대로 승계한 것인지를 알 수 없다는 점, 2017년 임금협정의 경우 이 사건 특례조항이 시행된 지 오랜 시간이 지난 것이라는 점 등을 들어, 이 사건 취업규칙 및 임금협정이 강행규정을 잠탈한 것으로서 무효라고 보기 어렵다고 판단하였습니다. 나아가 원고들이 실제 근로시간을 8시간으로 근무하였다고 볼 증거가 없으며, 이 사건 취업규칙 및 임금협정이 무효로 되는 경우에는 달리 적용할 소정근로시간이 없다고 보면서 원고들의 청구를 기각하였습니다.

원심 역시 제1심의 판단이 타당하다고 하면서, 추가적으로 (i) 기존 회사와 피고 간 영업양도 약정이 존재하였거나 근로관계가 포괄적으로 승계되었다고 보기 어려운 점, (ii) 이 사건 취업규칙의 제정 시 소정근로시간이 어떻게 정해졌는지 알 수 없는 점, (iii) 타코미터의 기록만으로는 실근로시간이 법정근로시간인 8시간 이상이었다고 단정할 수 없는 점 등을 고려하면 소정근로시간 변경 합의의 효력을 부인할 수 없다고 판단하였습니다.

## 3. 대상판결의 요지

대법원은 아래와 같은 점을 들어 원심 판결을 파기환송하였습니다.

### 가. 신설회사가 이 사건 특례조항 이후 처음 소정근로시간을 정한 경우에도 강행규정의 잠탈을 인정할 수 있는지

1) 정액사납금제로 운영되는 택시회사가 기존의 소정근로시간을 단축한 경우뿐 아니라 신설회사가 이 사건 특례조항이 시행된 이후 소정근로시간을 처음 정한 경우에도, 소정근로시간을 정한 근로관계 당사자들의 주된 목적이 최저임금법의 적용을

회피하는 것이었고, 소정근로시간과 택시운전근로자의 실제 근로시간 사이에 상당한 불일치가 있는 때에는, 이러한 소정근로시간의 정함은 탈법행위로서 무효라고 보아야 한다.

2) 피고는 이전 회사로부터 영업을 양수하지 않았으므로, 이 사건 취업규칙을 통해 소속 택시운전근로자의 소정근로시간을 최초로 정하였다고 볼 수 있다. 그런데 피고가 2011. 7. 30. 이 사건 취업규칙으로 정한 1일 3시간의 소정근로시간은 그 무렵 택시운전근로자의 통상적인 근로시간이라고 보기 어려운 수준이다.

3) 택시운전근로자의 실제 근로시간에는 영업시간 외에 준비시간, 대기시간까지 포함되는바, 피고와 같은 부천시 소재 택시회사에 소속된 택시운전근로자의 운행실태, 피고의 고정급 수준, 소비자물가 상승률 등을 고려하면, 원고들의 실제 근로시간과 이 사건 취업규칙 및 이 사건 각 임금협정에서 정한 소정근로시간 사이에는 상당한 불일치가 있었을 것으로 추단된다.

따라서 이 사건 취업규칙 및 이 사건 각 임금협정에서 정한 소정근로시간은 모두 무효로 볼 여지가 크다.

나. 강행규정을 잠탈하지 않았더라면 적용되었어야 할 소정근로시간의 확정방법

1) 소정근로시간의 의의와 기능 등을 고려하면, 근로계약, 취업규칙, 단체협약 등에 소정근로시간에 관한 유효한 정함이 없는 경우 법원은 최저임금 미달 여부 및 미달액 판단 등을 위해 근로관계 당사자들의 의사를 보충하여 근로계약을 해석하는 방법으로 유효한 소정근로시간을 확정할 필요가 있다.

2) 타코미터 운행기록에 의하면, 상당수 원고들의 영업시간과 빈차시간을 더한 근무시간은 150시간을 초과한다.

3) 원고들이 피고의 의사에 반하여 배차시간을 사용하였다고 볼만한 자료가 없는바, 만일 원고들과 피고가 소정근로시간을 정하였다면, 원고들의 통상적인 운행시간과 크게 차이가 나지 않았을 것으로 보인다.

4) 원고들은 이 사건 특례조항 시행 무렵 부천시 소재 택시회사들이 통상 1일 소정근로시간을 6시간 40분으로 정하고 있었으므로, 원고들에게도 그와 같은 수준의 소정근로시간이 적용되어야 한다고 주장하고 있다. 이전 회사도 이 사건 특례조항이 공포된 후인 2008. 4.경에 원고 D와 1일 소정근로시간을 6시간 40분으로 하는 근로계약을 체결한 사실이 있다.

5) 이에 대하여 피고는 그 무렵 부천시 소재 택시회사들이 소정근로시간을 어떻게 정

하였는지에 관하여는 반박하지 아니한 채, 다른 택시회사의 근로계약이나 단체협약이 원고들에게 직접 적용될 수는 없다는 취지로 다투고 있다. 원고들은 최저임금을 청구하는 기간 동안 정액사납금제하에서 1일 2교대제 또는 1인 1차제 형태로, 만근일을 25일(2월은 예외)로 정하여 6일 근무 후 1일을 휴무하는 방식으로 근무하였고, 기록에 의하면 이는 부천시 지역을 포함한 경기도 소재 택시회사들에서 흔히 볼 수 있는 근무형태 및 근무방식임을 알 수 있는데, 이러한 사정과 택시운송사업의 특성 및 현황에 비추어 보면, 부천시 소재 다른 택시회사들의 소정근로시간도 원고들과 피고의 소정근로시간에 관한 의사를 보충할 때 고려할 요소가 될 수 있다.

원고들과 피고의 의사를 보충하여 근로계약을 해석하는 방법으로 소정근로시간을 확정할 여지가 충분한데도 원심이 그러한 해석을 하지 아니한 채 원고들의 청구를 전부 기각한 것에는 법률행위의 보충적 해석에 관한 법리를 오해하여 필요한 심리를 다하지 않음으로써 판결에 영향을 미친 잘못이 있다.

## 3. 의의 및 시사점

그동안 법원은 이 사건 특례조항이 시행된 시점(지역 별로 다르나, 주로 2010년)을 기준으로 삼아, 그 무렵 소정근로시간을 급격하게 단축한 사정이 있는 경우 이는 최저임금법을 잠탈할 의사가 있었던 것으로 보아 그와 같은 소정근로시간이 무효라고 판단해 왔습니다. 2010년 이전 적용되던 소정근로시간과 그 이후 어느 시점(그러나 너무 멀지 않은 시점)에 변경된 소정근로시간을 비교하고, 그 전후의 비교대상시급과 당시의 법정 최저시급을 비교하는 방식이었습니다.

그런데 대상판결의 경우, 피고 회사가 최초로 취업규칙을 제정한 것이었음에도 불구하고, (i) 당사자들의 주된 목적 및 (ii) 실제 근로시간과의 상당한 불일치가 존재하는 경우 해당 취업규칙이 강행규정 잠탈 의사로 제정된 것으로서 무효가 될 수 있음을 시사하였습니다. 결국 소정근로시간 변경 합의 당시 당사자의 주된 목적은 당시 제반 사정에 따라 사후적으로 추단될 가능성이 높기에,

'실제 근로시간과 소정근로시간 사이의 상당한 불일치'가 소정근로시간 변경 합의의 효력 판단 시 중요한 요소가 될 것으로 보입니다.

한편, 대상판결은 변경된 소정근로시간이 무효일 경우 얼마의 시간을 소정근로시간으로 인정하여야 하는지에 대해서도 판단하고 있는데, 그 기준으로 (i) 타코미터 운행기록 및 (ii) 동일 지역 주변 택시회사들의 소정근로시간을 활용할 수 있다고 보았습니다.

# 01 개별적 근로관계

# 대형마트 의무휴업일이 근로자의 근로 제공 의무를 면제하는 휴일이 아니라고 판단한 사례

대상판결 : 서울고등법원 2024. 2. 2. 선고 2023나2035761 판결

## 1. 사안의 개요

피고는 대형마트 경영 등을 목적으로 하는 주식회사로서 상시 300명 이상의 근로자를 사용하는 법인이고, 원고들은 피고에 재직 중이거나 퇴직한 근로자들입니다.

피고는 「근로자참여 및 협력증진에 관한 법률」(이하 '근로자참여법')에 따른 노사협의회를 두고 있는데, 노사협의회의 사업장 또는 조직단위별 근로자위원은 근로자들의 직접・비밀・무기명 투표를 통해 선출되고 사업장 근로자대표는 사업장 근로자위원들 중 호선하여 결정되며, 전사 근로자대표는 전국의 사업장 근로자대표들의 직접・비밀・무기명 투표를 통해 선출됩니다.

피고는 피고 노사협의회의 전사 근로자대표와 2012. 4.경부터 매년 근로기준법 제60조에 따른 연차유급휴가와 취업규칙에 의한 유급휴일을 유통산업발전법에 의거한 점포별 의무휴업일로 대체하여 사용하기로 하는 내용의 합의(이하 '이 사건 합의')를 체결하고 있고, 합의 체결 시 합의 내용 및 공휴일의 대체휴일을 의무휴업일로 지정한 '근태처리기준'을 피고 내 노동조합들 및 각 사업장에 고지하고 있습니다.

원고들은 '유통산업발전법상 의무휴업일은 본래 근로의무가 인정되지 않는 날이므로, 그 날로 대체휴일을 지정하게 한 것은 부적법하다'는 등의 주장을 하면서 휴일근로수당 등을 추가로 청구하는 소를 제기하였습니다.

## 2. 판결 요지

### 가. 의무휴업일이 근로자들의 '휴일'인지 여부

재판부는 유통산업발전법 제12조의2에 따른 의무휴업일(이하 '의무휴업일')이라고 하여 곧바로 근로자들의 근로의무가 없는 휴일에 해당하는 것은 아니라고 판단하였습니다. 즉, 의무휴업일은 고객에 대한 영업을 금지함으로써 근로자의 건강권 보호에 기여하는 효과가 있긴 하나, 사용자와 근로자 사이에서 근로자들의 근로의무를 면제하는 휴일은 아니라고 본 것입니다. 구체적인 이유는 다음과 같습니다.

1) 단체협약 · 취업규칙 · 근로계약 · 관행 등에 따라 정해진 휴일이 '약정휴일', 법률에 따라 정해진 휴일이 '법정휴일'이다. 피고의 취업규칙 · 근로계약에서는 의무휴업일을 휴일로 정한 바 없고, 피고의 단체협약으로 의무휴업일을 휴일로 정하였다거나 의무휴업일을 휴일로 정하는 관행이 있다는 점에 대한 주장 · 증명도 없다. 따라서 의무휴업일은 약정휴일에 해당하지 않는다.

2) 법률에 따라 정해진 휴일은 근로기준법 제55조, 같은 법 시행령 제30조에서 정한 것처럼 「관공서의 공휴일에 관한 규정」 제2조 각 호(제1호는 제외)에 따른 공휴일 및 같은 영 제3조에 따른 대체공휴일을 말하는데, 여기에도 의무휴업일은 포함되어 있지 않다. 의무휴업일은 법정휴일에도 해당하지 않는다.

3) 유통산업발전법 제12조의2의 개정 이유는 "대 · 중소유통업의 상생발전 및 지역상권의 활성화" 외에도 "대규모점포 등 종사 근로자의 건강권 보호 등을 도모하려는 것임"이

라는 문구가 기재되어 있으나, 이러한 사정만으로는 의무휴업일이 곧 법정휴일이 된다고 볼 수 없다. 특히, 근로자가 의무휴업일에 근로한다고 하더라도 그날 제공할 근로의 양과 질은 정상 운영하는 날보다 적거나 가볍다.

4) 의무휴업일을 법정휴일에 해당한다고 본다면, 유통산업발전법 제12조의2 제1항 본문의 '대형마트와 준대규모점포' 근로자들은 매월 이틀의 추가 휴일을 얻게 되는데, '대형마트와 준대규모점포' 근로자들에게만 매월 이틀의 추가 법정휴일을 주는 것은 불균형하고 부당하다.

### 나. 전사 근로자대표와의 휴일대체 합의가 근로기준법 제55조 제2항 단서에서 정한 근로자대표와의 합의에 해당하지 않는지

원고들은 피고와 휴일대체 서면합의를 한 전사 근로자대표는 근로기준법 제55조 제2항 단서에서 정한 '근로자대표'에 해당하지 않는다고 하면서, 피고가 전사 근로자대표와 휴일대체 합의를 한 이 사건 합의는 위법・무효라고 주장하였습니다.

재판부는 먼저 근로기준법 제24조의 '경영상 이유에 의한 해고의 제한' 시 근로자대표와 관련된 법리를 확인하였고, 이 사건에도 해당 법리는 적용될 수 있다고 보았습니다. 그리고 근로기준법 제24조에 따르면 사용자는 경영상 이유에 의한 해고 시 근로자 과반수로 조직된 노동조합이 있는 경우에는 그 노동조합, 그러한 노동조합이 없을 경우에는 근로자의 과반수를 대표하는 사람과 협의해야 하는데, 근로자의 과반수로 조직된 노동조합이 없는 경우에 협의의 상대방이 형식적으로는 근로자 과반수의 대표로서의 자격을 명확히 갖추지 못하였더라도 실질적으로 근로자의 의사를 반영할 수 있는 대표자로 볼 수 있다면 절차적 요건을 충족한 것이라고 설명하였습니다(대법원 2012. 5. 24. 선고 2010두15964 판결 등 참조). 나아가 다음과 같은 사정에 비추어 보면, 이 사건 합의는 '사용자가 근로자대표와 서면으로 한 휴일대체 합의'에 해당한다고 보았습니다.

1) 피고의 근로자들은 자주적으로 사업장 근로자위원을, 사업장 근로자위원은 사업장 근로자 대표를, 사업장 근로자대표는 전사 근로자대표를 각각 선출하므로, 전사 근로자대표는 민주적 정당성을 갖추었다. 전사 근로자대표의 민주적 정당성은 반드시 근로자들로부터 직접 선출되어야만 갖추어지는 것은 아니다.

2) 원고들은 피고 노사협의회 근로자위원에 대하여 피선거권 제한이 있으므로, 근로자위원들의 민주적 정당성을 인정할 수 없다고 주장한다. 근로자위원 피선거권에 제한을 둔 것은, 근로자위원의 권한과 책임이 크다는 점과 근로자들로부터 신망을 얻어 노사협의회에서 근로자들의 이익을 충실히 대변할 수 있는 사람을 선출하기 위한 자격요건으로 합리성이 인정된다. 이러한 제한은 피고 노사협의회 근로자위원의 민주적 정당성에 영향을 미칠 수 없다.

3) 피고 노사협의회 근로자위원에 대한 선거권 제한(1년 초과 휴직자 등)이 있는 것도 사실이다. 그러나 근로기준법은 반드시 전체 근로자에게 선거권이 있어 그 전체 근로자의 투표로 선출되어야만 근로자대표의 지위를 부여하는 것이 아니라, 과반수 근로자를 대표할 수 있는지를 기준으로 근로자대표의 지위를 부여하고 있다. 선거권이 제한되는 피고 소속 근로자들을 고려하더라도, 근로자위원에 대한 선거권을 갖는 근로자들은 전체 근로자의 과반수가 된다.

4) 피고의 전사 근로자대표는 2012년 무렵부터 계속하여 피고와 휴일대체 합의인 이 사건 합의를 하였고, 제11기 전사 근로자대표는 2021. 1. 29. 이 사건 합의의 취지를 근로자들에게 이메일로 송부하여 안내하였고, 피고는 2020. 6. 3. C노동조합에 전사 근로자대표가 근로기준법상 근로자대표의 지위를 가지며 매년 전사 근로자대표와 이 사건 합의를 체결하고 있다는 사실을 공문으로 안내하였다.

5) 근로기준법에서는 근로자 과반수를 대표하는 근로자대표의 선출방법을 정하지 않고 있고, 이에 관하여 확립된 법리도 없다. 나아가 현재 피고 내에서 '전사 근로자대표'

외에는 근로자 과반수를 대표할 기관이나 사람이 존재하지 않는다(다툼 없는 사실). 만일 전사 근로자대표를 '근로기준법상 근로자대표'로 보지 않는다면 피고로서는 탄력적 근로시간제, 연장근로의 제한, 보상휴가제 등의 근로기준법에서 정한 사항을 협의할 상대방이 없다.

## 3. 의의 및 시사점

대상판결은 근로계약관계에서의 '휴일'과 유통산업발전법상 의무휴업일을 구별하고, 전자의 의미를 구체적으로 설시하였다는 점에서 의미를 갖습니다. 나아가 근로기준법상 근로자대표의 선정 절차, 민주적 정당성과의 관계 등에 대한 기준을 밝히고, 전사 노사협의회 근로자대표가 근로기준법상 근로자대표의 권한을 가짐을 인정하였다는 의의가 있습니다. 원고는 상고하지 않았고, 이 사건 판결은 2024. 2. 28. 확정되었습니다.

# 발전소에서 근무하는 청원경찰은 감시적 근로자가 아니고, 임금 총액 인상만으로 포괄임금약정의 유효성을 인정할 수 없다고 판단한 사례

대상판결 : 대법원 2024. 2. 8. 선고 2018다206899, 2018다206912, 2018다206905 판결

## 1. 사안의 개요

발전소를 운영하는 A공기업은 2007. 12. 고용노동부에 3조 2교대 형태로 근무하는 청원경찰이 감시적 근로자라면서 적용제외를 신청해 승인을 받았습니다. 이에 따라 A공기업은 연장근로수당을 50% 가산하지 않고 기준임금에 포함시켜 월급을 지급해 왔는데, 고용노동부는 2012. 3. 청원경찰이 '정신적·육체적 피로가 적은 업무에 종사하는 자'가 아니라면서 적용제외 인가를 취소했습니다.

그러자 A공기업에서 근무하였던 전·현직 청원경찰들은 2013. 8.경 자신들이 감시적 근로자에 해당하지 않으므로 미지급 연장근로수당 등을 지급해야 하고, 일부 임금항목이 통상임금에 해당하므로 통상임금을 다시 산정해야 하며, 재산정 통상임금 및 미지급 연장근로수당 등을 반영하여 퇴직금을 추가 지급해야 한다면서 임금청구 소송을 제기하였습니다.

## 2. 판결 요지

이 사건의 원심인 부산고등법원은 청원경찰의 업무강도, 내용 등에 비추어

볼 때, 청원경찰은 감시업무를 주업무로 하고 있으나 상태적(狀態的)으로 정신적·육체적 피로가 적은 업무[6]에 해당하지 않으므로 고용노동부의 적용제외 승인에도 불구하고 감시적 근로자가 아니라고 보았습니다. 다만 원심은 포괄임금제가 도입되어 연봉이 다소 인상되었고 포괄임금약정이 취업규칙 등에 비추어 근로자에게 불리하지 않다는 등의 이유를 들어 연장근로수당에 관한 포괄임금약정이 2013. 11. 30. 유효하게 성립하였다고 보아 원고들의 연장근로수당 청구를 배척하였습니다. 그리고 원고들의 통상임금 주장에 관하여, 기본성과급(내부평가급), 자체성과급은 당해 연도의 통상임금에 해당하고, 급식보조비, 교통보조비, 난방보조비의 경우 2011. 12.경까지 지급된 부분에 한하여 통상임금에 해당한다고 보았습니다.

대법원 또한 원심과 마찬가지로, 국가 중요시설이자 위험시설에서 일하는 청원경찰들의 경우 강도 높은 상시 순찰·경계업무와 훈련이 요구되었다고 보아 고용노동부의 적용제외 승인이 있던 기간에 대해서도 청원경찰인 원고들이 감시적 근로자에 해당하지 않는다고 보았습니다.

그러나 대법원은 포괄임금약정의 효력에 대해, 근로기준법에 따라 산정된 연장근로수당에 미달하는 부분은 무효라고 보아 원심을 파기하였습니다.

1) 청원경찰들이 감시적 근로자에 해당하여 근로기준법의 연장근로에 관한 규정이 적용되지 않는다는 전제하에 포괄임금약정이 성립된 것인데, 앞서 본 바와 같이 원고들이 감시적 근로자에 해당하지 않는 이상 근로기준법에 따른 연장근로수당이 지급되어야 한다. 실제 월 평균 연장근로시간이 월 48시간을 훨씬 초과하는데도 포괄임금약정에 의하여 기준임금에 포함된 연장근로수당은 월 48시간분에 불과하고 가산율도 적용되지 않아 구 근로기준법 제56조에 따라 산정되는 연장근로수당에 미달하므로 그에 해당하는 포괄임금약정 부분은 무효이다.

6) 근로기준법 시행규칙 제10조 제2항 규정 참조

2) 원심은 포괄임금제가 도입되어 임금 총액이 약 3.2% 내지 6.4% 인상된 사정을 판단 근거로 설시하였으나, 포괄임금약정이 근로기준법에 미치지 못하는 근로조건을 포함한다면 그 부분은 무효인 것이지 전체적인 임금 총액이 증가되었다는 사정만으로 유효로 볼 것은 아니다. 또한 원심이 인정한 임금인상 폭은 기존에도 실제 연장근로시간보다 적은 월 48시간의 연장근로수당만을 지급받는 것을 전제로 계산된 것으로 보여, 비교 대상인 기존 임금이 근로기준법이 정한 기준에 따라 적법하게 산정된 것인지도 의심스럽다.

그 밖에 대법원은 기본성과급, 자체성과급의 경우 전년도의 임금을 그 지급 시기만 당해 연도로 정한 것이라고 보아, 그 전액이 당해연도의 통상임금이라고 보았던 원심의 판단에 잘못이 있다고 판단하였습니다.

1) 원심판결 이유 및 기록에 따르면, 피고의 보수규정 및 그 시행세칙은 '기본성과급과 자체성과급의 지급 대상기간(근태계산기간)은 성과급이 지급되는 해의 전전년도 12. 16.부터 전년도 12. 15.까지이고, 지급대상은 지급기준일 현재 재직 중인 자로 하되, 정직 · 휴직 중인 자나 퇴직자에 대하여는 지급 대상기간 중 근무일수에 따라 일할 계산된 성과급을 지급하고, 당해 연도에 신규 채용된 근로자에게는 입사 연도에는 성과급을 지급하지 않는다'고 규정하고 있음을 알 수 있다.

2) 위와 같은 사실관계를 앞서 본 법리에 비추어 살펴보면, 원고들이 지급받은 기본성과급과 자체성과급은 전전년도 12. 16.부터 전년도 12. 15.까지 기간에 대한 임금을 그 지급 시기만 당해 연도로 정한 것임을 알 수 있다. 그런데도 원심은 기본성과급, 자체성과급이 당해 연도에 대한 임금임을 전제로 그 전액의 통상임금성을 인정한 후 당해 연도의 통상임금에 포함시켰다. 원심판단에는 통상임금에 관한 법리를 오해하여 판결에 영향을 미친 잘못이 있고, 이를 지적하는 상고이유 주장은 이유 있다. 다만 전년도에 대한 임금으로서 근무실적과 무관하게 최소한 지급하기로 확정된 부분이 있다면 그 최소한도의 임금은 고정적인 임금으로 볼 수 있으므로, 환송 후 원심으로서는 전년도 임금으로서 최소 지급분이 있는지를 심리할 필요가 있다.

### 3. 의의 및 시사점

감시적 근로자에 해당한다는 고용노동부의 승인을 받았다 하더라도, 해당 업무의 성질상 감시적 근로자에 해당하지 않는 경우에는 근로기준법 제63조 제3호가 적용되지 않는 것인바, 대상판결 역시 이러한 점을 재확인한 판결입니다. 특히 이 사건과 같이 업무 성격이 '감시업무'에 해당하더라도 '상태적으로 정신적·육체적 피로가 적은 업무'에 해당하지 않는 경우에는 감시적 근로자에 해당하지 않는다는 점을 주의할 필요가 있습니다.

또한 대상판결은 포괄임금에 포함된 법정수당이 근로기준법이 정한 기준에 따라 산정된 법정수당에 미달하는 경우에는 그 포괄임금약정을 무효로 본다는 기존 법리도 재확인하였습니다. 특히 이 사건의 경우 포괄임금제를 도입하면서 연봉이 다소 증가하였음에도, 포괄임금에 포함하여 지급한 연장근로수당이 1.5배의 가산임금을 지급하도록 한 법률상 기준에 미달하였기 때문에 그 부분을 무효로 판단하였다는 점에서 의미가 있습니다.

한편, 이 사건에서는 기본성과급과 자체성과급의 '고정성' 인정여부를 중심으로 통상임금에 해당하는지에 관한 판단도 있었습니다. 그러나 '고정성'을 통상임금의 개념적 징표에서 제외하는 대법원 전원합의체 판결(대법원 2024. 12. 19. 선고 2020다247190 전원합의체 판결, 대법원 2024. 12. 19. 선고 2023다302838 전원합의체 판결)이 선고된 이상, '소정근로 대가성'을 기준으로 통상임금에 해당하는지 여부가 다시 판단될 것으로 예상됩니다.

# '관리 · 감독 업무에 종사하는 근로자'인지 여부는 취업규칙이 정한 바와 별개로 실질에 따라 판단하여야 한다고 본 사례

대상판결 : 대법원 2024. 4. 12. 선고 2019다223389 판결

## 1. 사안의 개요

A 상호금융기관의 보수규정에서는 "① 실무책임자, ② 부장 · 과장 · 지점장(부 · 과제의 경우), ③ 팀장 · 지점장(팀제의 경우), ④ 내부통제책임자"를 책임자수당 지급대상자로 지정하였습니다. 그리고 이들에게 책임자수당을 지급하는 대신 시간외 근무수당을 지급하지 않는 것으로 정하고 있었습니다(이하 '이 사건 보수규정').

원고들은 이 사건 보수규정 등이 무효라고 주장하면서, 단체협약에 따라 재계산된 시간외 수당 등을 청구하였습니다.

## 2. 원심의 판단

부산고등법원은 이 사건 보수규정에서 '책임자수당을 지급받는 근로자들에 대하여는 시간외근로수당을 지급하지 않는다'고 규정하고 있으므로, 책임자수당을 받은 원고들의 시간외 근무수당 청구 부분은 이유 없다고 판단하였습니다.

## 3. 대상판결의 요지

대법원은 아래와 같은 근거를 들며 원심판결 중 시간외 근무수당과 관련된 부분을 파기환송하였습니다.

가. 이 사건 보수규정이 책임자수당을 지급받는 근로자들에 대하여 시간외 근무수당을 지급하지 아니한다고 규정하고 있더라도 이러한 근로자들 중 근로기준법령에서 말하는 '관리 · 감독 업무에 종사하는 근로자'에 해당하지 않는 근로자에 대해서는 시간외 근무수당이 지급되어야 한다.

나. 직제규정 제7조 제2항에서는 직원을 '책임자'와 '팀원'으로 구분하고 있는데, 피고의 본점 또는 분점에서 상무, 부장, 과장으로 근무하였던 원고들은 위 구분에 따르면 '책임자'에 해당하기는 한다. 그러나 원고들의 업무 중에는 여신, 출납 등 각종 실무적인 업무도 포함되어 있었을 뿐 아니라, 피고는 본점과 분점을 합하여 직원이 12명에 불과한데 그중 8명이나 관리 · 감독 업무에 종사하였다고는 보이지 아니한다.

다. 피고 시간외 근무명령부에는 일부 원고들의 시간외 근무에 대하여 관련 내용이 구체적으로 기재되어 있고 결재권자의 승인도 이루어져 있다.

라. 원고별로 담당 업무의 내용과 성격, 상급자로부터 받는 감독의 정도 등을 고려하지 아니한 채 원고들이 직제규정에 따른 책임자로서 책임자수당의 지급 대상자라는 점만으로는 이들 전부가 기업경영자와 일체를 이루는 입장에 있고 자기의 근무시간에 대한 자유재량권을 가지는 지위에 있다고 단정하기 어렵다.

## 4. 의의 및 시사점

기존에도 법원은 근로기준법 제63조 및 같은 법 시행령 제34조에서 말하는 감독이나 관리의 지위에 있는 자에 관하여 '1) 중요한 근로조건을 결정하는 등 기업경영자와 일체를 이루는 입장에 있는지, 2) 자기의 근무시간에 대하여 자유재량권을 가지는지'라는 두 가지 요건에 따라 실질적·구체적인 사정을 고려하여 판단해 왔습니다(대법원 1989. 2. 28. 선고 88다카2974 판결 등). 나아가 대법원은 근로기준법상 근로자성 등 다른 노동법적 쟁점들과 마찬가지로, 근로자가 단순히 형식적인 규정에 관리자로 기재되어 있는지가 아니라, 실질적으로 '관리·감독 업무'에 종사하면서 위와 같은 요건에 해당하는지를 구체적으로 살펴야 한다는 점을 강조하였습니다.

따라서 '관리·감독 업무에 종사하는 근로자'에 해당하는지 여부는 1) 노무관리방침 결정에 참여하거나 노무관리권한을 갖는지, 2) 자신의 근로에 대하여 자유재량권을 갖는지, 3) 출·퇴근시간에 엄격한 구속을 받고 있지 않는지 등과 같은 실질적이고 구체적인 사정에 따라 판단될 수 있습니다. 대상판결은 위와 같은 법리를 확인한 것으로 평가됩니다.

# 01

# 개별적 근로관계

# 연합하여 전체 근로자 과반수 이상을 차지하는 두 개의 노동조합과의 합의를 통해 도입한 탄력적 근로시간제는 적법하다고 판단한 사례

대상판결 : 서울중앙지방법원 2024. 11. 7. 선고 2021가합569489 판결

## 1. 사안의 개요

피고는 물적분할을 통해 2001. 4. 2. 설립된 회사입니다. A산업노동조합은 2001. 7. 24. 피고를 포함하여 X회사로부터 물적 분할된 5개의 회사 소속 근로자들을 조합원으로 하여 설립되었습니다. A산업노동조합은 피고 사업장에 B본부(이하 'B노동조합')을 두고 2011. 7.까지 단일노동조합으로 활동하였습니다. 이후 C노동조합이 2011. 7. 25. 설립되었습니다. C노동조합은 설립 후 다수노동조합이 되었고, 2013년까지 과반수 노동조합이었다가, 2014년 과반수 노동조합의 지위를 상실했습니다.

B노동조합과 C노동조합은 2016. 1. 5. 자율적 단일화에 의한 연합교섭노동조합을 구성하고 그 명칭을 'BC연합노조'로 합의하였고, 2016. 1. 20. 세부규정을 마련하였습니다. BC연합노조는 2016. 2. 2. 2016년 단체협약 체결을 위한 교섭대표노동조합으로 결정되었습니다.

이후 B노동조합과 C노동조합 소속 조합원들은 2016. 10. 24. 새로운 노동조합인 BC연합노동조합을 설립하였습니다(이하 '연합노조'). 연합노조는 과반수 노동조합의 지위에서 2017. 1. 13. 피고와 2016년 단체협약과 임금협약을 각

체결하였습니다.

B노동조합이 소속된 A산업노동조합은 2017. 8. 8. 및 2017. 10. 16. B노동조합 소속 조합원들에게 연합노조를 탈퇴할 것을 당부하였고, 그 결과 2017년 하반기 연합노조는 과반수 노동조합의 지위를 상실하였습니다.

이에 피고 회사는 2018. 1. 10. B노동조합, C노동조합과 연서하는 방식으로 2017년 임금협정을 체결하였습니다.

한편 B노동조합의 소속으로 연합노조를 탈퇴하지 않았던 일부 조합원들을 주축으로 2017. 12. 11. 새로운 노동조합인 D유니온이 설립되었습니다.

피고와 B노동조합, C노동조합은 2017. 12. 22. 탄력적 근로시간제에 관한 합의를 하였습니다(이하 '이 사건 합의'). 이 사건 합의가 있던 2017. 12. 22. 당시 피고 회사에는 총 5개의 노동조합이 존재했고, 그 중 어느 노동조합도 과반수를 소속 조합원으로 두지 않았습니다.

이러한 상황에서 일부 근로자들이 이 사건 합의는 근로기준법 제51조 제2항, 제24조 제3항[7]이 정한 과반수로 조직된 노동조합 또는 근로자의 과반수를 대표하는 사람(근로자대표)과의 서면합의가 아니어서 무효이므로 피고가 시행한 탄력적 근로시간제는 적법하게 도입되었다고 볼 수 없다는 취지의 소송을 제기하였습니다.

---

7) 제51조(3개월 이내의 탄력적 근로시간제) ② 사용자는 근로자대표와의 서면 합의에 따라 다음 각 호의 사항을 정하면 3개월 이내의 단위기간을 평균하여 1주 간의 근로시간이 제50조 제1항의 근로시간을 초과하지 아니하는 범위에서 특정한 주에 제50조 제1항의 근로시간을, 특정한 날에 제50조 제2항의 근로시간을 초과하여 근로하게 할 수 있다. 다만, 특정한 주의 근로시간은 52시간을, 특정한 날의 근로시간은 12시간을 초과할 수 없다.
제24조(경영상 이유에 의한 해고의 제한) ③ 사용자는 제2항에 따른 해고를 피하기 위한 방법과 해고의 기준 등에 관하여 그 사업 또는 사업장에 근로자의 과반수로 조직된 노동조합이 있는 경우에는 그 노동조합(근로자의 과반수로 조직된 노동조합이 없는 경우에는 근로자의 과반수를 대표하는 자를 말한다. 이하 "근로자대표"라 한다)에 해고를 하려는 날의 50일 전까지 통보하고 성실하게 협의하여야 한다.

## 2. 판결 요지

대상판결은 아래와 같은 사정을 종합하면 이 사건 합의는 근로기준법 제51조 제2항에 정한 근로자대표와의 서면합의에 해당하므로 탄력적 근로시간제는 적법・유효하게 도입되었다고 판단하였습니다.

- 노동조합 및 노동관계조정법 제29조의2 제4항은 교섭대표노동조합을 정하지 못하고 교섭대표노동조합에 대한 사용자의 동의를 얻지 못한 경우에는 교섭창구 단일화 절차에 참여한 노동조합의 전체 조합원 과반수로 조직된 노동조합이 교섭대표노동조합이 되는데, 이때 과반수로 조직된 노동조합에는 2개 이상의 노동조합이 위임 또는 연합 등의 방법으로 교섭창구 단일화 절차에 참여한 노동조합 전체 조합원의 과반수가 되는 경우를 포함한다고 규정하고 있음. 탄력적 근로시간제 등 근로조건에 관한 사용자와의 합의 주체로서 실질적으로 '근로자의 과반수를 대표하는 자'로 볼 수 있는지 판단함에 있어 위 규정을 참고할 수 있음.

- 근로기준법에서는 근로자 과반수를 대표하는 근로자대표의 선출방법을 규정하지 않았고, 이에 관하여 확립된 법리도 없음. 따라서 근로자대표의 민주적 정당성이 반드시 근로자들로부터 직접 선출하는 방식으로만 갖추어져야 하는 것은 아님.

- 이 사건 합의 당시 연합노조는 과반수 노동조합의 지위에 있지는 않았지만, B노동조합과 C노동조합의 소속 조합원 수를 합하면 피고 소속 전체 근로자의 과반수를 초과하였음.

- 피고가 2020년부터 근로자대표로 선출된 자와 탄력적 근로시간제에 관한 합의를 하였다고 하여, 근로자대표로 선출된 자가 없던 시기에 실질적으로 근로자대표라고 볼 수 있는 자와 체결한 이 사건 합의의 효력이 위법하다는 것을 의미하지는 않음.

- B노동조합과 C노동조합은 이 사건 합의 직후인 2017. 12. 28.부터 2018. 1. 9.까지 "제2017년 임금협약 잠정 합의(안)"에 관한 찬반 투표를 진행하였는데, 위 찬반 투표는 77%(선거명부 1,351명 대비)의 투표율과 87.9%의 찬성률을 기록하였음. 이 사건 합

의가 있은 때로부터 약 일주일이 경과한 시점에 진행된 위 찬반투표는 B노동조합 및 C노동조합 소속 근로자들이 이 사건 합의를 추인하는 성격을 포함하고 있음.

◦ 사실관계들을 살펴보면 피고 소속 근로자들은 이 사건 합의 체결 무렵 B노동조합 대표자 및 C노동조합 대표자가 피고와 탄력적 근로시간제에 대해 협의하고, 이 사건 합의를 체결한다는 사실을 알았거나 알 수 있었다고 봄이 타당함.

◦ 이 사건 합의 당시 피고 내에서 B노동조합 대표자 및 C노동조합 대표자 외에 근로자 과반수를 대표할 기관이나 사람이 존재하지 않았음. B노동조합 대표자 및 C노동조합 대표자는 이 사건 합의 무렵 근로자대표로서의 역할을 수행하였고, 피고 소속 근로자들은 B노동조합 대표자 및 C노동조합 대표자를 근로자대표로 인식하고 있었던 것으로 보임. 이에 원고들을 비롯한 피고 소속 근로자들은 수년 동안 이 사건 합의의 효력에 대해 아무런 이의가 없었음.

### 3. 의의 및 시사점

근로기준법은 근로자대표 선출 절차를 별도로 정하고 있지 않습니다. 다만 대법원은 경영상 해고가 문제된 사안에서 형식적으로는 근로자 과반수의 대표로서의 자격을 명확히 갖추지 못하였더라도 실질적으로 근로자의 의사를 반영할 수 있는 대표자라고 볼 수 있는 사정이 있다면 위 절차적 요건도 충족하였다고 보아야 한다고 판시한바 있습니다(대법원 2012. 5. 24. 선고 2010두15964 판결 등). 대상판결은 앞선 대법원 판결에 기초하여 탄력적 근로시간제의 합의에 있어서도 근로자대표로서 실질을 갖추고 있다면 적법한 근로자대표에 해당한다는 점을 확인하였다는 점에서 의미가 있습니다. 다만 대상판결에 대해 원고들이 항소를 한 만큼 항소심(서울고등법원 2024나2059481 사건)의 추이를 지켜볼 필요가 있습니다.

한편 근로기준법상 근로자대표 선발 절차가 불명확하다는 사실은 실무상 논란을 만들 수밖에 없습니다. 이에 고용노동부는 행정해석으로 '근로자 대표는 당해 사업 또는 사업장 단위로 선정하여야 하며 그 선정방법에 대해서는 특별한 제한을 정하고 있지 아니하나, 전체 근로자에게 대표권 행사내용을 주지시킨 상태에서 해당 직종이나 직군의 근로자 과반수가 참여한 투표・거수 등의 민주적인 방식에 의하여 선출 또는 결정되어야 할 것'(근로기준정책과-4107, 2021. 12. 9. ; 근로기준정책과-2872, 2015. 7. 1. ; 근로기준정책과-6953, 2017. 11. 9.)이라고 하여 근로자 과반수의 참여를 강조한 사실이 있습니다. 고용노동부는 2023. 3. 근로기준법 일부법률개정안에서 근로자대표의 선출 절차 등을 제도화하려고 시도하기도 했습니다(2023. 3. 6.자 고용노동부공고 제2023-143호 근로기준법 일부개정법률안 입법예고 참조).

이러한 점을 고려하면, 논란을 방지하기 위해서 전체 근로자의 투표 등 민주적인 방식을 통해 근로자대표를 선발하는 것이 보다 적절할 것으로 생각됩니다.

# 01

# 개별적 근로관계

# 산업안전보건법상 건설공사발주자와 도급인의 구별기준을 제시한 사례

대상판결 : 대법원 2024. 11. 14. 선고 2023도14674 판결

## 1. 사안의 개요

항만시설을 개발, 관리 운영하는 A공기업은 B회사에 갑문 정기보수공사를 약 22억 원에 도급주었고, 피해자는 B회사 소속 근로자였습니다. 피해자는 갑문 상부에서 윈치[8]를 이용하여 18m 아래 갑문 하부 바닥으로 H빔 등을 내리는 작업을 진행하고 있었는데, 윈치프레임이 전도되어 갑문 아래로 추락하면서 윈치프레임의 컨트롤러 및 H빔에 연결된 가이드 줄을 잡고 있던 피해자도 갑문 바닥으로 추락하여 사망하였습니다.

A공기업과 B회사는 추락할 위험이 있는 2m 이상의 장소임에도 안전대를 걸어 사용할 수 있는 안전대 부착설비를 설치하지 아니하였고(산업안전보건기준에 관한 규칙 제44조), 중량물을 취급하는 작업임에도 추락 등 위험을 예방할 수 있는 안전대책을 포함한 작업계획서를 작성하지 않았습니다(산업안전보건기준에 관한 규칙 제38조 제1항 제11호).

위와 같은 사실관계 하에서, A공기업이 산업안전보건법상 '도급인[9]' 인 경

8) 무거운 중량물을 끌어올리거나 끌어당기는데 사용하는 기계 장치입니다.

우 도급인의 사업장에서 진행되는 위 공사에 관해 산업안전보건기준에 관한 규칙(이하 '안전보건규칙')에서 정한 안전보건조치(안전대 부착설비 설치 및 작업계획서 작성)에 대한 의무를 부담하게 되는바, A공기업이 산업안전보건법상 '건설공사발주자'에 해당하는지, 아니면 '도급인'에 해당하는지가 문제되었습니다.

## 2. 판결 요지

제1심은 A공기업이 항만관리, 운영에 관한 사업 등을 주된 목적으로 하는 점, 그렇다면 갑문 정기보수공사는 A공기업의 본질적인 사업에 해당하는 점, 갑문 보수공사와 관련하여 발생하는 재해를 처리하는 부서가 존재하는 점, A공기업의 인력, 자산, 시설 등에 비추어 보더라도 B회사에 비해 월등히 우월한 지위에 있는 점 등을 바탕으로 A공기업을 산업안전보건법상 '도급인'으로 판단하였습니다. 반면 항소심은 A공기업이 갑문 유지보수공사에 필요한 건설업자격(철강구조물공사업)을 가지고 있지 않은 점, 갑문 보수공사를 직접 시공할 수 있을 정도의 인력이나 전문성을 가지고 있지 않은 점 등에 비추어 A공기업을 산업안전보건법상 '건설공사발주자'로 판단하였습니다.

대상판결은 먼저 도급인의 범위와 의무를 대폭 확대·강화한 개정 산업안전보건법의 입법취지를 설명하면서 "도급 사업주가 자신의 사업장에서 시행하

---

9) 제2조(정의) 이 법에서 사용하는 용어의 뜻은 다음과 같다.
   6. "도급"이란 명칭에 관계없이 물건의 제조 · 건설 · 수리 또는 서비스의 제공, 그 밖의 업무를 타인에게 맡기는 계약을 말한다.
   7. "도급인"이란 물건의 제조 · 건설 · 수리 또는 서비스의 제공, 그 밖의 업무를 도급하는 사업주를 말한다. 다만, 건설공사발주자는 제외한다.
   10. "건설공사발주자"란 건설공사를 도급하는 자로서 건설공사의 시공을 주도하여 총괄 · 관리하지 아니하는 자를 말한다. 다만, 도급받은 건설공사를 다시 도급하는 자는 제외한다.

는 건설공사 과정에서 발생할 수 있는 산업재해 예방과 관련된 유해·위험요소에 대하여 실질적인 지배·관리 권한을 가지고 있었는지를 중심으로, 해당 건설공사에 대하여 행사한 실질적 영향력의 정도, 도급 사업주의 해당 공사에 대한 전문성, 시공능력 등을 종합적으로 고려하여 규범적인 관점에서 판단하여야 한다"고 판시하였습니다.

이러한 법리 하에, 대상판결은 1) 갑문 보수공사가 A공기업 사업의 주목적을 수행하는데 필수적일 뿐만 아니라, 2) A공기업에 갑문 유지보수에 관한 전담부서를 두고 있고, 예산, 시설, 인력 등의 규모를 고려하였을 때 A공기업이 산업재해예방을 위한 유해·위험요소에 대하여 실질적인 지배·관리 권한을 가지고 수급인에게 실질적인 영향력을 행사하였다는 점을 들어 A공기업을 산업안전보건법상 '도급인'이라고 판단하였습니다. 판단 내용을 구체적으로 살펴보면 다음과 같습니다.

- 갑문 유지 및 관리를 주된 사업목적으로 하는 A공기업은 C 핵심시설인 갑문의 유지·보수에 관한 전담부서를 두고 있으면서, A공기업의 사업장에서 진행된 갑문 정기보수공사 과정에서 발생 가능한 산업재해의 예방과 관련된 유해·위험 요소에 대하여 실질적인 지배·관리 권한을 가지고 있었고, 갑문 정기보수공사에 관한 높은 전문성을 지닌 도급 사업주로서 수급인에게 실질적인 영향력을 행사하였다고 보아야 한다. 그렇다면 A공기업은 건설산업기본법에 따른 건설공사 시공자격 보유 여부와 관계없이 갑문 정기보수공사의 시공을 주도하여 총괄·관리하는 자로서 단순한 건설공사발주자를 넘어 수급 사업주와 동일한 안전·보건조치의무를 중첩적으로 부담하는 산업안전보건법상 '도급인'에 해당한다고 보아야 한다.

- 피고인 K는 사고 당시 A공기업의 대표로서 소속 근로자의 안전보건에 관한 사항뿐만 아니라 관계수급인이 사용하는 근로자의 안전보건에 관한 사항을 총괄·관리하는 안전보건관리총괄책임자로서 갑문 정기보수공사가 시행되던 장소에 중량물을 취급할 수 있는 하역운반기계 등 설비를 갖추고 안전대를 안전하게 걸어 사용할 수 있는 설비를 갖

추는 등 안전보건규칙이 정한 중량물 취급시의 사고 위험이나 근로자의 추락 위험을 방지하기 위한 조치 등을 하여야 할 의무가 있음에도 위험방지에 필요한 아무런 조치를 취하지 않은 채 사고 현장에서 D 등이 H빔을 내리는 작업을 하도록 내버려 두었다고 볼 수 있으며, 이러한 안전·보건조치의무 위반과 D의 추락, 사망 사이의 인과관계 또한 인정된다. 그리고 A공기업의 안전보건관리총괄책임자인 피고인 K는 D의 사망사고가 발생한지 약 1주일이 지난 2020. 6. 10.경에도 A공기업의 사업장인 사고 현장에서 사업주가 근로자의 재해 및 건강장해 예방을 위하여 취하여야 할 안전·보건조치를 다 하지 아니하였다.

◦ 그런데도 이와 달리 판시와 같은 이유만으로 A공기업이 산업안전보건법상 '건설공사발주자'에 불과하다거나, 안전·보건조치의무 위반으로 인한 근로자 사망 및 각 산업안전보건법 위반죄의 고의를 인정하기 어렵다거나, 중대재해 발생 사업장에서 사업주의 안전·보건조치의무 위반으로 인한 산업안전보건법 위반죄의 책임을 물을 수 없다고 판단한 원심판결에는 산업안전보건법상 건설공사발주자와 도급인의 구분, 산업안전보건법상 안전·보건조치의무 위반으로 인한 근로자 사망 및 사업주의 안전·보건조치의무 위반죄에 관한 법리를 오해한 잘못이 있다.

## 3. 의의 및 시사점

대상판결은 산업안전보건법상 건설공사발주자와 도급인을 구분하는데 있어서 '유해·위험요소에 대하여 실질적인 지배·관리 권한을 가지고 있었는지'를 중심으로 판단해야 한다고 하였습니다. 즉 건설공사발주자는 일반적으로 공사 과정 전반의 유해·위험요소에 대하여 실질적인 지배·관리 권한이 없다는 것입니다.

그런데 중대재해 처벌 등에 관한 법률(이하 '중대재해처벌법') 제5조는 시설, 장비, 장소 등에 대하여 '실질적으로 지배·운영·관리하는 책임이 있는 경우' 제3자의 종사자에 대한 안전보건확보의무를 이행하여야 한다고 규정하고 있습니다. 따라서 건설공사의 유해·위험요소에 대하여 실질적인 지배·관리 권한이 없어 산업안전보건법상 건설공사발주자로 인정되는 경우, 중대재해처벌법상 안전보건확보의무를 부담하지 않는 것으로 볼 수 있는지가 문제됩니다.

이와 관련해 고용노동부는 유권해석을 통해, "건설공사발주자는 해당 공사를 실질적으로 지배・운영・관리하지 않는 것이 일반적이며, 이 경우 그 발주자는 중대재해처벌법 적용 대상에 해당하지 않고, 건설공사를 발주받아 해당 공사를 실질적으로 지배・운영・관리하는 시공사가 중대재해처벌법의 적용 대상"이라고 하였습니다(중대산업재해감독과-2051, 2022. 5. 31. 등). 즉, 이와 같은 유권해석에 따르면 산업안전보건법상 건설공사발주자는 일반적으로는 중대재해처벌법이 적용대상이 아니게 됩니다.

그러나 산업안전보건법상 건설공사발주자 내지 도급인의 구분은 '공사 전반의 유해위험요소'에 대한 실질적 지배・관리 여부에 따라 판단해야 하는 반면, 중대재해처벌법상의 안전보건확보의무는 '시설, 장비, 장소 등'에 대한 실질적인 지배・운영・관리가 인정되는지 여부를 기준으로 판단하고 있어, 개념적으로는 구별됩니다. 따라서 건설공사발주자가 특정 시설, 장비, 장소를 실질적으로 지배・운영・관리하였고, 해당 시설, 장비, 장소 등에 내재된 유해・위험요인으로 사고가 발생하였다면, 산업안전보건법상 건설공사발주자라고 평가되더라도 중대재해처벌법이 적용될 가능성을 완전히 배제할 수는 없습니다.

예를 들어, 건설공사발주자가 특정 시설, 장비, 장소 등에 대해 실질적으로 지배・운영・관리하면서, 시공사가 파악하거나 개선하기 어려운 특정 유해・위험요인에 대한 정보를 제공하지 않거나 유해・위험요인을 개선하지 않아서 사고가 발생한 경우, 산업안전보건법상 건설공사발주자라 하더라도 중대재해처벌법의 적용대상이 될 수 있다는 점을 유의해야 할 것입니다.

법원은 산업안전보건법상 건설공사발주자를 판단함에 있어 책임을 부여하는 것이 타당한가라는 규범적 평가를 하고 있습니다. 따라서 건설공사발주자인지 도급인인지를 사전에 명확하게 예측하기는 쉽지 않게 되었습니다. 사업에 필수적인 사항에 관해 공사를 발주하고, 그 공사가 사업장 내에서 이루어지며, 전문성의 관점에서 수급인보다 열위에 있다고 단언할 수 없는 회사들이라면 산업안전보건법상 도급인으로 평가될 수 있다는 점을 염두에 두어야 할 것이고, 산업안전보건법상 건설공사발주자라 하더라도 특정 시설, 장비, 장소에 대한 실질적 지배력이 인정될 경우 유해・위험요인의 파악 및 개선 등 중대재해처벌법상의 안전보건확보의무도 이행하는 것이 리스크 방지 관점에서 타당해 보입니다.

# 중대재해 발생과 중대재해처벌법상 의무 위반 사이의 인과관계 부존재를 이유로 중대재해처벌법 위반 등 혐의에 관하여 무죄를 선고한 첫 번째 사례

대상판결 : 대구지방법원 서부지원 2024. 12. 19. 선고 2023고단510 판결

## 1. 사안의 개요

피고인 A(이하 'A')는 'F' 상호로 개인사업자등록을 하고 피고인 D 주식회사(이하 'D')로부터 자동차 부품인 베어링 씰 제작 업무를 매년 도급받았습니다. A는 D의 공장 내에 상주하며 상시 근로자 38여 명을 사용하여 생산 업무를 수행한 개인사업주이자, 소속 근로자의 안전・보건에 관한 사항을 총괄하여 관리하는 업무에 종사하는 안전보건총괄책임자입니다. 피고인 B(이하 'B')는 F 소속 근로자로서 D의 제4공장(이하 '이 사건 공장') 내에서 베어링 씰 생산 업무에 종사한 사람입니다.

D는 '수송 및 산업기계용 방유, 방수 밀봉장치, 각종 씰류의 제품 제조 판매와 제품 및 원재료의 대리점' 등을 목적으로 설립된 법인으로서 근로자 약 980명을 사용하여 제조업을 경영하는 사업주입니다. 피고인 C(이하 '대표이사 C')는 D의 대표이사로서 사업을 대표하고 총괄하는 권한과 책임이 있는 경영책임자이자, 소속 근로자 및 관계수급인 근로자의 안전・보건에 관한 사항을 총괄하여 관리하는 안전보건총괄책임자입니다.

F 소속 근로자였던 피해자는 2022. 2. 9. 이 사건 공장에서 베어링 씰의

사상 작업(금속 바깥으로 튀어나온 고무를 잘라내는 등 표면을 매끄럽게 하는 작업)을 하던 중, 약 7m 떨어진 곳에서 NSK-200톤 압축성형기(이하 '이 사건 기계')를 이용한 베어링 씰의 성형 작업(열과 압력으로 고무 링이 녹으면서 금속 링에 입혀지도록 하는 작업) 중 튕겨 나온 플라스틱 수공구(이하 '이 사건 수공구')에 맞아 외상성 뇌출혈로 2022. 3. 10. 사망하였습니다(이하 '이 사건 사고').

검사는 A를 산업안전보건법 위반 및 업무상과실치사, B를 업무상과실치사, 대표이사 C와 D를 중대재해 처벌 등에 관한 법률(이하 '중대재해처벌법') 위반 및 산업안전보건법 위반으로 기소하였습니다.

## 2. 대상판결의 요지

대상판결은 이 사건 사고 당시 B가 이 사건 기계 내에 실수로 놓아 둔 이 사건 수공구의 제조 당시의 목적과 실제 사용 이력이 불분명한 점 등을 전제로, 피고인들의 산업안전보건법 위반 및 업무상과실치사의 점에 관하여 전부 무죄를 선고하였습니다. 특히 대표이사 C와 D의 중대재해처벌법 위반의 점에 관해서는 중대재해처벌법상 안전·보건에 관한 업무를 총괄·관리하는 전담조직 구성의무 위반과 이 사건 사고 사이에 상당인과관계가 있다고 보기 어렵다고 하여 무죄를 선고하였습니다. 구체적인 이유는 아래와 같습니다.

**[전담조직 구성 의무 이행 여부]**

◦ **중대재해처벌법 제4조 제1항 제1호, 중대재해처벌법 시행령 제4조 제2호**

중대재해처벌법에서 요구하는 전담조직의 구성이 되었다고 보려면, 적어도 회사가 외부에 공시하는 조직도나 인사발령 등을 통하여 조직의 설치나 변경내용이 객관적으로 파악할 수 있는 정도에 이르러야 할 것이지 단지 내부 회의에서 전담조직을 두기로 하고 그 구성원을 정한 것에 그치는 정도라면 이를 두고 중대재해 전담조직이 구성되었다고 평가하기 어려움.

대표이사 C가 대표이사 주관 안전환경회의 개최 등을 통해 중대재해처벌법 시행을 앞두고 중대재해 전담조직을 두기 위한 준비를 시작한 점은 의문의 여지가 없으나, ㉮ 2022. 2. 4.에야 중대재해처벌법 전담조직 신설에 따라 안전/보건전담직원 2명을 충원하는 것에 대한 내부 결재가 있었던 사실, ㉯ D는 2022. 3. 30.에야 '중대재해예방전략팀'을 신설하고 관련 인력에 대하여 소급하여 인사발령한 사실, ㉰ D 내부적으로 작성된 문서로 파일 마지막 수정일이 2022. 2. 10.인 '중대재해처벌법 관련 조직 개선(안)'이라는 제목의 문서, 마지막 수정일이 2022. 2. 15.인 2022년 안전보건조직도, 마지막 수정일이 2022. 3. 21.인 안전보건조직도에 의하면 해당 기간 동안 중대재해처벌법 전담조직의 구성원이 조금씩 변경된 사실, ㉱ D는 2022. 3. 25. 이사회를 개최하여 안전보건관리조직의 구성, 인원 및 역할에 대한 안건을 부의하여 만장일치로 결의한 사실 등에 비추어 이 사건 사고 발생일 이전에 D가 중대재해처벌법에 따른 전담조직을 두었다고 보기는 어려움.

[안전관리자 배치 의무 이행 여부]

◦ 중대재해처벌법 제4조 제1항 제1호, 중대재해처벌법 시행령 제4조 제6호

이 사건 사고 발생일 무렵 D에 중대재해처벌법 제4조 제1항 제1호, 같은 법 시행령 제4조 제6호에 따라 위 안전관리자 역할을 담당한 직원은 1명이었음.

그러나 중대재해처벌법 시행령 제4조 제6호는 산업안전보건법 제17조부터 제19조까지 및 제22조에 따라 정해진 수 이상의 안전관리자, 보건관리자 등을 배치할 것을 규정하는 한편 다른 법령에서 해당 인력의 배치에 대해 달리 정하고 있는 경우에는 그에 따르도록 규정하고 있고, 기업활동 규제완화에 관한 특별조치법(2021. 11. 30. 법률 제18523호로 개정되기 전의 것) 제29조 제2항 제4호는 화재예방, 소방시설 설치 · 유지 및 안전관리에 관한 법률 제20조에 따라 특정소방대상물의 관계인이 선임하여야 하는 소방안전관리자를 채용한 경우 산업안전보건법 제17조에 따른 안전관리자 1명도 채용한 것으로 본다고 규정하고 있으며, 이 사건 사고 당시 제1공장과 제4공장의 소방안전관리자가 각각 배치되어 있었음. 따라서 대표이사 C는 이 사건 사고 무렵 중대재해처벌법 시행령 제4조 제6호에서 정한 수 이상의 안전관리자를 두었다고 봄이 타당함.

[유해 · 위험요인을 확인하고 개선하는 업무절차 마련 의무 이행 여부]

◦ 중대재해처벌법 제4조 제1항 제1호, 중대재해처벌법 시행령 제4조 제3호

D회사는 중대재해처벌법 시행 이전부터 이미 「사업장 위험성평가에 관한 지침」에 따라 2021. 1. 4. 위험성평가 실시규정을 제정하고 2021. 3.부터 같은 해 6.까지 기간 동안 정기(1회/1년) 및 수시 위험성평가를 실시하였음.

F에 대하여는 T 반장으로 하여금 위험성평가를 실시하도록 하여 그 결과를 제출받았고, F는 이 사건 기계가 사용되는 가류공정에 대한 위험성평가도 실시하였음.

위험성평가를 함에 있어 이 사건 사고와 같이 수공구가 끼어들어가 튕겨 나오는 경우를 예견할 수 없어 비래의 위험에 대한 항목은 포함시키지 않았으므로, 이 사건 사고가 예견 가능한 것이었다면 대표이사 C가 사업장 특성에 따른 유해 · 위험요인을 확인하여 개선하는 업무절차를 마련함에 다소 미흡함이 있었다고 볼 여지는 있으나, 피고인들이 이 사건 수공구의 사용 사실을 알았다고 보기도 어렵고 이 사건 사고가 예견하기 어려웠다고 보는 이상, 대표이사 C로서는 사업장 특성에 따른 유해 · 위험요인을 확인하여 개선하는 업무절차를 마련하고 이를 이행하여 왔다고 보는 것이 타당함.

[이 사건 사고와의 인과관계 인정 여부]

대표이사 C는 이 사건 사고 이전에 중대재해처벌법 제4조 제1항 제1호, 중대재해처벌법 시행령 제4조 제2호에서 정한 안전 · 보건에 관한 업무를 총괄 · 관리하는 전담조직을 두지 않았음.

그러나 대표이사 C는 물론 F의 대표자인 A도 이 사건 수공구가 금속링 및 고무링을 안착시키기 위하여 사용된다는 점에 대하여 알았다고 볼 수 없고, 이 사건 수공구가 위와 같이 사용되고 있다는 점을 알았다고 하더라도 위 수공구가 이 사건 기계에 끼어들어가 튕겨 나와 사람이 사망에 이를 수 있다는 점을 예견하기 어려웠음.

또한 대표이사 C가 이 사건 사고 발생 무렵까지 중대재해처벌법에 정한 전담조직을 두었다고까지 평가할 수는 없으나, 이미 내부적으로 전담조직에 배치할 인원을 결정하고 중대재해 대응매뉴얼도 두고 있었던 점, V는 대구공장 안전관리자로 일하며 거의 매일 4공장을 포함하여 공장 순회점검을 하였고, 2022. 1. 중대재해 전담조직의 팀원으로 내정된 뒤에도 대구공장 안전관리자가 충원되지 않아 대구공장 안전관리자 지위를 유지하며 순회점검 등 자신의 역할을 충실히 이행하였으며, 그 과정에서 F의 근로자들이 이 사건 수공구와 같은 소재로 보이는 취출지그를 사용하는 것은 보았으나 이 사건 수공구를 금속

링 및 고무링 안착을 위하여 사용하는 것을 보지 못한 점을 더하여 보면, 검사가 제출한 증거만으로는 대표이사 C가 안전 · 보건에 관한 업무를 총괄 · 관리하는 전담조직을 두지 아니한 것과 이 사건 사고 사이에 상당인과관계가 있다고 보기 어렵고, 달리 이를 인정할 증거가 없음.

### 3. 의의 및 시사점

대상판결은 중대재해처벌법상 의무이행 여부를 판단하여 중대재해 발생과 의무위반 사이의 인과관계 부존재를 이유로 무죄를 선고한 최초의 사례입니다. 참고로, 중대재해처벌법위반죄에 관하여 무죄를 선고한 대구지방법원 영덕지원 2024. 10. 16. 선고 2023고단226 판결은 중대재해처벌법 부칙의 공사 금액 50억 원 이상 여부가 문제된 사안이어서 중대재해처벌법상 의무 이행에 관한 판단이 없습니다.

대상판결은 "어떤 행위라도 죄의 요소되는 위험발생에 연결되지 아니한 때에는 그 결과로 인하여 벌하지 아니한다"고 규정한 형법 제17조(인과관계)에 입각하여, 중대재해처벌법위반죄의 성립에 있어서도 경영책임자등의 안전보건 확보의무 위반과 중대산업재해 사이의 인과관계가 인정되어야 한다는 점을 최초로 확인한 판결이라는 점에서 의미가 있습니다. 다만, 1심 법원의 판결이므로 상급심의 판단을 지켜볼 필요가 있습니다(대구지방법원 2025노103호로 항소심 계속 중).

# 지속적인 위험 지적에도 불구하고 안전관리를 방치하여 중대재해가 발생한 경우 징역 2년의 실형을 선고한 사례

대상판결 : 울산지방법원 2024. 4. 4. 선고 2022고단4497 판결

## 1. 사안의 개요

피고인 주식회사 A는 상시 근로자 60여 명을 사용하는 회사입니다. 피고인 B는 위 회사의 대표이사이자 주식 100%를 보유한 단독주주이며, 안전보건관리책임자입니다. 피고인 C는 총괄이사로 재직하면서 대표이사를 보좌하여 근로자들에 대한 안전관리, 재해예방을 포함한 사업 전반을 관리하는 사람입니다.

피고인 B는 2016. 6.경 위 회사 대표이사로 취임한 이후 산업안전보건책임자로 지정되었고, 평소 회사 조직체계상 일일회의, 작업일보 등 보고를 받아 공장 내 생산 및 안전과 관련된 현황을 파악하고 있었습니다. 특히, 2021. 9.경부터는 위 회사의 안전점검을 위탁받은 D 협회의 안전관리 상태 보고서 등을 통해 위 공장 일부 기계의 안전문 방호장치(리미트스위치)가 파손되어 안전문을 열어도 기계 작동이 멈추지 않는 결함이 있다는 점을 보고받았습니다. 그러나 이에 대하여 보수작업 내지 안전조치는 이루어지지 않았습니다.

이후 2022. 7. 14. 10시 20분경 위 공장 소속 네팔 국적의 피해자 F가 기계의 내부 금형 청소 작업 중 금형 사이에 머리가 협착되어 두개골 파열로 사망하였습니다.

## 2. 대상판결의 요지

울산지방법원은 아래와 같은 점을 들어 피고인 A, B에 대하여 「산업안전보건법」 위반 및 「중대재해 처벌 등에 관한 법률」 위반(산업재해치사)을, 피고인 C에 대하여 업무상과실치사를 인정하고, 피고인 주식회사 A에 대해서는 벌금 1억 5,000만 원, 피고인 B(대표이사)에 대해서는 징역 2년, 피고인 C(총괄이사)에 대해서는 금고 1년 6개월의 형을 선고하였습니다.

가. 피고인 B는 D 협회의 안전점검 등을 통해 일부 기계의 안전문 방호장치 결함으로 산업안전보건법에 따른 의무가 이행되지 않는 사실을 인식하고 있었음에도 필요한 관리상의 조치를 취하지 아니하였다.

나. 산업안전보건법에 규정한 업무를 사업장에서 충실히 수행하는지를 평가하는 기준도 마련하지 아니하였다. 특히, 위 일부 기계 안전문 방호장치를 점검한 D협회가 '사고 발생 위험성 높음', '작업을 지속하려면 즉시 개선이 필요한 상태'라고 수회 평가하는 등 사업장에 중대산업재해가 발생할 급박한 위험이 있음에도 불구하고 이를 대비하여 작업 중지, 근로자 대피, 위험요인 제거 등 대응조치에 관한 매뉴얼도 마련하지 아니하였다.

다. 피고인들은 2021. 9. 13.부터 이 사건 사고가 발생하기 열흘 전인 2022. 7. 4.까지 정기적으로 D 협회로부터 안전조치에 관한 지적을 받았으나 제대로 조치를 하지 않았다. 2022. 7. 4.자 보고서에서는 최근 울산 중대재해발생사실까지 보고 받았는데 이 직후라도 적절한 조치를 취하였다면 피해자가 사망하지 않았을 것이다.

라. 피고인들은 전반적인 안전 문제를 방치하였다고 할 수밖에 없고, 그로 인한 피해자 사망이라는 결과도 매우 중대하다. 따라서 피고인들이 이 사건 사고 직후에 신속하게 피해자의 유족과 합의하고, 시정조치를 마쳤다고 하더라도 피고인 B, C를 집행유예 등으로 선처할 수 없다.

### 3. 의의 및 시사점

현재까지 선고된 중대재해처벌법 관련 27건의 판결 중 실형은 4건에 불과하며, 대상판결의 경우 그 중에서 가장 중한 형(2년 실형)이 선고되었습니다. 이는 상대적으로 오랜 기간 동안 수차례 명백한 경고가 있었음에도 아무런 조치를 취하지 않았기 때문에, '안전・보건조치의무 위반 정도가 중한 경우'로 판단되었고, 이러한 점이 양형기준상 가중요소로 고려되었기 때문으로 보입니다.

이 사건은 중대재해처벌법 의무 위반이 중한 경우, 유족 등 피해자 측과 합의를 하였다고 하더라도 무겁게 처벌될 수 있다는 점을 보여준 사안이라는 점에서 참고할 필요가 있습니다.

# 중대재해처벌법위반에 대해 반복된 사망사고가 발생하였음을 근거로 징역 2년의 실형을 선고한 사례

대상판결 : 창원지방법원 통영지원 2024. 8. 21. 선고 2023고단95, 2023고단1448(병합) 판결

## 1. 사안의 개요

피고인 A회사는 선박 건조 및 수리를 영위하는 회사로서 C회사로부터 선박의 수리 공사를 도급 받아 시공한 사업주이고, B회사는 A회사로부터 선박 보수 공사 중 핸드레일(안전난간) 보수 공사(이하 '이 사건 공사')를 하도급 받은 회사입니다.

B회사 소속 근로자인 피해자는 착용한 안전대의 고리를 결착하지 않은 상태에서 이 사건 공사를 하다가 추락해 사망하였습니다(이하 '이 사건 사고').

이 사건 사고 현장에는 추락방호망이나 안전대 고리를 상시 결착할 수 있는 라이프라인 등의 안전설비가 설치되어 있지 않았고, A회사는 해당 안전설비가 설치돼 있지 않음에도 이 사건 공사에 대한 작업허가서를 승인하였습니다.

## 2. 판결 요지

대상판결은 아래와 같은 이유에서 원청인 A회사 및 그 대표이사에 대하여 중대재해처벌법위반죄를 인정하고, 대표이사에 대해서는 징역 2년의 실형을 (법정구속), A회사에는 벌금 20억 원을 각 선고하였습니다.

① A회사의 안전보건관리책임자, 관리감독자가 해당 업무를 충실하게 수행하는지를 평가하는 기준을 마련하지 아니하여, A회사의 안전보건관리책임자인 조선소장과 이 사건 공사의 관리감독자인 수리사업팀 이사와 담당자가 A 주식회사의 사업장 내에서 진행된 이 사건 공사 중에 이 사건 사고가 발생하는 것을 방지하기 위한 사전 및 현장 관리·감독 및 안전조치 업무를 각 제대로 이행하지 않도록 하였다.

② 사업 또는 사업장의 안전·보건에 관한 사항에 대해 관련 수급인 전체 종사자로부터 의견을 듣는 절차를 제대로 마련하거나 이를 제대로 안내·홍보하지 아니하여, 안전난간 부식·소실 구간을 이동하거나 그곳에서 작업을 하는 근로자 등으로부터 추락 위험과 그 예방대책 등에 대한 의견을 듣고 이 사건 공사가 진행되는 현장에서 근로자가 이동 내지 작업 중 추락하는 위험을 예방하기 위한 추락방호망 설치 및 라이프라인 등 상시 안전대 고리 결착 시설 설치 등의 개선방안이 수립·시행되지 않도록 하였다.

③ 제3자에게 업무의 도급을 하는 경우 그 종사자의 안전·보건을 확보하기 위한 수급인의 안전·보건 관리비용에 대한 기준을 마련하지 아니하여, 2022. 2. 11.경 B회사가 현장에서 근로자가 이동 내지 작업 중 추락하는 위험을 예방하기 위한 추락방호망 설치 및 라이프라인 등 상시 안전대 고리 결착 시설 설치 등을 자체적으로 또는 A회사와의 협력 하에 할 수 있는 관리비용을 집행할 수 있는 경제적 여력을 확보하지 못한 상태로 이 사건 공사를 하도급받아 진행하게 하였다.

### 3. 의의 및 시사점

대상판결은 대표이사에 대하여는 징역 2년의 실형을, 법인에 대하여는 벌금 20억 원을 선고하여 역대 중대재해처벌법 적용 판결 중 가장 중한 형을 선고하였습니다. 특히 1년 내 3명이 사망하는 등 산업재해가 반복되었음에도, A회사가 안전을 위협하는 구조적 문제를 해결하려는 조치에 미흡하였다는 점이 판단의 주된 근거로 작용하였습니다.

대상판결은 형식적인 안전보건관리체계의 구축에 그치는 것이 아니라, 실효성 있는 의무이행이 중요하다는 점을 시사합니다. 대상판결은 현재 항소심(창원지방법원 2024노2513호) 계속중입니다.

# 01 개별적 근로관계

# 업무상 스트레스와 자해행위 · 자살 사이의 상당인과관계가 인정된 사례

대상판결 : 서울고등법원 2024. 3. 28. 선고 2022누30661 판결

## 1. 사안의 개요

망인은 조명장치 제조업 등을 영위하는 회사에서 근무하던 근로자입니다. 망인은 회사에 입사한 지 1년 남짓 된 시점인 2017. 11. 19.경 과장 · 부장 · 상무 · 부사장 등과 미국 출장에 동행하게 되었는데 영어 구술능력의 부족으로 1시간 이상이 지나서야 입국심사를 통과하여 일정에 큰 차질을 빚었고, 이로 인하여 부사장으로부터 지적을 받았습니다. 출장 복귀 후에는 망인의 직장 생활에서 큰 힘이 되어 주던 직속 상사가 갑작스럽게 육아휴직을 가게 되어 회사에서 더욱 의기소침한 모습을 보였습니다. 망인은 2018. 1. 16.경 자택에서 자살시도를 하였고 병원에 후송된 이후에도 의식회복 없이 2018. 3. 3. 사망하였습니다.

망인의 아버지인 원고는 망인의 사망이 업무상 재해에 해당한다고 주장하며 피고에게 유족급여 및 장의비 지급을 청구하였으나, 피고 근로복지공단은 '망인이 업무와 관련하여 정신적 스트레스를 받았다고 하더라도, 그 정신적 압박감과 스트레스의 정도가 정상적인 인식능력 등을 뚜렷하게 저하시켜 자살을 유발할 정도라고 보기 어렵고, 자살과 관련된 업무상의 특별한 요인도 확인되지 않으므로, 망인의 업무와 사망 사이에 상당인과관계가 인정되지 않는다'며

2019. 9. 23. 원고에게 유족급여 및 장의비 지급을 거부하는 처분을 내렸고, 그에 대한 원고의 재심사청구는 2020. 6. 3. 기각되었습니다. 이에 원고는 피고를 상대로 위 거부처분을 취소해달라는 소를 제기하였습니다.

## 2. 판결 요지

### 가. 업무상 재해의 인정기준

대상판결은 우선 관련 법령의 취지와 그 변천, 판례의 추이 등을 고려하여 이 사건에 적용할 업무상 재해의 인정 기준을 설정하였습니다.

과거 판례는 업무상 스트레스와 자해행위 · 자살 사이의 상당인과관계에 관해 "자살은 본질적으로 자유로운 의사"라는 전제 아래 상당히 좁은 범위 내에서 엄격하게 상당인과관계를 인정하여 왔다. 그런데 대법원 2017. 5. 31. 선고 2016두58840 판결 및 대법원 2021. 10. 14. 선고 2021두34275 판결은 그 범위를 넓혀서 상당인과관계를 인정하였다. 따라서 그와 같은 기준 하에서 아래와 같이 업무상 재해의 인정 기준을 설정함이 타당하다.

1) 인과관계는 이를 주장하는 측에서 증명해야 하지만, 반드시 의학적 · 자연과학적으로 명백해야 하는 것은 아니며, 규범적 관점에서 상당인과관계가 인정되는 경우에는 그 증명이 있다.

2) 근로자가 극심한 업무상 스트레스와 그로 인한 정신적인 고통으로 우울증세가 악화되어 정상적인 인식능력이나 행위선택능력, 정신적 억제력이 현저히 저하되어 합리적인 판단을 기대할 수 없을 정도의 상황에 처하여 자살에 이르게 된 것으로 추단할 수 있는 경우라면, 근로자의 업무와 사망 사이에 상당인과관계가 인정될 수 있다.

3) 그와 같은 인과관계를 인정하기 위해서는 근로자의 질병이나 후유증상의 정도, 그 질병의 일반적 증상, 요양기간, 회복가능성 유무, 연령, 신체적 · 심리적 상황, 근로자를 에워싸고 있는 주위상황, 자살에 이르게 된 경위 등을 종합적으로 고려해야 한다.

4) 그 과정에서 근로자의 내성적인 성격 등 개인적인 취약성이 자살을 결의하게 된 데에 영향을 미쳤다거나 자살 직전에 환각, 망상, 와해된 언행 등의 정신병적 증상에 이르지 않았다고 하여 달리 볼 것은 아니다.

### 나. 망인의 사망이 업무상 재해에 해당하는지 여부

상기 법리에 따라 대상판결은 고인이 자살 직전 극심한 업무상의 스트레스와 정신적 고통으로 인해 우울증세가 발병·악화된 나머지 자살에 이르게 된 것이므로, 고인의 업무와 사망 사이에 상당인과관계가 인정된다고 판시하였습니다. 그 구체적인 근거는 다음과 같습니다.

1) 고인은 미국 공항 입국심사장에서 영어 구술능력이 부족해 1시간 이상이 지나서야 입국심사를 통과할 수 있었다. 고인은 H에게 과장 · 부장 · 상무 · 부사장 등과 동행하는 출장이라 많이 부담된다는 소회를 털어 놓은 것으로 보이기도 한다.

2) L 대표는 귀국 후 팀장 회의에서 고인에 대해 상당한 불만을 표시했다. 이 무렵 고인은 H을 비롯한 동료 사원들에게 "출장 가서 힘들었다", "내가 뭘 잘 하는지 모르겠다", "이 나이 먹도록 이 정도밖에 안 되네"라며 자책하는 발언을 반복했다.

3) 귀국 이후 고인이 정신적으로 상당히 의지했던 M 대리가 육아휴직하게 된 사정, 거듭된 고인의 업무상 실수에 팀장이 "무슨 일 있냐?"면서 일상적 언동에 가까운 질문을 했음에도 "제가 이걸 또 잘못해서 큰일 난 건가요?"라는 등의 태도를 보여 팀장이 다독이기까지 한 사정, 고인이 평소 익숙하지 않았던 업무를 맡게 된 사정 등을 종합하면, 고인의 우울감 내지 자존감 저하와 같은 병적 감정이 이 무렵 급격히 악화되었다고 추론할 수 있다.

4) 이 과정에서 고인은 "나 심각하게 우울증이 온 것 같아. 아무것도 못 하겠어. 내가 너무 한심하고 싫어서 바꾸고 싶은데 무기력해서 바꿀 힘도 없고, 자꾸 안 좋은 생각만 든다"(친구에게 보낸 메시지)라는 등으로 직접적 위기의식을 표출하였다.

5) 미국 출장 중에, 그리고 귀국 후 이 사건 사업장에서의 업무가 특별히 과중했다고 보기 힘들다는 점은 피고 주장과 같다. 하지만 이를 내세우는 피고의 주장과 같은 논리는 결국 앞서 본 종전 판례의 관점, 즉 자살이 "사회평균인의 입장에서 보아 도저히 감수하거나 극복할 수 없을 정도의 업무상 스트레스와 그로 인한 우울증에 기인한" 것이어야만 인과관계를 인정할 수 있다는 전제에 기초한다.
한편, 별도로 고인이 우울증세를 앓은 전력은 이 사건 기록에서 찾기 어렵다. 그렇다면 입국 심사 지연 등으로 인한 업무상 스트레스가 주된 원인이 되어, 고인의 우울증세가 발병·악화된 나머지 극단적 선택에 이르렀다고 볼 수밖에 없다. 그러므로 이 사건은 산재보험법 제37조 제1항이 정하는 "그 밖에 업무와 관련하여 발생한 사고"(제1호 바목) 내지 "그 밖에 업무와 관련하여 발생한 질병"(제2호 라목)에 해당한다.
피고의 나머지 주장은 인과관계가 '의학적으로' 증명되어야 한다는 취지로 이해된다. 하지만 의학적으로 그 인과관계가 명백히 증명되는 경우뿐 아니라, 규범적 관점에서 상당인과관계가 인정되는 경우에도 그 증명이 있다고 보아야 한다. 이 법원 감정의는 대부분의 질의에 명확한 판단을 유보하면서도 '고인에게 우울 증상이 있었다'는 것만큼은 명백하게 그 소견을 제시했기도 하다.

## 3. 의의 및 시사점

2007년 산재보험법 개정으로 업무상 사고 내지 업무상 질병의 범위가 폭넓게 명시되었고, 자해행위에 따른 업무상 재해 인정 기준을 정한 산재보험법 시행령이 2020년에 이르러 '의학적으로 인정되는 경우' 대신 '상당인과관계가 인정되는 경우'로 개정되었으며, 대법원 판례도 자해행위로 인한 업무상 재해의 인정 범위를 종전보다 확장하는 경향을 보이고 있습니다.

대상판결은 위와 같은 경향성에 따라 업무상 스트레스에 따른 자살의 상당인과관계를 상당히 넓게 인정하였다는 점에서 의미가 있습니다.

한편, 이 사건은 대법원 2024. 7. 30.자 2024두39677 판결로 심리불속행기각 확정되었습니다.

# 사용자에게도 업무상 질병의 산재 처분을 다투는 소송에 참가할 법률상 이익이 있다고 판단한 사례

대상판결 : 서울행정법원 2024. 1. 30. 선고 2022구합54405 판결[10)]

## 1. 사안의 개요

A는 B회사의 네트워크 통신서비스 설치 현장 책임자로 뇌출혈 증상을 호소하다 병원으로 이송되어 치료받던 중 사망하였습니다. A의 유족은 업무상 재해를 주장하면서 근로복지공단(이하 '공단')에 유족급여와 장의비를 청구했지만, 공단은 산재를 인정하지 않았습니다. 그러자 A의 유족은 공단의 처분에 불복해 그 취소를 구하는 행정소송을 제기하였습니다.

## 2. 판결 요지

서울행정법원은 A가 종전부터 간질환, 고혈압, 고지혈증 등 뇌출혈을 유발할 수 있는 위험요인을 가지고 있었다고 보아 유족의 청구를 기각하였습니다. 한편 동 법원은 A 유족의 거부에도 불구하고 아래와 같은 이유를 들어 B회사의 피고 보조참가 신청을 받아들였습니다.

10) 원고가 항소하지 않아 확정되었습니다.

가. 고용보험 및 산업재해보상보험의 보험료징수에 관한 법률 시행령에서는 업무상 질병으로 인하여 사망한 경우를 개별요율실적 산정에서 제외하고 있으나, 산업재해보상보험법에서는 이를 요율산정에 반영하고 있음. 이 사건의 경우 업무상 재해의 내용이 확정되지 않았으므로 업무상 질병으로 인한 보험급여 지급처분을 다투는 소의 이익(원고적격)과 동일하게 보기 어려움. 유족급여의 지급이 이루어졌다는 사정은 참가인의 차년도 보험료 산정과 관련하여, '개별요율실적'의 산정에는 반영이 되지 않더라도, 참가인이 속한 업종의 업종별요율에는 반영될 수 있어, 결국 개별 사업주인 참가인의 보험료 역시 상승할 여지가 있음.

나. 원고는 2022. 6. 14.경 참가인에게 손해배상을 청구하는 내용증명을 보내기도 하였는 바, 피고 공단이 패소할 경우 참가인에게 손해배상을 청구할 가능성이 있고, 이 사건에서 인정된 사실관계나 판단은 원고와 참가인 사이의 손해배상청구 소송에서도 법률상 영향을 미치지 않는다고 할 수 없어 이점에서도 이 사건 판결에 의하여 법률상 지위가 결정되는 관계에 있다고 볼 수 있음.

다. 원고의 이 사건 청구가 인용될 경우 망인의 사망이 업무로 인한 사망으로 인정되므로 산업안전보건법의 산업재해 및 중대재해에 해당하여 사업주인 참가인이 고용노동부장관에 대한 보고의무 등을 부담하게 됨.

### 3. 의의 및 시사점

근로자 측이 업무상 질병에 관한 근로복지공단의 산업재해 불승인 처분을 다투는 소송에서 사용자가 근로자 측의 동의를 받아 소송참가한 사례는 있었으나, 대상판결은 근로자 측이 사용자의 소송참가를 반대함에도 불구하고 사용자에게 소송에 참가할 법률상 이익이 있다고 명시적으로 판단한 첫 번째 사례입니다.

종래 주류적인 하급심 판결은 업무상 질병의 경우 근로자에 대한 산업재해가 인정되더라도 사용자의 산재보험료가 증가하지 않으므로 사용자는 산업재해를 승인한 처분에 다툴 법률상 이익 및 원고 적격이 없다는 입장이었습니다.

대상판결은 이와 달리, 사용자에게 업무상 질병에 관한 산업재해 승인 처분을 다툴 법률상 이익을 인정한 것이어서 주목할 만합니다.

# 장해보상일시금을 산정할 때 근로복지공단이 정당한 이유 없이 그 지급을 거부하거나 늦추어 보험급여의 실질적인 가치가 하락한 경우 산업재해보상보험법에 따라 평균임금을 증액해야 한다고 본 사례

대상판결 : 대법원 2024. 4. 16. 선고 2019두45616 판결

## 1. 사안의 개요

분진작업장에서 종사하던 원고는 2004. 3. 10.에 실시된 진폐 정밀진단 결과 진폐병형 제1형의 진폐에 해당한다는 판정을 받았습니다.

피고(근로복지공단)는 당초 요양 중인 진폐근로자에 대하여 장해급여를 지급하지 않았습니다. 하지만 진폐근로자의 경우에는 요양 중이라도 장해급여를 지급하여야 한다는 취지의 판결이 지속적으로 선고됨에 따라 진폐근로자에 대하여도 장해급여를 지급하는 것으로 업무처리기준을 변경하였습니다. 이에 원고가 2016. 3. 및 2017. 9. 장해급여의 지급을 신청하였으나 피고는 소멸시효 완성을 이유로 그 지급을 거부하였습니다.

그런데 다른 진폐근로자가 제기한 소송에서 '진폐근로자가 장해급여를 청구하더라도 피고가 요양 중이라는 이유로 거절할 것이 명백하여 장해급여를 청구하지 않았던 경우 피고가 소멸시효 항변을 하는 것은 신의성실의 원칙에 반하여 허용될 수 없다'는 판결이 2018. 1.경 선고되어 확정되었습니다. 이에 따라 피고는 위와 같은 경우에는 소멸시효 완성을 주장하지 않는다는 내부 기준을 마련하여 시행하였고, 2018. 4. 5. 원고에게 장해보상일시금으로 9,011,

360원을 지급하였습니다.

이에 원고는 장해급여 지급결정일인 '2018. 4. 5. 당시의 평균임금'을 기초로 하여 산정한 장해급여를 지급해 달라면서 2018. 5. 23. 평균임금정정 및 보험급여차액의 지급을 구하는 청구를 하였으나, 피고는 2018. 6. 20. 이에 대한 거부처분을 하였습니다. 원고는 위 거부처분의 취소를 구하는 소를 제기하였습니다.

## 2. 제1심 및 원심의 판단

제1심을 담당한 서울행정법원은 평균임금의 증감 제도[산업재해보상보험법(이하 '산재보험법') 제36조 제3항]는 장해보상일시금과 같은 일회성 보험급여가 아닌 휴업급여, 장해보상연금 등 일정기간 동안 반복되는 보험급여를 그 대상으로 한다고 판단하였습니다. 그런데 원고의 장해보상금은 일시금에 해당하므로 평균임금의 증감 제도가 적용될 수 없다고 보아 원고의 청구를 기각하였습니다.

원심을 담당한 서울고등법원은, 제1심과 달리 평균임금의 증감제도는 일정기간 동안 반복적으로 지급되는 보험급여만을 그 대상으로 한다고 볼 수 없으며 장해보상일시금에 대해서도 적용된다고 판단하였습니다. 하지만 평균임금의 증감을 적용할 수 있는 기간의 종기는 장해급여청구권이 발생하는 진단 확정일까지이고 확정일 이후부터 구체적인 보험급여 결정시까지의 기간에 대해서는 평균임금 증감제도가 적용될 수 없다고 보았습니다. 따라서 원고의 청구를 기각한 제1심 판결이 결론에 있어 정당하다고 판단하였습니다.

## 3. 대상판결의 요지

대법원은 아래와 같은 근거를 제시하며, 원고의 장해보상일시금에도 평균임금의 증감이 적용되어야 한다고 판단하였습니다. 이와 달리 판단한 원심판결을 파기하였습니다.

가. 산재보험법 제36조 제3항 본문은 평균임금을 증감해야 하는 경우를 특별히 한정하고 있지 않고, 평균임금 증감의 종기에 관해서도 따로 규정하고 있지 않다.

나. 근로복지공단은 ① 유족보상연금이나 장해보상연금을 지급할 경우에는 평균임금 산정 사유 발생일의 평균임금을 연금 지급 시까지 증감을 하고, ② 유족보상일시금을 지급할 경우에는 사망 시까지 증감을 하며, ③ 평균임금 산정 사유 발생일 자체도 경우에 따라서는 어느 특정일로 앞당긴 후 증감을 하는 등(대법원 2007. 4. 26. 선고 2005두2810 판결에 따른 실무 처리) 보험급여의 실질적인 가치가 유지되도록 평균임금 증감의 시기나 종기를 다양하게 적용하여 평균임금을 증감하고 있다.

다. 근로복지공단이 정당한 이유 없이 보험급여의 지급을 거부하거나 지급을 늦춘 경우에는 산재보험법은 지연보상을 하는 규정을 두고 있지 않다. 따라서 근로복지공단의 지급 거부나 지체가 불법행위에 이르지 않는 한 재해근로자가 손해를 보전받기 어려운 구조이다. 이러한 제도 미비의 상황에서 부당한 지급 거부 또는 지체 시 보험급여 지급결정일까지 평균임금을 증감하는 것은 재해근로자의 보호와 행정의 적법성 확보를 위해 반드시 필요하고, 평균임금 증감 제도의 취지에도 부합한다.

## 4. 의의 및 시사점

대법원은 대상판결을 통해, 근로복지공단의 귀책으로 보험 급여의 실질적인 가치가 하락하였다면 근로복지공단이 그에 대한 책임을 부담해야 한다는 점을 명확히 하였습니다. 이는 근로자의 업무상의 재해를 신속하고 공정하게 보상하고자 하는 산재보험법의 입법 목적과 평균임금 증감 제도를 둔 취지에 부합한다는 평가를 받고 있습니다.

대상판결 선고 이후 파기환송심인 서울고등법원 2024. 10. 10. 선고 2024누40266 판결은 위 법리에 따라, 원고의 장해보상일시금 산정에 적용되는 평균임금은 그 지급결정일까지 산재보험법 제36조 제3항 본문에 따른 증감을 한 금액이라고 보아, 피고의 거부처분을 취소하였습니다.

# 피해 근로자가 장해보상일시금을 지급받은 후 완치시점을 기준으로 한 장해등급이 변경되어 장해보상연금을 수령하게 된 경우, 구상금 산정 시 완치시점의 평균임금을 적용하여야 한다고 한 사례

대상판결 : 대법원 2024. 6. 13. 선고 2024다210783 판결

## 1. 사안의 개요

피해 근로자는 근무 중 피고(보험회사)에 보험이 가입되어 있는 가해차량과 충돌하는 교통사고를 당하여 산업재해를 입었고, 요양결정 후 2018. 2. 9. 완치되었습니다. 피해 근로자는 최초 장해등급이 8급으로 인정되어 2018. 3. 14. 장해보상일시금을 지급받았고, 이후 피해 근로자의 장해등급이 6급으로 변경되었다가 다시 5급으로 변경되었습니다. 피해 근로자의 선택에 따라 원고(근로복지공단)는 2020. 9. 25.경 그 무렵 평균임금을 적용하여 산정한 장해보상연금의 지급을 결정·통지하였고, 가해차량의 보험사인 피고를 상대로 구상금을 청구하였습니다.

## 2. 판결 요지

원심판결은 최초 장해등급 및 장해보상연금 지급 결정 시기가 2018. 3. 14.이 아니라 2020. 9. 25.이라는 이유로 피해 근로자가 장해보상연금 대신 장해보상일시금을 선택하여 그 지급을 구하였더라면 지급되었을 장해보상일시금의 산정에 관하여 2020. 9. 25.경 평균임금인 68,720원을 적용하여야 한다고 판단

하였습니다.

그러나 대상판결은 아래와 같은 법리를 설시하면서, 피해 근로자에 대한 장해등급 5급 판정은 완치 시점인 2018. 2. 9.을 기준으로 한 판정으로 보이므로, 피해 근로자가 장해보상연금 대신 장해보상일시금을 선택하여 지급을 구하였더라면 지급되었을 장해보상일시금은 장해등급 5급의 적용 개시일인 2018. 3.경 평균임금을 적용하여 산정하여야 한다고 보아, 원심판결을 파기환송하였습니다.

1) 산업재해보상보험법(이하 '산재보험법') 제80조 제2항은 전문에서 "수급권자가 동일한 사유에 대하여 이 법에 따른 보험급여를 받으면 보험가입자는 그 금액의 한도 안에서 민법이나 그 밖의 법령에 따른 손해배상의 책임이 면제된다."라고 규정하고, 후문에서 "이 경우 장해보상연금 또는 유족보상연금을 받고 있는 사람은 장해보상일시금 또는 유족보상일시금을 받은 것으로 본다."라고 규정하고 있다. 이처럼 산재보험법 제80조 제2항 후문은 아직 그 지급이 현실화되지 않은 장해보상연금도 공제의 대상으로 삼는 대신, 그 공제의 범위를 장해보상일시금 상당액으로 한정함으로써 수급권자 및 사용자의 이익과 책임을 조절하고 있다(헌법재판소 2005. 11. 24. 선고 2004헌바97 전원재판부 결정 참조). 또한 장해보상연금과 장해보상일시금의 구별은 장해급여의 지급방법상의 차이에 따른 것에 불과한 점, 특별한 경우를 제외하고는 연금과 일시금의 선택은 수급권자의 의사에 달려 있는 점 등을 종합하면, 산재보험법상 장해보상연금과 장해보상일시금은 그 전체로서 가치가 같다고 보아야 한다(대법원 2001. 7. 13. 선고 2000두6268 판결, 대법원 2007. 6. 15. 선고 2005두7501 판결 등 참조).

2) 연금은 본질적으로 장래의 불확정성과 가변성을 그 특징으로 하는데(산재보험법 제36조 제3항, 제58조 각호, 제59조, 제70조 제2항, 제83조, 제120조 등 참조), 그럼에도 불구하고 산재보험법 제80조 제2항 후문에서 위와 같이 연금과 일시금의 등가성을 규범화하고 있는 것은 수급권자, 손해배상 의무자인 보험가입자와 제3자 및 근로복지공단 사이의 법률관계를 신속하고 명료하게 확정하기 위함이라고 볼 수 있다. 이러한 취지에 비추어 보면, 수급권자가 장해보상연금을 지급받고 있는 경우에 산재보험법 제80조 제2항 후문에 따라 공제할 장해보상일시금의 액수는, 연금 기간이나 이미 지급된

연금의 액수와 관계없이, 수급권자가 장해보상연금 대신 장해보상일시금을 선택하여 그 지급을 구하였더라면 산재보험법 제57조 제2항 [별표 2]에 따라 지급되었을 장해보상일시금 상당액이라고 봄이 타당하다(대법원 2018. 10. 4. 선고 2015다253184, 253191 판결 등 참조).

3) 산재보험법 제80조 제2항의 규정 등에 비추어 보면, 제3자의 행위로 인하여 발생한 산업재해에 대하여 근로복지공단이 피해 근로자에게 장해보상연금 또는 유족보상연금을 지급할 것이 확정된 경우에도 장해보상연금 또는 유족보상연금 대신에 지급받을 수 있었던 장해보상일시금 또는 유족보상일시금을 지급한 것으로 보아, 근로복지공단은 그 장해보상연금 또는 유족보상연금 대신에 지급받을 수 있었던 장해보상일시금 또는 유족보상일시금 상당액에 관하여 산재보험법 제87조 제1항에 의하여 피해 근로자의 그 제3자에 대한 손해배상청구권을 대위행사할 수 있다(대법원 2001. 11. 30. 선고 2001다666 판결 등 참조).

### 3. 의의 및 시사점

대상판결은 산업재해의 피해 근로자가 장해보상일시금을 지급받은 후 장해등급이 변경되어 장해보상연금을 지급받게 된 경우, 근로복지공단이 피해 근로자를 대위하여 가해자의 보험사에 청구할 구상금 산정 시 적용할 평균임금의 기준시점에 관하여 산재보험법 제59조에 따라 장해상태가 호전되거나 악화되어 재판정을 받아 장해등급이 변경되는 경우가 아니라 피해 근로자와 같이 당초 장해상태에 대한 장해등급 자체가 변경된 경우에는 장해보상일시금은 변경된 장해등급의 적용 개시일을 기준으로 평균임금을 적용하여야 한다고 판시하였습니다.

# 근로자가 극심한 업무상 스트레스로 인해 무단결근 후 자살을 한 경우, 재해보상의 기준이 되는 평균임금 산정 사유 발생일은 무단결근을 하기 시작한 날로 보아야 한다고 판단한 사례

대상판결 : 광주고등법원 2024. 12. 19. 선고 2024누11401 판결

## 1. 사안의 개요

원고는 망인의 배우자이며, 망인은 버스회사 계약직 운전원으로 근무하다가 정규직으로 전환된 지 얼마 되지 않은 시점에 선행차량을 충돌하는 등 단기간 수차례의 업무상 사고를 경험하였습니다. 망인은 위 사고 이후 귀가하였다가 배우자인 원고에게 '사고처리로 너무 힘들다'는 취지의 메시지를 남기고 가출하여 출근도 하지 않은 채 연락이 두절되었고 며칠 뒤 스스로 목숨을 끊었습니다.

근로복지공단의 업무상질병판정위원회는 망인의 업무상 스트레스가 사망의 원인으로 작용하였다고 인정하여 망인의 사망을 업무상 재해로 인정하였습니다. 근로복지공단은 평균임금 산정 사유 발생일을 망인의 사망일로 보고, 망인이 가출한 2021. 6. 12.부터 사망 전날인 2021. 6. 17.까지를 산정일 일부로 포함하였습니다. 근로복지공단은 망인이 무단결근하여 임금을 지급받지 못한 기간을 포함하여 1일 평균임금을 69,862원으로 산정하고, 이를 기초로 원고에게 지급할 유족급여 및 장의비를 계산하여 지급하였습니다.

이에 원고는 위 결정에 대해 이의를 제기하였고, 근로복지공단은 망인의

평균임금 69,862원이 2021년도 통상임금 88,216원보다 낮으므로, 위 통상임금 88,216원을 망인의 평균임금으로 적용하여 망인의 평균임금을 88,216원으로 정정하고, 이를 기초로 유족급여 및 장의비를 산정하여 원고에게 지급하였습니다(이하 '이 사건 처분').

그러자 원고는 망인의 평균임금 산정 사유 발생일을 사망한 날이 아니라 업무상 스트레스로 인해 가출한 날로 보아야 하며, 통상적인 만근 시 임금액을 기초로 산정한 1일 평균임금 96,670원이 적용되어야 한다고 주장하면서 이 사건 처분의 취소를 구하는 소를 제기하였습니다.

## 2. 판결 요지

대상판결은 아래의 요소들을 고려하면, 평균임금 산정 사유 발생일을 망인이 자해행위를 한 날로 본 이 사건 처분은 위법하다고 판단하였습니다.

**[평균임금 산정 사유 발생일에 관한 판단]**

평균임금은 근로자의 생활임금을 사실대로 반영함으로써 근로자의 생활을 보장하고자 하는데 그 제도의 취지가 있음.

근로기준법령이 재해보상의 경우 '사망의 원인이 되는 사고가 발생한 날'을 평균임금 산정 사유가 발생한 날로 규정하고 있는 것은, 업무상 사고 등이 발생하는 경우 아직 사망이나 부상의 결과가 발생하기 전이라 하더라도 사고로 인해 근로자의 근무능력, 여건, 환경 등에 변동이 생길 가능성이 있으므로 이로 인한 통상생활 임금의 왜곡이 발생하는 것을 방지하기 위한 것임.

산재보험법령은 근로자의 자해행위에 따른 사망 등의 경우 원칙적으로 업무상 재해로 보지 않지만, 업무상의 사유가 상당한 스트레스 요인으로 작용하였고, 그 영향으로 근로자가 정상적인 인식능력이 뚜렷하게 낮아진 상태에서 자해행위를 한 경우 비록 사망 등의 직접적 원인이 자해행위라고 하더라도, 업무상 사고 또는 질병을 원인으로 하는 업무상 재해와 달리 볼 수 없다는 전제에서 예외를 인정하고 있음.

위와 같은 평균임금 제도의 기본원리, 재해보상에서 '평균임금의 산정 사유가 발생한 날'에 관한 해석, 자해행위에 따른 업무상 재해의 인정 취지 등을 종합해 보면, 근로자가 업무상의 사유로 인한 정신적 이상 상태에서 자살을 한 경우, 그 정신적 이상 상태 때문에 근로 제공을 제대로 하지 못하고 그 결과 임금을 제대로 받지 못하였다면, 특별한 사정이 없는 한 자해행위로 인한 사망의 결과가 발생한 날이 아닌 근로자의 정상적인 인식능력 등이 뚜렷하게 낮아지거나 근로자가 정신적 이상 상태에 빠진 시점을 근로기준법 시행령 제52조 소정의 '사망의 원인이 되는 사고가 발생한 날', 즉, 평균임금 산정 사유가 발생한 날로 봄이 타당함.

[평균임금 산정 기간에 관한 판단]

기간제근로자로 근무하다가 기간 만료로 회사와의 계약직 근로관계를 종료하고 곧바로 같은 회사에 정규직 근로자로 재취업하였다가 3개월 이내에 재해를 당한 경우에 있어서, 평균임금 산정은 당해 근로자의 근로 실태에 따라 실질적으로 판단할 필요가 있음.

망인은 기간제 근로기간을 마치고 곧바로 정규직으로 전환되어 같은 회사와 새로운 근로계약을 체결하였으나 종전과 동일하게 시내버스 운전원으로 같은 업무를 계속 수행한 사실이 인정되므로, 망인은 기간제 근로기간과 정규직 근로기간을 통틀어 회사와 사이에 실질적으로 1개의 근로관계가 계속된 것으로 봄이 타당함.

따라서 망인의 평균임금은 망인의 기간제 근로기간을 포함하여 산정 사유 발생일인 2021. 6. 12. 이전 3개월 동안 망인이 수령한 임금총액을 기준으로 산정함이 타당하므로, 이와 그 전제를 달리한 이 사건 처분은 이러한 점에서도 위법함.

## 3. 의의 및 시사점

대상판결은 업무상 스트레스로 인해 극단적 선택을 한 근로자의 평균임금 산정 사유 발생일은 '근로자의 정상적인 인식능력 등이 뚜렷하게 낮아지거나 근로자가 정신적 이상 상태에 빠진 시점'으로 보아야 한다는 기준을 제시함으로써, 평균임금 제도 및 관계법령의 취지를 반영하여 평균임금 산정 사유 발생일을 판단하였다는 점에서 의미가 있습니다. 다만, 대상판결에 대해 피고 근로복지공단이 상고하였으므로, 대법원의 최종적인 판단을 지켜볼 필요가 있습니다(대법원 2025두31014호로 계속 중입니다).

# 도시일용근로자의 월 가동일수를 20일을 초과하여 인정하기는 어렵다고 본 판결

대상판결 : 대법원 2024. 4. 25. 선고 2020다271650 판결

## 1. 사안의 개요

근로자 A는 2014. 7. 30. 작업 중 크레인 사고로 인하여 좌측 장골 골절 등의 상해를 입었습니다(이하 '이 사건 사고'). 근로복지공단은 이 사건 사고를 업무상 재해로 인정하여, 근로자 A에게 2019. 2. 15.까지 휴업급여 약 2억 원, 요양급여 약 1억 원, 장해급여 약 3천만 원을 각 지급하였습니다.

이후 근로복지공단은 위 크레인의 보험자인 B 보험회사를 상대로 근로자 A에게 지급한 급여에 대한 구상금을 구하는 소를 제기하였습니다. 제1심 및 원심은 B 보험회사에 관하여 이 사건 사고로 상해를 입은 근로자 A(사고 당시 약 51세 4개월)에 대한 보험자로서 손해배상책임을 인정하고, 일실수입 손해를 산정함에 있어 근로자 A가 만 65세가 되는 시점까지 도시일용노임에 의한 소득을 인정하였습니다.

다만, 일실수입을 산정하기 위한 월 가동일수에 관하여 제1심은 19일로 인정하였으나, 원심은 22일로 보았습니다. 이에 B 보험회사는 원심이 월 가동일수를 22일로 인정한 데에 가동일수 인정, 경험칙 등에 관한 법리를 오해한 잘못이 있다고 주장하면서 상고를 제기하였습니다.

## 2. 대상판결의 요지

대법원은 아래와 같이 도시 일용근로자의 월 가동일수를 20일을 초과하여 인정하기는 어렵다고 판단하면서, 원심판결 중 B 보험회사의 패소 부분을 파기하고 사건을 원심법원에 환송하였습니다.

가. 산업환경에 따라 해마다 변동하는 도시 일용근로자의 일실수입을 그 1일 노임에 관한 통계사실에 기초하여 평가하는 경우에는, 그 가동일수에 관하여도 법원에 현저한 사실을 포함한 각종 통계자료 등에 나타난 월평균 근로일수와 직종별 근로조건 등 여러 사정들을 감안하고 그 밖의 적절한 자료들을 보태어 합리적인 사실인정을 하여야 한다(대법원 2003. 10. 10. 선고 2001다70368 판결 등 참조). 대법원은 1992년에는 경험칙에 따라 도시 일용근로자의 월 가동일수를 25일로 추정하였는데, 2003년에는 월 가동일수를 22일을 초과하여 인정할 수 없다고 하여 이를 변경하였다(위 대법원 2001다70368 판결). 이후 하급심은 주로 도시 일용근로자의 월 가동일수를 22일로 판단해 왔고 대법원은 대체로 이를 수긍해 왔다.

나. 한편 우리나라는 2003. 9. 15. 근로기준법을 개정하여 1주간 근로시간의 상한을 44시간에서 40시간으로 단축하였고, 2011. 7. 1.부터는 이를 5인 이상의 근로자를 사용하는 모든 사업이나 사업장에 적용하였다. 아울러 근로자들의 월 가동일수가 지속적으로 감소하는 경향을 보이고 있으며 대체공휴일 신설, 임시 공휴일의 지정 등으로 사회적 · 경제적 구조에 지속적인 변화가 있었고, 일과 삶의 균형이 강조되는 등 근로여건과 생활여건의 많은 부분도 달라졌다.

다. 고용노동부가 실시하는 근로실태조사상 월평균 근로일수 등에 따르더라도, 과거 대법원의 기준을 그대로 적용하기 어렵게 되었다.

라. 위와 같은 여러 사정을 고려하면, 특별한 사정이 없는 한 이 사건 사고 당시 도시일용근로자의 월 가동일수를 20일을 초과하여 인정하기는 어려워 보인다. 따라서 원심으로서는 관련 통계나 도시 일용근로자의 근로여건에 관한 여러 사정을 좀 더 구체적으로 심리하여 이를 근거로 도시 일용근로자의 월 가동일수를 판단하였어야 한다.

### 3. 의의 및 시사점

'월 가동일수'란 특정 사람이 매월 일할 수 있는 일수를 의미하며, 이러한 '월 가동일수'는 통상 근로자에 대한 손해배상 사건에서 구체적인 손해액을 산정하기 위한 요소로 사용됩니다. 동일한 기간 동안일지라도 월 가동일수가 늘어나게 되면 근로자가 일할 수 있었을 것으로 인정되는 기간이 늘어나는 것이기에, 사고 근로자가 입는 손해의 액수도 커지게 됩니다. 반면, 월 가동일수가 줄어들게 된다면 인정되는 손해의 액수는 줄어듭니다.

대상판결 이전까지 대법원은 2001다70368 판결을 통해 도시 일용근로자의 가동일수를 22일로 판단하였습니다. 하지만 위 판결은 20여 년 전 선고된 것이었기 때문에, 학계에서는 현재 22일의 가동일수를 적용하는 것은 과다하다며 판례의 변경이 필요하다는 주장이 있어 왔습니다(예를 들어 송민진, 「인신 사고로 인한 손해배상액 산정에 관한 연구 : 경험칙상 도시일용노동의 월 가동일수를 중심으로」, 보험법연구 제15권 제2호, 2021. 6. 22.). 또한 일부 하급심 역시 실제 근로일수를 확인하여 월 가동일수를 17.1일로 인정한다든가(부산지방법원 10. 10. 선고 2019나46169 판결), 50대 무직 여성의 월 가동일수를 단순노무 종사자 비정규근로자와 건설업근로자의 2009년부터 2019년까지의 평균인 18일로 인정(서울중앙지방법원 2021. 2. 14. 선고 2019나50009 판결)하는 등 변화의 움직임을 보이고 있었습니다. 대법원 역시 월 가동일수에 관한 사안은 아니지만, 변화된 사회 여건을 반영하여 2019. 2. 21. 일반 육체노동자의 가동'연한'을 60세에서 65세로 변경한 바 있습니다(대법원 2019. 2. 21. 선고 2018다248909 전원합의체 판결).

대상판결은 그동안 변화된 사회 여건(근로시간 단축, 휴일 증가, 일과 삶의 균형 강조)을 반영하여 월 가동일수를 20일 이하로 단축해야 한다고 판단하였습니다. 향후 특별한 사정이 있는 경우가 아닌 통상의 사안에서는 대상판결의 취지에 따라 도시일용근로자의 월 가동일수를 20일 이하로 인정할 것으로 보입니다.

# 일실 퇴직연금 상당의 손해배상채권을 상속한 이후에 직무상 유족연금을 공제하는 것이 타당하다고 판단한 사례

대상판결 : 대법원 2024. 11. 21. 선고 2021다255853 전원합의체 판결

## 1. 사안의 개요

A학교의 교수로 재직하던 B는 2016. 9. 오토바이를 운행하던 도중 불법 유턴을 하던 택시에 치여 그 자리에서 사망하게 되었습니다. B가 A학교에 정년까지 계속 근무했을 경우 받을 수 있었던 퇴직연금 일시금은 358,296,720원이고, 이를 사망 당시 현가로 계산하면 191,517,177원입니다.

원고 1은 B의 배우자, 원고 2, 3은 B의 자녀들입니다. 사학연금공단은 2017. 2.경부터 2019. 6.경까지 수급인인 원고 1에게 B의 사망에 따른 직무상유족연금 149,064,010원을 지급하였고, B의 기대여명 종료일인 2050. 8. 1.까지 매월 6,401,860원씩 지급할 예정입니다. 피고는 사고 택시에 대한 공제계약을 체결한 공제사업자입니다.

원고들은 피고를 상대로 일실 퇴직연금 상당의 손해배상을 하라는 취지의 소송을 제기하였습니다. 이와 관련하여 일실 퇴직연금 상당의 손해배상채권에서 직무상유족연금을 공제한 후 상속인들에게 상속이 이루어지는지(이하 '공제 후 상속설'), 일실 퇴직연금 상당의 손해배상채권을 상속한 후 직무상유족연금을 수급한 사람의 손해배상채권에서 직무상유족연금이 공제되는지(이하 '상속

후 공제설')가 문제되었습니다. 공제의 순서에 따라 원고들이 받을 수 있는 퇴직연금 상당의 손해배상채권액이 달라지기 때문입니다.

## 2. 판결 요지

대상판결은 아래와 같은 사정을 들어 '상속 후 공제' 방식이 타당하다고 판단하였습니다. 이에 따라 이와 배치되는 종전의 대법원 판례들[11]을 변경하였습니다.

◦ A 퇴직연금 및 직무상유족연금 등의 법적 성질과 형평의 이념

직무상유족연금은 사망 이후 비로소 지급되는 것이므로, 망인의 사망과 동시에 발생하는 손해배상채권의 상속 이후에 공제가 이루어진다고 보는 것이 시간적, 논리적으로 타당하다. 수급권자가 아닌 상속인들은 직무상유족연금을 지급받지 않으므로, 상속받은 일실 퇴직연금 상당의 손해배상액을 지급받더라도 같은 목적의 급부를 이중으로 지급받는다고 볼 수 없다. 수급권자가 아닌 상속인들은 직무상유족연금 지급으로 인한 사실상 이익을 누릴 수는 있으나 법률상 급부 이익을 받는다고 할 수는 없으므로, 수급권자가 아닌 상속인들이 상속한 일실 퇴직연금 상당의 손해배상채권에서 직무상유족연금을 공제할 것은 아니다.

◦ 직무상유족연금 등 수급권자의 법적 지위와 수급권의 법적 성질

수급권자가 된 유족은 상속인으로서가 아니라 직접 자기의 고유의 권리로서 직무상유족연금의 수급권을 취득하므로 그 수급권은 사망한 교직원의 상속재산에 포함되지 아니한다. 수급권자가 아닌 상속인들이 상속한 망인의 손해배상채권과 유족연금 수급권은 귀속주체가 서로 상이하여 상호보완적 관계를 인정할 수 없다. 직무상유족연금의 지급으로

11) 사학연금법이 준용하는 공무원연금법상 일실 퇴직연금 상당의 손해배상채권 전체에서 유족연금 등을 공제한 나머지가 민법이 규정한 바에 따라 공동상속된다는 취지로 판단한 대법원 1992. 7. 28. 선고 92다7269 판결, 대법원 1994. 5. 10. 선고 93다57346 판결, 대법원 2000. 5. 12. 선고 98다58023 판결, 대법원 2000. 9. 26. 선고 98다50340 판결, 대법원 2007. 12. 13. 선고 2007다54481 판결 등

당해 수급권자가 상속한 일실 퇴직연금 상당의 손해배상채권에 대한 전보가 이루어진 것으로 볼 수 있다고 하더라도, 이를 넘어서서 다른 상속인들이 상속한 손해배상채권에 대해서까지 전보가 이루어졌다고 볼 수는 없다.

◦ 사회보장법률의 목적과 취지

직무상유족연금이 수급권자가 상속하는 망인의 일실 퇴직연금 상당의 손해배상채권 상속분을 초과하여 실질적으로 손해배상과 아울러 해당 유족연금 일부를 중첩하여 받는 결과가 되더라도, 그 중첩 부분은 유족에 대한 생활보장적 급부로 제공되는 것이므로 이를 망인의 일실 퇴직연금 상당의 손해배상채권 전체에서 모두 공제하지 않더라도 부당하다고 볼 수 없다. '공제 후 상속' 방식과 같이 손실전보의 중복성을 강조하여 일실 퇴직연금 상당의 손해배상채권에서 유족연금의 공제 범위를 넓게 인정한다면, 사회보장제도를 유지하는 재원으로 가해자의 책임을 면제시키는 결과에 이를 수 있고 수급권자의 생활안정과 복지향상을 위한 사회보장법률의 목적과 취지가 몰각될 수 있다.

## 3. 의의 및 시사점

대상판결은 기존의 판례와 달리 '상속 후 공제설'을 취하였다는 점에서 의미가 있습니다. 종전 판례에 따르면 유족연금을 지급받지 않는 상속인들의 퇴직연금 상당 손해배상채권에서도 유족연금을 공제하게 되어 실제로 유족연금을 통해 손해회복을 받지 못한 상속인들의 권리를 침해하는 결과가 생기는 문제점이 있었습니다. 이번 판결로 인해 피해자인 망인들의 상속인, 특히 유족연금의 수급권자가 아닌 상속인들의 권리가 더욱 보호받게 되었습니다.

# 01 개별적 근로관계

# 특수형태근로종사자인 골프장 캐디가 직장 내 괴롭힘을 견디지 못하고 사망한 사안에서 골프장 사업주의 민사상 손해배상책임을 인정한 사례

대상판결 : 대법원 2024. 5. 17. 선고 2024다207558 판결

## 1. 사안의 개요

피고 학교법인 B(이하 '피고 법인')는 골프장(이하 '이 사건 골프장')을 운영하고 있습니다. 피고 A는 피고 법인의 소속 근로자로서, 이 사건 골프장에서 '캡틴'이라고 불리며 특수형태근로종사자인 캐디들을 통솔, 관리하는 업무를 수행하였습니다.

망인은 이 사건 골프장에서 캐디로 일하던 근로자로, 피고 A로부터 지속적으로 괴롭힘을 당하다 2020. 9.경 극단적 선택을 하였습니다. 이에 망인의 유족인 원고들은 피고 법인과 가해자인 피고 A를 상대로 손해배상청구의 소를 제기하였습니다.

## 2. 원심 판단의 요지

제1심은 아래와 같은 이유로 피고 A에 대해 민법 제750조에 기한 불법행위 책임과 피고 법인의 민법 제756조의 사용자 책임을 인정했습니다. 제2심은 양측의 항소를 기각하였고, 대상판결도 심리불속행 기각으로 원심 판결을 확정했습니다.

◦ 직장에서의 지위 또는 관계 등의 우위를 이용하여 업무상 적정범위를 넘어 다른 사람에게 신체적 · 정신적 고통을 주거나 근무환경을 악화시켰다면 이는 위법한 '직장 내 괴롭힘'으로서 민사상 불법행위책임의 원인이 되고(대법원 2021. 11. 25. 선고 2020다270503 판결 등 참조), 그 피해자가 반드시 근로자여야 할 필요는 없다.

◦ 특히 특수형태근로종사자(산업재해보상보험법 제125조, 산업안전보건법 제77조)는 사업주에 대하여 경제적 종속성을 띠고, 타인을 이용하지 않고 자신이 직접 노무를 제공하며, 주로 특정한 1인의 사업주를 위하여 노무를 제공하지만, 근로기준법상 근로자와 달리 노무를 제공함에 있어 사업주의 특정한 지시나 지휘 · 감독에 구속되지 않아 근로기준법상 근로자와 자영인의 중간적 위치에 있는 노무제공자이므로, 위 대법원 판결의 법리를 적용할 수 있다.

◦ 피고 A는 캐디들을 총괄, 관리하는 지위상의 우위를 이용하여 업무상 적정범위를 넘어 망인에게 신체적 · 정신적 고통을 주고 근무환경을 악화시켰다고 볼 수 있으므로, 피고 A는 민법 제750조에 기한 불법행위책임을 부담한다.

◦ 캐디들은 골프장 시설운영자에 대하여 사용종속관계 하에서 임금을 목적으로 근로를 제공하는 근로기준법 소정의 근로자로 볼 수 없으므로, 사용자인 피고 법인이 근로자인 망인에 대해 보호의무를 위반한 채무불이행 책임을 부담한다는 주장은 받아들일 수 없다.

◦ 피고 법인은 망인을 위한 별다른 조치를 취하지 않았고 피고 법인 소속 직원은 망인이 인터넷 게시판에 쓴 글을 삭제하고 망인을 인터넷 카페에서 탈퇴시킨 점 등에 비추어 볼 때, 피고 법인이 피고 A의 사무감독에 상당한 주의를 하였다고 보기 어려우므로, 피고 법인은 피고 A의 불법행위에 대하여 민법 제756조의 사용자 책임을 부담한다.

## 3. 의의 및 시사점

대상판결은 캐디와 같은 특수형태근로종사자들에 대하여도 위법한 직장 내 괴롭힘에 따른 가해자의 민사상 불법행위 책임(민법 제750조)과, 가해자의 사용자로서 사업주의 민법상 사용자 책임(민법 제756조)을 인정하였습니다. 따라서 캐디와 같은 특수형태근로종사자로부터 노무를 제공받는 경우에도 사업주는 자신의 근로자에 의한 직장 내 괴롭힘이 발생하지 않도록 주의의무를 다해야 한다는 점에 유의하여야 합니다.

다만, 대상판결은 캐디가 근로기준법상 근로자가 아니라고 명시적으로 판단하였으므로, 여전히 특수형태근로종사자에 대해 근로기준법상 직장 내 괴롭힘 관련 규정이 직접 적용된다고 보기는 어렵습니다.

# 직장 내 성폭력 가해자를 징계하지 않고 사직 처리한 사용자가 피해자에 대하여 손해배상 책임을 부담한다고 판단한 사례

대상판결 : 대법원 2024. 11. 14. 선고 2023다276823 판결

## 1. 사안의 개요

원고의 소속 팀 팀장이었던 A는 휴가기간 중 업무를 핑계로 원고를 불러내어 강간을 시도하였습니다. 원고는 회사(이하 '피고 회사')에 피해 사실을 신고하였는데, 피고 회사는 A가 강간미수와 관련된 사실관계를 일부 부인하면서 그 책임을 원고에게 돌리고 있다는 사실을 원고에게 알려주지 않은 채, 단지 'A에 대한 조사 및 징계절차를 진행하는 경우 그러한 절차가 공개적으로 이루어질 수밖에 없고 그에 따라 소문 등으로 인한 불이익이 초래될 것'이라면서 A의 권고사직 처리에 동의할 것을 유도하였습니다. 이에 원고는 A를 징계하지 않고 권고사직으로 처리하는 것에 동의하였습니다.

이후 원고는 A가 조사과정에서 원고에게 책임을 돌리는 태도를 보였음을 알게 되었고, 피고 회사를 상대로 ① A의 강간미수 불법행위가 피고 회사의 사무집행과 관련하여 이루어진 것임을 이유로 사용자책임(민법 제756조)에 따른 손해배상으로 6,500만 원을, ② A를 징계절차에 회부하지 않고 사직 처리하는 과정에서 절차를 담당한 피고 직원들의 위법을 이유로 사용자책임에 따른 손해배상으로 3,500만 원의 배상을 청구하였습니다.

## 2. 판결 요지

제1심은 ① A의 강간미수행위에 대한 피고 회사의 사용자책임을 인정하여 5,000만 원의 정신적 손해액을 인정하고 그 중 원고가 A로부터 지급받은 3,500만 원을 공제한 1,500만 원을 최종적인 손해배상액으로 인정하면서도, ② 사직처리가 결과의 면에서 징계해고와 크게 다르지 않다는 등의 사정을 들어 피고 회사가 A를 징계절차에 회부하지 않고 사직 처리한 것이 남녀고용평등과 일·가정 양립 지원에 관한 법률(이하 '남녀고용평등법') 상 사업주의 조치 의무[12]를 위반하여 위법하다고 할 수는 없다고 판단하였습니다.

그러나 항소심은 ② 부분에 관하여 아래와 같이 A의 사직 처리 등에 관한 피고 회사의 행위가 위법하다고 보아, 피고 회사에 대해 불법행위를 이유로 원고에게 300만 원의 위자료를 지급하라고 판결하였습니다. 대법원 역시 원심의 판단에 잘못이 없다고 하여 피고 회사의 상고를 기각하였습니다.

### 1) 징계 등 필요한 조치를 제대로 이행하였는지 : 부정

- 남녀고용평등법 제14조 제5항의 '징계 등 필요한 조치'가 반드시 징계처분으로 한정되는 것은 아니고, 비공식절차를 통한 분쟁해결도 가능하다. 그러나 비공식절차를 통한 분쟁해결의 경우에도, 사용자는 신고인(피해근로자)에게 직장 내 성희롱 사건 해결을 위한 다양한 제도와 절차에 대해 객관적인 정보를 제공하고, 신고인이 처한 상황에서 선택할 수 있는 다양한 문제 해결 방식에 대한 선택지를 제공하여 신고인 스스로 문제를 어떤 방식으로 처리할 것인지에 대해 가장 만족할 수 있는 방식을 생각하여 선택할 수 있도록 도와야 한다. 또한 공식적인 절차를 이용하게 될 경우 비공식절차에 비해 일정 정도 비밀유지에 어려움이 생길 수는 있으나, 사용자는 비밀유지를 위해 각별한 주의를

12) 제14조(직장 내 성희롱 발생 시 조치) ⑤ 사업주는 제2항에 따른 조사 결과 직장 내 성희롱 발생 사실이 확인된 때에는 지체 없이 직장 내 성희롱 행위를 한 사람에 대하여 징계, 근무장소의 변경 등 필요한 조치를 하여야 한다. 이 경우 사업주는 징계 등의 조치를 하기 전에 그 조치에 대하여 직장 내 성희롱 피해를 입은 근로자의 의견을 들어야 한다.

다하여 노력할 의무가 있다.

◦ 피고 회사는 원고와의 면담 과정에서 공식적인 징계절차의 장단점을 객관적으로 설명하거나 비밀보장을 위한 최소한의 노력도 하지 않은 채, 공식적인 징계절차에 회부될 경우 피해가 공개될 염려가 있다는 점만 지속적으로 강조하면서 무징계 사직을 받아들일 것을 사실상 강권하였고, 이로써 원고가 다양한 선택지의 장단점을 충분히 검토하고 선택할 수 있는 권리를 침해하였다.

◦ 원고가 면담 과정에서 일부 A의 임의사직 처리에 대해 긍정적 반응을 보였거나, 사직처리 이후 법률대리인을 통해 감사를 표하였다 하더라도 피고 회사의 잘못을 치유할 수 없다.

#### 2) 의견청취 및 피해근로자 보호조치를 제대로 이행하였는지 : 부정

◦ 원고는 직장 내 성희롱 조사과정에서 A진술의 구체적 양상이 어떠했는지를 피고 회사로부터 전달받아 형사고소 여부 등 대응방안을 정리할 기회를 얻을 권리가 있다. 그럼에도 피고 회사는 이러한 원고의 권리를 존중하지 않은 채 단순히 A가 권고사직을 받아들였다는 점만 전달하였으므로, 남녀고용평등법 제14조 제5항에 따른 의견청취의무를 제대로 이행하지 않았다.

◦ 피고 회사가 원고의 요청에 따라 A를 권고사직 처리했다고 입장문을 발표한 것도 적절한 조치라 볼 수 없다. 또한 피고 회사는 A의 권고사직 이후 익명게시판에 원고를 공격하는 게시물이 올라왔고, 원고가 성폭력에 따른 정신적 고통을 호소하는데도 원고에 대해 지속적인 상담이나 인사상 배려 등 필요한 피해회복 지원조치를 충분히 하지 않았으므로, 원고에 대한 보호조치의무를 위반하였다.

### 3. 의의 및 시사점

대상판결은 비공식절차를 통한 분쟁해결의 경우에도, 사용자는 신고인(피해근로자)에게 직장 내 성희롱 사건 해결을 위한 다양한 제도와 절차에 대해 객관적인 정보를 제공하고, 신고인이 처한 상황에서 선택할 수 있는 다양한 문제 해결 방식에 대한 선택지를 제공하여 신고인 스스로 문제를 어떤 방식으로 처리할 것인지에 대해 선택할 수 있도록 돕지 않으면 남녀고용평등법상 사업주의 조치 의무 위반에 해당할 수 있음을 분명히 하였다는 점에서 의미가 있습니다. 따라서 직장 내 성희롱 신고를 받은 사용자가 가해자를 징계절차에 회부하지 않고 피해근로자에 대한 의견청취 및 보호조치를 제대로 이행하지 않은 채 사직 처리하여 분쟁을 종결할 경우, 피해근로자에 대해 민사상 불법행위에 따른 손해배상책임을 부담할 수 있음에 유의하여야 합니다.

근로기준법은 직장 내 괴롭힘에 관하여 남녀고용평등법상 조치 의무와 유사한 규정을 두고 있으므로, 위와 같은 법리는 직장 내 괴롭힘 사건에도 유사하게 적용될 것으로 예상됩니다.

# 직장 내 괴롭힘으로 인한 2,000만 원의 정신적 손해배상을 인정한 사례

대상판결 : 청주지방법원 2024. 5. 23. 선고 2023나53373 판결

## 1. 사안의 개요

피고 A 법인은 ㅇㅇ시로부터 복지관의 운영을 위탁받은 사회복지법인입니다. 피고 B는 복지관의 관장으로 재직하면서 복지관의 대내・외 업무 및 운영을 총괄하였고, 피고 C는 복지관의 부장으로 재직하면서 복지관의 사업 및 예산 총괄 관리, 인사관리, 조직관리, 직원복리 등의 업무를 담당하였으며, 피고 D는 복지관의 과장으로 재직하면서 부서 사업 계획 및 평가, 수퍼비전 및 부서 사업 조정에 관한 업무 등을 담당하였습니다.

원고는 복지관 소속 간호조무사로 재직하면서 복지관의 회원관리, 건강증진지원사업, 상담사업, 건강증진실 관리운영 등의 업무를 담당하였습니다.

원고는 피고 B, C, D의 퇴사 권유, 직무전환 강요 등의 직장 내 괴롭힘(이하 '이 사건 가해행위')으로 인하여 우울증을 진단받는 등 정신적 고통을 받았으므로, 피고들은 공동하여 원고에게 위자료 상당의 손해를 배상하여야 한다고 주장했습니다.

## 2. 대상판결의 요지

대상판결은 아래와 같은 점을 들어 피고 B, C, D는 민법 제750조에 따라, 위 피고들의 사용자인 피고 A법인은 민법 제756조에 따라 공동하여 원고에게 피고 B~D의 불법행위로 인하여 원고가 입은 손해를 배상할 책임이 있다고 판단하였고, 인정된 손해액은 2,000만 원입니다.

- ○○노동청 ○○지청장은 이 사건 가해행위를 직장 내 괴롭힘으로 판단하고 피고 A법인에게 개선지도를 한 사실, 원고가 직장 내 괴롭힘으로 인한 심리적 어려움을 호소하여 비기질성 불면증, 기타 우울에피소드 등을 진단받고 치료를 받은 사실, ○○ 업무상질병판정위원회가 원고의 적응장애가 업무상 질병에 해당한다고 판정한 사실이 인정된다.

- 이 사건 가해행위 당시 피고 B는 C, D와 함께 원고에게 퇴사 내지 직무전환을 강요한 사실을 인정할 수 있으며, 피고 B, C, D의 이와 같은 퇴사 내지 직무전환 강요 행위는 원고의 상급자인 위 피고들이 직장에서 지위의 우위를 이용하여 업무상 적정범위를 넘어 원고에게 정신적 고통을 주거나 근무환경을 악화시킨 것으로 위법한 직장 내 괴롭힘에 해당하는 불법행위에 해당한다.

## 3. 의의 및 시사점

대상판결은 직장 내 괴롭힘으로 인하여 업무상 질병(적응장애) 판정을 받은 근로자에 대해 가해자 및 법인의 손해배상책임을 인정한 사례입니다. 인정된 손해액이 위자료로만 2,000만 원에 이르는 점을 참고할 만합니다.

# 직장 내 괴롭힘 신고에 대한 행정종결이 항고소송의 대상이 되는 행정처분에 해당하지 않는다고 판단한 사례

대상판결 : 대전지방법원 2024. 6. 13. 선고 2024구단200054 판결[13)]

## 1. 사안의 개요

원고는 1993년 공기업에 입사하여 2020년부터 2024년까지 지사의 부장으로 근무한 사람입니다. 원고는 2023. 6. 1.부터 2023. 7. 26.까지 지방고용노동청장에게 직장 내 괴롭힘과 관련하여 여러 차례 진정(이하, 그 진정들을 통틀어 '이 사건 진정')을 하였습니다.

피고 지방고용노동청장은 이 사건 진정 내용에 대하여 조사한 후 2023. 9. 14. 원고에 대하여 이 사건 진정은 근로기준법 제76조의2(직장 내 괴롭힘 행위의 금지) 및 제76조의3 제6항(불리한 처우 금지)의 요건에 해당하지 않아 행정종결(이하 '이 사건 행정종결')하였음을 알려 드린다는 통지를 하였습니다. 이에 대하여 원고는 행정종결이 취소되어야 한다며 항고소송을 제기하였습니다.

13) 2024. 7. 2.자로 확정되었습니다.

## 2. 판결 요지

대상판결은 아래와 같은 이유로 진정에 대한 행정종결 통지가 항고소송 대상이 되는 행정처분에 해당하지 않는다며, 원고가 제기한 소를 각하하였습니다.

[관련 법리]

1) 항고소송의 대상이 되는 행정처분이라 함은 행정청의 공법상의 행위로서 특정 사항에 대하여 법규에 의한 권리의 설정 또는 의무의 부담을 명하거나 기타 법률상 효과를 발생하게 하는 등 국민의 구체적인 권리의무에 직접적 변동을 초래하는 행위를 말하는 것이고, 행정권 내부에서의 행위나 알선, 권유, 사실상의 통지 등과 같이 상대방 또는 기타 관계자들의 법률상 지위에 직접적인 법률적 변동을 일으키지 아니하는 행위 등은 항고소송의 대상이 될 수 없다(대법원 1995. 11. 21. 선고 95누9099 판결 등 참조). 행정청이 국민의 신청에 대하여 한 거부행위가 항고소송의 대상이 되는 행정처분에 해당하기 위해서는, 국민에게 행정청의 행위를 요구할 법규상 또는 조리상의 신청권이 있어야 하는데, 이러한 신청권이 없음에도 이루어진 국민의 신청을 행정청이 받아들이지 아니한 경우 거부로 인하여 신청인의 권리나 법적 이익에 어떤 영향을 미친다고 볼 수 없으므로 이를 항고소송의 대상이 되는 행정처분이라 할 수 없다(대법원 2016. 7. 14. 선고 2014두47426 판결 등 참조).

2) '진정'은 법률로 정한 형식이나 절차에 구애되지 아니하고 진정인이 국가기관 등에 대하여 어떤 요구사항이나 희망사항 또는 의견을 개진하는 것으로서, 내사의 대상으로 되는 진정이라 하더라도 진정 그 자체가 법률의 규정에 의하여 법률상의 권리행사로서 인정되는 것은 아니고, 진정을 기초로 하여 수사기관의 적의처리를 요망하는 의사표시에 지나지 아니한 것인 만큼 진정에 기하여 이루어진 내사사건의 종결처리라는 것은 구속력이 없는 진정사건에 대한 수사기관의 내부적 사건처리방식에 지나지 아니한 것이고, 따라서 그 처리결과에 대하여 불만이 있으면 진정인은 따로 고소나 고발을 할 수 있는 것으로서 진정인의 권리 행사에 아무런 영향을 미치는 것이 아니라고 할 것이다(헌법재판소 1990. 12. 26. 선고 89헌마277 전원재판부 결정의 취지 등 참조).

[이 사건 행정종결의 경우]

1) 이 사건 진정은 원고가 피고에게 근로기준법 위반의 죄로 의심되는 사항을 신고하고

그에 대한 조치를 촉구함으로써 사법경찰관의 직무를 수행하는 근로감독관에게 혐의 유무의 조사개시에 대한 사실상의 단서를 제공한 것임을 알 수 있으므로, 이 사건 진정은 법규상 또는 조리상 신청권에 기한 권리행사에 해당한다고 볼 수 없다.

2) 이 사건 행정종결은 피고가 구 근로감독관 집무규정 제40조 제4항에 따라 이 사건 진정 내용에 대하여 조사한 결과 법 위반사실을 발견할 수 없어 내사종결 처리한 것임을 인정할 수 있으므로, 이 사건 행정종결은 구속력이 없는 진정사건에 대한 수사기관의 내부적 사건처리방식에 지나지 아니한다고 봄이 상당하다. 원고는 이 사건 행정종결에 대하여 이의가 있으면 형사고소나 고발을 할 수 있으므로, 이 사건 행정종결이 원고의 권리 행사에 영향을 미친다고 볼 수도 없다.

## 3. 의의 및 시사점

법원은 지방고용노동청이 '사용자'에게 한 직장 내 괴롭힘 통지 및 개선지도 내용 이행결과 보고를 요청한 통지행위에 대하여, 그 행위로써 대표자인 원고의 행위가 직장 내 괴롭힘에 해당함이 대세적으로 확정된다거나 그 통지행위가 다른 행정기관을 구속하는 효력이 있다고 볼 수는 없으므로, 통지행위는 직접적으로 대표자의 권리·의무를 설정, 변경, 박탈하거나 그 범위를 확정하는 등 기존의 권리상태에 어떤 변동을 가져오는 것이 아니어서 항고소송의 대상이 되는 행정처분이 아니라고 판단한 바 있습니다(수원고등법원 2023. 5. 19. 선고 2022누12292 판결, 대법원 2023. 9. 21.자 2023두42935 심리불속행 기각 판결로 확정).

대상판결은 근로자가 진정한 내용에 대한 노동청의 내사종결 통지 역시 항고소송 대상이 되는 처분에 해당하지 않는다는 점을 분명히 하였다는 점에서 의미가 있습니다. 근로자는 추가적으로 자료를 취합하여 다시 진정을 신청하거나, 형사 고소(근로기준법 제76조의3 제6항 위반의 경우)를 검토할 수는 있으나, 내사종결 통지에 대하여 항고소송으로 다투기는 어렵습니다.

# 01

# 개별적 근로관계

# 고정잔업수당 폐지 · 인센티브 제도 변경을 내용으로 하는 임금체계 변경이 불이익한 취업규칙 변경이라고 본 사례

대상판결 : 서울고등법원 2024. 3. 8. 선고 2022나2013443 판결

## 1. 사안의 개요

피고는 외국계 담배 회사이고 원고들은 주로 외근을 하는 피고의 근로자들입니다.

피고는 2014. 12. 31.까지는 근로자들 중 영업사원들에게 매일 1시간 분에 해당하는 고정잔업수당을 지급하여 오다가, 2015. 1. 1.부터 영업사원들의 고정잔업수당을 폐지하고 그중 일부를 기본급으로 전환하며 인센티브 제도를 변경하는 공지(이하 '이 사건 공지')를 하여 이를 시행하였습니다.

이에 원고들은 1심에서는 실제 외근한 만큼 법률상의 연장근로수당 지급을 구하다가, 항소심에서는 임금체계 변경이 근로조건의 불이익한 변경이라는 전제 하에서 임금체계 변경 전의 고정잔업수당을 구하는 것으로 청구를 변경하였습니다.

## 2. 판결 요지

### 가. 이 사건 공지가 근로조건의 불이익 변경인지 여부

대상판결은 우선 ① 이 사건 공지는 영업사원의 근무시간 축소, 고정잔업수당 폐지, 인센티브 제도의 변경 등 피고 소속 직원들에게 적용되는 근로조건을 구체적으로 정한 것이라는 점, ② 피고와 피고 노동조합 모두 이 사건 공지가 취업규칙에 해당함을 전제로 불이익 변경 여부 등에 대한 갈등을 겪어왔던 점 등에 비추어 이 사건 공지는 취업규칙에 해당한다고 보았습니다.

위와 같은 전제 하에 대상판결은 다음과 같은 이유에서 고정잔업수당을 폐지한 이 사건 공지는 근로조건의 불이익 변경이라고 보았습니다.

1) 이 사건 공지로 고정잔업수당이 폐지되는 대신 기본급 및 영업인센티브의 최대 지급률이 상승한 것은 사실이나, 영업사원들 중 목표달성률을 100% 이하로 달성한 근로자들은 임금 총액이 삭감되는 불이익한 결과를 받았으며 목표달성률을 100% 초과하여 임금 총액이 늘어난 근로자들도 고정적으로 지급받을 수 있는 임금이 감소하여 근로조건의 불안정성이 확대되었다.

2) 피고는 이 사건 공지로 영업인센티브의 지급률을 '80~120%+'로 변경하고 120%를 초과하는 지급률을 적용한 적이 있다고 주장하나, 120% 초과 지급률 적용 여부, 120%를 초과한 상한이 얼마인지, 120% 초과 지급률 적용 기준 등은 모두 피고의 재량에 맡겨져 있었다.

3) 피고는 원고들이 2015년 지급받은 임금 총액은 2014년에 지급받은 임금 총액을 상회한다고 주장하나, 정당한 비교를 위해서는 '2015년에 실제 지급받은 임금총액-2014년에 실제 지급받은 임금 총액'이 아니라 '2015년에 실제 지급받은 임금총액-2014년의 임금 체계에 따라 2015년 지급되었어야 할 임금 총액'을 비교하여야 한다. 후자의 방식으로 비교할 경우 원고들 중 39.1%에게 불이익한 결과가 발생하는데, 이러한 경우는 '취업규칙 변경이 일부 근로자에게는 유리하지만 다른 일부 근로자에게는 불리할

수 있어서 근로자에게 전체적으로 유리한지 불리한지를 단정적으로 평가하기가 어려운 경우'로서 기존 법리에 따라 전체 근로자에게 불이익한 것으로 취급하여야 한다.

4) 피고는 이 사건 공지로써 영업사원의 근로시간을 9시간에서 8시간으로 축소하면서 고정잔업수당을 폐지한 것이므로 근로조건의 불이익한 변경이 아니라고 하나, 피고가 영업사원들의 실 근로시간 산정이 곤란한 점을 고려하여 영업사원들에 대하여 간주근로시간제를 적용하여왔던 사실 등을 고려하면 영업사원들의 근로시간이 실제로 축소되었다고 보기 어렵다.

### 나. 임금체계 변경 전의 고정잔업수당을 구하는 청구의 소멸시효 중단 시점에 관하여

한편, 원고들은 제1심에서는 '실제 연장근로가 있음을 전제로 근로기준법에서 정한 연장근로수당을 구하는 청구'를 하였다가 대상판결을 내린 법원에 이르러 2022. 9. 21. 청구취지 및 청구원인 변경신청서를 제출하면서 청구를 '취업규칙과 근로계약에서 약정한 고정잔업수당'['이 사건 공지가 없었다면 종전 임금체계에 따라 원고들이 지급받을 수 있었을 고정잔업수당'에서 '이 사건 공지 이후 고정잔업수당 폐지 대가로 상승된 기본급 등'을 공제한 금액]을 구하는 것으로 확정하였습니다.

피고는 고정잔업수당 지급청구권의 소멸시효는 이 사건 청구취지 및 청구원인 변경신청서의 제출에 의하여 비로소 중단되었다고 주장하였으나, 원고들은 동일한 연장근로수당을 구하는 공격방법이 바뀐 것뿐이므로, 변경된 청구에 따른 고정잔업수당 지급청구권의 소멸시효는 2018. 6. 25. 있었던 최고와 그로부터 6개월 내에 있었던 이 사건 소 제기에 의하여 중단되었다고 주장하였습니다.

이에 대하여 대상판결은 이하와 같은 이유로 고정잔업수당 지급청구권의 소멸시효는 2022. 9. 21. 자 청구취지 및 청구원인 변경신청서의 제출로 비로소 중단되었고, 2022. 9. 21.로부터 역산하여 3년 전인 2019. 9. 20.까지 발생한 고정잔업수당 채권은 시효가 완성하여 소멸하였다고 판단하였습니다.

1) 종전 청구인 '실제 연장근로의 이행'에 따른 연장근로수당 지급 청구는 근로기준법 제56조 제1항에 따른 청구로서 '법률의 규정'에 근거한 청구이다. 반면 이 법원에서 변경한 청구인 고정잔업수당은 취업규칙과 근로계약에서 정한 약정에 따른 청구로서 '당사자 사이의 약정'에 근거한 청구이다. 두 개의 소송물이 동일한 사실관계를 토대로 하는 경우에도 청구원인이 서로 다르다면 별개의 소송물이다.

2) 소송물의 동일성을 넓게 해석할 경우 부당한 결과가 발생한다. 원고들 주장과 같이 종전 청구와 변경된 청구가 동일한 소송물의 범위에 있다면, 이러한 경우 미지급 고정잔업수당 청구는 종전 청구의 기판력에 저촉되어 청구할 수 없게 된다. '고정잔업수당'이라는 약정상 채권이 있는지를 원고들이 제대로 인지하지도 못한 상황이었음을 고려하면, 이러한 결과는 쉽사리 받아들이기 어렵다. 이러한 상황에서 소송물의 범위를 넓히면, 당장 이 사건에서 소멸시효 중단의 국면에서는 근로자들에게 유리할 수 있으나 패소판결의 기판력 국면에서는 근로자들에게 불리하게 작용한다.

3) 원고들의 주장과 같이 소송물의 범위를 넓혀 해석하면, 비단 연장근로수당에 대해서만 동일한 소송물로 포섭하게 되는 것이 아니라 최저임금 미지급분, 휴일·야간근로수당 등 다른 법률상 근거에 따른 임금 청구까지도 포괄하는 해석이 가능하다. 어느 한 임금 채권에 관하여 소송당사자가 쟁점으로 삼지 않아 공방하지도 않은 채권에 대하여도 영향을 미친다면, 이는 양측 소송당사자 모두에게 예측하지 못한 이익 또는 불이익을 안기게 된다.

### 3. 의의 및 시사점

하나의 채권 중 일부만을 소로써 청구한 경우에도 그 취지로 보아 채권 전부에 관하여 판결을 구하는 것으로 해석된다면 채권의 동일성의 범위 내에서 그 전부에 관하여 소멸시효가 중단되었다고 볼 수 있습니다. 소장에서 청구의 대상으로 삼은 채권 중 일부만을 청구하면서 소송의 진행경과에 따라 장차 청구금액을 확장할 뜻을 표시하고 해당 소송이 종료될 때까지 실제로 청구금액을 확장한 때에는 소 제기 당시부터 채권 전부에 관하여 판결을 구한 것으로 해석되므로, 이러한 경우에는 소 제기 당시부터 채권의 동일성의 범위 내에서 그 전부에 관하여 재판상 청구로 인한 시효중단의 효력이 발생합니다(대법원 2019. 7. 4. 선고 2014다41681 판결, 대법원 2020. 8. 20. 선고 2019다14110 판결 등 참조). 노동사건에서도 근로자들이 소를 제기하면서 시간외근무수당의 일부만을 청구했다고 하더라도, 장차 청구를 확장할 것임을 표시하였다면 소 제기 당시부터 시간외근무수당 전부에 관하여 재판상 청구로 인한 시효중단의 효력이 발생합니다(대법원 2022. 11. 17. 선고 2022두19 판결).

그러나 대상판결의 사안에서는 최초 청구한 소송물('실제 연장근로의 이행'에 따른 연장근로수당 지급 청구)과 확장된 소송물(고정잔업수당)은 그 청구의 요건과 효과가 달라 별개의 소송물이어서 소멸시효 중단의 효력이 발생하지 않는 것으로 판단되었습니다. 그 외에도 대상판결은 취업규칙 불이익 변경 여부와 관련하여 임금규정 개정 시 어떠한 기준으로 판단하여야 하는지, 40%가 되지 않는 일부의 근로자들에게 불이익한 경우에도 취업규칙 전체를 불이익한 것으로 보아야 하는지 등에 관한 선례가 될 것으로 보입니다.

한편, 위 사건은 대법원 2024. 6. 21.자 2024다231704 판결로 심리불속행 기각되어 확정되었습니다.

# 정년 도달 여부는 당연종료 여부가 다투어지는 시점에 유효한 정년을 기준으로 판단해야 하고, 정관상 규정 개정에 이사회 의결이 필요한 경우 이사회 의결 없는 취업규칙 변경은 의결 전까지 효력이 없다고 본 사례

대상판결 : 대법원 2024. 11. 20. 선고 2024두41038 판결

## 1. 사안의 개요

A는 1957. 6. 25.생으로 2017. 3. 7. B회사에 장년 인턴으로 입사하였다가, 2017. 6. 7. B회사와 기간의 정함이 없는 근로계약을 체결하였습니다. 2012. 11. 1. 제정된 B회사의 취업규칙은 55세가 되는 해의 마지막 날을 정년퇴직 연령으로 정하고 있었고, 고용상 연령차별금지 및 고령자고용촉진에 관한 법률 제19조에 의하여 2017. 1. 1.부터 정년이 60세로 연장되었습니다. 법률상 이러한 정년규정에도 불구하고 원고는 60세 정년에 도달한 2017. 6. 25. 이후로도 계속하여 B회사에 근무하였습니다.

한편 B회사의 정관은 제규정의 제정 및 개정에 관한 사항을 이사회 심의·의결 대상으로 정하고 있었습니다. B회사는 2020. 9. 7. 정년을 64세에 도달하는 날로 하고 그 시행일을 2020. 9. 8.로 하는 취업규칙 개정을 하였는데(이하 '개정 취업규칙'), 시행일 이후인 2022. 3. 24.에서야 이를 추인하는 이사회 심의·의결을 하였습니다.

이러한 상황에서 B회사는 2021. 6. 14. A에게 정년이 64세가 되는 2021. 6. 25.자로 근로관계가 종료된다는 통보를 하고 원고를 정년퇴직 처리하였습니

다(이하 '이 사건 정년퇴직 처리').

이에 대해 A는 정년 이후 새로운 근로계약을 체결하지 않고 계속 근로하였으므로 정년의 제한을 받지 않는 근로자이고, 개정 취업규칙상 정년 조항보다 정년의 제한을 받지 않는다는 자신의 개별 근로계약이 더 유리하므로 개정 취업규칙상 정년은 본인에게 적용되지 않는다고 주장하며 부당해고 구제신청을 하였습니다. 그런데 지방노동위원회와 중앙노동위원회는 모두 2021. 6. 25. 정년 도과로 근로관계가 종료되었다고 보아 A의 청구를 기각하였습니다.

## 2. 판결 요지

원심(항소심)은 B회사의 인식 등을 고려할 때 A가 향후 연장될 정년까지 적용을 받지 않는 근로자가 된 것은 아니고, 이사회가 2022. 3. 24. 개정 취업규칙을 규정된 시행일인 2020. 9. 8.로 소급하여 시행하기로 심의·의결하였기에, 2021. 6. 25. 개정 취업규칙에 따른 64세의 정년에 도달함으로써 근로관계가 당연종료되었다고 판단하였습니다.

대상판결은 A가 향후 연장될 정년까지 적용을 받지 않는 근로자가 된 것은 아니라는 원심 판단은 타당하다고 보았습니다. 또한 원심이 개정 취업규칙은 근로자들에게 불리하게 변경된 것이 아니고, 이사회에서 추인한 2020. 9. 8.부터 시행일부터 소급하여 시행되며, 개정 취업규칙상의 정년 조항보다 유리한 개별 근로계약이 존재한다고 볼 수 없다고 판단한 것은 수긍할 수 있다고 하였습니다.

그러나 대상판결은, 다음과 같은 이유에서, 원심이 개정 취업규칙이 2020. 9. 8.부터 소급하여 시행되었다는 이유로 이 사건 정년퇴직 처리를 해고라고 볼 수 없다고 판단한 것은 수긍하기 어렵다고 하여 원심을 파기환송하였습니다.

- 정년 도달에 따라 근로관계가 당연종료되었는지 여부는 당연종료 여부가 다투어지는 시점에 유효한 정년을 기준으로 판단해야 하고 소급하여 적용되는 정년을 기준으로 판

단할 수 없다.

◦ A는 향후 연장될 정년을 적용하지 않기로 한 근로자가 아니므로, B회사가 취업규칙 개정을 통해 정년을 연장한다면 이는 A에게도 적용될 수 있다. 그러나, 이 사건 정년퇴직 처리 당시인 2021. 6. 25. 개정 취업규칙은 이사회 심의·의결을 얻지 못하여 효력이 없는 상태였기 때문에 그 시점을 기준으로 유효하지 않은 64세 정년을 근거로 원고의 근로관계가 당연종료되었다고 볼 수 없다(다만 이사회 심의·의결이 있은 2022. 3. 24. 부터는 개정 취업규칙상 64세 정년이 원고에게 적용될 수 있는데, 이때는 이미 원고는 64세를 도과하였고 원고가 64세 정년 도과 이후에 B회사의 동의 하에 근로관계를 유지한 적이 없으므로 원고의 근로관계는 2022. 3. 24.자로 당연종료되었다고 보아야 한다).

## 3. 의의 및 시사점

대상판결은 정년 도달에 따라 근로관계가 당연종료되었는지 여부를 판단할 때 적용되는 정년에 관하여, '당연종료 여부가 다투어지는 시점에 유효한 정년'을 기준으로 판단해야 하고, 사후적으로 정년에 관한 취업규칙이 유효하게 소급 적용된다 하더라도 소급 적용되는 정년을 기준으로 할 수 없다고 보았습니다.

한편 대상판결은 사용자의 정관에 '취업규칙 등 제규정의 개정을 위하여 이사회 의결이 필요하다'고 규정한 경우, 이사회 의결 없는 취업규칙 변경은 이사회 의결 전까지는 효력이 없고, 이사회 의결이 있은 후에야 개정된 취업규칙이 효력을 갖는다는 점도 분명히 하였습니다. 이에 따르면, 취업규칙의 변경에 있어 이사회나 총회의 결의 등 사용자 내부의 절차를 두고 있는 경우 반드시 해당 절차를 거쳐야 하고, 그러한 절차를 거치지 않는 이상 개정된 취업규칙은 효력을 갖는다고 보기 어려울 것입니다.

다만 대법원은 반드시 이러한 사용자 내부의 절차를 먼저 거친 다음에야 취업규칙 불이익 변경에 대한 노동조합의 동의를 얻어야 하는 것은 아니라고 판시한 바 있습니다(대법원 2004. 7. 22. 선고 2002다59702 판결).

# 01

# 개별적 근로관계

가. 근로기준법상 근로자
나. 상시근로자 수
다. 인사조치, 징계 및 해고
라. 임금 · 퇴직금
  1) 최저임금
  2) 통상임금
  3) 법정 · 약정 수당
  4) 퇴직금
  5) 기타
마. 근로시간
바. 휴일 및 적용제외
사. 근로자대표
아. 산업안전, 중대재해
자. 재해보상
차. 직장 내 괴롭힘 및 성희롱
카. 취업규칙
**타. 임금피크제**
파. 기타

# 정년유지형 임금피크제가 유효하다고 판단한 사례

대상판결 : 대법원 2024. 7. 25. 선고 2024다218619 판결

## 1. 사안의 개요

피고는 지방공기업법에 의하여 시민 편익 향상과 도시교통 발전에 기여함을 목적으로 설립된 공기업입니다. 원고들은 피고 소속 직원으로 근무하다가 2019. 6. 30.부터 2020. 6. 30. 사이에 퇴직한 사람들입니다.

피고는 과반수 노동조합(이하 '노동조합')과 2015. 9. 30. 직제상 정원 외 관리대상을 제외한 정원 내 전 직원들의 정년(60세)을 보장하는 것을 전제로, 정년 도래 3년 전부터 임금을 일정 비율로 감액하는 정년보장형 임금피크제를 도입하기로 합의하였고(이하 '이 사건 임금피크제'), 2015. 10.경 '임금피크제 세부운영사항'을 작성하였습니다. 그리고 피고는 2015. 12. 8. 피고의 '보수 및 복리후생규정'과 '보수 및 복리후생규정 시행내규'를 각 개정하여 임금피크제와 관련된 규정을 신설하였습니다.

임금 감액 비율은 다음과 같습니다.

<table>
<tr><th colspan="2">구분</th><th>만 57세(1년 차)</th><th>만 58세(2년 차)</th><th>만 59세(3년 차)</th></tr>
<tr><td rowspan="2">감액률<br>(지급률)</td><td>2016년</td><td>10%(90%)</td><td>15%(85%)</td><td rowspan="2">20%<br>(80%)</td></tr>
<tr><td>2017년 이후</td><td>7%(93%)</td><td>12%(88%)</td></tr>
</table>

피고는 2016. 1. 1.부터 이 사건 임금피크제를 시행하면서, 대상조치로서 공로연수 제도를 도입하고 임금피크제 적용 대상 직원들에게 정년 퇴직 전 6개월 또는 1년간 근로의무를 면제하였습니다.

이에 원고들은 이 사건 임금피크제 관련 내용이 1) 개별적인 근로계약서의 근로조건보다 불리한 것으로 자신들에게 적용될 수 없고, 2) 「고용상 연령차별 금지 및 고령자고용촉진에 관한 법률」(2020. 5. 26. 법률 제17326호로 개정되기 전의 것, 이하 '구 고령자고용법')에 위배되는 것으로 효력을 인정할 수 없다고 주장하며 임금피크제가 시행되지 않았을 경우의 임금, 퇴직금 등을 청구하였습니다.

## 2. 판결 요지

원심판결은 이 사건 임금피크제는 정년보장형으로서 정년연장형 임금피크제에 비해 근로조건의 불이익의 정도가 크므로 정당성 판단에 있어 엄격한 기준이 적용되어야 한다는 점을 먼저 전제로 하였습니다. 그리고 공로연수제도 도입 등의 대상조치는 원고들이 입게 된 임금 감액의 불이익을 완화하거나 임금 삭감을 정당화할 만한 충분한 조치라고 보기 어렵다고 보아 이 사건 임금피크제는 구 고령자고용법 제4조의4 제1항을 위반한 것으로 효력을 인정할 수 없다고 판단하였습니다.

그러나 대법원은 위와 같은 원심판결을 파기하고, 이 사건 임금피크제가 구 고령자고용법 제4조의4 제1항에서 말하는 합리적 이유가 없는 연령차별로서 무효에 해당한다고 보기 어렵다고 판단하였습니다.

#### 가. 이 사건 임금피크제의 도입 목적, 감액된 인건비의 사용처

이 사건 임금피크제는 고용 안정, 청년 일자리 창출 등을 목적으로 한 것으로 도입 목적 자체는 타당하고, 피고는 이 사건 임금피크제를 통하여 절감한 예산 중 일부를 청년층 고용 · 유지에 사용하였으며, 이는 원심도 인정한 바와 같음.

#### 나. 이 사건 임금피크제 대상 근로자들이 입게 되는 불이익의 정도

원고들은 이 사건 임금피크제에 의해 정년(만 60세) 도래 3년 전부터 성과와 상관없이 1년차 7%, 2년차 12%, 3년차 20%에 해당하는 급여가 삭감되는 불이익을 받게 되었음. 그러나 이 사건 임금피크제가 적용되는 3년간의 임금 감액 비율 합계는 원심이 든 다른 지역 교통 관련 공기업의 임금피크제 적용기간 임금 감액 비율 합계와 비교해 보더라도 보수의 삭감 정도가 크다고 할 수 없음.

#### 다. 임금 삭감에 대한 대상 조치의 도입, 근로시간 등의 감소

피고는 이 사건 임금피크제 도입 이후 그 적용 대상자들을 위하여 공로연수 제도를 마련하였는데, 이에 의하면 이 사건 임금피크제 대상 근로자는 정년퇴직일 직전 6개월 또는 1년 동안 근로를 제공하지 않으면서도 급여 중 80%를 지급받을 수 있음. 공로연수 제도는 이 사건 임금피크제로 인한 임금 삭감에 대한 대상(代償) 조치에 해당하고, 이 사건 임금피크제는 근로자의 근로시간 및 업무량 감소를 일부 수반한다고 볼 수 있음.

### 3. 의의 및 시사점

임금피크제는 1) 근로자들의 정년을 연장하면서 임금을 삭감하는 '정년연장형 임금피크제'와 2) 근로자들의 정년을 그대로 유지하면서 임금을 삭감하는 '정년유지형 임금피크제'로 나눌 수 있습니다. 대법원은 '정년유지형 임금피크제'의 효력에 대한 판단기준으로 ① 임금피크제 도입 목적의 타당성, ② 대상 근로자들이 입는 불이익의 정도, ③ 임금 삭감에 대한 대상 조치의 도입 여부 및 그 적정성, ④ 임금피크제로 감액된 재원의 본래 목적을 위한 사용 여부 등을 제시하였습니다(대법원 2022. 5. 26. 선고 2017다292343 판결, 대법원

2023. 12. 21. 선고 2023다260088 판결 등 참조).

대상판결은 정년유지형 임금피크제 정당성 판단에 엄격한 기준을 적용하면서도, 공로연수제도 도입 및 그로 인한 임금피크제 적용 근로자의 근로시간 및 업무량 감소를 유효한 대상적 조치의 하나로 보았다는 점에서 의미가 있습니다. 특히 대상판결은 임금피크제 도입으로 인한 급여 삭감 등 불이익의 정도를 판단함에 있어 동종 업계(교통 관련 시설 건설·운영 공기업, 공공기관) 내의 임금피크제 적용기간 임금 감액 비율 합계와의 비교 결과를 고려하였다는 점에서 특기할 만합니다.

# 정년연장형 임금피크제를 무효로 판단한 사례

대상판결 : 대법원 2024. 11. 28. 선고 2024다245796 판결

## 1. 사안의 개요

피고는 정당법상 중앙선거관리위원회에 등록된 정당이고, 원고들은 1992년부터 1994년까지 기간 중에 피고에 근로를 제공하고 재직 중인 당직자들입니다.

피고는 2017. 12. 7. 기존 인사규칙을 변경하고, 2018. 1. 1.부터 변경된 인사규칙(이하 '개정 인사규칙')에 따라 '계급정년'에 연동되는 임금피크제를 시행하면서 원고들에게 감액된 임금을 지급하였습니다.

**[개정 인사규칙]**

**제63조(정무직 사무처당직자의 급여)** ① 사무처당직자가 1급 계급정년에 도달할 시, 퇴직금 정산과 동시에 정무직으로 전환하여 임금피크제를 적용한다.

② 임금피크제 적용시 지급하는 월급여는 퇴직시 급여를 기준으로 하여 최초 2년 계약시 기준금액의 80%를 지급하고, 이후 2년 계약시 기준금액의 60%를 지급한다. 이후 계약부터는 50%를 지급한다.

③ 제1항에 의해 월급여를 지급받는 정무직 사무처당직자의 경우 제4절 기타 급여중 제78조(격려금)만을 지급함을 원칙으로 한다.

한편 개정 인사규칙 변경 당시 피고는 2017. 10.경부터 피고 사무처 노동조합(이하 '노동조합')과 4차례에 걸쳐 임금피크제 도입을 골자로 노사협의를 진행하였고, 노동조합은 이를 근거로 2017. 11. 29. '2017. 12. 15.부로 임금피크제 도입, 임금피크제 적용받는 사무처당직자를 정무직으로 정의, 정무직 사무처당직자는 1급 계급정년 도달 시 퇴직금 정산 후 신규 계약하여 제도를 적용'한다는 내용의 노사협의내용에 관하여 노동조합원 157명을 상대로 임금피크제 도입에 대한 ARS 조사를 실시하였는데, 그 결과 응답자 114명 중 82명(71.9%)이 임금피크제의 도입에 찬성하였습니다.

피고는 2021. 12. 17. 피고 소속 사무처당직자 과반수로 조직된 노동조합과 기존 임금피크제의 일부 변경에 관한 노사합의를 진행하여, 2022. 1. 1. 이전 1급 계급정년 도달자를 '정무직(A)'로 칭하고 '기존의 근로관계를 종료한 후' 임금피크제를 적용받은 자로 규정함에 반해, 2022. 1. 1. 이후 1급 계급정년 도달자를 '정무직'으로 칭하며 '기존의 근로관계를 유지한 상태'에서 임금피크제를 적용 받는 자로 구분하고, 정무직 전환 직전 임금을 기준으로 1년차 11%, 2년차 21%, 3년차 30%, 4년차 37%, 5년차 이상 44%를 삭감하는 내용으로 인사규칙을 개정하여 개정 인사규칙에서 정한 임금피크제의 내용을 일부 수정·변경하였습니다(이하 위와 같이 변경된 인사규칙을 '2022. 인사규칙', 개정 인사규칙 및 2022. 인사규칙에 따른 임금피크제를 '이 사건 임금피크제').

원고들은 이 사건 임금피크제는 고용상 연령차별금지 및 고령자고용촉진에 관한 법률(이하 '고령자고용법')에 위반하는 것으로서 효력을 인정하기 어려운 점을 이유로 이 사건 임금피크제로 인해 감액된 급여 상당액 등을 청구하였습니다.

## 2. 판결 요지

원심(항소심) 법원은, 사업주가 근로자의 정년을 그대로 유지하면서 임금을 정년 전까지 일정 기간 삭감하는 형태의 임금피크제(이른바 '정년유지형 임금피크제')를 시행하는 경우 연령을 이유로 한 차별에 합리적인 이유가 없어 그 조치가 무효인지는 1) 임금피크제 도입 목적의 타당성, 2) 대상 근로자들이 입는 불이익의 정도, 3) 임금 삭감에 대한 대상조치의 도입 여부 및 그 적정성, 4) 임금피크제로 감액된 재원이 임금피크제 도입의 본래 목적을 위하여 사용되었는지 등 여러 사정을 종합적으로 고려하여 판단하여야 한다는 기존의 법리(대법원 2022. 5. 26. 선고 2017다292343 판결 등 참조)를 확인하였습니다.

이에 따라, 원심은 1) 정년인 60세가 되기 이전에 1급 계급정년에 도달한 사무처당직자들을 피고에서 퇴직하도록 한 후 계약직 근로자인 정무직 또는 정무직(A)의 직급으로 분류하여 그에 대한 임금을 감액하는 내용의 임금피크제를 규정한 인사규칙의 각 규정은 합리적 이유 없는 연령차별로서 고령자고용법 제19조 등에 위반되어 무효이고, 2) 따라서 원고들은 위 각 인사규칙 규정에도 불구하고 고령자고용법 제19조 제2항 고령자고용법 제19조 제2항에 기하여 그 정년이 60세로 간주되어 현재까지 각 정년이 미도래한 상태로 피고에서 퇴직함이 없이 기존 근로관계를 유지한 정규직 근로자라고 봄이 상당하며, 이와 같이 무효인 개정 인사규칙 제63조와 2022. 인사규칙 제101조 제3항의 임금피크제 관련 규정은 원고들에 대하여 적용할 수 없다고 판단하였습니다. 대상판결은 원심의 임금피크제의 구별 및 합리적인 이유 없는 연령차별 해당 여부에 관한 판단을 수긍하였습니다.

◦ 개정 인사규칙 제3조 제4호는 정무직에 관하여 '사무처당직자 퇴직 후, 계약직으로 임금피크제에 의하여 당에 봉사하는 자'라고 정의하여, 피고에서의 퇴직을 전제로 하고

계약직 근로자로 취급하면서, 제63조에서 이러한 정무직에게 임금피크제를 적용하여 퇴직 시 급여에 비해 일정액을 감액한 비율에 의한 급여를 지급하도록 규정하고 있다. 또한 계급정년에 달한 경우를 퇴직사유에서 삭제한 피고의 2022. 인사규칙 제3조 제2항에 의하면, 원고들과 같이 여전히 위 인사규칙 시행일 이전에 계급정년에 도달한 1급 사무처당직자의 경우 피고에서 퇴직하고 이후 계약직 근로자로 근무함을 전제로 '정무직(A)'의 직급으로 규정하여, 1급 사무처당직자가 계급정년에 도달한 후 기존 근로관계를 유지한 상태에서 임금피크제를 적용받는 '정무직'과 구별한 후, 위 인사규칙 부칙 제3항에서 위 정무직(A) 관련 규정인 제3조 제2항 제5호는 정무직(A)이 당에 재직할 때까지 적용하고, 당에 정무직(A)이 존재하지 않을 경우 자동폐지한다는 규정을 두고 있다.

◦ 개정 인사규칙상 정무직 사무처당직자나 2022. 인사규칙상 정무직(A) 사무처당직자에 대해 적용되는 임금피크제는 앞서 살펴본 관련 규정의 내용에 의할 때 계급정년 도달이라는 퇴직사유 발생으로 퇴직한 이후 계약직 형태로 재고용하는 고용연장형의 형식으로 평가된다. 그러나 고용연장형의 경우 정년퇴직한 이후의 법률관계로 원고들이 위 각 인사규칙에서 정한 퇴직사유인 60세에 달하지 아니하였고 계급정년 도달은 적법한 퇴직사유가 될 수 없어, 원고들은 여전히 피고와 기존의 근로관계를 유지하고 있으므로, 정년퇴직이 이루어지지 아니한 원고들에 대하여 위와 같은 고용연장형 임금피크제가 적용될 여지가 없다.

◦ 설령 2022. 인사규칙 제101조가 1급 계급정년 도달 이후 기존의 근로관계를 유지하는 정무직에 대하여 임금피크제를 적용하고 있어, 정무직(A)에 해당하는 원고들에게도 정무직에 대한 위 인사규칙 제101조 제1항, 제2항의 임금피크제 관련 규정이 적용될 수 있다고 본다 하더라도, 2022. 인사규칙에 규정된 임금피크제는 연령 외의 기준을 이유로 합리적 이유 없이 특정 연령집단을 차별하는 것에 해당하므로 강행규정인 고령자고용법 제4조의4 제2항, 제1항에 위반되어 무효임.

1) 이 사건 임금피크제 도입 목적의 타당성

◦ 임금피크제가 정년연장에 수반된 조치인지 여부에 관하여 보건대, 피고가 사무처당직자의 연령 정년을 만 55세에서 만 60세로 변경한 2017. 1.경으로부터 약 5년이 경과한 2022. 인사규칙의 시행에 의하여 비로소 시행되었고, 2022. 인사규칙상 임금피크제

관련 규정을 살펴보더라도 55세에서 60세로 늘어난 연령정년 기간에 대응하는 임금삭감에 대하여 규정하지 아니한 채 종전부터 시행되어 오던 계급정년과 관련하여 그 도달자에 한해서 임금삭감을 규정하여, 위와 같은 임금피크제가 오로지 정년연장에 따른 인건비 증가 등에 대응하여 임금 체계를 개편하려는 목적으로 도입된 것으로 보기에는 어려운 측면이 있다.

2) 임금피크제 적용대상 근로자들이 입는 불이익의 정도

◦ 한편 정년연장을 통한 근로자들의 일자리 보장과 그에 따른 기업의 재정 부담을 조화하기 위한 목적으로 시행되는 일반적인 의미의 임금피크제의 경우, 기존의 정년을 연장하는 대신 연장된 정년만큼의 근로기간 혹은 정년에 도달하기 이전의 적절한 시점부터의 근로기간에 대해서 기존의 임금수준을 낮추는 방식으로 설계되는 것이 보통임에 반해, 피고의 위 인사규칙에서 정한 임금피크제는 계급정년에 도달하기만 하면 연령에 무관하게 임금을 삭감하고, 그 결과 정무직[또는 정무직(A)]의 직급을 가진 자들의 위 임금피크제 시행일 당시 평균 나이는 만 50세에 불과하고, 평균적으로 만 50세에 임금피크제의 적용대상이 된 1급 계급정년에 도달한 사무처당직자가 이후 정년에 이르기까지의 기간 동안 종전과 비교하여 절반에 가까운 임금 삭감을 감수하게 된다.

3) 임금 삭감에 대한 대상 조치의 도입 여부

◦ 원고들을 포함하여 특히 1급 계급정년에 도달한 이후 피고에 근무한 사무처당직자들이 위 임금피크제 적용 이전과 이후 담당하였던 업무가 대체로 유사한 것으로 보인다.

4) 임금피크제로 감액된 재원의 사용처

◦ 위 임금피크제 도입 전인 2017년 하반기에 희망퇴직이 진행되었는바, 신규 채용이 이 사건 임금피크제 도입으로 감액된 재원을 활용한 것인지 불분명하고, 그 외 위 임금피크제 도입을 통하여 감액된 재원의 구체적인 규모 등을 알 수 있는 구체적인 자료가 없어 임금피크제로 감액된 재원이 임금피크제 도입의 본래 목적을 위하여 사용되었는지 또는 피고가 도입한 임금피크제가 고령자고용법 제4조의5 제4호에서 정한 연령차별금지의 예외 사유에 해당하는지 여부를 알 수 있는 자료가 없다.

## 3. 의의 및 시사점

대상판결은 정당이 사무처당직자들에 대해 특정 직급에서 주어진 근무기간을 채운 뒤 승진하지 못하면 '연령에 관계없이' 퇴직하는 '계급정년제'를 운영하고, 이후 계급정년에 도달한 당직자를 퇴직시키는 대신 정년 도달 시점부터 60세까지 임금을 삭감하는 이른바 '계급정년 연동형 임금피크제'를 도입한 것에 대해 고령자고용법에 위반되어 무효라고 판단하였습니다.

대상판결의 사안은 연령정년이 아닌 '계급정년'을 두고 이에 도달한 근로자들의 임금을 삭감했다는 점에서 근로자가 일정한 연령에 도달한 시점에 임금을 점진적으로 삭감하는 대신 고용을 보장하는 일반적인 사기업의 임금피크제와는 차이가 있으나, 일반적인 임금피크제와 마찬가지로 정년유지형 임금피크제의 효력에 관한 판단기준을 밝힌 대법원 2022. 5. 26. 선고 2017다292343 판결의 법리에 따라 합리적인 이유 없는 연령차별에 해당하는지 여부를 판단하였다는 점이 특기할 만합니다.

# 임금피크제 관련 규정을 '정년연장형'에서 '정년유지형'으로 변경하면서 취업규칙의 불이익 변경 절차를 거치지 않았다면 변경된 규정의 효력을 인정할 수 없다고 판단한 사례

대상판결 : 서울남부지방법원 2024. 2. 8. 선고 2020가합115409 판결

## 1. 사안의 개요

피고는 은행법이 규정하는 은행업무 등을 주된 사업으로 영위하는 회사이고, 원고들은 피고에 입사하여 근로를 제공한 자들로 재직 중이거나 퇴직한 사람들입니다.

피고는 2007. 12. 18. 인사규정을 개정하면서 '직원의 정년은 58세로 한다. 다만, 임금피크제를 적용받는 특정 직원에 한하여 정년을 별도로 정할 수 있다(이하 '종전 정년규정')라고 정하였습니다. 나아가 피고는 2007. 12. 21. 전국금융산업노동조합 ○○은행지부(이하 '이 사건 노동조합')와 사이에 '① 직원의 정년은 58세로 하며, 정년이 도달한 달의 말일에 당연 퇴직하는 것으로 본다. ② 임금피크제를 도입하는 경우 임금피크제 대상자에 대한 정년은 60세로 연장하며 구체적인 시행방안은 노사가 별도로 정한다.'는 내용을 포함한 '단체협약에 관한 보충협약'을 체결하였으며(이하 '이 사건 보충협약'), 2008. 1. 1. '임금피크제 운영지침'을 제정하여 임금피크제(이하 '1차 임금피크제')를 실시하였습니다.

피고는 2015. 5. 12. 이 사건 노동조합과 임금피크제 적용 직원의 담당 직무

를 변경하는 내용의 '임금피크제도 개선에 관한 합의서'를 체결하였고(이하 '이 사건 개선 합의서' 혹은 '이 사건 개선 합의'), 2015. 7. 14. 인사규정상 직원 구분 규정을 '일반직원, 전문직원 및 특정직원'에서 '일반직원 및 전문직원'으로 구분하는 내용으로 개정하였습니다(이하 '개정 직원구분 규정'). 그 무렵 '임금피크제 운영지침'을 폐지하고, '인사운영지침' 등에 임금피크제 세부 규정들을 추가하면서 피고의 직원들에게 적용되는 임금피크제 내용을 변경하였습니다(이하 개정 변경된 내용의 임금피크제를 '이 사건 임금피크제'). 이 사건 임금피크제 시행과 관련하여 개정된 주요 내용은 1차 임금피크제 시행 당시 '임금피크제 운영지침'에서 정한 내용을 대부분 그대로 옮긴 것이지만, 임금피크제 정의 규정은 '정년을 연장하여'라는 문구가 빠진 채로 규정되었습니다(이하 '변경된 정의 규정'). 그리고 피고는 2016. 1. 1. 인사규정을 개정하여 '직원의 정년은 60세로 한다'고 정하였습니다(이하 '개정 정년규정').

한편, 피고 일부 직원들은 1차 임금피크제 도입과 관련하여 2017. 1. 19. 서울중앙지방법원에 2017가합504034호로 1차 임금피크제 도입을 위해 취업규칙을 변경한 것은 무효이며, 임금피크제 적용에 따라 감액된 임금의 지급을 구하는 소를 제기하였습니다. 이에 서울중앙지방법원은 위 일부 직원들의 청구를 모두 기각하는 판결을 선고하였고, 해당 판결은 그대로 확정되었습니다(이하 '관련 선행 판결').

## 2. 판결 요지

가. 재판부는 1차 임금피크제를 이 사건 임금피크제로 변경하는 과정에서 이루어진 피고의 취업규칙 변경의 효력에 대하여 판단하였는데, 먼저 임금피크제 적용대상 직원의 담당 업무와 관련해 살펴보았습니다.

재판부는 1차 임금피크제 시행 당시 피고의 근로자 중 임금피크제의 적용을 받는 직원들은 특정 직원에 해당하는데, 특정 직원은 일반 직원이나 전문 직원에 비하여 경감된 업무를 담당한 사실을 인정하였습니다. 그런데 개정 직원구분 규정 등에 따르면, 임금피크제의 적용을 받는 근로자가 일반 직원으로 분류되어 원칙적으로 일반 직원과 동일한 업무를 담당하게 되었으므로 이 범위에서 근로조건이 불이익하게 변경되었다고 볼 여지가 있다고 판단했습니다. 그런데 이 사건 노동조합과 피고가 2015. 5. 12. 임금피크제 적용을 받는 직원의 담당 직무를 마케팅 직무 및 일반 직무로 일괄 전환하기로 하는 이 사건 개선합의를 하였고, 이 사건 개선합의는 임금피크제를 적용 받는 직원의 업무를 전환하는 내용이므로 위 근로조건의 불이익한 변경은 이 사건 노동조합과의 합의를 통해 이루어졌다고 판단하였습니다. 즉, 재판부는 피고가 취업규칙의 불이익한 변경과 관련하여 근로자의 과반수로 조직된 노동조합의 동의를 받았다고 보아 절차적 하자는 존재하지 않는다고 설시하였습니다.

나. 재판부는 다음으로 임금피크제 정의 규정이 취업규칙의 불이익한 변경에 해당하는지에 대하여 판단하였는데 임금피크제 정의 규정에서 '정년을 연장하되' 부분을 삭제한 것은 취업규칙의 불이익한 변경에 해당한다고 판단하였습니다. 그리고 피고가 취업규칙을 그와 같은 변경하면서 근로자의 과반수로 조직된 이 사건 노동조합의 동의를 받지 않았으므로, 이 부분 취업규칙 변경은 효력을 인정할 수 없다고 보았습니다. 구체적인 이유는 다음과 같습니다.

1) 각 정의 규정은 임금피크제 실시와 관련하여 '정년연장'을 전제하는지에 대하여 차이를 보이고 있다. 정년이 연장될 것을 전제로 실시하는 임금피크제에 비하여, 정년 연장 여부와 무관하게 실시되는 임금피크제가 근로자에게 더 불리한 근로조건에 해당함은 명백하다.

2) 피고는 1차 임금피크제의 경우 58세 정년이 60세로 연장되는 것을 전제한 것은 아니라고 주장하나, 이 사건 보충협약 등의 내용을 보면 이 사건 노동조합은 정년연장을 전제로 임금피크제 도입에 동의한 것으로 보인다.

3) 피고는 1차 임금피크제가 이 사건 보충협약 등 이 사건 노동조합과 피고 사이의 합의에 따라 유효, 적법하게 실시된 이상 이후 2016. 1. 1.부터 「고용상 연령차별금지 및 고령자고용촉진에 관한 법률」(이하 '고령자고용법')의 60세 정년 간주규정의 시행되었다는 사정만으로(개정 정년규정은 고령자고용법의 정년간주규정을 반영한 것이 불과하므로) 유효, 적법하게 시행되던 임금피크제의 효력이 부인될 수 없다는 취지로 주장하나, 1차 임금피크제를 시행하던 피고는 위 60세 정년 간주규정의 시행을 앞두고 종전 정의 규정을 2015. 7. 14.경 변경된 정의 규정과 같이 바꾸고, 개정 정년규정에서는 임금피크제를 적용받는 직원의 정년을 따로 정하지 않음으로써, 피고가 시행하는 임금피크제를 정년유지형 임금피크제로 완성한 것이다.

4) 1차 임금피크제에 따를 경우 각 근로자가 임금피크제 적용 여부를 선택할 수 있었기에, 근로자들은 고령자고용법의 60세 정년 간주규정 시행 시점에 피고에 대하여 정년을 60세보다 연장할 것을 전제로 하여 임금피크제 시행을 요청하고, 그와 같은 요청이 받아들여지지 않을 경우 임금피크제 적용을 거부할 수 있었다. 그리고 1차 임금피크제 적용을 받아 그 적용시점부터 정년이 60세로 변경된 근로자들의 경우에도 변경된 정의 규정이 없었다면 이 사건 임금피크제보다는 유리한 조건의 임금피크제가 시행되도록 협상할 기회를 얻을 수 있었을 것이다. 결국 변경된 정의 규정의 내용이 그 자체로 근로자의 기득한 권리나 이익을 박탈하였는지 불분명할 수 있지만, 임금피크제 적용의 전제가 된 '정년연장'이라는 근로조건을 박탈할 것으로 볼 수밖에 없다.

### 3. 의의 및 시사점

피고 회사가 시행한 이 사건 임금피크제의 효력을 두고 법원 사이에 결론이 엇갈리고 있습니다. 서울중앙지방법원은 2023. 11. 23. 이 사건 임금피크제는 유효하다고 판단하였는데{서울중앙지방법원 2023. 11. 23. 선고 2021가합513585 판결(해당 판결은 서울고등법원 2024나2003556호로 항소심 진행 중입니다)

참조}, 서울남부지방법원은 대상판결을 통해 이 사건 임금피크제의 효력을 인정할 수 없다고 판단한 것입니다. 특히, 대상판결에서는 '임금피크제 시행과 관련하여 유리한 조건을 협상할 기회' 등을 근로조건에 대한 기득의 권리라고 판단한 것으로 보이는데, 위와 같은 협상 기회가 취업규칙의 보호영역에 따라 보호되는 '직접적이고 구체적인 이익에 해당하는지'에 대해서도 상급심의 판단을 주목할 필요가 있습니다(대상판결은 서울고등법원 2024나2013881호로 항소심 진행중입니다).

# 정년연장형 임금피크제에 해당하지 않고, 임금피크제로 인한 임금 감액 폭이 과다한 경우 임금피크제가 고령자고용법에 위반하여 무효라고 판단한 사례

대상판결 : 대구고등법원 2024. 6. 19. 선고 2024나10304 판결[14)]

## 1. 사안의 개요

피고는 2005. 5. 20. ○○노동조합(이하 '피고 노동조합')과 임금피크제 시행에 관하여 다음과 같이 합의하였습니다(이하 '최초 임금피크제').

> 1. 임금피크제는 2005. 7. 1.부터 시행한다.
> 2. 2008. 12. 31. 이전에 28호봉 2년 차에 도달하였거나 초과한 경우는 2009. 1. 1.부터 매년 기본급의 3%를 삭감한다.
> 3. 2009. 1. 1.부터 28호봉 2년 차에 도달할 때에는 2009. 1. 1.부터 매년 기본급의 3%씩 삭감한다.
> 4. 임금 삭감은 매 1년 경과할 때마다 승호 없이 적용한다.
> 7. 임금피크제 시행과 함께 해마다 퇴직금 중간 정산제를 실시한다.
> 8. 임금피크제 적용 대상자가 퇴직금 중산 정산을 요구하면 반드시 퇴직금을 정산해 주고, 임금피크제 적용 대상자 이외의 신청자에 대해서는 당해 연도별 회사 재정 여건을 감안해 노사 합의로 별도의 기준을 마련해 시행한다.

14) 대법원 2024. 10. 31.자 2024다260788 심리불속행기각판결로 확정되었습니다.

그 후 피고는 2014. 12. 8. 피고 노동조합과 임금피크제 변경과 관련하여 다음과 같이 합의하였습니다(이하 위 2차 개정 합의를 통해 변경된 임금피크제를 '이 사건 임금피크제').

1. 변경된 임금피크제는 2015. 1. 1.부터 시행한다.
2. 2015. 1. 1.부터 27-1호봉이 되는 직원은 매년 기본급의 3%, 3%, 4%, 5%, 7%를 삭감하고, 이후에는 고정한다.
3. 단, 2014. 1. 1.을 기준으로 27-1호봉 이상인 직원은 하기와 같이 적용한다.

| 호봉 | 적용내역 |
|---|---|
| 27-1호봉 | 3%, 3%, 4%, 5%, 7% 삭감 후 고정 |
| 27-2호봉 | 3%, 3%, 4%, 5%, 7% 삭감 후 고정 |
| 28-1호봉 | 3%, 3%, 4%, 5%, 7% 삭감 후 고정 |
| 28-2호봉 | 3%, 4%, 5%, 7% 삭감 후 고정 |
| 28-3호봉 | 4%, 5%, 7% 삭감 후 고정 |
| 28-4호봉 | 5%, 7% 삭감 후 고정 |
| 28-5호봉 | 7% 삭감 후 고정 |
| 28-6호봉 이상 | 삭감 없이 고정 |

4. 임금피크제도는 매 1년 경과할 때마다 승호 없이 고정한다.

## 2. 판결 요지

대상판결은 제1심판결(대구지방법원 2023. 12. 21. 선고 2023가합200264 판결)과 달리 이 사건 임금피크제가 고령자고용법 제4조의4 제2항에 반하는 내용을 정하는 것이어서 무효라고 판단하였습니다. 대상판결은 대법원에서 심리불속행 기각판결로 확정되었습니다. 대상판결의 주요 판단내용은 다음과 같습니다.

1) 이 사건 임금피크제는 개별적인 업무 성과 등에 관계없이 일정한 호봉(27-1호봉)에 이르렀다는 사정만으로 임금이 감액되는 것으로, 결국 고호봉자에 해당하는 40대 후반 이상 연령대 근로자들의 임금을 감소하는 결과를 초래한다. 여기에 피고는 최초

임금피크제를 그대로 도입하였는데, 모회사에서 작성한 2004. 5. 14.자 성과주의 인사제도안에는 '노동조합 설문에서 특정 연령수준에서 임금의 증가를 제한 내지 감소(임금피크제)시키자는 의견이 71.5%에서 이른다. 80년대 입사집단이 고호봉화됨으로써 인건비 부담이 가중되어 인건비 억제 대책이 불가피하다. 29호, 54세를 기점으로 임금피크제를 도입함이 바람직하다'는 취지의 분석이 기재되어 있는 점까지 더하여 보면, 이 사건 임금피크제는 고령자고용법 제4조의4 제2항에서 정한 '연령 외 기준을 적용하여 특정 연령집단에 특히 불리한 결과를 초래하는 경우'로서 연령차별에 해당하는 것으로 보아야 한다.

2) 피고는, 이 사건 임금피크제는 이른바 '정년연장형 임금피크제'로, 고령자고용법 제4조의5 제4호에서 정한 '이 법 또는 다른 법률에 따라 특정연령집단의 고용유지 · 촉진을 위한 지원조치를 하는 경우'에 해당하므로 연령차별이 아니라고 주장한다.
그러나 ① 이 사건 임금피크제 시행(2015. 1. 1.) 당시 기존의 정년(58세)이 연장되지 않고 그대로 유지된 점, ② 피고는 이미 2005. 7. 1.부터 정년 연장 없이 임금만을 삭감하는 임금피크제를 도입 · 시행하고 있었고, 이후 지속적으로 적용호봉을 낮추는(29-2호봉 → 28-2호봉 → 27-1호봉) 방향으로 임금피크제를 확대 · 강화한 결과 이 사건 임금피크제를 시행하기에 이른 점, ③ 2014. 9. 4.자 노사합의문에 의하면, 피고는 '비상경영 대책의 일환으로 임금피크제를 강화(27-1호봉, 3-3-4-5-7, 7에서 고정)하고, 당기순이익 2년 이상 흑자 전환 시 직전 임금피크제로의 환원 등을 비롯한 임금피크제도 개선에 관한 협의를 진행'하기로 합의한바, 2017. 1. 1. 시행 예정이던 정년 연장과 연계하여 이 사건 임금피크제를 시행한 것으로 볼 수 없고, 달리 정년연장과 연계되었다고 볼 만한 사정을 찾을 수 없는 점 등을 고려하면, 이 사건 임금피크제 시행일로부터 약 2년이 지나 개정 고령자고용법에 따라 피고 근로자들의 정년이 사후적으로 연장된 사정만으로 이 사건 임금피크제가 '정년연장형 임금피크제'에 해당한다거나 '고령자고용법 또는 다른 법률에 따라 특정 연령집단의 고용유지 · 촉진을 위한 지원조치를 하는 경우'에 해당한다고 보기는 어렵다.

3) 원고들은 이 사건 임금피크제에 따라 정년 시까지 최소 6년, 최대 13년, 평균적으로 약 10년이라는 장기간 동안 기본급이 감액된다. 또한 10년 동안의 피크 임금 기준 기본급 총액을 1,000%(= 100% × 10년)라고 한다면, 이 사건 임금피크제에 따라 원고들이 지급받게 되는 기본급 총액은 약 810.12%(삭감률 189.88%)가 되는바, 이

는 사실상 약 2년 동안의 임금 총액이 감액되는 결과로써 해당 근로자들이 입는 불이익의 정도가 결코 적다고 할 수 없다. 나아가 이 사건 임금피크제에 따라 기본급에 연동되는 상여금, 퇴직금까지 모두 감액되고, 승호(호봉 승급) 또한 중단되어 승호에 따른 기본급 상승분(최대 32호봉, 2년마다 1호봉 승급)까지 삭감되는 결과가 되는 점까지 고려하면, 실질적인 임금 감액의 정도는 더욱 크다고 할 것이다.

4) 위와 같이 이 사건 임금피크제로 인하여 근로자들에게 가장 중요한 근로조건 중 하나인 임금 삭감이라는 불이익이 초래되었음에도 불구하고, 피고는 임금피크제 적용 대상자들에게 별도 보직을 부여하거나 담당 업무량 또는 근무시간의 조정을 통하여 업무 부담을 완화하는 등의 불이익에 대한 대상 조치를 전혀 강구하지 않았다. 오히려 원고들은 이 사건 임금피크제 적용기간 동안 각종 보직을 맡아 업무를 수행하였는데, 단순 명목상 보직이 아닌 취재부장, 편집제작부장 등 피고의 주된 사업 부문을 실제로 지휘 · 감독하는 보직으로서 그 업무의 강도나 책임의 정도가 이 사건 임금피크제 적용 이전보다 감소하였다고 볼 수 없다.

5) 절감된 재원으로 기존 근로자들의 고용 안정 및 신규 근로자들의 채용에 사용한 사실은 없다. 최초 임금피크제 시행 이후부터 살펴보아도 2007년부터 2023년까지 97명이 퇴사하는 동안 신규 정규직 사원 채용은 20명에 불과하고, 피고가 이 사건 임금피크제 시행에 따라 절감된 재원을 기존 근로자들의 고용 유지와 신규 근로자 채용에 사용하였음을 인정할 만한 자료를 찾을 수 없다.

## 3. 의의 및 시사점

종래 다수의 판결은 정년연장형 임금피크제의 유효성을 인정하는 경향을 보여왔습니다(서울중앙지방법원 2023. 1. 19. 선고 2020가합604507 판결, 서울중앙지방법원 2023. 8. 25. 선고 2019가합515236 판결, 수원지방법원 2023. 12. 14. 선고 2021가합13113 판결, 서울남부지방법원 2024. 3. 27. 선고 2023가합110139 판결, 서울남부지방법원 2024. 11. 29. 선고 2024나52609 판결 등).

다만 대상조치가 충분하지 않은 정년유지형 임금피크제나, 정년연장형 임금피크제라 하더라도 감액의 폭이 지나치게 큰 경우 무효라고 판단한 사례들이 있어 왔습니다(서울중앙지방법원 2023. 5. 11. 선고 2020가합575036 판결, 부산고등법원 2024. 1. 31. 선고 2023나53778 판결, 서울고등법원 2024. 6. 19. 선고 2022나2021901 판결 등).

대상판결은 1) 이 사건 임금피크제가 고령자고용법에 의해 정년이 만 60세가 되기 전인 2015. 1. 1. 시행된 점에 비추어 정년연장형 임금피크제라 보기 어려운 점, 2) 평균적으로 약 10년의 기간 동안 약 2년분의 임금 총액의 삭감이 이루어지는 점을 고려하여 이 사건 임금피크제를 무효로 판단하였습니다. 대상판결은 고령자고용법 개정 무렵 실시된 임금피크제라 하더라도 도입 경위와 시기에 따라 정년 연장과는 무관한 정년유지형 임금피크제로 판단될 수 있다는 점, 기본급 총액이 크게 감소하는 데 비해 대상조치가 부족한 임금피크제의 경우 무효로 판단될 수 있다는 점을 확인하였다는 데에 의의가 있습니다.

2024년 주요
노동판례·행정해석집

# 01 개별적 근로관계

가. 근로기준법상 근로자
나. 상시근로자 수
다. 인사조치, 징계 및 해고
라. 임금·퇴직금
    1) 최저임금
    2) 통상임금
    3) 법정·약정 수당
    4) 퇴직금
    5) 기타
마. 근로시간
바. 휴일 및 적용제외
사. 근로자대표
아. 산업안전, 중대재해
자. 재해보상
차. 직장 내 괴롭힘 및 성희롱
카. 취업규칙
타. 임금피크제
**파. 기타**

# 사용자가 근로자 사용 컴퓨터의 정보를 무단으로 열람하는 행위는 민사상 불법행위에 해당하여, 근로자가 입은 정신적 고통에 대한 손해를 배상할 의무가 있다고 본 사례

대상판결 : 대구지방법원 2024. 8. 21. 선고 2023나320254 판결

## 1. 사안의 개요

원고는 2022. 3. 21. 주식회사 C(이하 '이 사건 회사')에 입사하여 근무하던 중 2022. 10. 5.자로 해고되었고(이하 '이 사건 해고'), 피고는 이 사건 회사의 사실상 1인 주주 겸 유일한 이사였습니다.

피고는 이 사건 해고에 앞서 2022. 6. 30. 원고에게 사직을 권고하였습니다. 원고는 이에 응하지 않은 채 2022. 7. 1. 이 사건 회사에 출근하였는데, 사업장 2층 건물에서 1층으로 가던 중 계단에서 추락하여 우측 전거비인대의 파열, 우측외측복사의 골절, 열린 두개내 상처가 없는 뇌진탕 등의 상해를 입고 2022. 9. 1.까지 산재요양을 하였습니다.

한편 피고는 원고의 산재요양기간 중인 2022. 7. 25. 디지털 포렌식 업체를 통해 이 사건 회사에서 원고가 사용하던 컴퓨터에 저장된 원고의 인터넷 기록, 웹사이트의 방문 기록, 애플리케이션 로그 등을 무단으로 탐지하였습니다(이하 '이 사건 탐지행위'). 원고가 산재요양을 마치고 출근하자 피고는 원고에게 '업무태만(근무시간 중 취업사이트 검색 및 게임)'을 이유로 해고 통지를 하였고 원고는 2022. 10. 5. 해고되었습니다.

이에 원고는, 피고에게 이 사건 탐지행위를 원인으로 하여 정신적 손해배상을 청구하였으며(제1청구원인), 이 사건 해고 시 해고기준과 절차를 지키지 않은 것을 문제 삼으며 그에 대한 정신적 손해배상도 청구하였습니다(제2청구원인).

## 2. 판결 요지

### 가. 제1청구원인에 대한 판단

재판부는 컴퓨터에 저장된 개인의 인터넷 검색기록이나 웹사이트 방문기록, 애플리케이션 로그 등은 '개인의 사생활의 비밀'에 관한 사항에 해당한다고 보았습니다. 따라서 이러한 정보를 무단 탐지하는 것은 사생활의 비밀과 자유, 정보에 대한 자기결정권 등을 침해하는 것으로서 정당한 이유가 없는 한 불법행위를 구성한다고 판단했습니다.

피고는 이 사건 탐지행위로 인한 피고의 '개인정보보호법 위반죄' 피의사실에 대하여 혐의없음 처분이 이루어졌으므로, 불법행위가 성립하지 않는다고 주장하였습니다. 하지만 재판부는 혐의없음 처분의 취지는 피고가 열람한 정보가 개인정보보호법에서 정한 '개인정보'에 해당하지 않는다는 것일 뿐이기에, 그와 같은 혐의없음 처분 사실이 인정된다고 하더라도 정보를 무단으로 열람한 행위를 적법하게 평가할 수는 없다고 판단하였습니다. 그리고 재판부는 피고가 이 사건 탐지행위를 하게 된 경위, 동기, 원고가 입은 피해의 정도, 이후의 정황 등을 고려하여 위자료 300만 원을 인정하였습니다.

### 나. 제2청구원인에 대한 판단

재판부는, 사용자가 근로자를 해고할 만한 사유가 전혀 없는데도 오로지 근로자를 사업장에서 몰아내려는 의도 하에 고의로 명목상 해고사유를 만들어 해고하는 등의 사유가 인정될 경우 해고의 효력이 부정될 뿐만 아니라 그러한 행위는 근로자에게 정신적 고통을 가하는 것으로 불법행위를 구성하게 된다는 기존 법리(대법원 1993. 10. 12. 선고 92다43586 판결, 대법원 2007. 12. 28. 선고 2006다33999 판결 등 참조)를 확인하였습니다. 그리고 아래와 같은 점을 들어 이 사건 해고가 불법행위에 해당하지 않는다고 판단하였습니다.

1) 피고는 2022. 6. 30. 원고를 포함한 이 사건 회사 직원들에게 해고 통보를 하였고, 이 사건 회사 직원 8명은 '개인적인 사유', '회사의 경영악화로 인한 권고사직'을 이유로 사직서를 제출하였다.

2) 원고가 산재요양 후 복직한 시기에 이 사건 회사에 원고 이외에 다른 근로자는 없었고, 전자세금계산서상의 매입매출현황에 의하면 당시 사업장의 업무가 미비하여 복직한 원고에게 지시할 구체적인 업무가 없었던 것으로 보인다.

3) 피고는 최초 이직확인서에 '징계해고 사유에 해당하여 징계해고절차를 거쳐 해고된 경우'로 기재하였다가 최종적으로 제출한 이직확인서에 '근로자의 업무상과실 등의 귀책사유가 징계해고 정도는 아니지만 사업주가 퇴직을 권유하여 이직한 경우'로 기재하였고 원고는 실업급여를 수급하였다.

4) 대구지방검찰청 경주지청은 '피고가 원고에 대하여 부당하게 업무배제 및 해고통보를 하였다'는 등의 근로기준법 위반 피의사실에 대하여 혐의없음 처분을 하였다.

### 3. 의의 및 시사점

대상판결은 대법원 2024. 12. 12.자 2024다280829 심리불속행기각판결로 확정되었습니다.

통상적으로 근로자가 업무용으로 사용하는 컴퓨터, 이메일 계정 등에는 대부분 비밀번호가 설정되어 있기 때문에 제3자인 사용자가 해당 근로자의 동의 없이 컴퓨터에 저장된 파일이나 이메일 내용 등을 확인 · 열람하는 것은 타인의 비밀을 침해하는 행위가 될 수 있으며, 이러한 행위는 「정보통신망 이용촉진 및 정보보호 등에 관한 법률」 제48조 제1항, 제49조 또는 형법 제316조 제2항 위반죄가 성립할 수 있어 주의가 필요합니다(대법원 2003. 8. 22. 선고 2003도3344 판결 등 참조).

따라서 근로자의 업무용 컴퓨터 및 사내 이메일을 조사하게 되는 경우에도 ① 사내 이메일 · 컴퓨터 조사가 필요할 정도의 비위행위에 대한 합리적 의혹이 존재하여 사실관계 확인의 필요성이 있는 상황에서 ② 자료 열람에 관해 사전에 근로자의 동의를 구하거나 열람의 범위나 방법에 대한 의견 진술의 기회를 부여하고 ③ 검색 · 열람 과정에 당해 근로자 본인 또는 객관적 · 중립적 지위에 있는 제3자가 입회할 수 있는 기회를 보장하고 ④ 검색어를 활용해 검색 · 열람의 범위를 비위 혐의와 관련된 것으로 제한하고 ⑤ 수집된 정보는 사실관계 확인 및 징계를 위해서만 사용하고, 외부로 유출되지 않기 위한 조치들을 마련하며 ⑥ 사전에 '감사 목적의 이메일 · 컴퓨터 조사에 동의한다'는 내용의 정보 서약서를 받아 두는 것이 바람직할 것으로 보입니다(대법원 2009. 12. 24. 선고 2007도6243 판결, 서울고등법원 2020. 5. 8. 선고 2019나2032512 판결 등 참조).

# 교원이 해임 처분 이후 당연퇴직사유가 발생하였더라도 해당 기간 동안 보수 지급을 구할 수 있다면 교원소청심사위원회 결정의 취소를 구할 소의 이익이 있다고 판단한 사례

대상판결 : 대법원 2024. 2. 8. 선고 2022두50571 판결

## 1. 사안의 개요

원고는 피고보조참가인(이하 '참가인')이 운영하는 ○○대학교(이하 '이 사건 학교') 교수로 근무하던 중 학내 연예인 부정입학 및 부정학위 수여 등의 비위행위를 이유로 2019. 2. 1. 이 사건 학교 총장으로부터 해임처분(이하 '이 사건 해임처분')을 받았습니다. 원고는 이 사건 해임처분에 불복하여 2019. 3. 5. 피고에게 소청심사를 청구하였는데, 피고는 2019. 5. 22. 원고의 소청심사청구를 기각하는 결정(이하 '이 사건 결정')을 하였습니다.

이후 원고는 2019. 10. 4. 이 사건 결정의 취소를 구하는 이 사건 소를 제기하였습니다. 한편 원고는 2019. 1. 17. 서울중앙지방법원에서 이 사건 해임처분의 징계사유와 관련된 업무방해죄로 징역 10개월 및 집행유예 2년의 유죄 판결을 선고 받아 2019. 4. 23. 그 판결이 확정되었습니다(이하 '관련 형사판결').

## 2. 판결 요지

원심 재판부는 원고에 대한 관련 형사판결이 2019. 4. 23. 확정되어 원고가 이 사건 학교에서 당연퇴직하게 되었으므로, 이 사건 결정이 취소되더라도 다

시 이 사건 학교 교원의 지위를 회복할 수 없음으로 이 사건 소와 관련된 소의 이익은 없다고 보아 이 사건 소를 각하하였습니다.

반면, 대법원은 원고가 당연퇴직하더라도 해임처분이 취소되거나 변경되면 해임처분일부터 당연퇴직사유 발생일까지의 기간에 대한 보수 지급을 구할 수 있는 경우에는 이 사건 결정의 취소를 구할 소의 이익은 있다고 판단하여 원심을 파기하였습니다. 구체적인 이유는 다음과 같습니다.

1) 사립학교 교원이 당연퇴직사유의 발생으로 원직에 복귀하는 것이 불가능하게 되었다고 하더라도 징계 등의 처분에 따른 법률상 불이익이 남아 있다면 소청심사청구를 기각한 피고의 결정을 다투는 행정소송에서 징계 등의 처분이 위법하다는 사실을 확인하여 그 불이익을 제거하는 것이 교원소청심사제도의 목적이나 취지에 부합한다.

2) 사립학교 교원은 해임처분의 효력이 없을 경우 해임처분일부터 당연퇴직사유의 발생으로 임용관계가 종료될 때까지 보수를 청구할 권리를 갖게 되므로, 해임처분이 무효인지 여부는 보수지급청구권의 존부와 직결된다.

3) 사립학교 교원이 해임기간 중 받지 못한 보수를 지급받기 위하여 민사소송을 제기할 수 있음은 물론이지만, 그와 별개로 교원소청심사제도 및 행정소송을 통해 해임이 위법함을 확인받는 방법으로 보수 상당액의 손실을 회복할 수 있도록 할 필요가 있다.

4) 절차경제적 측면에서 보더라도, 사립학교 교원이 교원소청심사제도를 이용하였는데 중간에 임용관계가 종료되었다는 이유만으로 그 청구인을 구제절차 및 쟁송절차에서 배제하는 것은 바람직하지 않다.

## 3. 의의 및 시사점

종래 대법원은, 근로자가 '부당해고 구제신청을 기각한 중앙노동위원회의 재심 판정'에 불복하여 소송을 통해 다투던 중 당연퇴직사유가 발생하여 근로관계가 종료된 경우 소의 이익이 인정되지 않는다는 입장이었습니다(대법원 1995. 12. 5. 선고 95누12347 판결 등 참조). 그런데 이후 전원합의체 판결을 통해, 근로자가 원직에 복직하는 것이 불가능하게 되었다고 하더라도 해고기간 중의 임금상당액을 수령할 필요가 있다면 구제신청을 기각한 중앙노동위원회의 재심판정을 다툴 소의 이익이 인정된다고 보았습니다(대법원 2020. 2. 20. 선고 2019두52386 전원합의체 판결 참조). 대상판결 역시 같은 맥락에서 이해될 수 있습니다.

# 개정 교직원보수규정이 과반수 동의를 얻지 못하였음에도 교수가 개정 교직원보수규정에 동의해야만 재임용될 수 있다고 통보한 경우, 재임용 거부가 재량권 일탈·남용에 해당한다고 본 사례

대상판결 : 대법원 2024. 6. 17. 선고 2021두49772 판결

## 1. 사안의 개요

피고보조참가인(이하 '참가인')은 학교법인이고 원고는 1998. 3. 1. 참가인이 설립하여 운영하던 ㅁㅁㅁ전문대학 교수로 임용되어 ○○대학교에서 계속 근무하던 사람입니다.

참가인은 교원의 보수체계에 관하여 연공서열의 호봉에 따른 봉급과 각종 수당을 더한 금액을 급여로 지급하는 이른바 호봉제를 유지하다가, 2014. 2. 7. 교직원보수규정을 개정하여 2014. 3.경부터는 교원의 성과를 반영한 연봉에 따라 급여를 지급하는 이른바 성과급 연봉제를 시행하였습니다. 한편 참가인은 2013. 12. 6. ○○대학교 교원들을 대상으로 개정 교직원보수규정에 대한 찬반 투표를 실시하였으나, 과반수의 동의를 얻지 못해 부결되었습니다.

참가인 이사회는 2018. 12. 18. 원고의 재임용 여부를 심의한 뒤, 원고가 2019. 2. 28.까지 출판된 서적을 연구실적으로 제출하는 조건 아래 '2019. 3. 1.부터 2024. 2. 29.까지'를 재임용 기간으로 정하여 원고를 재임용하기로 의결하였습니다. 참가인 이사장은 2018. 12. 28. 원고에게 '원고가 조건부 재임용 대상자에 선정되었다. 다만 개정 교직원보수규정이 적용될 예정'이라고 통지하였습니다.

원고는 2019. 2. 27. 참가인에게 '원고에게는 성과급 연봉제가 적용되지 않고 호봉제가 적용되어야 한다.'는 의사를 밝혔으나, 참가인은 2019. 3. 15. 원고에게 '원고가 성과급 연봉제의 적용에 동의하여야만 재임용계약을 체결할 수 있다.'고 통지하였습니다.

참가인은 2019. 8. 23. 원고에게 '원고가 재임용계약서 작성을 거부하므로 참가인과 사이에 재임용계약이 불성립하여 원고는 2019. 8. 25. 자로 퇴직처리 된다'는 취지의 통보(이하 '이 사건 통보')를 하였습니다.

원고는 이에 불복하여 2019. 9. 20. 교원소청심사위원회에 이 사건 통보의 취소를 구하는 소청심사를 청구하였습니다. 교원소청심사위원회는 참가인과 원고 사이에 재계약이나 고용에 관한 합의가 이루어지지 않았으므로 그에 따른 이 사건 통보를 위법하다고 보기 어렵다고 판단하여, 2019. 12. 11. 소청심사 청구를 기각하는 결정(이하 '이 사건 소청심사 결정')을 하였습니다.

## 2. 판결 요지

대상판결은 '원고의 동의 없이는 임용관계에 적용될 수 없는 개정 교직원보수규정에 대하여 원고가 그 적용을 거부하였다는 이유만으로 원고와 사이에 재임용계약의 체결을 거절한 것은 현저히 부당하다'고 하면서, 아래와 같은 이유로 ○○대학교의 재임용거부처분은 재임용 여부에 관한 재량권을 일탈·남용하여 위법하다고 판시하였습니다.

1) 성과급 연봉제에 관한 내용을 정한 개정 교직원보수규정은 근로기준법에서 말하는 취업규칙에 해당하고, 근로기준법 제94조 제1항 단서는 취업규칙을 근로자에게 불리하게 변경하는 경우에는 그 동의를 받아야 한다고 규정하고 있다. 개정 교직원보수규정에 따르면 공무원보수규정에 따라 적용되던 호봉승급 및 임금인상률 등 급여 인상에 관한 내용이 더 이상 적용되지 않아 호봉이 높은 교원들에게 불리하므로, 개정 교직원

보수규정을 모든 교원에게 적용하기 위해서는 교원 과반수의 동의가 필요하다. 그런데 이 사건 통보 당시 참가인은 개정 교직원보수규정에 대하여 ○○대학교 교원 과반수의 동의를 받지 못했고, 2020. 3. 12.에서야 비로소 교원 과반수의 동의를 받았다.

2) 원고는 1998. 3. 1. 교원으로 임용된 이래 승진임용, 재임용을 거쳐 2019. 2. 28.까지 약 21년 동안 계속 근무해 왔고, 종전 임용기간이 만료된 후 이 사건 통보가 있기 전까지 2019년 1학기에도 강의를 하였다. 원고는 참가인이 성과급 연봉제에 따른 임금을 지급하자 참가인을 상대로 호봉제로 산정한 임금과의 차액 상당 금원의 지급을 구하는 소를 제기하여 2018. 11. 14. 개정 교직원보수규정이 근로기준법 제94조 제1항 단서에 반하여 무효라는 이유로 청구인용 판결을 선고받았고, 이후 위 판결은 항소심과 상고심을 거쳐 그대로 확정되었다. 따라서 원고가 재임용 당시 교원 과반수의 동의를 얻지 못한 개정 교직원보수규정에 따른 근로조건을 수용하고 참가인과 새로운 근로관계를 맺지 않은 이상, 원고에게는 원칙적으로 기존 교직원보수규정이 적용된다.

3) 그럼에도 종전 취업규칙이 적용되는 교원이 변경된 취업규칙에 동의하여야만 학교법인과 재임용계약을 체결할 수 있다고 한다면, 취업규칙을 근로자에게 불리하게 변경할 때 근로자들의 동의를 받도록 한 근로기준법 제94조 제1항 단서의 입법 취지가 몰각될 우려가 있다.

## 3. 의의 및 시사점

대법원은 적법한 동의 절차 없이 불이익하게 변경된 취업규칙은 원칙적으로 효력이 없으나 신규 입사자에 대해서는 효력이 있다고 판시하여 왔습니다(대법원 1992. 12. 22. 선고 91다45165 전원합의체 판결 참고).

대상판결은 불이익한 취업규칙 변경이 근로자 과반수의 동의를 얻지 못한 경우 재임용 대상인 교수 역시 신규 입사자와 달리 기존 교직원보수규정이 적용되어야 하는데, 과반수 동의를 얻지 못한 불리한 근로조건에 개별적으로 동의하지 않았다는 이유만으로 재임용계약 체결을 거절한 것은 합리적 이유 없는 재량권 일탈·남용행위로 보았다는 점에서 의의가 있습니다.

# 선택적 복지제도를 실시하면서 소속 임직원들에게 배정한 복지포인트가 구 소득세법 제20조 제1항의 근로소득에 해당한다고 판단한 사례

대상판결 : 대법원 2024. 12. 24. 선고 2024두34122 판결

## 1. 사안의 개요

원고는 화학제품, 의약품 및 기타 제품의 제조업 등을 목적으로 설립된 법인으로, 선택적 복지제도를 실시하면서 매년 정기적으로 소속 임직원들에게 복지포인트(이하 '이 사건 복지포인트')를 배정해 왔습니다.

원고는 이 사건 복지포인트가 소득세법상 과세대상이 되는 근로소득에 해당하지 않는다고 주장하면서 이미 원천징수·납부한 소득세액에 대한 환급을 구하는 경정청구를 하였는데 피고가 이를 거부하자 피고를 상대로 그 거부처분의 취소를 청구하였습니다.

## 2. 판결 요지

대법원은, 구 소득세법(2016. 12. 20. 법률 제14389호로 개정되기 전의 것, 이하 같다) 제20조 제1항의 근로소득은 지급형태나 명칭을 불문하고 성질상 근로의 제공과 대가관계에 있는 일체의 경제적 이익을 포함할 뿐만 아니라, 직접적인 근로의 대가 외에도 근로를 전제로 그와 밀접히 관련되어 근로조건의 내용을 이루고 있는 급여도 포함한다고 설시하였습니다. 그리고 아래 사정들에

비추어 보면 이 사건 복지포인트가 구 소득세법 제20조 제1항의 근로소득에 해당한다고 보아, 이와 달리 판단한 원심을 파기·환송하였습니다.

가. 이 사건 복지포인트는 원고가 소속 임직원들에게 정기적으로 배정하여 사용하도록 한 것으로서, 직접적인 근로의 대가는 아니더라도 적어도 위 임직원들이 원고에게 제공한 근로와 일정한 상관관계 내지 경제적 합리성에 기한 대가관계가 인정되는 급여에는 해당함.

나. 이 사건 복지포인트는 건강관리, 자기계발 등으로 사용 용도가 제한되어 있고, 일정 기간 내 사용하지 않는 경우 이월되지 않고 소멸하며, 양도가 불가능하기는 하나, 그렇더라도 정해진 사용기간과 용도 내에서는 복지포인트를 사용하여 필요한 재화나 용역을 자유롭게 구매할 수 있으므로, 임직원들이 복지포인트를 사용함으로써 상당한 경제적 이익을 얻는다고 볼 수 있음.

다. 선택적 복지제도의 법적 근거가 되는 근로복지기본법 제3조 제1항은 근로복지의 개념에서 '임금·근로시간 등 기본적인 근로조건'을 제외하고 있으나, 이는 근로기준법의 규율 대상인 임금·근로시간 등 '기본적인 근로조건'을 근로복지기본법의 규율 대상에서 제외한다는 취지이지, 기본적인 근로조건이 아닌 후생 등 기타의 근로조건까지 모두 근로복지의 개념에서 제외한다는 취지가 아니고, 근로복지기본법 제3조 제1항을 근거로 근로복지와 근로조건을 양립불가능한 개념으로 볼 수는 없음.

### 3. 의의 및 시사점

대법원은 지난 2019년 "사용자가 선택적 복지제도를 시행하면서 직원 전용 온라인 쇼핑사이트에서 물품을 구매하는 방식 등으로 사용할 수 있는 복지포인트를 근로자들에게 계속적·정기적으로 배정한 경우라고 하더라도, 이러한 복지포인트는 근로기준법에서 말하는 임금에 해당하지 않는다"고 판단하여 복지포인트의 임금성을 부정하였습니다(대법원 2019. 8. 22. 선고 2016다48785 전원합의체 판결).

대상판결은 선택적 복지제도에 기초한 복지포인트가 임금처럼 직접적인 근로의 대가는 아니더라도, 근로와 복지포인트 사이의 상관관계 내지 경제적 합리성을 근거로 구 소득세법상 '근로소득'에 해당한다고 보아 근로소득세 과세대상에 해당한다는 점을 명확히 하였습니다. 현재 동일한 쟁점의 사건(대법원 2023두59391호)이 상고심 계속 중으로, 그 결론 또한 지켜볼 필요가 있습니다.

# 02

# 비정규직

# 묵시적 근로관계가 인정되는 경우 해당 근로자의 구체적인 근로조건을 정하는 기준을 제시한 대법원 판결

대상판결 : 대법원 2024. 7. 11. 선고 2021다251295 판결

## 1. 사안의 개요

피고는 항공기 부품, 엔진 등의 제작업 등을 영위하는 회사입니다. 원고는 피고에 고용되어 1990. 8. 1. 정규직으로 근무하면서 운전업무를 수행하였습니다. 원고는 1998. 9. 30. 피고에서 퇴사한 후, 피고로부터 업무용차량의 운행 및 유지관리업무를 도급받은 C와 근로계약을 체결하고(이하 '이 사건 도급계약') 1998. 11.경부터 C회사에서 운전 업무에 종사하였습니다. C회사는 2016. 7. 1. 폐업하여 원고는 2016. 7. 1. 피고에 촉탁직으로 재입사하였고(기간제 근로계약), 원고는 2018. 7. 1. 기간의 정함이 없는 근로자로 전환되어 현재까지 근무하고 있습니다. 원고는 방산물자 수송 차량(13톤 트럭)을 운전하는 업무를 주로 담당하였습니다.

## 2. 판결 요지

원심은 원고와 피고 간 묵시적 근로계약관계가 성립하였고, 1990. 8. 1.부터 현재까지 원고의 계속근로가 인정된다고 판단하였습니다. 그리고 원고에게 피고의 공통직에 관한 규정 내용이 적용된다는 전제하에 2019. 3. 1.을 기준으로

피고에 근무한 지 28년 7개월이 되는 원고의 호봉은 'G급 3년 차'가 되어야 한다고 판단하였습니다.

그러나 대법원은 다음과 같은 이유로 퇴사 당시 원고가 공통직이었다는 전제에서 원고의 직급과 호봉을 판단해서는 안 되고, 피고 소속 근로자 중 운전 업무를 수행한 다른 근로자가 있었는지를 살펴 그러한 근로자가 있다면 그 근로자가 속한 직군·직종의 직급 및 임금 체계를 원고에게 적용하여야 하고, 만일 그러한 근로자가 없다면 원고와 같은 운전직 근로자에 적용할 수 있는 적정한 다른 직군·직종의 직급 및 임금 체계가 있는지 등을 심리·판단하여야 한다고 판단하며 원심판결을 파기하였습니다.

가. 원고는 1990년경 피고에 최초 입사한 이래 1998년경 피고에서 퇴사할 때까지 운전 업무를 수행하였는데, 원고의 인사기록카드에는 위 기간에 대한 '직위/급호'란에 '운전'이라고 기재되어 있을 뿐, 공통직이라고 볼 만한 어떠한 기재도 없다. 공통직의 세부 직종은 G(경영지원), P(제조), M(영업/마케팅), E(기술), R(연구), D(디자인)로 구분되는데, 운전 업무는 그중 어느 하나에 속한다고 선뜻 보이지 않는다. 1995. 7. 1. 직제 변경에 따라 공통직의 직급이 J, A, S, M, G 단계로 분류되었는데도 이러한 직제변경 또한 원고의 인사기록카드에 반영되어 있지 않다. 이러한 점에 비추어 보면, 제출된 증거만으로는 원고가 1998년경 피고에서 퇴사할 당시 공통직 직군에 속하였다고 단정하기 어렵다.

나. 피고의 취업규칙은 원칙적으로 매년 실시되는 '정기승급'(제127조)과 소정기준에 달한 자 중 고시 또는 전형에 의하여 실시되는 '승격'(제23조)을 구분하고 있다. '정기승급'은 매년 호봉의 상승을 말하는 반면, '승격'은 직급의 상승을 말하는 것으로서, 양자는 그 내용과 요건이 다르고, 특히 승격에는 표준체류연한 외에도 다른 여러 평가요소가 참작되는 것으로 보인다. 원고가 C회사에 입사하기 전 피고에 고용되어 있던 8년 동안 매년 정기승급을 하여 호봉이 상승하였으나, 같은 기간 동안 승격한 사실은 없는 것으로 보인다. 그렇다면 원고가 위와 같이 매년 정기승급을 하였다는 사정만으로 당연히 원고가 매번 승격하였을 것이라고 보기 어렵다.

다. 그럼에도 불구하고 원심은 판시와 같은 이유만으로 원고가 1998년부터 공통직으로서 직급별 표준체류연한을 채울 때마다 승격하여 2019. 3. 1.에는 G급 3년 차에 이르렀을 것이라고 판단하였으니, 원심의 판단에는 묵시적 근로계약관계 성립에 따른 취업규칙의 적용 등에 관한 법리를 오해하여 필요한 심리를 다하지 아니함으로써 판결에 영향을 미친 잘못이 있다.

## 3. 의의 및 시사점

대상판결은 묵시적 근로관계가 인정되는 경우 그 근로자의 근로조건을 정하는 구체적인 기준을 제시하였다는 점에서 의미가 있습니다. 1) 묵시적 근로관계에 있던 기간에 동종 업무를 수행한 근로자가 있는 경우 그의 직급 및 임금 체계를 적용하고, 2) 그러한 근로자가 없다면 적정한 다른 직군·직종의 직급 및 임금 체계를 적용하되, 직급 승격은 심사의 내용과 승격 현황 등 승격 가능성을 고려하여 인정해야 한다고 판단했습니다.

# 02

# 비정규직

# 원고별 근무기간 동안의 실태를 개별적으로 살펴 근로자파견관계 성립 여부를 판단해야 한다고 판단한 사례

대상판결 : 대법원 2024. 3. 12. 선고 2019다28966, 2019다29006, 2019다28980
2019다28973, 2019다28997 판결

## 1. 사안의 개요

피고는 철강제조업을 영위하는 회사로 사내협력업체들에게 제품 생산에 필요한 지원공정·업무를 위탁하고 있었습니다. 원고들은 사내협력업체들 소속 근로자인데, 피고와 사내협력업체들이 체결한 도급계약의 실질은 「파견근로자 보호 등에 관한 법률」에서 정한 근로자파견계약에 해당한다고 주장하며 피고를 상대로 고용의 의사표시 이행을 청구하였습니다.

참고로 원고들은 각기 다른 12가지의 지원·공정업무를 수행하던 사람들이었고, 입사 시기 역시 다양하였기에 원고들이 근로자파견관계를 주장하는 기간(이하 '대상 근무기간') 역시 다양했습니다.

## 2. 판결 요지

원심 판결은 원고들과 피고 사이에 근로자파견관계가 성립하였다고 판단하였습니다. 그러나 대법원은 최소한 기계정비, 전기정비 레벨 0 업무, 유틸리티를 수행한 근로자들에 대해서는 대상 근무기간동안의 근로자파견을 인정할 증거가 부족하다며 원심을 파기하였습니다. 자세한 판결 요지는 아래와 같습니다.

가. 기계정비 업무를 수행한 원고들에 대한 판단

◦ 기계정비 업무는 피고의 생산공정에 밀접하게 연동되는 업무가 아니고, 피고는 정비계획을 수립하고 정비작업은 사내협력업체가 담당하였기 때문에 피고의 근로자와 사내협력업체 근로자가 수행한 업무는 어느 정도 구분되어 있었던 것으로 보임.
◦ 원심은 기계정비에 관한 작업표준서를 사내협력업체 근로자가 직접 작성하였다고 인정하였는데, 그 내용을 피고가 사실상 결정하거나 통제하였는지는 기록상 분명하지 아니함.
◦ 순천공장 설립 후 상당한 기간 동안 피고는 사내협력업체 근로자에게 작업 수행에 관한 지시를 하고, 사내협력업체로 하여금 피고가 허가한 근로자 수만큼만 라인에 배치할 수 있게 하였던 것으로 보이나, 제출된 증거만으로는 피고가 원고들의 대상 근무기간에도 이러한 권한을 계속 행사하였는지는 알기 어려움.

나. 전기정비의 레벨 0 업무를 수행한 원고들에 대한 판단

◦ 피고의 순천공장의 전기정비 업무 중 레벨 0은 생산과 무관한 시설과 설비에 대한 전기점검 및 유지 · 보수 업무임.
◦ 레벨 1 업무와 달리, 레벨 0 업무는 사내협력업체 근로자가 단독으로 수행하였던 것으로 보이는데, 원고들이 제출한 전기정비 업무에 관한 증거들은 대부분 레벨 1에 관한 것이어서 대상 근무기간 동안 피고의 설비관리팀 관리직 또는 현장기술직 근로자가 레벨 0 업무를 수행하는 사내협력업체 근로자에게 어떻게 지휘 · 명령을 하였고, 피고의 근로자가 수행하는 업무와 사내협력업체 근로자가 수행하는 업무가 구체적으로 어떻게 연관되었는지를 기록상 알기 어려움.
◦ 순천공장 설립 후 상당한 기간 동안 피고는 사내협력업체 근로자에게 작업수행에 관한 지시를 하고, 사내협력업체들의 인사나 근태관리 등에도 관여하였던 것으로 보이나, 피고가 대상 근무기간에도 이러한 권한을 계속 행사하였는지는 분명하지 않음.

다. 유틸리티 업무를 수행한 원고들에 대한 판단

◦ 이들이 대상 근무기간 동안 수행한 유틸리티 업무는 피고의 생산설비들과 떨어진 곳에 위치한 유틸리티 시설들을 유지 · 관리하는 업무로, 피고는 그중 정수처리시설, 폐수처

리시설, 냉난방설비, 건조기의 유지 · 관리 업무를 사내협력업체에 위탁하였고, 보일러 등 일부 시설을 직접 운영하였음.

◦ 위 원고들이 근무할 당시에는 시설별로 1명(3교대 근무를 하므로 총 3명)의 사내협력업체 근로자가 해당 시설 내에 근무하거나 순회하는 등으로 그 시설의 업무를 전담하였는데, 이들의 업무수행 장소는 유틸리티 업무를 수행하는 피고의 근로자들과 공간적으로 분리되어 있었고, 업무도 구분되어 있었음.

◦ 시설별 작업 내용을 기재한 작업표준서가 사내협력업체 명의로 작성된 것으로 보이는데, 그 내용을 피고가 사실상 결정하거나 통제하였는지는 기록상 분명하지 않음. 일부 장치를 작동할 때 피고의 근로자의 요청이 있거나 허락을 받는 경우가 있는 것으로 보이기는 하지만, 피고의 근로자와 사내협력업체 근로자가 어떤 관계에서 업무를 수행하였는지를 구체적으로 알 수 있는 증거가 부족하여, 그러한 요청이나 허락이 사용사업주의 지휘 · 명령에 해당한다고 단정하기 어려움.

◦ 순천공장 설립 후 상당한 기간 동안 피고는 사내협력업체들의 인사나 근태관리 등에 관여하였던 것으로 보이나, 피고가 이들의 대상 근무기간에도 이러한 권한을 계속 행사하였는지는 분명하지 않음.

## 3. 의의 및 시사점

대상판결은 불법파견 소송에서 원고들이 수행한 업무 분야별로 증거를 살펴야 함은 물론, 같은 공정 내지 업무 내에서도 해당 원고들의 대상 근무기간별로 근로자파견을 인정할 증거가 존재하는지를 개별적 및 구체적으로 판단하여야 한다는 점을 분명히 하였다는 점에서 의미가 있습니다.

# 동일한 업무를 수행한 근로자에 대하여 근무 시기에 따라 근로자파견관계 인정 여부를 달리 판단한 사례

대상판결 : 대법원 2024. 8. 23. 선고 2022다218936 판결

## 1. 사안의 개요

피고는 울산, 아산, 전주 등에 공장을 두고 자동차 및 그 부품의 제조·판매를 주된 사업으로 하는 주식회사입니다. 원고들은 피고의 협력업체에 소속된 근로자들로 피고의 자동차 연구·개발시설인 ○○연구소 내에서 소방 관련 업무를 담당하고 있는 사람들입니다. 원고별 피고 협력업체에 최초 입사한 시점과 입사 당시 협력업체명은 다음과 같습니다.

| 원고 | 최초 입사일 | 입사 시 협력업체 |
|---|---|---|
| A | 2000. 5. 8. | 갑 업체 |
| B | 2012. 9. 24. | 병 업체 |
| C | 2014. 10. 1. | 정 업체 |

○○연구소는 1996년경 판매용이 아닌 각종 시험용 시제차를 제작함과 동시에 그 과정에서 새로이 고안·설계된 자동차의 품질 및 성능을 평가함으로써 자동차의 연구·개발을 촉진하기 위한 목적으로 화성시 일대에 설립된 연구소입니다. ○○연구소에는 약 1만여 명에 달하는 피고 소속 근로자들이 배치되어 있는데, 이들은 1) 인사, 총무 등 관리 업무를 수행하는 일반직, 2) 제품기획,

디자인, 설계, 평가 등의 업무를 수행하는 연구직, 3) 시험운전, 장비점검, 시설 관리 등의 업무를 수행하는 기술직으로 구분되며 1만여 명의 근로자들 중 연구직 직군의 근로자가 8,000여 명에 달합니다. 원고들은 ○○연구소 내에서 소방업무를 담당하였는데, 소방대 업무를 담당하였던 협력업체는 다음과 같이 변경되었습니다.

| 구분 | 협력업체명 |
|---|---|
| 1998년경~2001년경 | 갑 업체 |
| 2001년경~2003년 10월 | 을 업체 |
| 2003년 10월~2013년 7월 | 병 업체 |
| 2013년 7월~ | 정 업체 |

피고는 2012년 이전까지는 그 기간에 해당하는 협력업체와 직접 위탁계약을 체결하는 방식으로 소방업무를 위탁하였고, 2012년경부터는 계열사인 ○○ 주식회사에 사업장의 시설 및 자산을 관리하는 내용의 자신관리 위탁계약을 체결하였습니다. ○○ 주식회사는 위탁받은 자산관리 업무 중 일부를 재위탁하는 방법으로 협력업체들과 업무위탁 계약을 체결하여 협력업체들로 하여금 재위탁업무를 수행하도록 하였습니다.

원고들은 피고의 ○○연구소 사업장에서 소방업무에 종사하면서 피고의 구체적인 지휘·감독 아래에서 피고에 직접 근로를 제공하였으므로, 원고들과 피고 사이에는 「파견근로자 보호 등에 관한 법률」(이하 '파견법')에 따른 근로자파견관계가 성립한다고 주장하면서, 피고를 상대로 근로자 지위확인 및 임금 지급 청구(혹은 고용의 의사표시 이행 및 임금 상당의 손해배상 청구) 등을 청구하였습니다.

### 3. 판결 요지

원심은 원고들 모두에 대해, 피고와의 관계에서 파견근로자에 해당하지 않는다고 판단하였고, 구체적인 이유는 다음과 같습니다.

가. 도급계약에서도 도급인은 계약상의 급부 이행과 관련하여 급부의 종류, 범위, 시간과 장소, 순서, 내용 등을 구체적으로 특정할 수 있고, 이 경우 수급인은 도급계약에서 정한 세부사항에 따라 급부를 이행할 계약상의 의무를 부담하므로, 피고가 위탁 기본 계약서, 자산관리 별도 협정서, 업무위탁 계약서 등을 통해 구체적으로 업무 내용을 정하였다거나 원고들을 포함한 이 사건 협력업체 소속 근로자들의 위 계약서 등에 따라 업무를 수행하였다는 사정만으로 피고의 원고들에 대한 상당한 지휘·감독을 인정하기 어렵다.

나. 피고는 원고들로부터 일일안전순찰일지, 화재진압보고서 등을 전달받았으나, 이를 근태관리, 근무평가에 이용하지 않았다. 피고 안전환경팀 소속 직원들은 사고 대응 및 예방 등을 위해 관련 내용을 공유할 필요도 있었다.

다. 소방 업무는 OO연구소의 핵심 업무인 자동차 연구개발 업무와 명백히 구별된다. 피고 소속 근로자들 중 소방 업무를 주된 업무로 수행하는 사람은 없었고, 피고의 안전환경팀에 결원이 발생하였을 때 원고들이 대체 투입된 바도 없다. 원고들이 피고의 직원들과 공동으로 화재진압·대피 훈련을 진행하기는 하였으나, 이는 위탁계약에 따라 업무를 수행한 것에 불과하므로, 원고들이 피고의 사업에 실질적으로 편입되었다고 보기 어렵다.

라. 협력업체들은 소방 업무에 종사할 근로자를 개별적으로 직접 채용하였고, 협력업체 소속 팀장, 소방대장이 직접 업무에 대한 계획, 일정 등을 결정하여 독자적인 작업배치권을 행사하였다. 피고가 협력업체 근로자들의 채용과정, 작업배치권 등에 관여하였다고 볼만한 사정이 드러나지 않는다.

마. 원고 대부분은 소방 관련 학과를 졸업하고 소방 관련 업무 경력을 보유하는 등으로

소방 업무에 필요한 자격을 갖추고 있었다. 협력업체가 수행한 소방 업무는 위탁계약에서 구체적으로 정한 업무 범위 내로 한정되어 있었고 피고의 안전환경팀 직원들이 수행한 소방행정 등 업무와 구별된다.

바. 협력업체 소속 근로자 수가 상당한 규모에 달했고, 정 업체는 ○○연구소 외의 다른 사업장에서 미화, 환경 등의 용역업무를 위탁 수행하였다.

대상판결은 원고 B, C에 대해서는 원심 판결의 결론을 그대로 유지하였습니다. 그러나 원고 A에 대해서는 다음과 같은 이유로, 근로자파견의 기준에 관한 법리를 오해하였다고 판단하였습니다.

가. 원고 A의 계쟁기간은 2000. 5.부터 2002. 5.까지로 원고 B, C의 계쟁기간인 2014. 9. 및 2016. 10.보다 앞서고 시간적 간격도 매우 크다. 따라서 원고 B, C가 근무할 당시 소방 업무가 수행된 방식, 피고와 협력업체의 역할 등이 원고 A의 계쟁기간에도 동일하였다고 인정하기 어렵다.

나. 원고 A는 계쟁기간 동안 협력업체인 갑, 을 업체 소속으로 소방 업무를 수행하였는데, (i) 피고는 원래 자신의 직원들만으로 ○○연구소 소방대를 운영하다가 1999년말에서 2000년 초경 그중 일부를 협력업체 소속 직원으로 대체하는 내용의 조직 변경을 한 사실, (ii) 원고 A는 조직 변경에 따라 갑 업체 소속으로 ○○연구소에서 근무하게 되었는데 당시 소방대장은 피고 직원인 행정지원실장이 맡았고, 그 바로 아래에서 피고 직원인 안전과장이 원고 A 등 협력업체 소속 직원들을 포함한 소방대 근무자들의 업무를 총괄한 사실, (iii) 당시 용역직 소방대원은 2인 1조로 교대근무를 하였는데 용역직원의 휴무일에는 피고의 직원이 대신하여 근무한 사실, (iv) 원고 A는 소방 관련 학교를 졸업하거나 소방 관련 자격증을 보유하지 않은 사실을 확인할 수 있다. 또한 (v) 원고 A가 소속된 협력업체들은 소방 업무를 수행하기에 충분한 인적 자원이나 물적 설비를 갖추고 있었던 것으로 보이지 않는다. 이는 원고 B, C의 업무 수행 방식과 대조된다.

다. 이러한 사실관계를 살펴보면, 원고 A는 계쟁기간 동안 피고로부터 지휘·명령을 받으며 피고에게 근로를 제공하였다고 볼 여지가 상당하다. 그런데도 원심은 원고 A가 피고와 어떠한 관계에서 어떤 방식으로 소방 업무를 수행하였는지 구체적으로 심리하지 않은 채, 2012년 이후의 사정을 들어 원고 A의 근로자파견관계를 부정하였다. 이러한 원심의 판단에는 필요한 심리를 다하지 않음으로써 판결에 영향을 미친 잘못이 있다.

## 4. 의의 및 시사점

현재 같은 업무를 하더라도 협력업체가 전문성, 독립성을 갖춘 이후에 입사한 직원들에게는 불법파견이 인정되지 않지만, 그보다 전에 입사한 직원의 경우 불법파견이 인정될 수 있다는 취지의 대법원 판결입니다.

법원은 불법파견 소송에서, 개별 공정별로 판단하는 것은 물론 같은 공정 내에서도 원고별 근무기간 동안의 실태를 개별적으로 살펴 근로자파견관계 성립 여부를 개별적으로 판단해야 한다는 입장입니다(대법원 2024. 3. 12. 선고 2019다28966 판결 등 참조).

# 회사 연구소 시험장비 예방 · 점검업무를 수탁받은 협력업체 소속 근로자들이 위탁회사와 근로자파견관계에 있다고 판단한 사례

대상판결 : 대법원 2024. 6. 17. 선고 2019다279344 판결

## 1. 사안의 개요

피고는 자동차 및 그 부품을 제조 · 판매하는 회사이고, 피고는 화성시 일대에서 각종 시험용 차량을 제작하고 새로 고안 · 설계된 차량의 품질 및 성능을 시험 · 평가하는 자동차 연구 · 개발 시설인 W연구소를 운영하고 있습니다. W연구소에는 20,000대 이상의 장비가 설치 · 운용되고 있습니다. 장비들이 고장나지 않고 정상적으로 작동하기 위해서는 주기적으로 점검되고 유지 · 관리되어야 하는데, 그 중 정기적인 점검이 필요한 1,000여 개의 중요 시험장비에 관한 업무를 이 사건 예방 · 점검 업무라 부릅니다.

피고는 1996. 10.경 도급 형식의 계약을 체결하고 X에 이 사건 예방 · 점검 업무를 맡겼습니다. 이후 이 사건 예방 · 점검 업무의 수급업체가 Y, 주식회사 Z, AA 주식회사, AB, 주식회사 AC, AD, AE 주식회사로 변경되어 현재는 AE 주식회사가 업무를 수행하고 있습니다(이하 수급업체를 통칭하여 '협력업체', 협력업체가 피고와 체결한 각 계약을 통틀어 '이 사건 계약'). 과거 협력업체에 입사하였다가 고용이 승계되어 현재 AE 주식회사 소속으로 이 사건 예방 · 점검 업무를 수행하고 있거나 퇴사자인 사람들이 원고가 되어 피고 회사를 상대

로 불법파견을 주장하는 소를 제기하였습니다.

## 2. 판결 요지

원심판결은 원고들의 주장에 부합하는 일부 사정과 증거만으로는 원고들이 피고와 근로자파견관계에 있거나 있었던 것으로 보기 어렵다고 판단하였습니다.

그러나 대상판결은 아래와 같은 이유로 원심판결을 파기하고 원고들과 피고 사이에 근로자파견관계가 인정된다고 판단하였습니다.

1) 피고는 1996년경 도급 형식의 계약을 체결하고 ◇엔지니어링(이후 수급업체가 수차례 변경되었으나 소속 근로자의 고용은 계속 승계되었다. 이하 모두 '이 사건 협력업체') 에 □□연구소의 보전 업무 중 예방점검 및 이에 수반하는 경정비 업무를 맡겼고, 보전 업무 중 수리 업무는 피고 정규직 근로자들이 수행하였다. 피고는 이 사건 협력업체 소속 근로자들인 원고들에게 점검항목별로 점검포인트, 점검기준 등이 상세히 기재된 예방점검표를 제공하였고, 원고들은 위 예방점검표에 따라 점검결과를 표시하고 조치 내용 및 측정데이터 등을 기재하여 피고 시험팀 담당자로부터 확인을 받는 등의 방식으로 보전 업무를 수행하였다. 또한 피고는 피고의 사무실에서 이 사건 협력업체와 주 1회 업무회의를 통해 보전 업무의 진행을 관리하고 지시사항을 전달하였다.

2) 피고가 보전 업무와 관련하여 피고의 정규직 근로자들과 이 사건 협력업체 소속 근로자들이 담당해야 할 업무 내용을 구분해 두기는 하였지만, 실제로는 피고 정규직 근로자들과 원고들의 업무 범위가 명확하게 구분되지 아니하여 일부 장비의 경우에는 함께 업무를 담당하기도 하고, 장비 고장이 발생한 경우 피고 정규직 근로자의 요청에 따라 수시로 공동 작업을 수행하기도 하였다.

3) 피고는 이 사건 협력업체와 사이의 도급계약에서 도급금액을 표준정원(T/O)에 계약단가를 곱한 금액으로 정하면서, 실제 투입된 근로시간이 표준정원(T/O) 산출의 기준이 된 시간당 1인의 작업량(M/H)에 미달할 경우 미달분을 도급금액에서 공제하였고, 이

사건 협력업체는 매월 근로자별로 결근 여부 및 근로시간을 정리한 작업월보를 피고에게 제출하였다. 따라서 이 사건 협력업체는 피고가 정한 표준정원(T/O)에 해당하는 인원만을 채용하고, 이 사건 보전 업무에 몇 명의 근로자를 배치할 것인지에 관한 일반적 작업배치권을 독자적으로 행사할 수 없었던 것으로 보인다. 피고는 이 사건 협력업체 근로자들이 신규로 채용되거나 신규 업무를 담당하게 될 경우 세부 업무에 대한 직무교육을 수개월간 직접 실시하기도 하였다.

4) 원고들의 업무는 피고가 미리 정해 둔 비교적 단순한 작업을 반복하는 것으로서 협력업체의 전문적인 기술 등이 요구되지 않았던 것으로 보인다. 이 사건 협력업체는 종전 업체 직원들의 고용을 그대로 승계하였을 뿐 이 사건 보전 업무에 고유 자본이나 기술을 투입한 바가 없고, 피고 외부에 별도의 사업장이나 사무실조차 두고 있지 않는 등 보전 업무 수행에 필요한 물적 설비도 보유하고 있지 않았다.

## 3. 의의 및 시사점

대법원은 같은 연구소에서 피고 회사가 새로 설계·구상한 공법에 따라 시험용 자동차 도장 업무를 수행한 근로자들의 경우 원청업체와 근로자파견관계에 있다고 판단하였으나(대법원 2020. 3. 26. 선고 2017다217724, 2017다217731 판결), 전산장비 유지·보수 업무를 수행한 근로자들의 경우 근로자파견관계에 있지 않다고 판단한 원심판결을 그대로 유지하였습니다(서울고등법원 2023. 11. 3. 선고 2022나2034044 판결, 대법원 2024. 3. 28.자 2023다305431 심리불속행 기각 판결로 확정). 이번에는 같은 연구소의 시험장비 예방·점검 업무에 대하여 근로자파견관계가 인정된다고 판단한 것입니다.

대법원은 불법파견 소송에서 원고들이 수행한 업무 분야별로 증거를 살펴야 함은 물론, 같은 공정 내지 업무 내에서도 해당 원고들의 대상 근무기간별로 근로자파견을 인정할 증거가 존재하는지를 판단해야 한다고 판시하였습니다[대법원 2024. 3. 12. 선고 2019다28966, 2019다28973(병합), 2019다28980(병합), 2019다28997(병합), 2019다29006(병합) 판결]. 차후에도 같은 사업장, 같은 직무라 하더라도 근로자파견관계 징표에 관한 구체적 사실관계에 따라 근로자파견관계 인정 여부가 달라질 수 있다는 점을 유의할 필요가 있습니다.

# 사외에서 이루어진 서열보급(자재보급) 업무도 근로자파견에 해당하고, 직접고용의사표시 청구권의 소멸시효는 10년이라고 판단한 사례

대상판결 : 대법원 2024. 7. 11. 선고 2021다274069 판결

## 1. 사안의 개요

피고는 자동차 및 자동차부품 제조・판매 사업을 하는 L 주식회사가 M 주식회사를 인수하여 2002년에 신설한 법인으로, 각종 자동차 관련 기계, 설비 및 그 부품의 설계, 제조, 조립, 정비, 판매와 금융, 보급 및 서비스 등을 목적으로 하는 회사입니다.

피고는 2004년 초순경 W 주식회사(이하 '이 사건 협력업체')와 피고 공장의 조립 공정에 필요한 일부 부품을 위 업체가 서열하여 조립 라인에 보급하기로 하는 업무도급계약을 체결하였고, 그때부터 피고의 사내협력업체인 S회사가 담당하던 서열보급 업무를 이 사건 협력업체가 함께 담당하였습니다. 이 사건 협력업체가 담당한 서열보급 업무의 대부분은 피고 공장에서 차로 15분 정도의 거리에 있는 사업장(이하 '외부 사업장')에서 이루어졌습니다. 원고들은 이 사건 협력업체에 입사하여 피고의 자동차 생산 과정 중 조립 공정에 필요한 부품이나 자재를 조달하여 지정된 위치에 운반하는 보급업무, 위 부품이나 자재를 사전에 지정된 순서에 따라 늘어놓는 서열업무에 종사하여 왔습니다.

## 2. 판결 요지

원심은 원고들이 1) 2005년경 이 사건 협력업체에 고용된 후 2년을 초과하여 계속적으로 피고의 창원공장에서 피고의 지휘·명령에 따라 근로를 제공하는 근로자파견관계에 있었고, 2) 원고들의 청구가 신의칙 내지 실효의 원칙에 반하지 않으며, 3) 원고2의 고용의사표시 청구에 관하여 5년의 소멸시효 기간이 완성되었다는 피고의 소멸시효 항변을 배척하면서 원고들의 청구를 일부 인용하였습니다[부산고등법원(창원) 2021. 7. 15. 선고 2020나14522 판결]. 신의칙과 소멸시효 주장에 대한 원심의 구체적인 판단은 아래와 같습니다.

### 가. 피고의 신의칙 위배 주장에 관한 판단

피고는 원고들이 이 사건 협력업체에 입사한지 약 15년이 지나서 이 사건 청구를 하는 것은 신의칙(실효의 원칙)에 반하여 허용될 수 없다고 항변하였으나, 피고가 제출한 증거들만으로 원고들이 피고와의 근로관계를 다투지 않겠다는 의사를 표시하였고 피고에게 이를 신뢰할 만한 정당한 기대가 형성되었다고 보기 부족하고 달리 이를 인정할 증거가 없으므로, 원고들의 이 사건 청구가 신의칙 또는 실효의 원칙에 반한다고 보기 어렵다.

### 나. 고용의무이행 청구권의 소멸시효 완성 주장

파견근로자의 고용의무이행청구권은 파견법상 부여된 법정채권으로서 이를 사용사업주의 상행위로 인한 채권에 해당한다거나 상행위에 준하는 채권에 해당한다고 보기 어렵다. 따라서, 위 직접고용의무 이행청구권의 소멸시효 기간이 5년이라는 피고 주장은 이를 받아들일 수 없고, 위 직접고용의무 이행청구권에 단기소멸시효 기간이 적용되어야 한다고 볼 만한 다른 사정도 없으므로, 위 직접고용의무 이행청구권의 소멸시효기간은 민법 제162조 제1항에서 정한 10년으로 봄이 타당하다.

대법원도 원심판결을 수긍하여 피고의 상고를 기각하였습니다.

### 가. 근로자파견관계 성립 관련

서열보급 업무는 컨베이어 라인의 생산일정에 맞추어 적시에 조립부품 등을 제공하는 것이므로 컨베이어벨트의 생산속도 및 일정에 연동되어 이루어졌다. 그 결과 업무의 시작 및 종료시간, 연장 · 야간 · 휴일근무 시간 등이 피고가 정한 생산계획에 구속되었고, 해당 공정의 작업량이나 투입 인원 또한 컨베이어벨트의 작동 속도 내지 생산량을 감안하여 책정되었다.

참가인은 피고 공장 내에서 이루어지던 서열업무를 외부사업장에서 수행하기도 했으나, 이는 피고 공장의 공간 부족으로 인한 것이었을 뿐이고, 피고 공장 안에서 하는 서열업무와 외부사업장에서 하는 서열업무 사이에 특별한 차이는 없었다.

원고들이 참가인에 입사하여 근무한 기간 중 2005년경부터 2007년경까지 사이에 참가인이 지게차, 트럭 등 일부 장비를 보유하기는 했으나, 핵심적으로 필요한 생산 관련 시설, 장비, 작업도구, 부품 등은 대부분 피고의 소유였고, 참가인은 이를 임차하여 사용하였다.

### 나. 소멸시효 항변 관련

파견법 제6조의2 제1항의 직접고용의무 규정은 사용사업주가 파견법을 위반하여 파견근로자를 사용하는 행위에 대하여 근로자파견의 상용화 · 장기화를 방지하고 파견근로자의 고용안정을 도모할 목적에서 행정적 감독이나 처벌과는 별도로 사용사업주와 파견근로자 사이의 사법관계에서도 사용사업주에게 직접고용의무라는 법정책임을 부과한 것이므로 직접고용의무 규정에 따른 고용 의사표시 청구권에는 10년의 민사시효가 적용됨이 타당하다.

## 3. 의의 및 시사점

대상판결과 비교되는 사례로, 대법원은 1차 협력업체에 소속되어 서열・불출업무를 담당한 근로자의 파견관계를 긍정하고 2차 부품물류회사 소속으로 불출 업무를 담당한 근로자의 파견관계를 부정한 원심을 확정한 사례가 있습니다(대법원 2023. 11. 16. 선고 2023다203993 판결). 대법원은 2차 협력업체 소속으로 자동차 공장 내에서 생산관리(서열・불출)를 담당한 근로자의 파견관계를 부정한 원심을 확정하기도 했습니다(대법원 2023. 10. 26. 선고 2023다215842, 2023다215859 판결). 또 다른 대법원 판결로, 2차 협력업체 소속으로 부품 서열·불출 업무를 한 근로자들에 대해 파견근로를 인정한 원심을 심리미진을 이유로 파기환송한 사례도 있습니다(대법원 2022. 10. 27. 선고 2017다15010, 2017다15027, 2017다15034 판결).

대상판결은 사외에서 이루어지는 서열 업무에 대하여도 파견관계를 인정하였다는 점, 직접고용의무에 따른 고용의사표시청구권에 대한 소멸시효 기간을 민법 제162조 제1항에 따른 10년으로 인정하였다는 점에서 주목됩니다.

# 근로자파견관계에 있어서 실효의 원칙을 인정한 사례

대상판결 : 대법원 2024. 11. 20. 선고 2024다269143 판결

## 1. 사안의 개요

피고 회사는 자동차와 부품의 제조·판매를 목적으로 하는 회사입니다. 원고는 2000. 4. 22. 피고와 도급계약을 체결한 사내협력업체에 입사한 이후, 피고 회사의 아산공장 내부에서 엔진제작공정(소재제작공정의 일부) 업무를 수행했고, 2009. 9. 26. 해고되었습니다.

한편 2010. 7. 22. 피고 회사의 울산공장 내 협력업체 직원들에 대한 대법원 판결이 최초로 선고되었고(대법원 2010. 7. 22. 선고 2008두4367 판결), 원고가 근무하였던 아산 공장의 협력업체 소속 직원들 수천 명 또한 2010년부터 2013년 사이에 피고를 상대로 대규모 소송을 제기하였습니다. 해당 사실은 언론을 통하여 보도되기도 하였습니다.

원고는 피고 회사를 상대로 소송을 제기하지 않다가, 2021. 1. 24.에 이르러서야 소송을 제기하였습니다.

## 2. 판결 요지

원심(항소심)은 원고와 피고 회사 사이에 근로자파견관계가 성립하였음을

인정하였습니다. 또한 피고 회사가 들고 있는 사정들과 제출한 증거들만으로는 원고가 피고 회사에게 더 이상 권리행사를 하지 않을 것이라고 신뢰할 만한 정당한 기대를 가지게 함으로써 원고의 권리행사가 신의칙에 반한다거나, 원고가 장기간 권리를 행사하지 않아 권리가 실효되었다고 인정하기에 부족하다고 판단하였습니다.

그러나 대상판결은 아래와 같은 사정을 들어 원고의 권리가 실효되었다고 봄이 타당하다고 판단하였습니다.

◦ 원고는 직접고용이 간주된 2002. 4. 22.로부터는 약 18년, 파견근로관계가 종료된 2009. 9. 26.부터는 약 11년 4개월 뒤인 2021. 1. 24.에 이르러서야 이 사건 소를 제기하였음. 다른 협력업체를 통하여 파견근로관계를 유지하였다거나 이 사건 소 제기 이전에 피고 회사를 상대로 직접고용이행을 요구하는 등의 권리를 행사하였다고 볼만한 다른 사정도 존재하지 않음. 파견근로를 종료한 2009. 9. 26. 이후부터 피고 회사의 자동차 제조와는 전혀 관련이 없는 직종에서 근무하였을 뿐임.

◦ 2010년부터 2013년경 사이에 제기된 대규모 소송에 관하여 근로자파견관계를 인정한 제1심 판결이 2014. 9. 18. 선고되었고, 이에 대한 항소심 판결이 2017. 2. 10. 이루어졌음. 또한 원고가 소속되었던 피고 회사의 아산공장 사내협력업체 근로자들에 대하여 근로자파견관계를 인정한 대법원 판결(2010다106436)[15]이 2015. 2. 26. 선고되기도 하였음. 그럼에도 원고는 그로부터 약 6년이 지나서야 이 사건 소를 제기하였음.

◦ 원고는 피고와의 근로관계가 완전히 단절된 이후부터는 약 11년 4개월, 피고 회사의 공장 내 협력업체 직원들에 대한 근로자파견관계를 인정한 대법원 판결이 선고된 날부터도 약 10년 6개월이 경과한 상태에서 이 사건 소를 제기하였는데, 이러한 경우에까지 실효의 원칙을 부정한다면, 10년의 소멸시효기간이 적용되는 직접고용 의사표시 청구권과의 형평에도 어긋남.

15) 2007. 7. 2. 제기된 소입니다.

## 3. 의의 및 시사점

대상판결은 근로자파견관계 중 고용의제 사건에서 실효의 원칙을 적용한 첫 사례라는 점에서 의미가 있습니다. 고용의제를 주장하는 사건에서 실효의 원칙은 유의미한 주장이 될 것으로 보입니다.

다만 대상판결은 원고가 파견근로관계가 단절된지 11년 4개월 뒤에서야 소를 제기하였고, 파견관련 소송이 제기되고 있음을 인지할 수밖에 없었음에도 뒤늦게 소송을 제기한 경우였습니다. 따라서 고용의제 시점 후 상당 기간이 지났다는 사정만으로는 실효의 원칙을 인정받기 어려울 수 있습니다. (i) 고용의제 후 상당한 시간이 흘렀다는 사정 외에도, (ii) 파견근로관계 단절 이후에도 상당한 시간이 흘렀다는 점, (iii) 선행 파견 소송 등이 존재했다는 점 등이 뒷받침될 수 있어야 합니다.

실제로 대법원은 선행 파견 소송이 존재하였던 사안에서, 그 이후에도 회사가 사내협력업체 소속 근로자들을 직접 고용하지 않음에 따라 해당 사건을 비롯한 다수의 소송이 제기된 점 등에 비추어 근로자들의 권리행사가 신의칙에 반한다고 보기 어렵다고 판단한 사례도 있습니다(대법원 2024. 7. 25. 선고 2024다203891, 2024다203921, 2024다203914, 2024다203907 판결). 또한 직접고용의무이행이 문제된 사건에서는 '파견법에 따라 직접고용의무가 최초 발생한 이후에도 파견근로자를 계속 사용하는 동안에는 파견법 위반 상태가 지속되어 직접고용의무가 계속적으로 발생하고, 이에 상응한 파견근로자의 직접고용청구권도 계속적으로 발생한다'는 이유로, '원고들의 직접고용청구권이 시효완성으로 소멸하였다는 피고의 항변을 배척한 원심판결이 정당하다'고 한 사례도 참고할 필요가 있습니다(대법원 2024. 7. 25. 선고 2024다211908, 2024다211915, 2024다211922 판결).

# 02 비정규직

가. 묵시적 근로관계

**나. 근로자파견**

1) 성립여부

**2) 불법파견의 효과**

다. 기간제 근로

라. 차별적 처우

# 사용사업주가 직접고용을 하지 않고 있던 기간에 관하여 임금 등을 청구하기 위한 요건과 증명책임에 관한 법리를 판시한 사례

대상판결 : 대법원 2024. 3. 12. 선고 2019다223303, 2019다223310(병합) 판결

## 1. 사안의 개요

피고는 무기계약직으로 전환된 근로자들에게 적용하기 위하여 '현장직직원 관리예규(이하 '이 사건 예규')'를 제정하였고, 2014. 1.경부터는 현장직에게 동일한 기본급표를 적용하였습니다. 현장직군은 인사규정상 직군의 하나이고, 조무원은 현장직에 포함되는 직종의 하나인데 이 사건 예규에 의하면 경비원, 청소원, 식당조리원 등이 조무원에 해당합니다.

한편 원고들은 피고와 고속국도 통행료 수납업무 용역계약을 맺은 외주사업체에 소속되어 피고의 통행료 수납업무를 수행한 근로자들로, 원고들 대부분은 선행 판결로 파견법상 피고에게 직접고용간주된 근로자이거나 피고에게 직접고용의무가 있다고 판단된 사람들이었습니다(대법원 2019. 8. 29. 선고 2017다219249 판결, 대법원2019. 8. 29. 선고 2017다219072 등 판결).

## 2. 판결 요지

대법원은 대법원 2024. 3. 12. 선고 2019다222829, 2019다222836(병합) 판결과 동일한 법리를 제시하며 통행료 수납업무를 수행한 원고들에게 이 사건

예규 중 조무원의 근로조건을 적용하는 것이 타당하다고 판단하였습니다.

한편 이 사건에서는 피고가 직접고용을 하지 않고 있던 중의 임금 등을 피고에 청구할 수 있는지가 문제되었습니다. 이에 대하여 대법원은 아래와 같은 법리를 제시하였습니다.

가. 사용사업주가 파견근로자를 현실적으로 고용하고 있지 않은 동안 파견근로자가 파견사업주 소속으로 계속 사용사업주에게 근로를 제공하였다면 파견근로자는 직접고용관계에 따른 근로제공의무를 이행한 것으로 보아야 하므로 사용사업주를 상대로 근로제공 사실을 증명하여 그 반대급부로 임금 등을 청구할 수 있다.

나. 사용사업주가 파견근로자를 현실적으로 고용하고 있지 않은 동안 파견사업주와 파견근로자 사이의 고용관계가 단절되거나 그 밖의 사유로 사용사업주에 대한 근로제공이 종료되거나 일시적으로 중단된 경우, 파견근로자는 민법 제538조 제1항에 따라 근로제공이 이루어지지 않은 것이 사용사업주의 책임 있는 사유로 인한 것임을 증명하여 사용사업주를 상대로 근로제공 중단 기간 동안 근로 제공을 계속하였다면 받을 수 있었던 임금 등 상당액을 청구할 수 있다. 근로제공이 이루어지지 않은 것이 사용사업주의 책임 있는 사유로 인한 것인지는 근로제공이 이루어지지 않은 구체적인 사유와 경위, 그 사유에 관한 파견근로자와 사용사업주의 태도 등을 고려하여 판단하여야 한다.

이와 같은 법리를 바탕으로 대법원은 아래와 같이 구체적인 사안에 관한 판단을 하였습니다.

**가. 원고들의 파업기간**

피고의 직접고용의무 불이행으로 인하여 위 원고들이 근로를 제공하지 못한 것이라고 볼 만한 사정을 찾을 수 없으므로 파업 참가 기간에 대하여 임금(직무수당 포함) 상당의 손해배상청구를 배척한 원심의 판단은 타당하다.

### 나. 급여명세서나 임금대장 등이 제출되지 않은 기간

원심으로서는 원고들이 피고에게 근로를 제공한 사실이 인정되는지, 그렇지 않다면 피고의 책임 있는 사유 등으로 인하여 원고들이 피고에게 근로를 제공하지 못한 것이라고 인정되는지를 원고별로 살펴 급여명세서 등이 제출되지 않은 기간에 대한 원고들의 청구를 인용할 것인지를 판단하였어야 한다.

그런데도 원심은 원고들이 피고에게 근로를 제공하였다는 점이나 피고의 책임 있는 사유 등으로 근로를 제공하지 못하게 되었다는 점에 관하여 원고들이 증명할 필요가 없다고 판단하였는바, 이러한 원심의 판단에는 직접고용간주에 따른 임금 등 청구권의 성질 및 그에 관한 증명, 직접고용의무 위반으로 인한 손해의 증명 등에 관한 법리를 오해하여 필요한 심리를 다하지 아니함으로써 판결에 영향을 미친 잘못이 있다.

### 다. 결근 등을 한 기간

임금을 결근일 등에 비례하여 감액하지 않고 그 전액을 인용하려면, ① 앞서 본 법리에 따라 위 결근 등이 피고의 책임 있는 사유 등으로 인한 것으로 인정되거나, ② 그러한 사정이 인정되지 않는다면 현장직 직원들이 개인적인 사정으로 결근 등을 하여도 피고가 급여를 비례 감액하지 않는다는 사실이 인정되어야 한다. 그러나 원고들이 결근 등을 한 것이 피고의 책임 있는 사유 등으로 인한 것이라는 점이 증명되었다고 보기 어렵다.

### 라. 사직 후 선행 소송 제기 전의 기간

이 부분 원고들은 외주사업체에서 스스로 사직하였고, 기록상 사직의 경위 등을 알 수 없는데, 선행 소송 제기 전의 기간에 대해서는 피고가 직접고용의무를 이행하지 않음으로 인하여 이들이 근로를 제공하지 못하였다고 단정하기 어렵다.

한편 대법원은 파견근로자에게 지급한 임금 등의 세부 항목이 사용사업주가 지급하여야 하는 세부 항목 각각에 대응하여 지급된 것이라고 볼 수 없으므로 특별한 사정이 없는 한 부진정연대채무자인 파견사업주가 파견근로자에게 변제한 임금 등은 그 세부 항목을 가리지 않고 그 전부가 사용사업주가 지급해야 할 금액에서 공제되어야 하고, 동일한 세부 항목이나 동종의 항목별로 대응하여 변제가 된 것이라고 볼 수 없다는 점도 확인하였습니다.

## 3. 의의 및 시사점

대상판결은 사용사업주에게 직접고용간주되거나 사용사업주에게 직접고용의무가 발생하였는데도 사용사업주가 직접고용을 하지 않고 있던 기간에 대하여 임금 등을 청구하기 위한 요건과 증명책임에 대하여 명확하게 판시하였다는 점에서 의미가 있습니다. 특히 자진 사직 후 소송 제기 등을 통해 근로제공의사를 명확히 하기까지의 기간 동안의 임금 청구 가부를 명확히 하였습니다.

# 파견근로자와 동종 · 유사 업무를 수행한 사용사업주의 근로자가 없는 경우 법원이 사용사업주와 파견근로자가 합리적으로 정하였을 근로조건을 적용할 수 있다고 한 사례

대상판결 : 대법원 2024. 3. 12. 선고 2019다222829, 2019다222836(병합) 판결

## 1. 사안의 개요

피고는 2007년경 기간제근로자들을 무기계약직으로 전환하였는데, 기간제 통행료 수납원들과 기간제 상황실 보조원들은 전환 대상에 포함되지 않았습니다. 피고는 무기계약직으로 전환된 근로자들에게 적용하기 위하여 '현장직직원 관리예규(이하 '이 사건 예규')'를 제정하였고, 2014. 1.경부터는 현장직에게 동일한 기본급표를 적용하였습니다. 현장직군은 인사규정상 직군의 하나이고, 조무원은 현장직에 포함되는 직종의 하나인데 이 사건 예규에 의하면 경비원, 청소원, 식당조리원 등이 조무원에 해당합니다.

한편 원고들은 개인사업자 등록을 하고 피고와 직접 용역계약을 체결하거나 용역업체에 소속되어, 피고의 상황실 보조 업무를 수행한 사람들로, 근로자파견관계가 성립하였다고 주장하며 피고에게 고용의 의사표시 및 손해배상을 구하는 소를 제기하였습니다.

## 2. 판결 요지

원심은 원고들과 피고 사이에 근로자파견관계 성립을 인정하였고, 이 사건

예규상 조무원의 근로조건이 적용되어야 한다고 판단하였습니다.

그러나 대법원은 근로자파견관계 성립을 인정하면서도 원고들에게 적용할 근로조건에 관하여 아래와 같은 법리를 제시한 후, 원고들을 직접 고용하더라도 이 사건 예규 중 조무원의 근로조건을 적용하여야 한다고 보기 어렵다고 판단하였습니다.

대법원이 상황실 보조 업무를 수행한 원고들에게 이 사건 예규 중 조무원의 근로조건을 적용하여야 한다고 보기 어렵다고 판시한 이유는 아래와 같습니다.[16]

가. 조무원은 피고의 현장직군의 하위 직종 중 하나인데, 조무원으로 근무하는 근로자 중에 원고들과 동종·유사 업무를 수행하는 근로자가 존재하지 않는 것으로 보인다.

나. 상황실 보조원들은 그 수행 업무의 특성상 평일에는 18:00부터 다음 날 09:00까지, 휴일 및 휴무일에는 09:00부터 다음 날 09:00까지 격일로 근무하여 적지 않은 야간·연장·휴일근로를 하여야 하고, 임금에서 야간·연장·휴일근로가 차지하는 비중이 상당히 큰데, 이와 같은 형태로 근무하는 피고 조무원이 있는지는 기록상 확인할 수 없다. 근무형태가 서로 상이한 조무원과 상황실 보조원의 노동강도가 동일하다고 인정하기 어렵고, 업무 내용의 차이까지 고려해 보면, 상황실 보조원의 근로의 가치가 피고의 조무원의 그것과 같거나 그보다 높다고 단정할 수 없다.

다. 이러한 업무 내용, 근로의 가치, 근무형태, 임금구조의 차이에 비추어 보면, 파견법의 입법 목적과 공평의 관념을 고려하더라도, 합리적인 사용자가 원고들을 직접 고용하였다면 원고들에게 이 사건 예규 중 조무원의 근로조건을 그대로 적용하는 데 동의하였을 것으로 보이지는 않는다.

16) 같은 날 선고된 대법원 2024. 3. 12. 선고 2019다223303, 2019다223310(병합) 판결의 원고들은 피고의 통행료 수납업무를 수행한 근로자들이었습니다. 대법원은 해당 근로자들에게 이 사건 예규 중 조무원의 근로조건을 적용한 것은 타당하다고 판단하였습니다.

### 3. 의의 및 시사점

대법원은 최근 기간제근로자에 관하여 "노동위원회 차별시정제도의 취지와 직권주의적 특성, 비교대상성 판단의 성격 등을 고려하면, 노동위원회는 신청인이 주장한 비교대상 근로자와 동일성이 인정되는 범위 내에서 조사, 심리를 거쳐 적합한 근로자를 비교대상 근로자로 선정할 수 있다"는 판단을 한바 있습니다(대법원 2023. 11. 30. 선고 2019두53952 판결).

대상판결에서는 사용사업주에게 직접고용간주되거나 사용사업주에게 직접고용의무가 발생하여 사용사업주가 직접고용하여야 하는데, 그들에게 적용될 근로조건에 대해서는 근무형태의 특수성, 노동강도의 차이 등을 구체적으로 심리하여야 하고, 그렇게 판단하였을 때 비교 대상 직군의 근로조건을 적용할 수 없다고 한다면 기존 근로조건의 수준보다 낮지 아니함을 전제로 회사가 이들을 직접 고용하면서 합의한 근로조건이나 그 밖에 다른 적합한 근로조건이 있는지 등을 심리하여야 하며, 그렇게 하더라도 적용할 적정한 근로조건을 찾을 수 없다면 파견법 제6조의2 제3항 제2호에 따라 기존 근로조건을 적용할 수밖에 없다고 보았습니다.

대상판결은 불법파견으로 새로이 고용되는 근로자들의 근로조건의 결정기준을 더욱 구체화하였다는 점에서 의미가 있습니다.

# 직접고용간주 근로자가 사용사업주에게 임금 차액 지급을 청구하는 경우 사용사업주가 지급할 임금에서 파견사업주가 지급한 퇴직금을 공제할 수 없다는 사례

대상판결 : 대법원 2024. 7. 25. 선고 2020다287921 판결

## 1. 사안의 개요

피고는 자동차 및 자동차부품 제조·판매 사업을 하는 G가 H회사를 인수하여 2002. 8. 7. 신설한 법인으로, 인천에 본사를 두고 부평, 창원에 공장을 두어 각종 자동차 관련 기계, 설비 및 그 부품의 설계, 제조, 조립, 정비, 판매와 금융, 보급 및 서비스 등을 목적으로 하는 회사입니다. 원고들은 피고와 업무도급계약을 체결한 사내협력업체들에 소속되어 창원시 성산구 K에 있는 피고의 창원공장(이하 '피고 창원공장')에서 근무하고 있는 근로자들입니다.

## 2. 판결 요지

제1심판결과 원심판결은 자동차 생산 업무의 중심인 컨베이어 라인의 생산속도 내지 생산량 및 일정에 연동되어 이루어진 직접생산 공정 및 간접생산 공정(사내물류 등) 업무에 종사한 원고들과 피고 사이의 근로자파견관계를 인정하면서, 사용사업주가 지급할 임금 등에서 파견사업주가 지급한 퇴직금을 공제해야 한다고 판단하였습니다.

그러나 대법원은 근로자파견관계의 성립여부에 대하여는 원심판결과 같이

판단하면서도, 퇴직금을 공제할 수는 없다고 판단하였습니다. 다만 원고들은 상고하지 않고 피고만 상고하였기에 원심판결을 피고에게 불리하게 변경할 수는 없으므로, 피고의 상고를 기각하고 원심판결을 그대로 유지할 수밖에 없다고 판단하였습니다.

「파견근로자 보호 등에 관한 법률」(2006. 12. 21. 법률 제8076호로 개정되기 전의 것)에 의하여 직접고용간주의 효과가 발생하였으나 사용사업주가 현실적으로 직접고용을 하지 않아 파견근로자가 파견사업주 소속으로 계속 사용사업주에게 근로를 제공한 경우, **사용사업주가 파견근로자에 대하여 부담하는 임금 등 지급의무와 파견사업주가 파견근로자에 대하여 부담하는 임금 등 지급의무는 부진정연대채무의 관계에 있다.** 이 경우 파견사업주가 지급한 임금 등의 세부 항목이 사용사업주가 지급하여야 하는 세부 항목 각각에 대응하여 지급된 것이라고 볼 수 없으므로 특별한 사정이 없는 한 부진정연대채무자인 파견사업주가 파견근로자에게 변제한 임금 등은 그 세부 항목을 가리지 않고 그 전부가 사용사업주가 지급해야 할 금액에서 공제되어야 하고, 동일한 세부 항목이나 동종의 항목별로 대응하여 변제가 된 것이라고 볼 수는 없다(대법원 2024. 3. 12. 선고 2019다223303, 223310 판결 등 참조). 그러나 퇴직금은 후불 임금으로서의 성격 이외에도 사회보장적 급여로서의 성격과 공로보상으로서의 성격을 아울러 가지고 발생 시점과 산정 방법도 임금과 다르므로 사용사업주의 임금 등 지급의무와 파견사업주의 퇴직금 지급의무가 부진정연대채무의 관계가 있다고 볼 수 없고, 형평의 원칙을 근거로도 사용사업주가 지급할 임금 등에서 파견사업주가 지급한 퇴직금을 공제해야 한다고 볼 수 없다. 다만, 파견사업주가 지급한 퇴직금은 향후 파견근로자가 사용사업주를 상대로 퇴직금을 구하는 경우에 공제할 수 있을 뿐이다.

### 3. 의의 및 시사점

근로자가 사용자의 고용의무 불이행을 이유로 고용의무를 이행하였다면 받을 수 있었던 임금 상당액을 손해배상으로 청구하는 경우, 그 근로자가 사용자에게 제공하였어야 할 근로를 다른 직장에 제공함으로써 얻은 이익이 사용자의 고용의무 불이행과 사이에 상당인과관계가 인정된다면 이러한 이익은 고용의무 불이행으로 인한 손해배상액을 산정할 때 공제되어야 합니다(대법원 2017. 3. 22. 선고 2015다232859 판결 등).

대상판결은 손익상계의 범위에 관하여 판단하면서, 퇴직금은 공제대상이 아니라는 점을 명확히 하였다는 점에서 의미가 있습니다. 대법원 2024. 7. 25. 선고 2024다211908 · 211915 · 211922 판결, 대법원 2024. 9. 12. 선고 2021다201849 판결도 같은 취지로 판단하였습니다.

불법파견 사건에서 원고들이 임금청구를 할 때 퇴직금의 비례적인 공제를 하는 경우가 있었는데, 추후에는 대상판결 판시에 따라 퇴직금 공제를 하지 않고 청구하거나 기존 사건의 경우에는 청구취지를 변경할 가능성이 높습니다.

# 직접고용의무 위반에 따른 손해배상액을 산정할 때 적용해야 하는 근로조건(근로시간)이 문제된 사례

대상판결 : 대법원 2024. 9. 12. 선고 2022다270989 판결

## 1. 사안의 개요

피고 A시는 맞벌이 가정 자녀들의 보육을 위하여 A시 소재 초등학교 및 유치원에서 돌봄교실을 운영하였습니다. 피고는 이를 위하여 돌봄교사를 직접 고용하기도 하였으나, 2014. 3.경부터 일부 돌봄교실을 위탁업체에 위탁하여 운영하였습니다.

원고들은 각 위탁업체(이하 '이 사건 위탁업체들')에 고용되어 초등학교 또는 유치원에서 각 돌봄교실 교사로 근무하였습니다. 이 사건 위탁업체들은 근로자파견사업에 관하여 「파견근로자 보호 등에 관한 법률」(이하 '파견법') 제7조에 근거한 고용노동부장관의 허가를 받지 않았습니다.

원고들이 이 사건 위탁업체들에 고용되어 초등학교 및 유치원의 돌봄교사로 근무할 당시 근무시간은 특별한 경우 외에는 학기 중에는 5시간, 방학 중에는 8시간이었습니다.

고용노동청은 2018. 8.경 원고들의 돌봄교실 강사 업무는 위탁계약의 형식을 취하고 있으나 실질은 근로자파견에 해당하므로 이 사건 위탁업체들이 근로자파견 허가를 받지 않고 파견근로자의 역무를 제공하는 것은 위법하다고 판단

하며, 피고를 상대로 2018. 9.까지 원고들을 직접 고용할 것을 지시하였습니다. 그 후 피고는 원고들을 직접 무기계약직 돌봄교사로 채용하는 고용계약을 체결하였으나, 1일 근로시간은 5시간으로 정하였습니다(이하 '이 사건 직접고용계약').

A시교육청 교육공무직 관리 지침(이하 '이 사건 지침')에 따르면, 교육공무직의 근무시간은 휴게시간을 제외하고 1일 8시간, 1주 40시간입니다(제7조 제1항). 다만 단시간 교육공무직의 경우, 근무시간 및 휴게시간은 개별 근로계약서에 따르며, 유급휴가와 보수 등은 근로기준법 제18조 제1항(근무시간 비례)을 적용합니다(부칙 제2조 제2항).

이와 관련하여, 위탁업체에 고용되어 초등학교 방과 후 돌봄교사로 근무하던 원고들이 '지방자치단체인 피고가 직접고용의무를 이행하지 않았고, 직접고용의무를 이행한 후에도 근무시간을 1일 5시간으로 정한 것은 효력이 없다'고 주장하며 피고를 상대로 손해배상 등을 청구하였습니다.

## 2. 판결 요지

### 가. 근로자파견관계의 성립 여부 : 인정

대상판결은 원심판결과 마찬가지로 원고들이 이 사건 위탁업체들에 고용된 후 그 고용관계를 유지하면서 피고의 사업장에 파견되어 피고의 지휘·명령에 따라 피고를 위한 근로를 제공하였으므로, 원고들과 피고는 근로자파견관계에 있었다고 판단하였습니다.

### 나. 1일 8시간, 1주 40시간의 근로시간 적용 여부 : 불인정

원심판결은 피고의 직접고용의무 불이행으로 인한 임금 상당 손해배상금을 산정하면서 피고가 직접 고용한 무기계약직 돌봄교사에게 적용되는 취업규칙에서 정하는 근로조건과 동일한 근로조건(1일 8시간, 1주 40시간)을 적용하여야 하고, 위 근로조건에 미달하는 이 사건 직접고용계약은 위법하다고 판단하였습니다.

그러나 대상판결은 다음과 같은 이유로 원심판결과 달리 판단하였습니다.

가. 이 사건 지침은 동종 · 유사 업무 근로자인 '피고가 직접 고용한 무기계약직 돌봄교사'에게 적용되는 취업규칙이므로, 이 사건 지침에서 정한 근로기준이 원고들에게도 적용되어야 한다. 그런데 이 사건 지침 부칙에서는 '단시간 교육공무직'에 대하여는 근무시간을 개별 근로계약서에 따라 달리 정할 수 있다고 규정하고 있으므로, 원고들에게 당연히 1일 8시간, 1주 40시간의 근로시간이 적용된다고 단정하기보다는 원고들을 직접 고용할 경우 '단시간 교육공무직'으로 계약을 체결하였을 가능성도 염두에 두어야 한다.

나. 정부의 돌봄교실 확대정책에 따라 2014년경부터 초등학교 돌봄교실의 경우 오후 돌봄교실, 저녁 돌봄교실, 방과후 학교 연계, 지역사회 돌봄기관 간 연계 등 그 운영방법이 다양화되었고, 그 운영방법에 따라 돌봄교사의 근무시간을 탄력적으로 정할 필요가 있으므로, 돌봄교사의 근무시간을 반드시 1일 8시간, 1주 40시간으로 고정할 필요가 있다고 보기 어렵다.

다. A시를 포함한 전국의 무기계약직 초등 돌봄교사의 경우, 2018. 4. 30. 기준 1주 40시간 미만의 돌봄교사는 전체 무기계약직 중 약 82%에 이르고, 1주 40시간 이상의 돌봄교사 없이 돌봄교실을 운영하는 시, 도도 6개에 이른다. 실제로 원고들의 근로시간도 학기 중 5시간, 방학 중 8시간으로 탄력적으로 정해졌고, 2018. 10. 1. 피고와 직접고용계약을 체결하면서 1일 근로시간이 5시간으로 정해졌을 뿐이다.

라. 위와 같이 돌봄교사의 근로시간은 돌봄교실의 운영형태와 수요 등에 따라 탄력적으로 정해질 필요가 크다고 보이고, 이에 따라 피고가 재량으로 근로시간을 달리하여 돌봄교사를 채용하는 것도 가능하다고 판단된다. 따라서 설령 원고들에 대한 직접고용의무

> 를 부담할 당시 피고가 원고들을 직접 고용하였다고 하더라도 1일 8시간, 1주 40시간의 근로시간을 적용하여 근로계약을 체결하였을 것이라고 쉽게 추단하기는 어렵다.

이에 대상판결은 원고들에게 적용해야 할 근로시간을 1일 8시간, 1주 40시간으로 보아 이를 전제로 손해배상액수를 산정하고 이에 미달하는 이 사건 직접고용계약이 위법하다고 판단한 원심판결에 손해배상액 산정에 관한 법리를 오해한 잘못이 있다고 판단하였습니다.

### 3. 의의 및 시사점

파견법상 직접고용의무 위반에 따른 손해배상액을 산정하거나 직접고용계약의 내용이 법정 근로조건에 미달하는지 여부를 판단할 때에는 동종・유사 업무를 수행하는 근로자가 있는 경우 이들에게 적용되는 근로조건을 기준으로 삼아야 합니다.

다만 대상판결은 이러한 법리를 보다 구체화하여, 동종・유사 업무를 수행하는 근로자가 있다고 하여 그 근로조건을 일괄적으로 동일하게 적용하는 것이 아니라, 이들에게 적용되는 취업규칙상 근로조건의 종류와 구체적인 근무 형태 등을 살펴 해당 근로자들에게 적용될 수 있는 근로조건을 세부적으로 결정해야 한다는 취지로 이해됩니다.

# 자회사 설립을 통한 정규직 전환이 파견법상 사용사업주로서의 고용의무 이행이라고 판단한 사례

대상판결 : 서울서부지방법원 2024. 5. 9. 선고 2022가합33272 판결

## 1. 사안의 개요

피고는 총 14개의 지역에서 농산물 비축기지를 운영하는 공공기관으로서, 주식회사 A(이하 'A')에 냉동설비 및 그 부대시설의 운영 및 유지관리 등의 업무를 위탁하였습니다.

피고는 2019. 1. 1. 정부의 '공공부문 비정규직 근로자 정규직 전환 정책'에 따라 정규직 전환의 방식, 시기 등을 협의하기 위해 A를 비롯하여 사무보고, 전산, 조리 등의 업무를 담당하던 여러 업체에서 각 근로자의 대표를 선발하였고, 피고 측과 근로자 측 및 외부 전문가 등으로 구성된 노사 및 전문가 협의회(이하 '이 사건 협의회')를 구성하였습니다. 이 사건 협의회는 협의 과정을 거쳐 근로자들의 정규직 전환 의사를 확인하는 절차를 진행하였고, '용역근로자의 정규직 전환은 자회사 설립 방식'으로 하기로 합의하였습니다. 그 결과 피고는 자회사로서 주식회사 B(이하 'B')를 설립하고, A사 근로자들을 B사의 정규직으로 채용하였습니다.

피고는 B 설립 이후 현재까지 B와 위탁관리 협약을 체결하고, 기존에 A가 수행하던 비축기지의 냉동·전기 시설관리 등의 업무를 B에 새로이 위탁하였

습니다.

원고들은 형식적으로 A 내지 B(이하 통칭할 경우 '이 사건 위탁업체') 소속 근로자로 근무하여 왔으나 실질적으로는 피고의 지휘·감독 아래 피고의 업무를 수행하여 왔으므로 원고들과 피고 사이의 근로관계의 실질은 근로자파견관계이고, 피고는 원고들을 직접 고용할 의무가 있다고 주장하였습니다.

## 2. 대상판결의 요지

대상판결은 아래와 같은 점을 들어 피고가 원고들을 직접 고용할 의무는 없다고 판단하며, 원고들의 청구를 모두 기각하였습니다.

- 피고가 A와 비축기지 시설 위탁관리 계약이라는 명목상의 용역계약을 체결한 상태에서 A 소속 근로자가 피고의 구속력 있는 지시·명령을 받으면서 피고와 실질적 근로관계를 형성하였다고 인정하기 어렵다.

- 피고는 근로자대표단을 포함한 노사합의기구를 구성하고 노사협의 결과에 따라 자회사인 B를 설립하여 피고에 대한 용역 근로자들을 위 자회사의 정규직으로 채용하였고, 원고들도 위와 같은 경위를 모두 인지한 상태에서 스스로의 선택에 따라 파견법상의 고용의무 이행에 갈음하여 시행된 위와 같은 정규직 전환 절차를 통하여 B의 정규직 근로자로 채용되었으므로, 피고는 그 무렵 위와 같은 자회사 정규직 전환 방식으로 위 원고들에 대한 파견법상 사용사업주로서의 고용의무를 이행하였다고 봄이 타당하다.

- 피고의 '비축사업 관련 규정 및 업무지침' 및 '안전관리(MDMS) 지침' 교부를 B의 소속 근로자에 대한 지휘·명령권의 행사로 평가하기는 어렵다. 점검표 등은 일의 수행에 대한 일종의 '보고'로서 위탁된 작업이 예정대로 수행되고 있다는 것을 확인하는 의미를 가지므로, 이를 통하여 피고가 B 소속 근로자들의 업무 수행을 지시하고 감독하는 방법으로 통제하였다고 평가하기는 어렵다.

◦ 원고들이 근무하던 각 비축기지에서 냉동 · 전기시설 관리 업무는 B 소속 근로자들만이 수행하였고, 원고들, 피고 소속 관리소장, 직원 각자의 업무가 구별되는 상황이었다.

◦ B는 독자적으로 신규 직원 채용에 대한 공고를 게시하고 피고의 개입 없이 내부적으로 관련 절차를 진행하고 있는 것으로 보인다. B의 신규 직원 채용 공고의 구체적인 내용에 의하면, 채용되는 사람은 피고가 아닌 B의 정규직 소속으로 근무할 것을 명백히 하고 있으며 급여 조건, 수행 직무 등도 B가 정하고 있고, 그 외 피고가 인사상 영향력을 행사하고 있음을 유추할 수 있는 문구는 찾아볼 수 없다. 이에 따라 B 소속 근로자 선발의 권한은 피고가 아닌 B에 있었다고 봄이 타당하다.

◦ B는 독자적인 취업 규칙하에 근로조건에 관한 사항을 규율하는 업체로서, 부동산에 관하여 B 명의로 사무실 임대차계약을 체결하기도 하는 등 피고와는 별개의 인적 관리와 물적 설비를 갖추고 있었던 것으로 보인다.

◦ 그리고 B는 그 명의로 고압가스냉동제조에 관한 허가증을 보유함으로써, 피고와는 분리된 독립성을 확보한 상태에서 상당한 전문성을 요하는 업무를 수행하여 온 것이라 봄이 상당하다.

### 3. 의의 및 시사점

대상판결은 자회사 설립 전의 협력업체 A에 관해 소속 근로자인 원고들과 피고 사이에 근로자파견관계가 인정되지 않는다고 보면서도, '설령 불법파견관계에 있다고 보더라도 도급인인 피고가 자회사 설립을 통해 정규직으로 전환함으로써 파견법상 사용사업주로서의 고용의무를 이행하였다고 봄이 타당하다'고 평가하였습니다. 대상판결은 원고가 항소하지 않아 확정되었습니다.

그에 반해 공공기관 자회사 소속 근로자들과 공공기관 사이의 근로자파견관계가 문제된 또 다른 사건에서, 인천지방법원 2024. 5. 2. 선고 2020가합53414 판결은 '직접고용관계 성립 내지 직접고용의무가 발생한 후에 파견사업주가 협력업체에서 자회사로 변경되었더라도 직접고용관계의 성립이나 직접고용의무 규정의 적용을 배제할 수는 없다'고 하여 상반되는 판결을 하였습니다. 위 판결에 대해서는 항소심이 계속 중이므로,[17] 상급심의 판단을 지켜보아야 하겠습니다.

17) 서울고등법원 인천재판부 2024나13607 사건으로 항소심 계속 중

# 02

# 비정규직

# 근로조건의 서면명시 의무에 관한 근로기준법 조항과 그 벌칙 조항은 기간제 근로계약을 체결할 때에도 적용된다고 한다고 판단한 사례

대상판결 : 대법원 2024. 6. 27. 선고 2020도16541 판결

## 1. 사안의 개요

피고인은 근로자와 기간제 근로계약을 체결할 때 임금 세부 사항, 소정근로시간, 휴일 및 연차유급휴가에 관하여 명시하지 않았습니다.

근로조건의 서면명시 의무 위반에 관하여, 근로기준법은 형사처벌을, 「기간제 및 단시간근로자 보호 등에 관한 법률」(이하 '기간제법')은 과태료만을 명시하고 있습니다. 이에 기간제근로자에 대한 서면 명시의무 위반 시 형사처벌 대상인지가 문제되었습니다.

## 2. 판결 요지

대상판결은 기간제 근로계약을 체결한 경우라도 기간제법상 근로조건의 서면 명시의무(제17조)뿐 아니라 근로조건 명시에 관한 근로기준법(제114조, 제17조)이 적용되어 형사처벌 대상이 될 수 있다고 판단하였습니다.

1) 기간제근로자는 근로기준법이 정한 근로자에 해당한다(제2조 제1항 제1호). 근로기준법 제17조도 그 적용 범위를 기간의 정함이 없는 근로계약을 체결한 근로자로 한정하고 있지 않고, 기간제법도 근로기준법 제17조의 적용을 배제하고 있지 않다.

2) 근로기준법은 헌법에 따라 근로조건의 기준을 정함으로써 근로자의 기본적 생활을 보장·향상시키며 균형 있는 국민경제의 발전을 꾀하는 것을 목적으로 하고(제1조), 기간제법은 기간제근로자의 근로조건 보호를 강화함으로써 노동시장의 건전한 발전에 이바지함을 목적으로 한다(제1조). 기간제 근로계약을 체결하려는 근로자는 대부분 기간의 정함이 없는 근로계약을 체결하려는 근로자보다 사용자에 대하여 열위에 있으므로 주요 근로조건을 사전에 명시할 필요성이 더 큰데도, 명문의 근거 없이 사용자의 명시의무 위반에 대하여 더 강한 제재수단을 둔 근로기준법의 규정을 배제하는 것은 근로기준법과 기간제법의 취지에 부합하지 않는다.

3) 기간제법의 근로조건 명시의무는 제정 이후 사실상 변함이 없는 반면, 근로기준법은 기간제법 제정 직후부터 여러 차례 개정을 통해 서면으로 명시하여야 하는 근로조건의 범위를 넓히고 방법도 주요 근로조건의 경우 근로자의 요구가 없더라도 서면을 교부하도록 하는 등 기간제법보다 사용자의 명시의무를 강화하였다(제17조 제2항). 이는 근로조건 명시의무에 관하여 그 내용을 강화하면서 기간제 또는 단시간 근로계약인지 아닌지를 구분하지 않고 이를 근로기준법에 의하여 통일적으로 규율하도록 한 것이라고 보아야 한다.

## 3. 의의 및 시사점

대법원은 대상판결과 유사한 취지로 기간제근로자의 사용자에게도 근로기준법 제17조가 적용된다고 판결한 서울중앙지방법원의 원심판결을 그대로 확정한바 있습니다(서울중앙지방법원 2021. 2. 2. 선고 2020노2427 판결, 대법원 2021. 5. 7. 선고 2021도2859 판결). 하급심 또한 유사한 내용으로 판시를 반복하여 왔습니다(수원지방법원 2017. 11. 17. 선고 2017노1447 판결, 수원지방법원 2017. 11. 17. 선고 2017노1447 판결).

대상판결은 대법원 판결로서 기간제 근로계약을 체결한 근로자에 대해서도 근로기준법상 서면명시 의무 규정을 적용해 형사처벌 대상이 될 수 있다는 점을 명확히 하였다는 점에 그 의의가 있습니다.

# 다른 근로자들과 갈등을 일으키고 직장 윤리규범을 위반한 것은 근로계약의 갱신 거절의 합리적 이유라고 본 사례

대상판결 : 서울고등법원 2024. 4. 4. 선고 2023누40344 판결

## 1. 사안의 개요

피고보조참가인(이하 '참가인' 또는 '참가인 회사')은 건축물의 설계와 공사, 감리에 관한 업무, 건설사업관리업 등을 영위하는 회사입니다. 원고는 참가인 회사에 계약직 전기감리원으로 입사하였고, 입사할 당시 만 55세 이상으로, 「기간제 및 단시간근로자 보호 등에 관한 법률」 제4조 제1항 제4호의 사용기간의 예외가 인정되는 기간제근로자였습니다. 원고는 2015. 6. 10. 참가인에 입사한 다음 2021. 1. 31.까지 10회에 걸쳐 계약을 갱신해 왔습니다.

한편 원고가 참가인과 체결한 근로계약서에는 특정 프로젝트가 직무내용으로 기재되어 있었고, "프로젝트의 해당 공종이 완료되었을 때" 근로계약이 자동해지되는 것으로 정하고 있었습니다. 참가인 회사와 원고가 마지막 체결한 근로계약서상 계약기간은 2020. 4. 1.~2021. 1. 31.입니다.

참가인 회사는 2021. 1. 10. 원고에게 '2021. 1. 31. 계약이 만료된다'는 내용을 구두로 통보하였습니다. 원고는 위와 같은 통보는 부당해고에 해당한다고 주장하면서 부당해고구제신청을 하였습니다. 지방노동위원회는 '원고는 기한의 정함이 있는 근로자이며 갱신기대권도 인정되지 않는다'는 이유로[18] 구제신청을 기각하였고, 중앙노동위원회도 같은 이유로 재심신청을 기각하는 판정을

하였습니다. 이에 원고는 중앙노동위원회의 재심판정을 취소하는 소를 제기하였습니다.

## 2. 제1심의 판단

제1심을 담당한 서울행정법원은 다음과 같은 사정을 근거로, 원고에게 갱신기대권이 인정되지 않는 것으로 보았습니다. 먼저, 원고의 근로계약서와 참가인의 취업규칙에 '일정한 요건이 충족되면 근로계약'이 갱신된다는 취지의 규정이 존재하지 않는 점을 지적하였습니다. 나아가 참가인은 발주처로부터 건설사업관리 용역을 수주하여야 사업을 수행할 수 있기에 수주 상황과 프로젝트 기간에 맞추어 근로자 채용 여부 및 규모를 결정한 점, 실제 참가인과 원고도 계약기간이 만료될 때마다 특정 용역 또는 프로젝트에 대응하여 '근로계약의 시기와 종기' 및 '원고가 투입될 프로젝트명'이 기재된 근로계약서를 작성한 점, 피고 소속 기간제근로자들 중 평균 약 44%는 재계약이 이루어지지 않은 점 등에 비추어 보면, 원고에게 근로계약 갱신에 대한 정당한 기대권을 인정할 수 없다고 판단하였습니다.

## 3. 대상판결의 요지

대상판결은 노동위원회 판정 및 제1심판결과 달리 원고에게 갱신기대권이 인정된다고 보았습니다. 하지만 원고의 경우 근로계약기간 동안 참가인 소속 다른 근로자들과 갈등을 일으켰고 직장 윤리규범도 위반하였으므로, 참가인이

18) 법원은, 근로자에게 정당한 갱신기대권이 인정될 경우 사용자가 근로계약의 갱신을 거절하는 것은 부당해고와 마찬가지로 볼 수 있어 갱신 거절의 효력이 인정되지 않는다는 입장입니다(대법원 2014. 2. 13. 선고 2013다51674 판결 등 참조).

근로계약의 갱신을 거절한 것에는 합리적인 이유가 있다고 판단하였습니다. 구체적인 내용은 다음과 같습니다.

우선 대상판결은 정년이 지난 상태에서 기간제 근로계약을 체결한 경우에는 (i) 직무 성격에 따른 직무수행 능력, (ii) 근로자의 업무수행 적격성, (iii) 연령에 따른 작업 능률 저하나 위험성 증대의 정도 및 (iv) 사업장에서 정년을 지난 고령자가 근무하는 실태와 계약 갱신 사례 등의 제반사정을 고려하여 근로계약 갱신에 대한 정당한 기대권이 인정되는지를 판단해야 한다고 설시하여 기존 법리를 확인하였습니다(대법원 2017. 2. 3. 선고 2016두50563 판결, 대법원 2019. 10. 31. 선고 2019두45647 판결 등 참조).

그리고 위 법리에 비추어 보면, 원고에게는 근로계약 갱신에 대한 정당한 기대권이 인정된다고 보았습니다. 먼저, ① 원고가 다른 근로자들에 비해 근로를 제공한 기간이 상당히 길며, 계약 갱신 횟수도 매우 많다는 점을 지적하였습니다. 나아가 ② 그동안 원고의 계약 갱신은 형식적이고 기계적으로 이루어진 점, ③ 원고 근로계약서에 명시된 프로젝트의 내용과 원고가 실제 참여한 프로젝트가 정확히 일치하지는 않는 점, ④ 원고가 정년인 만 60세에 도달하였음에도 불구하고 이후 4차례나 근로계약이 갱신된 점 등도 근거로 들었습니다.

하지만 대상판결은 원고에게 정당한 갱신 기대권은 인정되나 참가인의 갱신 거절은 합리적인 이유가 있는 것으로 정당하다고 판단하였습니다. 근로계약 갱신 거절에 합리적인 이유가 있는지에 대해서는 (i) 사용자의 사업 목적과 성격, (ii) 근로자의 지위와 담당 직무의 내용, (iii) 근로계약 체결 경위 및 (iv) 근로계약의 갱신 요건이나 절차의 설정 여부, 운용 실태, (v) 근로자에게 책임 있는 사유 존부 등 근로관계를 둘러싼 여러 사정을 종합하여 판단해야 한다는 기존 법리를 확인하였습니다(대법원 2017. 10. 12. 선고 2015두44493 판결 등 참조).

그리고 이 사건에서 인정되는 ① 원고가 직장 내 괴롭힘을 이유로 참가인으로부터 경고장을 받았음에도 불구하고 2020. 10. 5. 다른 직원에게 고함을 지르면서 그의 가방과 노트북을 강제로 복도로 버린 점, ② 그로 인해 원고가 2020. 10. 26. 단장직에서 해임된 점, ③ 원고가 2020. 9. 16.경 소속 그룹장에게 골프채와 술 등 금품을 제공하는 등 윤리규범을 위반한 점 등의 사정을 고려하면 참가인의 원고에 대한 근로계약 갱신 거절에는 합리적 이유가 인정된다고 보았습니다.

## 4. 의의 및 시사점

대상판결은 근로계약서와 취업규칙에서 일정한 요건이 충족되면 당해 근로계약이 갱신된다는 취지의 규정이 존재하지 않음에도, 근로계약이 반복적으로 갱신된 점과 과거 근로계약 갱신이 형식적이었던 점 등의 사정을 바탕으로 근로자에게 갱신기대권이 인정된다고 판단하였습니다. 이는 근로계약이 갱신된다는 규정이 근로계약, 취업규칙, 단체협약 등에 존재하지 않더라도 근로계약이 갱신될 것이라는 정당한 신뢰관계가 형성되어 있는 것으로 평가된다면 갱신기대권이 인정된다는 기존 법리에 따른 것입니다. 근로계약이 갱신될 것이라는 신뢰관계가 형성되어 있는지 여부는 계약갱신을 둘러싼 여러가지 사정을 바탕으로 하는 규범적 판단이므로, 기간제근로자를 사용하는 사용자는 이를 유의할 필요가 있습니다.

대상판결은 직장 내 괴롭힘과 직장 윤리규범 위반의 사정을 들어 원고의 근로계약에 대한 갱신 거절에는 합리적인 이유가 있다고 보았습니다. 참고로, 하급심 판결에서 정년을 도과한 근로자의 갱신 기대권은 일반적인 기간제근로자보다 보호가치가 낮다고 판단한 사례가 있습니다(서울고등법원 2013. 12. 4. 선고 2013누8204 판결[19] 등 참조).

19) 위 판결은 대법원 2014. 4. 10.자 2014두809 심리불속행 기각 판결로 확정되었습니다.

# 02

# 비정규직

# 맞춤형복지비를 단시간근로자들에게는 지급하지 않은 것이 합리적 이유 없는 차별에 해당한다고 판단한 사례

대상판결 : 대법원 2024. 2. 29. 선고 2020두49355 판결

## 1. 사안의 개요

피고보조참가인들(이하 '참가인들')은 원고 산하 공립초등학교에서 시간제(주 20시간) 돌봄전담사로 근무하는 교육공무직원입니다.

참가인들은 전일제(주 40시간) 돌봄전담사를 비교대상 근로자로 삼아 원고가 시간제 돌봄전담사들에게 근속수당과 맞춤형복지비를 지급하지 않은 것은 「기간제 및 단시간근로자 보호 등에 관한 법률」(이하 '기간제법')이 금지하는 차별이라고 주장하면서 노동위원회에 차별시정신청을 하였습니다.

이에 중앙노동위원회는 맞춤형복지비에 관한 제척기간이 도과하지 않았고, 그 지급요건을 충족한 참가인들에게 맞춤형복지비 및 근속수당을 지급하지 않은 것은 합리적 이유 없는 차별적 처우라고 보아 미지급 맞춤형복지비(약 35만원) 및 근속수당(비교대상 근로자의 1/2)을 지급하라고 판정하였습니다.

원고는 이러한 중앙노동위원회의 재심판정에 불복하여 재심판정의 취소를 구하는 행정소송을 제기하였습니다.

## 2. 판결 요지

원심은 1) 맞춤형복지비에 대한 차별시정신청의 제척기간이 도과하지 않았고, 2) 근속수당이나 맞춤형복지비는 다른 임금 항목들과는 성격이 달라 이들을 하나의 범주로 묶어서 불리한 처우가 존재하는지를 판단하는 것은 적절하지 않으며, 3) 근속수당, 맞춤형복지비를 전혀 지급하지 아니한 각각의 불리한 처우에 합리적인 이유가 인정되지 않고, 4) 다만 원고가 지급하여야 하는 2017년 맞춤형복지비는 비교대상 근로자가 지급받은 맞춤형복지비의 1/2에 해당하는 225,000원이므로 이를 초과하여 지급을 명한 재심판정 부분은 위법하며, 5) 이 사건 차별시정신청이 단체협약이나 신의칙, 금반언의 원칙에 위반된다고 볼 수 없다고 판단하여, 원고의 재심판정 취소 청구를 일부 인용하였습니다.

대법원 역시 위와 같은 원심 판단의 결론을 모두 수긍하여 상고를 기각하였습니다.

## 3. 의의 및 시사점

대상판결은 시간제 돌봄노동자와 관련해 차별을 인정한 최초의 대법원 판결입니다. 시간제 근로자에 대하여 각종 수당 등 복리후생에 차등을 두는 경우가 있는데, 시간제 근로자가 수행하는 업무가 전일제 근로자와 사실상 동일한 경우, 또는 업무 내용이 일부 다르더라도 전일제 근로자의 업무강도가 더 높다고 볼 수 없는 경우 등에는 그러한 차등이 기간제법에서 금지하는 차별에 해당할 수 있으므로 주의할 필요가 있습니다.

# 채용형 인턴에게 성과급을 지급하지 않은 것은 합리적 이유 없는 차별적 처우에 해당하므로 사용자로서는 불법행위에 따른 손해배상책임을 부담한다고 본 판결

대상판결 : 서울중앙지방법원 2024. 10. 24. 선고 2022가합557780 판결

## 1. 사안의 개요

피고는 법률에 따라 설립되어, 은행권, 주화, 국채, 공채, 각종 유가증권 및 정부・지방자치단체 등이 사용할 특수제품의 제조와 그밖에 이와 관련된 사업을 하게 함으로써 국민경제 발전에 이바지함을 목적으로 하는 공기업입니다.

원고들은 2011년 및 2012년 피고에게 '체험형 인턴(약 5개월~12개월)'으로 고용되었다가 정규직 근로자로 전환된 사람들[27명] 및 2014년 이후 피고에게 '채용형 인턴(약 2개월~5개월)'으로 고용되었다가 정규직 근로자로 전환된 사람들[385명]입니다.

피고는 2009년부터 2013년까지 '체험형 인턴' 제도를 운영하였습니다. 체험형 인턴을 거친 자들 중 실제 정규직 채용이 가능할 정도의 평가를 받은 자들은 별도의 절차를 거쳐 피고의 정규직 근로자로 채용되었는데, 피고는 이 시기에 체험형 인턴 제도와 별도로 신입직원을 정규직 근로자로 채용하여 수습직원으로 발령한 후 일정기간을 거친 후에 정식발령을 하였습니다.

피고는 2014년부터 정부지침에 따라 '채용형 인턴' 제도를 도입하여 운영하였습니다. 피고는 채용형 인턴 제도에 따라 신입직원을 채용형 인턴으로 채용

한 후, 일정기간을 거친 후에 그 중 상당수를 피고의 정규직 근로자로 전환하였습니다. 피고는 이 시기에 채용형 인턴 제도와는 별도로 신입직원을 정규직 근로자로 채용하는 절차를 운영하지 않았습니다.

피고는 원고들이 피고의 인턴 내지 계약직 근로자로 근무한 기간에 대해서는 기타성과급(고정상여금)과 경영평가성과급, 내부평가성과급으로 구성된 성과급(이하 '이 사건 성과급')을 지급하지 않았습니다.

원고들은 자신들이 피고의 정규직 근로자들과 동종 또는 유사한 업무를 수행하였음에도 인턴으로 근무한 기간에는 정규직 근로자들에게 지급한 성과급을 지급하지 않았으므로, 이는 (i) 근로기준법 제6조 혹은 (ii) 기간제 및 단시간 근로자 보호 등에 관한 법률(이하 '기간제법') 제8조 제1항을 위반한 불법행위에 해당하여 손해배상을 할 의무가 있다고 주장하면서 소를 제기하였습니다.

## 2. 대상판결의 요지

서울중앙지방법원은 '인턴'이 근로기준법 제6조상 '사회적 신분'에는 해당하지 않는다고 보았습니다. 그러나 '채용형 인턴'으로 근무하였던 원고들에 대해서는 기간제법 제8조 제1항 위반이 있다고 보아 이들에 대하여 이 사건 성과급에 해당하는 손해배상책임을 인정하였습니다. 각 쟁점별 요지는 아래와 같습니다.

### ① 인턴의 지위가 근로기준법 제6조의 '사회적 신분'에 해당하는지 : 부정

가. 근로기준법 제6조에서 들고 있는 '사회적 신분'이라고 보려면, 같은 조항에서 차별의 근거로 들고 있는 다른 항목들과 대등하다고 할 수 있을 정도의 특성, 즉 쉽게 변경할 수 없다는 의미에서의 고정성이 전제되어야 한다.

나. 417명의 원고들 중 14명을 제외한 나머지 원고들은 2개월 내지 6개월 동안 인턴으로 근무한 점, 14명의 원고들도 인턴으로 근무한 기간이 12개월에 불과한 점, 체험형 인턴·계약직 경력 원고들의 계약직 근무기간이 12개월을 초과하지 않는 점, 피고의 인턴 내지 계약직 근로자가 되기 위하여 일반적인 채용 절차에서 필요한 자격기준을 넘어서는 특별한 자격기준이 요구되지는 않은 것으로 보이는 점 등을 고려하면, 그 취지가 체험형인지, 채용형인지를 불문하고 '인턴' 혹은 '계약직'이라는 원고들의 지위가 성, 국적, 신앙에 준할 정도로 사회에서 쉽게 변경할 수 없는 고정적인 지위라거나 근로자의 특정한 인격과 관련된 표지로서 일정한 사회적 평가를 수반하는 것이라고 보기 어렵다.

### ② 기간제법 제8조 제1항의 차별이 존재하는지 : 체험형 인턴 [부정], 채용형 인턴 [긍정]

먼저, 다음과 같은 사정을 보면, 체험형 인턴 경력 원고들에 대한 비교 대상 근로자가 피고의 정규직 근로자라고 보기 어려우므로, 피고가 체험형 인턴 경력 원고들에게 기간제법 제8조 제1항이 금지하는 차별적 처우를 하였다고 할 수 없다고 판단하였습니다.

가. 피고는 체험형 인턴의 취업을 지원하기 위하여 체험형 인턴이 수험표 등으로 확인 가능한 각종 취업시험에 응시할 경우 특별휴가를 부여하였다.

나. 체험형 인턴이 노동부 주최 취업박람회에 참여하고 이를 입증할 경우에는 출장으로 처리하여 근무시간으로 인정하였다.

다. 인턴 기간이 종료된 이후에도 위 원고들의 경우 피고에서 계속 근무할 것이라는 점에 관한 합리적 기대가 존재하지 않았으므로, 정규직 근로자 내지 채용형 인턴과 분명한 차이가 존재한다.

라. 업무분장이 추상적으로만 기재되어 있으므로, 구체적인 업무분장이 있었던 채용형 인턴과 차이가 있다.

다음으로, 채용형 인턴의 경우 피고의 정규직 근로자가 비교대상 근로자가 될 수 있으며 기간제법 제8조 제1항이 금지하는 차별적 처우가 존재하는 것으로 보았고 그 차별에는 합리적인 이유도 존재하지 않는다고 판단하였습니다.

가. 비교 대상 근로자의 확정

1) 피고의 채용형 인턴 제도는 채용형 인턴이 그 인턴 기간을 마치면 특별한 사정이 없는 한 정규직 근로자로 전환되는 것을 전제로 한 제도이다. 9년 간 498명 중 1명을 제외하고는 전부 정규직 근로자로 전환되었다.

2) 위 원고들은 피고의 정규직 근로자들과 마찬가지로 독자적인 업무를 부여받았다.

3) 위 원고들은 채용형 인턴 기간을 마치고 정규직 근로자로 전환된 이후에도 기존과 동일한 부서에서 동일한 업무를 수행하였다.

4) 보안상 책임 있는 업무를 담당하지 않아 책임 및 권한에서 피고의 정규직 근로자와 업무 내용에 다소 차이를 보이기는 했지만, 위 원고들이 실제 수행한 주된 업무의 내용, 범위가 피고의 정규직 근로자가 수행하는 업무와 본질적인 차이를 보인다고 할 수 없다.

나. 차별적 처우의 존부에 관한 판단

1) 이 사건 성과급 중 경영평가성과급, 내부평가성과급은 피고의 정규직 근로자별로 근무성과에 대한 평가를 거쳐 지급되고, 기타성과급(고정상여금)은 피고의 정규직 근로자로 재직하기만 하면 지급시기 및 개인별 지급액 산정에 관한 세부기준에 따라 산정하여 지급된다.

2) 피고는 채용형 인턴 경력 원고들과 피고의 정규직 근로자들이 동종 또는 유사한 업무에 종사하였음에도 채용형 인턴 경력 원고들은 비교 대상 근로자인 피고의 정규직 근로자와 달리 채용형 인턴 기간에는 이 사건 성과급을 지급받지 못하였으므로 채용형 인턴 경력 원고들에 대한 차별적 처우가 존재한다.

### 다. 차별에 합리적인 이유가 존재하는지에 관한 판단

1) 피고는 정규직 채용을 전제로 채용형 인턴을 채용하였고, 채용형 인턴의 경우에도 2014년도 이전의 피고의 정규직 근로자 신규채용과 마찬가지로 국가직무능력표준(NCS)을 기반으로 채용 절차를 진행하였다.
2) 채용형 인턴은 실질적으로 피고의 정규직 근로자와 마찬가지로 특정 직무 · 직렬의 업무를 수행하였으므로, 정규직 근로자와 별다른 차이가 없다.
3) 이 사건 성과급은 법령, 피고 보수규정 등에 따라 매년 반복적으로 실제 근무 일수에 비례하여 지급되어 온 근로의 대가이므로, 동종 또는 유사한 업무를 수행한 채용형 인턴들에게 지급하지 않는 방식으로 차별한 것이 정당하다고 볼 수 없다.

대상판결은 위와 같은 점을 바탕으로, 피고가 강행법규인 기간제법 제8조 제1항을 위반한 것은 위법행위로 불법행위책임을 부담한다고 판단하였습니다. 따라서 손해배상책임의 범위를 미지급된 이 사건 성과급 및 그에 대한 지연이자로 보았습니다.

피고는 원고들이 인턴으로 근무할 당시(구체적으로, 각 성과급을 지급 받은 시점) 이미 피고의 정규직 근로자들과 다른 처우를 받은 사실을 알고 있었으므로 원고들의 불법행위로 인한 손해배상청구권은 민법 제766조 제1항이 정한 3년의 단기소멸시효기간이 도과하였다고 항변하였습니다. 대상판결은 다음과 같은 이유로, 소멸시효 항변을 배척하였습니다.

가. 기간제근로자와 정규직 근로자 사이에 임금 격차가 존재한다는 사실만으로 사용자에게 위법행위가 성립할 수 없고, 사용자가 정규직 근로자와 동종 또는 유사한 업무에 종사하는 기간제 근로자에 대하여 합리적 이유 없이 불리한 처우를 하는 경우에 비로소 위법행위로 평가될 수 있다.

나. 이 사건 성과급을 지급받은 시점부터 위 원고들이 불법행위의 요건사실을 현실적 · 구체적으로 인식하였다고 볼 증거가 부족하다.

### 3. 의의 및 시사점

공공기관의 채용형 인턴이 성과급 내지 상여금을 받지 못한 것이 기간제법상 불리한 처우로서 불법행위에 해당한다고 본 첫 사례는 A 공사 사례[대구지방법원 2022. 6. 16. 선고 2020가합212341 판결(2022. 7. 5. 확정)였습니다. A 공사 사례 역시 대상판결 사안과 마찬가지로 채용형 인턴 이외에 정규직 신입을 채용하지 않았으며, 정규직과 유사한 업무를 수행하는 등 이 사건과 유사했습니다. 이와 유사하게, 공기업 B의 경우에도 채용형 인턴에 대한 차별적 처우에 따른 손해배상책임이 인정되었습니다[대구지방법원 2024. 9. 3. 선고 2024가합200384 판결(2024. 9. 26. 확정)]. 이처럼 현재 공공기관의 채용형 인턴에 대한 처우가 점차 분쟁화되고 있습니다.

대상판결에 비추어 보면, 채용형 인턴이 정규직 근로자와 사실상 동일한 업무를 수행하는 경우에는, 성과급을 지급하지 않는 것은 차별적 처우에 해당할 가능성이 높다는 점에 유의할 필요가 있습니다. 공공기관의 경우 정부 지침에 따라 '채용형 인턴'을 시행하였다는 특수한 사정이 있었으나, 앞으로 사기업의 경우에도 인턴을 3~6개월 등 일정 기간에 대해서 운영하면서 정규직 근로자와 동일·유사한 업무를 수행한다면 차별적 처우가 인정될 여지가 있습니다.

# 동일한 부서 내에서 유기적으로 연계된 업무를 수행한다고 하더라도 이러한 사정만으로 곧바로 동종·유사업무를 수행하였다고 볼 수 없다고 판단한 사례

대상판결 : 수원고등법원 2024. 1. 24. 선고 2022나24489 판결[20]

## 1. 사안의 개요

피고는 철도, 대중교통, 물류 등 공공교통분야의 연구개발을 하는 공공기관이고, 원고들은 피고와 근로자파견계약을 체결한 각 파견업체에 소속되어 있다가 피고에 파견되어 피고가 운영하는 연구원 내 각 부서에서 행정직 업무를 수행하였던 파견근로자들입니다.

원고 T를 제외한 나머지 원고들(이하 '원고 A 등')은 이 사건 소 제기 이후 피고와 계약기간을 2018. 11. 1.부터 2018. 12. 31.까지로 하는 기간제 근로계약을 체결하고, 이어서 계약기간을 2019. 1. 1.부터 2019. 6. 30.까지로 하는 기간제 근로계약(이하 모두 합하여 '이 사건 기간제 근로계약')을 체결하였는데, 피고는 이 사건 근로계약 만료일 무렵 원고 A 등에게 2019. 6. 30.자로 각 근로계약이 종료된다는 취지의 통지를 하였습니다. 한편, 원고 T는 2018. 10. 31. 파견기간이 종료된 후 피고와 별도의 근로계약을 체결하지는 않았습니다.

원고들은 자신들이 피고에 파견되어 2년을 초과하여 근무하였으므로, 피고

20) 양 당사자가 상고하지 아니하여 확정되었습니다.

는 「파견근로자 보호 등에 관한 법률」(이하 '파견법') 제6조의2 제1항 제3호에 따라 2년의 파견기간이 만료된 날의 다음 날부터 자신들을 직접 고용할 의무가 있다고 주장하였습니다. 그리고 피고 근로자 중 원고 A 등과 동종·유사 업무를 수행하는 근로자는 '행정원'이므로, 원고 A 등은 피고의 행정원 지위에 대한 확인 및 피고 행정원과의 임금 차액 상당액 등을 청구하였고, 기간제 근로계약을 체결하지 않았던 원고 T는 피고를 상대로 고용의 의사표시를 할 것을 구하는 소를 제기하였습니다.

## 2. 판결 요지

### 가. 피고의 직접고용의무 발생 및 그 이행 여부

제1심은 원고들이 피고에 파견된 이후 모두 2년을 초과하여 근무하였으므로, 피고는 파견법상 직접고용의무 규정에 따라 원고들을 직접 고용할 의무가 있고, 기간제 근로계약을 체결한 것만으로는 직접고용의무를 완전하게 이행하였다고 볼 수 없다고 판단하였습니다. 원심도 제1심의 판단을 그대로 원용하였습니다.

한편 피고는 이 사건 기간제 근로계약 중 기간을 정한 부분을 제외한 나머지 부분은 유효하여 이 사건 기간제 근로계약의 체결로써 원고 A 등과 피고 사이에는 기간의 정함이 없는 근로계약관계가 성립하였기에 직접고용의무를 이행하였다고 주장하였습니다. 이에 대하여 이 사건 재판부는 "기간제 근로계약을 체결할 특별한 사정이 없음에도 원고 A 등과 이 사건 기간제 근로계약을 체결함으로써 그 계약상 '기간을 정한 부분'이 무효가 되게 하였다. 이처럼 피고가 파견법상 직접고용의무를 완전하게 이행하였다고 볼 수 없으므로, 피고의 이 부분 주장은 받아들일 수 없다"고 하여 피고의 주장을 배척하였습니다.

## 나. 피고가 부담하는 직접고용의무의 근로조건

파견법 제6조의2 제3항의 따르면, 사용사업주가 파견근로자를 직접 고용하는 경우 사용사업주의 근로자 중 해당 파견근로자와 동종 또는 유사한 업무를 수행하는 근로자가 있다면 그 근로자에게 적용되는 근로조건에 따라야 하며, 그러한 근로자가 없다면 해당 파견근로자의 기존 근로조건 수준보다 낮아져서는 안됩니다. 재판부는 다음과 같은 사정에 비추어 보면, 원고들의 업무는 피고 근로자 중 행정원의 업무와 동일하거나 유사하다고 볼 수 없으며, 사무보조직의 업무와 본질적으로 동일하다고 판단하였습니다.

1) 피고 행정직 채용절차에 지원하기 위해서는 학사 이상의 학위와 일정 점수 이상의 공인 어학성적을 갖추고 서류심사, 인/적성검사 및 논술, 전공면접, 종합면접, 신원조회 및 신체 검사 등을 거치게 됨. 반면 파견근로자들은 특별한 지원 자격이 요구되지 않음. 이는 피고 행정원이 수행하는 업무에 더 높은 업무 수행 능력을 요구하였기 때문임.

2) 피고 행정원은 기획, 평가, 규정 제 · 개정, 시스템 설계 및 구축, 문제분석 및 해결 등 창의성이나 의사결정이 요구되는 핵심 업무를 주로 수행한 반면, 원고들은 업무 지시 및 구축된 업무 매뉴얼에 따른 행정업무 보조, 자료 취합, 회의 준비, 서류 정리 등의 단순 · 반복적인 업무를 주로 수행하여 수행 업무의 내용과 난이도에 차이가 있었음. 원고들이 작성한 문서와 피고 행정원이 작성한 문서의 제목과 내용에 차이가 있었고, 원고들이 작성한 문서는 제한적인 경우에만 경영진의 결재를 받아 문서의 최종 결재권자에 있어서도 차이를 보였음.

3) 원고들과 피고 행정원이 한 부서 내에서 업무를 수행하여 그 업무가 유기적으로 연계되어 있더라도, 그것이 곧 피고 행정원이 원고들과 동종 · 유사업무를 수행하였다는 것은 아님.

4) 피고의 사무보조직은 '일반직이 수행하는 직무를 상시 · 지속적으로 보조하는 직무에 종사하는 직종'임. 피고의 사무보조직은 원고들의 고용을 염두에 두고 신설한 것으로,

원고들에 대한 직접고용의무 발생 이후인 2020. 8. 18. 신설되었음. 그런데 파견법 제6조의2 제3항 제2호에 따르면, 비교대상 근로자가 없는 경우 파견근로자의 근로조건이 기존 근로조건 수준보다 낮아지지 않으면 된다는 것이어서 피고가 원고들에게 기존 근로조건보다 높은 수준인 사무보조직의 근로조건을 적용하는 것은 파견법 취지에 반하는 것이 아님. 원고들 역시 행정원이 비교대상 근로자로 인정되지 않는 경우 사무보조직을 비교대상 근로자로 보아야 함을 전제로 예비적 청구를 하고 있기에, 원고들의 비교대상 근로자를 사무보조직으로 인정하는 것이 당사자의 의사에 반한다고 할 수 없음.

## 3. 의의 및 시사점

파견법상 직접고용의무의 이행 여부 및 파견근로자의 비교대상 근로자에 대한 판단기준은 파견법 위반 여부가 문제되는 다수의 사건들에서 중요하게 다루어지는 쟁점입니다. 대상판결은 ① 한 부서 내에서 업무를 수행하여 그 업무가 유기적으로 연계되어 있다는 사정만으로 곧바로 동종·유사업무에 해당하는 것은 아니라는 점과 ② 사용자가 파견근로자들에 대하여 파견법상 직접고용의무를 부담한 이후에 새로운 직역을 설정하였다고 하더라도, 직접고용의무 이행을 통해 이와 같이 새로 설정된 직역을 부여함으로써 파견근로자의 근로조건이 기존 근로조건 수준보다 낮아지지 않으면 그 직역을 비교대상 근로자 직역으로 삼을 수 있다는 점을 밝혔다는 점에서 의미가 있습니다.

참고로 대법원은 대상판결 이후 선고된 사안에서, 동종·유사 업무에 종사하는 근로자가 회사 내에 없을 경우에는 법원이 직접 사용사업주와 파견근로자가 합리적으로 정하였을 근로조건을 적용할 수 있다고 판단하기도 했습니다(대법원 2024. 3. 12. 선고 2019다223303, 2019다223310 판결 등).

# 03

# 집단적 노사관계

# 대리운전 기사의 노동조합법상 근로자성을 인정한 최초의 대법원 판결

대상판결 : 대법원 2024. 9. 27. 선고 2020다267491 판결

## 1. 사안의 개요

원고는 2014년 무렵부터 부산 지역에서 대리운전 기사들을 모집하고 이들과 동업계약을 체결하여 대리운전업을 영위한 사업자입니다. 원고는 원심 공동원고인 망 C(상호 D) 등 다른 대리운전업체들과 대리운전 접수 및 기사 배정 등에 필요한 'AAA'라는 스마트폰 어플리케이션 프로그램을 공동으로 사용하면서 고객의 대리운전 요청 정보를 공유하고 기사 배정을 공동으로 하였습니다.

피고는 2017. 10. 원고와 동업계약을 체결한 다음 이 사건 프로그램 접속에 필요한 기사 ID를 부여받아 그 무렵부터 대리운전업무를 수행해 왔습니다.

망 C와 동업계약을 체결한 원심 공동피고 E는 대리운전 기사를 조합원으로 하여 F노동조합(이하 '이 사건 노동조합')이라는 명칭으로 지역단위노동조합을 조직한 다음 노동조합 설립신고증을 받았고, 피고는 이 사건 노동조합에 가입하였습니다. 이 사건 노동조합은 2019. 1.경 원고 등에게 단체협약 체결을 위한 단체교섭을 요구하였으나 원고 등은 위 단체교섭 요구에 불응하였습니다.

이어서 원고 등은 대리운전 기사인 피고는 노동조합법상 근로자에 해당하

지 않는다고 주장하며 법원에 피고가 근로자의 지위에 있지 않다는 확인을 구하는 소(근로자지위 부존재 확인의 소)를 제기하였습니다.

## 2. 판결 요지

대법원은 피고가 원고와의 관계에서 노동조합법상 근로자에 해당한다고 판단하였습니다. 그 구체적인 근거는 다음과 같습니다.

가. 피고는 대리운전 기사로서 그 소득을 원고와 협력업체들로부터 배정받은 고객의 콜을 수행하여 받는 수입에 의존하고 있고, 피고가 그 외의 다른 대리운전업체들의 콜을 수행하여 수입을 얻고 있다고 볼 만한 자료가 없다. 피고가 원고뿐 아니라 협력업체들로부터도 콜을 배정받은 것은 원고가 협력업체들과 고객의 콜 정보를 공유하고 기사 배정을 공동으로 하기로 정했기 때문이고, 원고의 결정 여하에 따라 피고는 협력업체들로부터 콜을 배정받지 못하거나 배정이 제한될 수 있을 것으로 보이므로 피고가 협력업체들로부터 배정받은 콜을 수행하여 받은 수입도 원고로부터 받은 수입과 동일한 것으로 평가할 수 있다. 따라서 피고는 소득을 원고에게 전적으로 의존하고 있다고 볼 수 있다.

나. 동업계약서에 따르면 대리운전 기사들이 원고에 납부해야 하는 수수료, 프로그램 사용료, 관리비 등의 액수, 대리운전 기사들의 업무 수행 시 준수할 사항이나 받아야 할 교육 등을 원고가 일방적으로 결정할 수 있다. 원고가 대리운전요금 액수를 결정한 상태에서 피고에게 콜이 배정되는 것으로 보이고, 피고는 배정받을 콜을 쉽사리 거부하기 어려우므로 피고의 보수 역시 원고가 사실상 결정한다고 봄이 타당하다.

다. 피고가 제공하는 대리운전 노무는 원고의 대리운전업 영위에 필수적인 것이고, 원고와 같은 대리운전업체를 통하지 않고 대리운전업을 하는 것은 현실적으로 어려워 보인다.

라. 피고는 2017. 10. 31. 원고와 동업계약을 체결한 다음 원고 및 협력업체들로부터 콜을 배정받는 관계가 상당한 정도로 지속되어 왔고, 원고에게 전속된 정도도 강한

편에 속한다.

마. 피고를 포함한 대리운전 기사들은 배정받은 콜을 거부하는 경우에 향후 배정을 제대로 받지 못하거나 대기 순서가 뒤로 밀리는 등의 불이익을 받게 되어 쉽사리 배정을 거부하기 어려웠을 것으로 보이고, 우선배정을 받기 위하여는 원고와 협력업체들이 제시하는 우선배정 조건에 따라 콜을 수행하여야 했을 것으로 보인다. 또한 동업계약서에는 피고의 복장과 업무 수행 시 준수할 사항 및 교육을 받을 의무 등에 관하여 규정하고 있어 피고가 이를 위반할 경우 주의조치나 계약해지가 가능하였다. 이러한 점에 비추어 보면 피고와 원고 사이에 어느 정도의 지휘 · 감독관계가 존재한 것으로 볼 수 있다.

바. 피고에게 노무제공의 대가를 지급하는 주체는 고객이 아니라 원고라고 보아야 한다. 대리운전요금은 고객이 카드 혹은 현금으로 결제하는데, 카드 결제의 경우 원고가 고객이 제공한 카드 정보를 이용하여 대리운전요금을 결제한 후 피고에게 노무제공의 대가로 대리운전비 상당의 금액을 별도로 지급한다. 현금 결제 시에는 고객이 피고에게 대리운전요금을 직접 지급하지만, 이는 현장에서 대리운전 기사만이 현금을 수령할 수 있기 때문으로 대리운전요금이 원고에게 귀속된 후 원고가 대리운전비를 피고에게 지급하는 절차를 생략한 것으로 볼 수 있다.

## 3. 의의 및 시사점

노동조합법상 근로자에 해당하는지는, 1) 노무제공자의 소득이 특정 사업자에게 주로 의존하고 있는지, 2) 노무를 제공받는 특정 사업자가 계약 내용을 일방적으로 결정하는지, 3) 노무제공자가 특정 사업자의 사업 수행에 필수적인 노무를 제공함으로써 특정 사업자의 사업을 통해서 시장에 접근하는지, 4) 노무제공자와 특정 사업자의 법률관계가 상당한 정도로 지속적 · 전속적인지, 5) 사용자와 노무제공자 사이에 어느 정도 지휘 · 감독관계가 존재하는지, 6) 노무제공자가 특정 사업자로부터 받는 임금 · 급료 등 수입이 노무 제공의 대가인지 등을 종합적으로 고려하여 판단하게 됩니다(대법원 2018. 6. 15. 선고 2014두

12598, 2014두12604 판결).

대법원은 '임금을 목적으로 사업장에 근로를 제공하는 사람'을 근로자로 인정하는 근로기준법보다 노동조합법상 근로자의 범위를 대체로 넓게 보고 있습니다. 이에 대법원은 학습지 교사 사건(위 대법원 2014두12598, 2014두12604 판결) 이후로 방송연기자(대법원 2018. 10. 12. 선고 2015두38092 판결), 철도역 내 매점운영자(대법원 2019. 2. 25. 선고 2016두41361 판결), 카마스터(대법원 2019. 6. 13. 선고 2019두33712 판결) 등의 사안에서 노동조합법상 근로자성을 인정하였으며, 이 사건 역시 노동조합법상 근로자의 범위를 넓게 인정하는 판결의 경향과 궤를 같이 합니다.

대리운전 기사의 근로자성이 문제된 선행 사건으로는 '카카오T' 사건이 있었습니다. 앞서 모빌리티 플랫폼인 '카카오T'를 사용하는 대리기사들의 노동조합법상 근로자성을 다투는 행정소송에서 카카오모빌리티는 2021. 10.에 소를 취하하며 대리운전노조와 단체교섭을 시작한 바 있습니다. 대상판결은 대리운전 기사가 노동조합법상 근로자에 해당한다고 판단한 첫 대법원 판결입니다.

대상판결은 대리기사가 특정 업체로부터만 콜을 받는 것이 아니라 여러 협력업체로부터 대리기사 콜을 받아왔던 사정, 대리운전의 대가로서의 금원 중 카드 결제가 아닌 현금은 원고 회사가 아닌 고객으로부터 직접 수령하였던 사정이 있음에도 불구하고, 대법원은 대리운전 기사가 노동조합법상 근로자에 해당한다고 판단하였습니다.

지난 2024. 7. 차량호출 서비스 '타다' 운전기사가 근로기준법상 근로자에 해당한다는 대법원 판결(대법원 2024. 7. 25. 선고 2024두32973 판결)이 있었고, 이어서 이 사건 대리기사의 노동조합법상 근로자성 판결이 선고되어, 플랫폼 종사자의 근로자성 여부에 관한 대법원의 입장을 확인할 수 있습니다.

# 03

# 집단적 노사관계

# 산별노조 지부에 독자적인 단체교섭 및 단체협약 체결 능력이 있다고 보아, 지부 조합원의 결의로 기업별 노동조합으로의 조직형태 변경이 가능하다고 판단한 사례

대상판결 : 서울중앙지방법원 2024. 5. 23. 선고 2022가합565743 판결
(서울고등법원 2024나2025600 사건으로 항소심 계속 중)

## 1. 사안의 개요

원고는 금융산업 관련 업무 및 기타 사무 서비스직에 종사하거나 종사하고자 하는 노동자들을 조직대상으로 하는 산업별 노동조합이고, 피고는 A은행 소속 근로자들을 대상으로 조직된 기업별 노동조합입니다.

피고는 과거 원고에 가입 결의하여 그 지부로 활동하다가, 2020. 7. 원고로부터 탈퇴할 것을 결의하고 이를 원고에게 통보하였습니다. 이에 원고는 원고의 하부조직인 지부에 불과한 피고가 조직형태 변경을 할 수 있는 주체가 아니므로 피고의 탈퇴결의는 무효라는 확인을 구함과 함께, 피고가 미지급한 피고 소속 조합원들의 조합비 지급을 청구하였습니다.

## 2. 대상판결의 요지

대상판결은 아래와 같이 판단하면서 원고의 청구를 모두 기각하였습니다.

◦ 산업별 노동조합의 하부조직이더라도, 외형과 달리 독자적인 노동조합 또는 노동조합 유사의 독립한 근로자단체로서 법인 아닌 사단에 해당하는 경우에는, 자주적 · 민주적인 총회의 결의를 통하여 소속을 변경하고 독립한 기업별 노동조합으로 전환할 수 있고, 노동조합 또는 법인 아닌 사단으로서의 실질을 반영한 이 사건 규정에 관한 해석이 근로자들에게 결사의 자유 및 노동조합 설립의 자유를 보장한 헌법 및 노동조합법의 정신에 부합한다(대법원 2016. 2. 19. 선고 2012다96120 전원합의체 판결 참조).

◦ 피고는 피고의 규약에서 조합원의 자격과 범위를 A은행에 종사하는 근로자(노동조합 및 노동관계조정법에서 정하는 사용자 제외)로 정하고 있다. 피고는 개정규약에서 피고의 명칭을 'B노동조합'이라고 명시하였고, 이 사건 가입결의 이후에 개정된 규약에서도 이와 같은 명칭을 유지하였다.

◦ 피고는 이 사건 가입결의를 통해 원고의 하부조직으로 조직형태를 변경하면서도 독자적인 단체교섭 및 단체협약체결 능력을 갖는 것을 중요하게 고려하였고, 원고로부터 피고가 독자적인 단체교섭 및 단체협약체결 능력을 갖는 것에 대한 동의도 어느 정도 얻은 것으로 보인다.

◦ 피고는 피고의 자체 규약을 통해, 중앙집행위원회라는 독자적인 집행기관을 구성하여 운영하였다.

◦ 피고의 규약에 의하면, 피고의 단체교섭 및 노사협의회의 대표자는 위원장이 되고, 위원장은 필요한 경우 그 대표권을 위임 또는 공동교섭할 수 있다. 이를 바탕으로 피고는 사용자(단체)를 'A은행', 노동조합의 명칭을 '피고'로 하여 단체협약을 체결하고 이를 신고하였다.

◦ 원고의 규약에 의하면, 원고의 위원장은 단체교섭권을 위임할 수 있으며, 이 경우 교섭을 위임받은 단위는 교섭 상황을 위원장에게 보고하여야 하나, 피고가 원고의 다른 하부조직들처럼 원고의 위원장에게 교섭상황을 보고하였는지는 증거자료에서 확인되지 않는다. 그렇다면 피고는 그 조직이나 조합원에 고유한 사항에 관하여 단체교섭 및 단체협약체결 능력을 원고로부터 단순히 위임받은 것이 아니라 원고와 협의를 통해 피고의 자체 규약에 따라 독자적인 단체교섭 및 단체협약 체결 능력을 가지고 이를 체결한 것으로 보인다.

### 3. 의의 및 시사점

대상판결은 산업별 노동조합의 하부조직이라도, 실질적으로 하나의 기업 소속 근로자를 조직대상으로 하여 구성되어 독자적인 규약과 집행기관을 가지고 독립한 단체로서 활동하면서 조직이나 조합원에 고유한 사항에 관하여 독자적인 단체교섭 및 단체협약체결 능력이 있어 기업별로 구성된 노동조합에 준하는 실질을 가지고 있는 경우에는 소속 조합원의 의사 결정을 통하여 독립한 기업별 노동조합으로 전환할 수 있다고 한 대법원 전원합의체 판결(대법원 2016. 2. 19. 선고 2012다96120 전원합의체 판결)의 취지에 부합합니다.

# 수급인 소속 근로자가 도급인의 사업장에서 한 조합활동이 도급인에 대한 관계에서까지 정당성을 가지기 위한 기준을 제시한 사례

대상결정 : 대법원 2024. 12. 24.자 2024마6760 결정

## 1. 사안의 개요

채권자들은 물류회사인 채무자와 택배 영업점(이하 '이 사건 영업점') 계약을 체결하여 화물 배송업무를 위탁받은 수급인에 소속된 택배기사들입니다.

채무자는 근로의 장소로 제공한 채무자의 지역별 배송센터(이른바 '캠프')에서 채권자들이 수급인 소속 다른 택배기사들에게 노동조합 가입을 홍보하는 조합활동(이하 '이 사건 활동')을 하자, 채권자들이 업무수행과 무관한 목적으로 채무자의 지역별 배송센터를 출입한다는 이유로 채무자의 지역별 배송센터에 출입하는 것을 금지하고 업무용 애플리케이션에 대한 접근을 제한하는 조치(이하 '이 사건 조치')를 실시하였습니다.

이에 채권자들은 이 사건 조치가 채권자들의 단결권을 침해한다는 등의 이유로 채무자를 상대로 이 사건 조치의 배제를 구하는 출입방해금지 등 가처분을 신청하였습니다.

## 2. 판결 요지

대상결정은 수급인 소속 근로자들이 도급인의 사업장에서 한 조합활동이

도급인에 대하여 정당한지에 관한 판단 기준을 아래와 같이 설시하였습니다.

가. 도급인은 원칙적으로 수급인 소속 근로자의 사용자가 아니므로, 수급인 소속 근로자가 도급인의 사업장에서 한 조합활동이 도급인의 노무지휘권 · 시설관리권 등과 충돌할 경우에는 사용자인 수급인에 대한 관계에서 조합활동의 정당성을 갖추었다는 사정만으로 사용자가 아닌 도급인에 대한 관계에서까지 정당성을 가진다고 볼 수는 없다.

나. 그러나 도급인이 자신의 사업장을 수급인 소속 근로자들에게 근로의 장소로 제공하여 그곳에서 수급인 소속 근로자들이 작업을 하는 경우, 도급인의 사업장은 수급인 소속 근로자들에게 근로 제공의 현장이자 삶의 터전이 되는 곳으로서 조합활동의 기본적인 공간이 될 수밖에 없다. 또한 도급인은 비록 수급인 소속 근로자와 직접적인 근로계약 관계를 맺고 있지는 않지만, 수급인 소속 근로자가 제공하는 근로에 의하여 일정한 이익을 누리고, 그러한 이익을 향수하기 위하여 수급인 소속 근로자에게 사업장을 근로의 장소로 제공하였으므로 그 사업장에서 발생하는 수급인 소속 근로자의 조합활동으로 인하여 일정 부분 법익이 침해되더라도 사회통념상 이를 용인하여야 하는 경우가 있을 수 있고, 그러한 범위 내에서는 조합활동이 도급인에 대해서도 정당하다고 보아야 한다.

다. 이러한 경우에 해당하는지 여부는 헌법이 보장하는 기본권인 노동3권의 구체적 실현이라는 측면에서 해당 조합활동이 가지는 의미와 필요성, 조합활동의 경위와 구체적 태양, 해당 사업장에서 수행되는 업무의 성격과 사업장의 규모, 조합활동에 참여하는 근로자의 수와 이들이 조합활동을 위해 사용한 장소 또는 시설의 범위 · 특성과 종래 이용관계, 조합활동으로 인해 도급인의 시설관리나 업무수행이 제한되는 정도, 도급인 사업장 내에서 이루어져 온 노동조합 활동 관행 등 여러 사정을 종합하고 충돌되는 가치를 객관적으로 비교 · 형량하여 실질적인 관점에서 판단하여야 한다.

대법원은 위 법리에 기초할 때, 채권자들은 적어도 채무자가 업무수행을 위하여 출입을 허용하였던 장소(일산 2, 6, 8 배송센터) 내에서 채무자의 시설관리권 등과 조화를 이루는 범위에서 노동조합 홍보활동을 할 권리가 있다고 볼 여지가 크고, 해당 장소의 출입과 업무용 애플리케이션의 사용에 관해서는 보전의 필요성을 인정할 여지가 크다고 보아 이와 달리 판단한 원심결정 중 간접강제를 제외한 나머지 부분을 파기·환송하였습니다. 구체적인 판단 근거는 아래와 같습니다.

1) 채무자는 채권자들과 직접적인 계약관계에 있지는 않으나 수급인 회사와 택배 영업점 계약을 체결하여 화물 배송업무를 위탁한 도급인의 지위에 있고, 채권자들은 그 영업점을 통하여 배송업무를 수행하였으며, 채무자는 채권자들과 같은 영업점 소속 택배기사들에게 채무자의 지역별 배송센터를 근로의 장소로 제공함.

2) 채권자들은 화물 배송업무 근로조건 개선을 위하여 전국택배노동조합 일산지회(이하 '이 사건 지회')를 조직하였는데, 조합원을 모집하는 홍보활동은 이 사건 지회의 단결권의 유지·강화라는 정당한 목적을 달성하기 위한 것임.

3) 채권자들을 포함하여 영업점 소속 택배기사들은 1일 약 2회 정해진 시간에 채무자의 일산 6배송센터에 모여 화물의 상·하차업무를 총 1시간 30분 정도 수행한 후 각자의 배송지로 흩어져 배송업무를 수행하는데, 일산 6배송센터는 이 사건 영업점 소속의 다수의 택배기사들이 모여 근로를 제공하는 거의 유일한 장소이고, 비록 택배기사들이 지역별 배송센터에 머무는 시간이 짧더라도 이는 대부분의 업무를 사업장 외부에서 개인별로 수행하는 배송업무의 특성에 기인한 것이므로, 채무자의 지역별 배송센터는 이 사건 영업점 소속 택배기사들이 일상적 근로를 제공하는 삶의 터전의 일부이자 유일한 집단적 근로 제공 장소로서 노동조합 활동의 공간이 될 수 있음.

4) 채권자들을 비롯하여 이 사건 영업점의 택배기사들은 일산 6배송센터에 주차구역과 화물수령 장소(이른바 '라우트')를 배정받았는데, 위 배정된 구역에서 수행하는 화물수령 및 상·하차 업무 외에도 입차 확인, 반품상품이나 신선식품 배송상자 반납 등의 업무를 수행하기 위하여 배정된 구역을 벗어나 일산 6배송센터를 이동할 수 있었고, 일산 6배송센터는 일산 2, 8배송센터와 연결되어 있으며, 채권자들이 신선식품 배송상자를 반납하기 위하여 반납 장소가 설치된 일산 8배송센터로 이동하려면 일산 6배

송센터와 연결된 일산 2배송센터를 지날 수 있으므로, 채권자들의 일산 6배송센터 출입은 쿠팡화물 배송업무 수행을 위하여 채무자가 허락한 것이고 일산 2, 8배송센터로 이동한 것 역시 채권자들의 평소 업무수행을 위해 채무자로부터 허락받은 범위 내에 있었다고 보임.

5) 영업점 소속 택배기사들이 지역별 배송센터에서 업무를 수행하는 시간 동안 다수의 화물차량, 전동운반기(전동자키), 이동식 수레(롤테이너) 등이 배송센터 내를 수시로 이동하는 것으로 보이기는 하나, 채권자들은 이 사건 활동을 하며 어떠한 물리력도 사용하지 않았고, 일정 공간을 배타적으로 점거하거나 소음을 발생하지도 않았으며, 이 사건 활동은 평소의 업무수행과 마찬가지로 도보로 이동하면서 상 · 하차 업무를 수행하는 다른 택배기사를 찾아가 인사를 나누고 유인물을 배포하는 정도에 그침.

6) 채권자들은 평소 채무자로부터 출입을 허락받은 일산 2, 6, 8배송센터 외에 다른 지역별 배송센터에 출입한 사실이 없고, 일산 2, 6, 8배송센터에서도 약 두 달 사이 5회 정도 이 사건 활동을 수행하였을 뿐이며, 채무자는 다른 영업점이 일산 2, 6배송센터를 포함한 전국 지역별 배송센터에서 영업점 소속 택배기사 업무 홍보를 위한 영상을 촬영하는 것을 상당한 기간 동안 허가한 것으로 보이는데, 그 정도에 비추어 보면 채권자들의 이 사건 활동이 채무자의 원활한 작업 수행과 안전사고 방지에 실질적 지장을 초래하는 수준에 이르렀다고 평가하기 어려움.

7) 이 사건 활동 당시 이 사건 지회는 설립한 지 얼마 되지 않아 조합원 모집이 절실한 상황이었던 것으로 보이고, 이 사건 조치로 인하여 채권자들은 채무자의 지역별 배송센터의 출입과 업무용 애플리케이션 사용이 금지되면서, 지역별 배송센터 내 조합원 모집 활동을 할 수 없게 되었을 뿐 아니라 주된 수입원인 화물 배송업무를 수행할 수 없게 되어 생계유지에도 어려움이 발생하였으므로, 이 사건 조치의 배제를 구하는 이 사건 가처분 신청이 만족적 가처분이라는 이유만으로 보전의 필요성에 관한 충분한 소명이 없다고 쉽게 단정하여서는 안 됨.

## 3. 의의 및 시사점

대상결정은 도급인이 수급인 소속 근로자가 제공하는 근로에 의하여 일정한 이익을 누리고, 그러한 이익을 향수하기 위하여 수급인 소속 근로자에게 사업장을 근로의 장소로 제공한 경우에는 그 사업장에서 발생하는 수급인 소속 근로자의 조합활동으로 인하여 일정 부분 법익이 침해되더라도 사회통념상 이를 용인하여야 하는 범위 내에서는 수급인 소속 근로자의 조합활동이 도급인에 대해서도 정당하다고 판시하면서, 도급 등 3자적 노사관계에서 이루어지는 조합활동의 정당성 여부에 관한 판단 기준을 제시하였습니다.

대상결정의 사안에서는 특히 택배기사인 채권자들의 유일한 집단적 근로장소가 채무자의 지역별배송센터였다는 점이 주요한 근거로 작용한 것으로 보입니다. 다만 수급인 소속 근로자가 조합활동을 할 수 있는 구체적인 범위에 대하여는 추후 파기환송심의 판단을 지켜볼 필요가 있습니다.

# 03 집단적 노사관계

# 교섭창구단일화 등에 관한 「노동조합 및 노동관계조정법」 관련 법률이 헌법에 위반되지 않는다는 헌법재판소 결정

대상결정 : 헌법재판소 2024. 6. 27.자 2020헌마237 결정

## 1. 사안의 개요

복수노조 사업장에서 교섭대표노동조합의 지위를 획득하지 못한 소수 노조와 그 간부들은 교섭창구단일화에 관한 「노동조합 및 노동관계조정법」(이하 '노동조합법') 조항이 평등권, 단결권, 단체교섭권, 단체행동권, 사생활의 비밀과 자유를 침해하여 헌법에 위반된다고 주장하면서 헌법소원심판을 청구하였습니다.

대상 조항은 다음과 같습니다.

[제1조항]
**제29조(교섭 및 체결권한)** ② 제29조의2에 따라 결정된 교섭대표노동조합(이하 "교섭대표노동조합")의 대표자는 교섭을 요구한 모든 노동조합 또는 조합원을 위하여 사용자와 교섭하고 단체협약을 체결할 권한을 가진다.

**제29조의2(교섭창구 단일화 절차)** ① 하나의 사업 또는 사업장에서 조직형태에 관계없이 근로자가 설립하거나 가입한 노동조합이 2개 이상인 경우 노동조합은 교섭대표노동조합(2개 이상의 노동조합 조합원을 구성원으로 하는 교섭대표기구를 포함한다. 이하 같다)을 정하여 교섭을 요구하여야 한다.

[제2조항]
**제29조의2(교섭창구 단일화 절차)** ④ 제3항에 따른 기한까지 교섭대표노동조합을 정하지 못하고 제1항 단서에 따른 사용자의 동의를 얻지 못한 경우에는 교섭창구 단일화 절차에 참여한 노동조합의 전체 조합원 과반수로 조직된 노동조합(2개 이상의 노동조합이 위임 또는 연합 등의 방법으로 교섭창구 단일화 절차에 참여한 노동조합 전체 조합원의 과반수가 되는 경우를 포함한다)이 교섭대표노동조합이 된다.

[제3조항]
**제29조의5(그 밖의 교섭창구 단일화 관련 사항)** 교섭대표노동조합이 있는 경우에 제37조제2항 중 "노동조합"은 "교섭대표노동조합"으로 본다.

**제37조(쟁의행위의 기본원칙)** ② 조합원은 노동조합에 의하여 주도되지 아니한 쟁의행위를 하여서는 아니된다.

## 2. 판결 요지

대상결정은 교섭창구단일화 제도에 관한 노동조합법상 규정이 헌법에 위배되지 않는다고 결정하였습니다. 다만 9인의 재판관 중 4인은 이에 대한 반대의견을 남겼습니다. 법정의견은 다음과 같은 이유로 침해의 최소성이 인정된다고 판시하였습니다.

1) 제1조항 및 제2조항의 교섭창구 단일화는 노사대등의 원리 위에서 적정한 근로조건의 구현이라는 단체교섭권의 실질적인 보장을 위해 요구되는 불가피한 제도이다.

2) 노동조합법은 교섭창구 단일화로 인한 문제점을 보완하기 위한 다수의 장치를 두고 있다. 우선 복수 노동조합이 존재하는 모든 상황에 있어서 교섭창구 단일화를 강제하는 것이 아니라 사용자가 개별교섭에 동의한 경우에는 각 노동조합별로 개별교섭이 진행되고(제29조의2 제1항 단서), 하나의 사업 또는 사업장이라 하더라도 현격한 근로조건의 차이, 교섭형태, 교섭관행 등 객관적인 내용을 감안하여 교섭단위의 분리가

필요한 경우라면 노동위원회의 결정을 얻어 교섭단위를 분리하는 것 역시 가능하다(제29조의3 제2항).

3) 교섭대표노동조합이 되지 못한 다른 노동조합을 보호하기 위해 사용자와 교섭대표노동조합에게 공정대표의무를 부과하여(제29조의4 제1항) 교섭창구 단일화 절차에 참여한 노동조합 또는 그 조합원에 대한 차별을 금지하고 있다. 위와 같은 제도들은 모두 교섭창구 단일화를 일률적으로 강제할 경우 발생하는 문제점을 보완하기 위한 것으로서, 노동조합의 단체교섭권 침해를 최소화하기 위한 제도라 볼 수 있다(헌법재판소 2012. 4. 24.자 2011헌마338 결정 참조).

4) 공정대표의무에 관한 대법원의 판단에 비추어 보면 공정대표의무 제도를 통해 교섭대표노동조합이 되지 못한 노동조합에게도 절차적 참여권이 보장된다. 이번에 교섭대표노동조합이 되지 못한 노동조합이라도 다음번에 교섭대표노동조합이 될 기회를 가질 수 있기도 하다.

5) 교섭창구 단일화 절차에 참여한 노동조합 사이에 자율적으로 교섭대표노동조합이 결정되지 못한 경우 과반수 노동조합이 교섭대표노동조합이 되게 하는 제2조항은, 사업장 내 보다 많은 근로자를 대표하는 노동조합으로 하여금 교섭대표노동조합이 되어 사용자와 교섭에 나아가게 하려는 것으로 그 자체로 합리적인 방법이라 할 것이고, 이때 과반수 노동조합은 '2개 이상의 노동조합이 위임 또는 연합 등의 방법으로 교섭창구 단일화 절차에 참여한 노동조합 전체 조합원의 과반수가 되는 경우를 포함'하므로(제2조항 중 괄호 내용) 독자적으로는 과반수가 아닌 소수 노동조합이라도 '과반수 노동조합'이 될 가능성을 열어두고 있어, 과반수가 아닌 소수 노동조합의 기본권을 과도하게 침해하는 것이라고 보기 어렵다.

6) 자율적으로 교섭대표노동조합이 정해지지 못하는 경우 제2조항에 따라 '과반수 노동조합'으로 하여금 교섭대표노동조합이 되게 하는 것보다 '공동교섭대표단'을 구성하게 하는 방법(구법 제29조의2 제4항, 현행법 제29조의2 제5항)을 먼저 취하는 것이 관련된 다수의 노동조합을 단체교섭에 참여할 수 있게 하므로 소수 노동조합의 기본권을 덜 침해하는 방법이 된다는 주장과 관련해서는, '공동교섭대표단'과 같은 비례교섭대표제는 소수로 구성되게 되어 사용자의 개입이 용이하며 교섭대표단 내부의 의견대립을

조정하기 어렵고 교섭위원 간의 견해가 대립되면 결국 소수의 교섭위원에 의한 다수결로 교섭대표단의 의견이 결정될 수밖에 없어 대표성의 왜곡이 발생하기 쉽고, 이 제도 하에서도 여전히 그 참가가 배제되는 소수 노동조합이 발생할 수밖에 없다는 단점이 제시된다. 따라서 '과반수 노동조합'을 교섭대표노동조합으로 하는 방법과 '공동교섭대표단'을 구성하는 방법 모두 장단점을 가지고 있는 상황에서 '공동교섭대표단'을 구성하는 방법이 기본권을 덜 침해하는 방법이라고 단정하기 어렵다.

## 3. 의의 및 시사점

종래 헌법재판소는 2012년 교섭창구단일화제도가 합헌이라고 결정하였습니다(헌법재판소 2012. 4. 24.자 2011헌마338 결정). 대상결정은 12년이 지난 시점에서 현행 노동조합법의 교섭창구단일화 제도가 헌법상 단체행동권 등을 침해하지 않는다고 재차 결정하였다는 데에 그 의미가 있습니다.

그러나 교섭대표노동조합의 독점적 단체교섭권 행사를 규정한 제1조항에 대해서는 '침해의 최소성 요건과 법익의 균형성 요건을 충족하지 못하여 청구인들의 단체교섭권을 침해하여 헌법에 위반된다'고 한 4인의 반대의견이 있었습니다. 공정대표의무만으로는 소수 노동조합의 단체교섭권 침해를 최소화하기 위하여 필요한 절차적 참여권이 제대로 보장되고 있다고 보기 어렵고, 자율적 개별교섭과 교섭단위 분리 제도만으로는 교섭대표노동조합이 되지 못한 노동조합과 그 조합원의 단체교섭권 침해를 최소화하기에 미흡하다는 것이 그 이유였습니다.

2012년 합헌 결정 당시 반대의견이 없었던 것과 비교하면, 교섭창구단일화 제도에 문제가 있다는 의견이 늘어난 것에 주목할 필요가 있습니다.

# 사업장 내 하나의 노동조합만 존재하는 경우에도 교섭요구 사실의 공고가 필요하다고 한 사례

대상판결 : 대법원 2024. 3. 28. 선고 2023두49387 판결

## 1. 사안의 개요

원고는 상시근로자 약 50명을 사용하는 회사입니다. 피고보조참가인(이하 '참가인')은 2011. 7. 1. 설립된 노동조합으로, 2021. 4. 1. 원고에 참가인 지회를 설치하였습니다.

참가인은 2021. 5. 10. 원고에게 참가인 지회의 조합원수를 15명으로 기재한 단체교섭요구서를 전달하였는데, 원고는 7일이 경과한 2021. 5. 17.까지 교섭요구 사실을 공고하지 않았습니다. 한편 위 교섭요구 이후인 2021. 5. 17. E노동조합(이하 '소외 노조')이 설립되었고, 소외 노조는 2021. 5. 18. 조합원수를 28명으로 기재한 단체교섭요구서를 전달하였습니다.

이에 원고는 교섭요구 노동조합으로 참가인 지회와 소외 노조가 있다는 사실 등을 기재하여 교섭요구 사실의 공고문을 게재하였습니다. 이후 원고는 교섭요구 노동조합을 참가인과 소외 노조로 확정한다는 공고를 하였습니다.

참가인은 노동위원회에 '원고가 교섭요구 노동조합 확정 공고문을 게시하여야 할 일자에 교섭요구 사실공고를 하였다'고 주장하며, '2021. 5. 18.자 참가인과 소외 노조의 교섭요구 사실에 관한 원고의 공고문을 참가인에 대한 교섭

요구 노동조합 확정 공고문으로 시정하여 공고하라'는 내용의 시정신청을 하였습니다.

중앙노동위원회는 '원고가 참가인의 교섭요구를 받은 날인 2021. 5. 10.부터 7일간 교섭요구 사실을 공고할 의무가 있었고, 교섭요구 사실 공고기간이 끝난 날의 다음 날인 2021. 5. 18.부터 5일간 교섭요구 노동조합 확정 공고를 했어야 하는 의무를 부담한다'고 판단하면서, 참가인의 시정신청을 인용하는 결정을 하였습니다.

## 2. 판결 요지

원심은 (1) 하나의 사업장 내 하나의 노동조합만 존재하는 경우에도 교섭요구 사실의 공고에 관한 규정이 적용되어 교섭요구 사실의 공고 의무가 있지만, (2) 교섭요구 사실의 공고 절차를 생략한 채 교섭요구 노동조합 확정 공고를 명할 수 없기에 중앙노동위원회가 '참가인을 교섭요구 노동조합으로 확정한 사실을 전체 사업장에 공고하라'는 시정명령을 한 것은 위법하다고 판단하였습니다. 구체적인 근거는 아래와 같습니다.

### 가. 사업장 내 하나의 노동조합만 존재하는 경우에도 교섭요구 사실의 공고가 필요한지 : 인정

- 노동조합법 시행령 제14조의3는 공고제도가 하나의 사업장에 복수 노동조합이 존재하는 경우에 한하여 적용된다는 취지의 제한을 두고 있지 않음. 복수 노동조합의 경우만을 전제한 것이라고 해석한다면, 하나의 노동조합만 존재하는 사업장에서의 단체교섭 요구 방법 등과 관련하여서는 아무런 규정도 없는 것이 되는데, 입법자가 이를 의도하였을 것으로 보이지는 않음.
- 현행 노동조합법령에 따르면, 근로자는 언제든지 사업장 내에서 노동조합을 결성할 수 있고 산업별 노동조합 등 상급 노동조합에 가입할 수도 있어서, 사용자가 노동조합으로부터 단체교섭을 요구받을 당시 해당 사업장에 2개 이상의 노동조합이 존재하는지 여부

가 명확하지 않은 경우도 충분히 상정할 수 있음. 따라서 만일 교섭요구 사실의 공고제도가 복수 노동조합이 존재할 경우에만 적용된다고 본다면, 2개 이상의 노동조합이 존재하는지 여부가 명확하지 않은 상태에서 사용자의 주관적인 인식에 따라 교섭요구 사실의 공고 여부가 좌우될 수 있게 됨.

### 나. 교섭요구 사실의 공고 절차를 생략하고 교섭요구 노동조합 확정 공고를 명할 수 있는지 : 부정

- 이 사건 재심결정이 원고에 대하여 '참가인을 교섭요구 노동조합으로 확정한 사실을 전체 사업장에 공고하라'는 시정명령을 한 것은 다음과 같은 이유에서 위법함.
- 노동조합법 시행령은 단체교섭에 이르기까지의 절차를 시간적 순서에 따라 단계적으로 규정하고 있음. 교섭창구 단일화 절차에 관한 규정은 전반적으로 강행규정으로 해석해야 하므로 임의로 위 절차를 변경하여서는 안 됨.
- 사용자가 교섭요구 사실의 공고를 거치지 아니하고 곧바로 교섭요구 노동조합을 확정하여 공고하는 것은 관련 규정에 명백히 위배될 뿐만 아니라, 교섭요구 사실 공고를 알지 못하여 교섭에 참여하지 못하게 된 다른 노동조합의 교섭 참여기회를 박탈할 위험이 있으므로, 근로자의 단체교섭권 등을 보장하여 근로조건의 유지 · 개선을 도모하려는 노동조합법의 제정 목적에도 어긋남.
- 사용자가 교섭요구 사실의 공고 또는 교섭요구 노동조합의 확정 공고를 지연하는 방식으로 과반수 노동조합의 결정에 영향을 미치려 할 가능성은 있음. 그러나 위와 같은 우려가 사용자로 하여금 교섭요구 사실의 공고 자체를 생략할 수 있도록 허용하는 근거가 될 수는 없음. 위 문제는 노동조합법 제29조의2 제7항(교섭대표노동조합 결정에 대한 시정신청)에 따른 노동위원회에 대한 시정신청을 통하거나 부당노동행위 구제신청을 통하여 해결할 수밖에 없음.
- 교섭요구 사실 공고 및 교섭요구 노동조합 확정 공고에 관한 법령상 절차를 위반하는 내용의 시정명령을 하는 것은 노동위원회의 재량 범위를 벗어나는 것으로써 허용될 수 없음.

대법원은 이러한 원심의 판단을 그대로 수긍하면서 '교섭창구 단일화 절차 및 노동위원회 시정명령에 관한 법리를 오해하는 등으로 판결에 영향을 미친 잘못이 없다.'고 하였습니다.

### 3. 의의 및 시사점

대상판결은 사업장 내 하나의 노동조합만 존재하는 경우에도 교섭요구 사실의 공고가 필요하다고 판단하였습니다.

그리고 사용자가 교섭요구 사실의 공고를 지연하였더라도, 중앙노동위원회는 교섭요구 사실의 공고를 명할 수 있을 뿐 이를 생략한 채 교섭요구 노동조합 확정 공고를 명할 수는 없다고 판단했습니다.

사용자가 교섭요구 사실의 공고 또는 교섭요구 노동조합의 확정 공고를 지연하는 방식으로 과반수 노동조합의 결정에 영향을 미치려 할 가능성이 있다고 하더라도, 이 문제는 교섭대표노동조합 결정에 대한 시정신청이나 부당노동행위 구제신청 등을 통하여 해결하여야 하고, 노동조합법 및 시행령이 정한 절차를 생략할 수는 없음을 분명히 하였습니다.

# 03

# 집단적 노사관계

# 교섭대표노조의 창립일만 유급휴일로 지정한 단체협약이 합리적 이유 없는 차별로서 공정대표의무 위반에 해당한다고 판단한 사례

대상판결 : 대법원 2024. 2. 29. 선고 2023다285193 판결

## 1. 사안의 개요

원고는 금속 관련 산업에 종사하는 근로자를 대상으로 하는 전국단위산업별 노동조합으로서, 그 산하에 D 주식회사(이하 'D')의 근로자들 14명로 구성된 E 지회(2018. 6. 17. 설치됨, 이하 '원고 지회')를 두고 있습니다. 피고 B 노동조합(이하 '피고 노동조합')은 2018. 7. 17. 설립된 기업별 노동조합으로 D의 근로자들 35명이 가입하여 있고, 피고 C는 피고 노동조합의 위원장입니다. D는 120여 명의 근로자를 고용하여 운송용역업, 고철처리 및 인력용역업 등을 영위하는 회사입니다.

원고와 피고 노동조합은 노동조합 및 노동관계조정법(이하 '노동조합법') 제29조의2에 따라 교섭창구 단일화 절차를 진행하여 피고 노동조합이 교섭대표노동조합으로 정해졌고, 피고 노동조합은 D와 사이에 2018. 11. 30. 2018년 단체협약을, 2018. 12. 1. 2018년 임금협정을, 2019. 9. 24. 2019년 임금협정을, 2019. 12. 20. 2020년 임금협정을, 2021. 1. 29. 2020년 단체협약 및 2021년 임금협정을 각 체결하였습니다(이하 통틀어 '이 사건 각 협약').

그런데 원고는 피고들이 이 사건 각 협약을 체결하면서 1) 교섭요구안에

대한 정보제공 및 의견수렴의무, 교섭진행 과정에서 정보제공 및 의견수렴의무, 교섭종료 후 협약체결 과정에서 잠정합의안에 대한 정보제공 및 의견수렴의무 및 교섭종료 후 협약 송부의무 등 절차적 공정대표의무를 위반하였고, 2) 피고들은 합리적 이유 없이 2018년 및 2020년 단체협약에서 피고 노동조합의 창립기념일만을 유급휴일로 정함으로써 교섭대표노조에 우월적 지위를 인정하여 내용에 있어서도 공정대표의무를 위반하였다고 주장하면서, 공정대표의무 위반을 이유로 위자료 5,000만 원을 배상하라는 내용의 소를 제기하였습니다.

## 2. 판결 요지

이에 대하여 원심은, 1) 피고들이 원고 지회의 요청에도 불구하고 최종 단체교섭요구안을 설명하거나 알려주지 않았고, 2020년 단체협약 및 2021년 임금협정 체결을 제외한 나머지 각 협약 체결 당시 원고 지회에 대해 잠정합의안 마련사실을 알리거나 이에 대하여 설명하고 그로부터 의견을 수렴하는 절차를 전혀 거치지 않았으므로 공정대표의무를 위반한 행위에 해당한다고 보아 원고에게 위자료 400만 원을 지급하라고 판단하였으나, 2) 나머지 절차적 공정대표의무 위반 주장에 대해서는 이를 배척하였고, 3) 교섭대표노조의 창립기념일만을 유급휴일로 지정한 것과 관련하여서도 단체협약 교섭과정에서 원고 지회의 창립기념일을 유급휴일로 해달라는 취지의 요구가 있었다거나 교섭과정에서 의제로 상정된 적이 없는 등 피고들이 고의 또는 과실로 원고를 차별하였음을 인정하기 부족하다고 보아 원고의 나머지 부분에 대한 청구를 기각하였습니다.

이러한 원심의 판단에 대해 원고만이 상고하였는데, 대법원은 위 원심 판단 중 2) 부분에 대해서는 원심의 판단에 수긍하였으나, 3) 부분 판단에 대해서는 아래와 같은 이유를 들어 원심의 판단에 잘못이 있다고 보아 원심 판결을 파기환송하였습니다.

1) 교섭대표노동조합이나 사용자가 교섭창구 단일화 절차에 참여한 다른 노동조합 또는 그 조합원을 차별한 것으로 인정되는 경우, 그와 같은 차별에 합리적인 이유가 있다는 점은 교섭대표노동조합이나 사용자에게 그 주장 · 증명책임이 있다(대법원 2018. 8. 30. 선고 2017다218642 판결 등 참조).

2) 2018년 및 2020년 단체협약 제22조가 피고 노동조합의 창립기념일만을 유급휴일로 지정한 사실을 알 수 있는바, 이는 교섭대표노동조합인 피고 노동조합이 다른 노동조합인 원고를 차별한 것으로 볼 수 있다. 따라서 앞서 본 법리에 비추어 보면, 그러한 차별에 합리적 이유가 있어 공정대표의무 위반이 아니라는 점에 관한 증명책임은 이를 주장하는 피고 노동조합이 부담한다.

3) 그런데도 원심은 원고가 제출한 증거만으로는 피고들이 고의 또는 과실로 원고를 차별하였음을 인정하기 부족하다는 이유만으로 이 부분 원고의 주장을 배척하였다. 이러한 원심판결에는 공정대표의무 위반으로 인한 손해배상소송에서 증명책임에 관한 법리를 오해하는 등으로 판결에 영향을 미친 잘못이 있다.

## 3. 의의 및 시사점

대상판결은 교섭대표노조와 다른 노동조합 및 조합원 사이에 차별이 존재한다고 인정되는 경우, 그러한 차별에 합리적인 이유가 있다는 점은 교섭대표노조 및 사용자에게 그 주장・증명책임이 있다는 기존 판례의 법리를 재확인하였습니다.

또한, 교섭대표노조와 교섭하는 경우 소수노조에게 잠정합의안에 대한 정보를 제공하고 의견을 수렴하는 등 충분한 정보를 제공하지 않으면 공정대표의무 위반으로 위자료 지급책임을 부담할 수 있다는 점도 주의할 필요가 있습니다.

# 사용자가 교섭대표노조에만 조합 사무실을 제공하고 소수노조에게는 조합사무실을 제공하지 않은 것은 공정대표의무위반이라고 판단한 사례

대상판결 : 서울행정법원 2024. 5. 2. 선고 2023구합61967 판결

## 1. 사안의 개요

원고는 상시 약 180명의 근로자를 고용하여 시내버스 운송업을 영위하는 법인입니다. 원고 사업장에는 교섭대표노동조합인 A조합(이하 '교대노조')과 소수노동조합인 B조합(이하 '소수노조')이 설립·운영되고 있었습니다.

그런데 소수노조는 원고가 '교대노조에만 사무실 공간 및 집기를 제공'하여 공정대표의무를 위반하였다고 주장했습니다.

## 2. 대상판결의 요지

법원은 아래와 같이 원고가 교대노조에만 노동조합 사무실을 제공하고 소수노조에는 노동조합 사무실을 제공하지 아니한 행위에는 합리적인 이유가 없어 공정대표의무를 위반하였다고 판단하였습니다.

◦ 노동조합 사무실은 노동조합의 존립과 발전에 필요한 일상적인 업무들이 이루어지는 공간으로서 노동조합법이 보호하는 노동조합의 활동을 위하여 필수적이고 핵심적인 요소이다. 따라서 현실적으로 모든 노동조합에 대하여 일률적·비례적인 조건으로 사무

실을 제공할 수 없다고 하더라도, 교대노조에 대하여만 노동조합 사무실을 제공하고 교섭창구 단일화 절차에 참여한 소수노조에 대해서는 이를 전혀 제공하지 않는 행위까지 합리적 이유 있는 차별행위라고 보기 어렵다.

◦ 소수노조의 조합원 수가 적다는 사정은 오히려 원고가 이 사건 노동조합에 노동조합 사무실을 제공하지 않은 행위가 하나의 원인이 된 것으로 평가할 여지가 있을 뿐, 차별행위의 합리적 이유로 인정되기는 어렵다.

◦ 소수노조의 노동조합 활동에는 원고 소속 근로자들에 대한 조합원 모집과 그 조합원들의 근로조건 개선 등을 위한 기본적인 조합 활동이 포함되어 있고, 이러한 활동은 주로 회사 내에서 이루어지므로 원고가 조합의 활동 공간을 보장해 주지 않을 경우 기본적인 조합 활동조차 진행하기 어려워 보인다.

◦ 원고가 교대노조의 노동조합 사무실로 제공된 컨테이너 박스(1동 반, 약 8평)는 문 입구를 기준으로 좌우로 분할하여 사용되고 있다. 위 공간의 적절한 재배치로 가용 공간을 확보할 수 있을 것으로 보인다. 따라서 원고는 소수노조의 기본적인 조합 활동을 보장하기 위해 필요 최소한의 공간을 별도로 확보하거나, 적어도 교대노조에게 제공된 사무실을 소수노조도 일정 부분 공유할 수 있도록 하여 차별 방지를 위한 상당한 노력을 해야 하는데, 원고가 이와 같이 차별 방지를 위한 구체적인 방안을 제시하는 등 상당한 노력을 하였다고 볼 수 없다.

## 3. 의의 및 시사점

대법원은 '교섭대표노동조합에는 노동조합 사무실을 제공하면서 교섭창구 단일화 절차에 참여한 다른 노동조합에는 물리적 한계나 비용 부담 등을 이유로 노동조합 사무실을 전혀 제공하지 않거나 일시적으로 회사 시설을 사용할 수 있는 기회를 부여한 것은 합리적 이유 없는 차별에 해당한다'고 판단한 바 있습니다(대법원 2018. 8. 30. 선고 2017다218642 판결).

대상판결 또한 같은 견지에서, 공간상 제약이 있다는 사용자 측의 주장을 배척하고 교섭대표노조와 달리 소수노조에게 노조사무실을 전혀 제공하지 않은 것이 공정대표의무 위반이라고 판단하였습니다. 대상판결은 항소 미제기로 확정되었습니다.

# 교섭대표노조가 소수노조의 요청에도 의견을 밝히지 않고 소수노조에 교섭 참관을 요청하지 않았다고 하여 공정대표의무위반이라고 할 수는 없다고 판단한 사례

대상판결 : 대법원 2024. 4. 12. 선고 2023다293323 판결

## 1. 사안의 개요

피고는 기업별 노동조합인데, 2021. 12. 1, 교섭대표노조의 지위에서 소수노조인 원고에게 '임금협상에 원고의 의견을 수렴하겠으니 의견이 있는 경우 2021. 12. 13.까지 메일로 제출하기 바란다'고 통지하였습니다. 이에 대하여 원고는 2022. 2. 15. 피고에게 교섭진행상황 및 교섭에 대하여 공유 받지 못했다는 취지의 통보를 하였는데, 피고는 같은 날 사용자와 사이에서 기본급 인상률, 임금 소급지급, 타결협상 축하금, 계약직 임금제도 개선 등에 관하여 노사합의를 체결하였습니다. 이에 원고는 피고를 상대로 공정대표의무 위반에 따른 손해배상을 청구하였습니다.

한편, 원고는 2020년, 2021년 교섭대표 노동조합으로 사용자와 교섭을 진행하였으나 노사합의가 이루어지지는 않았습니다. 그리고 피고가 위 합의한 사안은 원고가 2020년 및 2021년 단체협약 과정에서 논의되었던 사안들이었습니다.

## 2. 제1심판결의 요지

제1심은, 피고가 협약한 사안은 원고가 이미 2020년 및 2021년 단체교섭에서 논의했던 사안이며, 원고는 2021. 12. 1.경 피고로부터 의견개진을 할 것을 요청받았음에도 불구하고 2개월이 지나도록 의견을 제출하거나 교섭참관을 요청하지 아니하였다는 점을 들어 피고가 공정대표의무를 위반하였다고 인정할 수 없다고 판단하였습니다.

## 3. 원심판결 및 대상판결의 요지

원심법원은 제1심판결을 인용하면서, 아래와 같은 이유로 '피고가 교섭대표노동조합으로서 원고에게 정보를 제공하거나 설명할 의무를 이행하지 아니하였고, 원고는 의견을 제출할 방법이 없어 의견을 제출할 수 없었다'는 원고의 주장을 배척하였습니다.

가. 단체교섭 과정의 동적인 성격, 교섭대표노동조합 대표자가 단체교섭 과정에서 갖는 재량권 등을 고려할 때 교섭대표노동조합의 소수노동조합에 대한 정보제공 및 의견수렴의무는 일정한 한계가 있을 수밖에 없다. 이러한 사정을 고려하면, 교섭대표노동조합이 정보제공 및 의견수렴 절차를 거치지 아니하였다고 하여 곧바로 공정대표의무를 위반하였다고 단정할 수 없고, 단체교섭의 전 과정을 전체적·종합적으로 살필 때 소수노동조합에 대하여 기본적이고 중요한 사항에 대해 정보제공 및 의견수렴절차를 충분히 거치지 않은 경우 등과 같이 재량권을 일탈하였을 때 공정대표의무 위반을 인정할 수 있다(대법원 2020. 10. 29. 선고 2019다262582 판결 참조).

나. 원고가 직전 교섭대표노동조합의 지위에서 진행한 교섭의 내용과 그 절차 진행 방식, 피고의 임금협상에 대한 의견 수렴을 요하는 공문 발송 경위, 이에 대한 원고의 대응 과정 등 단체교섭의 전 과정을 전체적·종합적으로 살펴보면, 원고 제출 증거들만으로는 피고의 행위가 공정 대표의무를 위반하는 정도에 이르렀다고 인정하기 부족하다.

대법원은 위 사건이 소액사건인데, 소액사건심판법에서 정한 상고 사유에 해당하지 않는다는 점을 들어 상고를 기각하였습니다.

## 4. 의의 및 시사점

대법원은 2020년 교섭대표노조가 단체교섭에 관한 정보를 소수노동조합에게 적절히 제공하고 의견을 수렴하여야 한다는 것을 공정대표의무의 주된 취지로 적시하면서도, 잠정합의안에 대한 가결 투표 참여기회를 부여하지 않거나 그들의 의사를 고려하지 않았더라도 그것만으로는 절차적 공정대표의무를 위반하였다고 볼 수 없다고 판단한 바 있습니다(대법원 2020. 10. 29. 선고 2019다262582 판결).

대상판결의 원심 역시 위와 같은 법리를 반영하여 공정대표의무를 해석한 것으로 보입니다. 특히 이 사건의 경우 1) 소수노조가 이미 과거에 교섭대표노조로서 동일한 의제로 회사와 교섭을 진행한 사실이 있으며, 2) 교섭대표노조가 의견제출요청을 하였음에도 2개월 간 이에 응하지 않았다는 구체적인 사정이 충분히 고려된 것으로 보입니다.

# 03

# 집단적 노사관계

# 화물운송업체가 택배노조와의 단체교섭을 거부한 것은 부당노동행위에 해당한다고 판단한 사례

대상판결 : 서울고등법원 2024. 1. 24. 선고 2023누34646 판결[21]

## 1. 사안의 개요

원고는 1930. 11. 15. 설립되어 상시 약 5,500명을 사용하여 화물운송업 등을 영위하는 법인입니다. 피고보조참가인(이하 '참가인')은 2017. 8. 31. 택배기사 등 전국의 택배와 관련된 모든 노동자를 대상으로 하여 조직된 전국단위 산업별 노동조합으로, 조합원 수는 약 5,500명이며, 참가인 사업장에는 원고의 167개 집배점 소속 택배기사를 포함한 약 1,200명의 택배기사들이 조합원으로 가입되어 있었습니다.

참가인은 2020. 3. 12. '1) 서브터미널에서 배송상품 인수시간 단축, 2) 서브터미널에서 집화상품 인도시간 단축, 3) 서브터미널 작업환경 개선(택배기사 1인당 1주차장 보장, 우천 시 상품 보호 시설 설치), 4) 주5일제 실시, 5) 급지수수료 인상·개선, 6) 사고부책 개선'의 6가지 의제에 대하여 원고에게 단체교섭을 요구하였으나(이하 '이 사건 단체교섭 요구'), 원고는 2020. 4. 2. 참가인에게 이 사건 단체교섭 요구를 거부하는 내용의 공문을 발송하였습니다(이하 '이

21) 대법원 2024두37015호로 계속 중입니다.

사건 단체교섭 거부'). 이에 참가인은 2020. 5. 8. 및 2020. 5. 18. 원고에게 이 사건 의제에 대하여 다시 단체교섭을 요구하였으나, 원고는 2020. 5. 20. 이 사건 단체교섭거부와 같은 취지로 이를 거부하였습니다.

참가인은 2020. 9. 29. 원고의 집배점 택배기사에 대한 이 사건 단체교섭 거부가 「노동조합 및 노동관계조정법」(이하 '노동조합법') 제81조 제1항 제3호의 단체교섭 거부의 부당노동행위에 해당한다며 원고를 상대로 서울지방노동위원회에 구제신청을 하였으나(이하 '이 사건 구제신청'), 서울지방노동위원회는 2020. 11. 30. '원고는 노동조합법 제2조 제2호의 사용자에 해당하지 않는다'는 이유로 이 사건 구제신청을 각하하였습니다(서울2020부노92).

참가인은 이에 불복하여 2021. 1. 8. 중앙노동위원회에 재심을 신청하였고, 중앙노동위원회는 2021. 6. 2. '원고는 이 사건 의제에 대하여 실질적 · 구체적인 지배 · 결정권을 가지고 있어 노동조합법 제2조 제2호의 사용자에 해당하므로 참가인의 이 사건 단체교섭 요구에 응할 의무가 있다. 따라서 이 사건 단체교섭거부는 노동조합법 제81조 제1항 제3호의 부당노동행위에 해당한다'는 이유로 초심판정을 취소하고, 참가인의 이 사건 구제신청을 인용하였습니다(중앙2021부노14, 이하 '이 사건 재심판정'이라 한다).

이에 원고는 중앙노동위원회위원장을 상대로 이 사건 재심판정의 취소를 구하는 소송을 제기하였습니다. 이에 대하여 서울행정법원은 원고가 노동조합법 제81조 제1항 제3호의 사용자에 해당하며, 이 사건 단체교섭거부는 노동조합법 제81조 제1항 제3호의 부당노동행위에 해당한다고 보아 원고의 청구를 기각하였습니다.

## 2. 판결 요지

제1심은 원고가 집배점 택배기사들에 대한 관계에서 노동조합법상 사용자에 해당하며, 원고가 이 사건 단체교섭 요구를 거부한 데 정당한 이유가 없다고 판단하였습니다. 항소심 역시 제1심 판결을 대부분 그대로 인용하여 결론을 유지하였습니다.

한편 항소심에서 원고 등은 헌법이 직접 예정하고 있는 단체교섭의 당사자는 근로계약관계의 당사자이고, 계약관계를 넘어선 사용자 범위의 확대는 입법자의 입법조치가 필요한 영역이라고 주장하였습니다. 나아가 단체교섭거부라는 부당노동행위의 주체에 원청 사용자를 포함시키는 것은 죄형법정주의의 명확성 원칙에도 위배된다고 주장하였습니다.

그러나 항소심 재판부는 원고의 주장을 모두 배척하였습니다. 그리고 다음과 같은 이유로, 근로자를 고용한 사업주로서의 권한 및 책임을 일정 부분 담당하고 있다고 평가할 정도로 '근로조건 등을 실질적이고 구체적으로 지배·결정할 수 있는 지위에 있는 자'는 노동조합법 제81조 제1항 제3호의 사용자에 포함된다고 보았습니다.

가. 근로계약을 중심으로 하는 근로기준법상 사용자와 집단적 노사관계를 중심으로 하는 사용자는 그 기능과 법률관계를 달리하는 당사자임. 부당노동행위는 근로계약상의 위법행위가 아니라 집단적 노사관계법에 특유한 위법행위이므로, 현실적인 근로계약의 당사자인가 여부로 사용자 개념의 기준을 도출해야 한다고 볼 수 없음. 노동조합법상 단체교섭의무를 부담하는 사용자에 해당하는지 여부는 기본적으로 헌법상 기본권인 단체교섭권을 구체적으로 실현하는 관점에서 파악하여야 할 것인데, 단체교섭의 대상인 근로조건 등을 지배·결정하는 자와 단체교섭이 이루어지지 않는다면 단체교섭권이 실질적으로 기능하지 못하게 됨.

나. 노동조합법상 사용자 개념의 해석은 헌법합치적 해석을 통한 법규의 공백 보충으로서 법관에 의한 법형성의 일환임. 나아가 '근로조건 등을 실질적이고 구체적으로 지배·결정할 수 있는 지위에 있는 자'에 대한 구체적 해석 기준은 선례의 집적을 통해서 발전시켜 나갈 수 있고, 문언이 가지는 가능한 의미의 범위 안에서 그 논리적 의미를

분명히 밝히는 체계적 해석을 하는 것은 죄형법정주의 원칙에 어긋나지 않음.

다. 단체교섭권은 단체협약체결권과 별도의 권리로, 노동관계 당사자들이 근로조건 등에 대해 자율적인 교섭과 협의를 거쳐 분쟁을 평화적으로 해결할 수 있도록 하는 의사소통기능을 수행함. 따라서 단체교섭 중에서는 단체협약의 체결을 목적으로 하는 단체교섭뿐만 아니라 사실행위만으로 목적을 달성할 수 있는 단체교섭이 있을 수 있음. 따라서 단체교섭의 당사자는 개별적 근로계약관계의 당사자여야 한다는 결론이 당연히 타당한 것은 아님.

라. 원고가 사용자로 인정된다고 하더라도 원고에게 발생하는 구체적인 의무는 참가인 조합과의 교섭에 성실하게 응하는 것으로 참가인 조합의 요구 내용대로 단체협약을 체결할 의무까지 발생시키는 것은 아님. 따라서 원고의 기업활동의 자유 등에 대한 제한은 정당한 이유 없는 불성실한 단체교섭 금지라는 합리적으로 제한된 범위 내의 기본권 제한에 그침.

마. 단체교섭 및 단체협약체결 과정에 대해서는 구체적인 법률로 규정하지 않고 노사 간 자율적으로 결정하도록 남겨둘 수 있음(헌법재판소 2002. 12. 18. 선고 2002헌바12 결정 참조). 따라서 위와 같은 사용자 개념 해석이 교섭창구 단일화 절차 등 노동조합법이 규정하고 있는 단체교섭 절차 등과 관련된 개별 규정에 온전히 포섭되지 못하는 측면이 있다고 하더라도 그러한 사정만으로 기본권으로서 단체교섭권의 행사 범위를 제한할 근거가 될 수 없음.

## 3. 의의 및 시사점

법원은 대상판결을 통해, 원청 사업주가 협력업체 소속 근로자들과 직접적인 고용관계를 맺지 않더라도 실질적인 지배력·결정권을 행사할 수 있는 경우 원청 사업주가 노동조합법상 단체교섭의무의 주체인 사용자에 해당할 수 있고, 다만, 단체교섭의무를 부담하더라도 단체협약을 체결할 의무까지 부담하는 것은 아니라고 판단하였습니다. 이른바 '원청의 사용자성' 문제는 산업 현장에서 오랜 기간 지속된 집단적 노사관계의 실무 커다란 변화를 초래할 수 있고, 이 문제에 관하여 이미 대법원에 다수의 사건이 계류 중이므로 대법원의 최종 판단을 주목할 필요가 있습니다.

# 협력업체 근로자들 중 불법파견 소송에서 소 취하서를 제출한 자들만 정규직으로 발탁 채용하더라도 부당노동행위에 해당하지 않는다고 판단한 사례

대상판결 : 서울행정법원 2024. 5. 2. 선고 2023구합63925 판결

## 1. 사안의 개요

원청 회사는 사내 협력업체에 의해 운영되던 공정을 직접 운영하기로 하면서, 사내 협력업체 소속 근로자들을 정규직으로 발탁채용하는 계획을 추진하기로 하였습니다. 이에 사내 협력업체들은 소속 근로자들에게 근로계약을 해지한다는 내용의 통지서를 보냈습니다.

원청 회사는 사내 협력업체 소속 근로자 260명에게 1) 원청 회사를 상대로 진행 중인 일체의 소송에 대한 소취하서 및 부제소 확약서 작성, 2) 사내 협력업체 근속기간 중 40~50%만을 인정하여 호봉 및 연차 유급휴가 산정, 3) 각종 복리후생 등에서 발생하는 불이익 감수, 4) 파견법에 따른 고용간주 및 고용의무 이행으로 받을 수 있었던 미지급 임금 포기 등을 조건으로 하는 채용 제안서를 제시하였습니다. 위 조건을 수용한 243명은 발탁채용을 하였으나, 나머지 17명은 위 조건을 수용하지 않아 발탁채용 대상에서 제외하였습니다.

이에 발탁채용에서 제외된 근로자들은 위 원청 회사의 행위가 1) 불이익 취급(노동조합법 제81조 제1항 제1호), 2) 지배・개입(노동조합법 제81조 제1항 제4호)의 부당노동행위에 해당한다고 주장했습니다.

## 2. 대상판결의 요지

법원은 아래와 같은 이유로 원청 회사가 불이익 취급 및 지배・개입의 부당노동행위 금지의무를 준수할 의무가 있는 사용자에는 해당하나, 원고들에 대한 불이익 취급 및 지배・개입의 부당노동행위의사가 없어 부당노동행위가 인정되지 않는다고 판단하였습니다.

◦ 원청 회사는 사내 협력업체 소속 근로자들의 근로조건을 정함에 있어 직 · 간접적으로 지배력 내지 영향력을 행사하여 그 근로조건에 대해 실질적 · 구체적으로 지배 · 결정할 수 있는 지위에 있으므로, 불이익취급 및 지배 · 개입의 부당노동행위 금지의무를 준수할 의무가 있는 사용자에 해당한다.

◦ 원청 회사는 사내 협력업체 소속 근로자들의 불법파견 문제를 해결하기로 노동조합들과 논의를 해오던 끝에 이루어진 특별교섭에서 선별된 직접공정에서 근무하는 사내 협력업체 근로자들을 정규 생산직으로 발탁채용한다는 안을 제시했고, 당시 제안 대상은 조합원인지여부와상관없이선별된공정에근무하는근로자 260명이었으며, 불법파견 여부가 특히 문제 되고 있었던 선별 공정에서 정규직으로 발탁채용을 하여 위 공정을 직접 운영하기로 결정하였다.

◦ 이에 따라 원청 회사는 소 취하서 및 부제소 확약서를 제출한 자들만 발탁채용하고 위 확약서를 제출하지 않은 자들은 정규 생산직으로 전환하지 않았는데, 위와 같은 일련의 행위가 근로자들의 노동조합 활동을 이유로 하는 것이었음을 뒷받침할 만한 객관적인 자료는 없다.

◦ 원청 회사가 제시한 조건에 응하지 않을 경우 발탁채용 대상에서 제외된다는 것은 원고 노동조합의조합원인지여부와관계없이이사건선별공정에서근무하는사내협력업체근로자들모두에게일률적으로적용되었으므로, 그러한 조건의 제시가 노동조합 활동을 이유로 한 것이었다고 보기는 어렵다.

◦ 한편 사내 협력업체 소속 조합원이 원청의 정규 생산직으로 발탁채용이 되었다고 하여도 노동조합 조합원의 지위가 상실되는 것이 아니고, 원고들이 일부 실직하게 되었거나 노동조합의 내부 갈등이 초래되었다고 하더라도 노동조합의 조직과 운영 및 조합 활동을 심각하게 위축시켰다고 볼 만한 객관적인 사정은 발견되지 않는다.

## 3. 의의 및 시사점

대상판결은 원청 사업주를 지배・개입의 부당노동행위뿐만 아니라 불이익 취급 부당노동행위 금지의무를 준수하여야 하는 사용자로 인정하였다는 점에서 의의가 있습니다. 또한 대상판결은 발탁채용과 조합원 여부가 무관하다고 판단하여 부당노동행위 성립을 부정했습니다. 대상판결은 쌍방 항소 미제기로 확정되었습니다.

하지만, 서울고등법원 2024. 5. 23. 선고 2023누42517 판결[22]은 불법파견 소송을 제기한 근로자들 중 소 취하에 동의한 사람은 기존 근무지에 잔류하게 하고 그렇지 않은 사람은 원격지에서 근무하게 한 사건에서, 잔류자들이 노조에서 전원 탈퇴한 사정 등을 들어 원청의 부당노동행위를 인정한 바 있습니다. 세부적인 사실관계에 따라 결론을 달리하는 만큼 사안별로 구체적인 사정을 비교해 부당노동행위 여부를 검토할 필요가 있습니다.

22) 대법원 2024두45603 사건으로 상고심 계속 중(2024. 10. 21. 심리불속행기간 도과)

# 사용자가 통상임금 청구 소송 제기 근로자들에 대해서는 판결에 따른 임금만을 지급하고, 소송 미제기 근로자에게는 전체 소송의 임금 청구기간인 10년 치의 미지급 임금을 모두 지급한 것은 불이익 취급의 부당노동행위에 해당한다고 본 판결

대상판결 : 서울행정법원 2024. 10. 25. 선고 2022구합79404 판결

## 1. 사안의 개요

참가인은 자동차제조회사 및 그 연구개발법인입니다. 원고들은 A 노동조합(이하 '원고 조합') 및 그 조합원입니다.

원고 조합은 이 사건 이전에 '업적연봉, 조사연구수당/조직관리수당, 가족수당 중 본인 분, 귀성여비 · 휴가비, 개인연금보험료, 직장단체보험료'가 통상임금에 해당한다면서 미지급 임금 청구의 소를 제기하였습니다. 원고들은 2007. 3. 26. 최초로 소를 제기한 뒤, 2010. 3. 4.부터 2016. 3. 22.까지 청구기간을 달리하여 4건의 통상임금 청구 소송을 추가로 제기하였습니다. 해당 소송 참여자들은 원고 조합의 조합원이었거나 소를 제기하면서 원고 조합에 새로 가입한 사람들이었습니다.

그 소송 결과, 업적연봉, 조사연구수당/조직관리수당/가족수당 중 본인분에 대해서는 통상임금에 포함되지만, 귀성여비 · 휴가비, 개인연금보험료, 직장단체보험료는 통상임금에 포함되지 않는다는 대법원 판결이 2021. 6. 10. 최종적

으로 확정되었고, 나머지 소송 역시 대법원 판결의 취지에 따라 화해권고결정 등이 내려지면서 종결되었습니다.

대법원 판결이 확정되자, 소송을 제기하지 아니한 근로자들은 참가인 회사에 임금을 추가로 지급할 것인지 여부에 대하여 문의하였는데, 참가인 회사는 2021. 12. 15. 근로자들에게 "2004. 3.부터 2014. 2.까지 단 한 번이라도 급여를 받은 근로자 중 소송 미제기자 등에게 2021. 12.말까지 임금을 지급할 예정이니 신청 및 동의서를 제출해 달라"는 이메일을 보냈고, 2021. 12. 31. 소송 미제기자 등에게 임금과 이에 대한 연 6%의 이자를 지급하였습니다.

1차부터 5차까지의 소송 중 일부만 참여한 근로자들은 소송에서 청구한 기간의 임금 외에 나머지 기간에 대해서는 임금을 지급받지 못하게 되었습니다. 이에 원고 조합은 소송 미제기자에게 10년치 임금을 전부지급하고 소 제기자에게는 소송에 따라 일부만 지급하는 것(이하 '이 사건 차별취급')은 조합원이 소를 제기하였다는 이유로 불이익을 주는 것이어서 부당노동행위에 해당한다고 주장하였으나 참가인 회사는 이를 거절하였습니다.

원고들은 참가인을 상대로, 위 참가인 회사의 조치가 불이익 취급 및 지배·개입의 부당노동행위에 해당한다고 주장하면서 노동위원회에 구제를 신청하였습니다.

## 2. 사건의 경과

인천지방노동위원회는 부당노동행위가 성립하지 않는다고 보아 구제신청을 기각하였습니다. 그러나 중앙노동위원회는 불이익 취급의 부당노동행위는 성립하지 않으나, 지배·개입의 부당노동행위는 성립한다고 판단하여 구제신청을 일부 인용하였습니다.

## 3. 대상판결의 요지

서울행정법원은 원고 조합 및 근로자들이 제기한 소송에서 이 사건 차별취급이 '근로자가 노동조합의 업무를 위한 정당한 행위를 한 것을 이유로 불이익을 주는 것'으로서 불이익 취급의 부당노동행위에 해당한다고 보았습니다.

### 가. 근로자들이 원고 조합의 주도로 통상임금 소송을 제기한 것은 노동조합의 업무를 위한 정당한 행위를 한 것으로 볼 수 있다.

1) 원고 조합의 주도로 조사연구수당 등에 관한 통상임금 문제가 제기되었고, 위 소송에 참여하기 위해서는 원고 조합에 가입하여 조합원 지위에서 소송을 제기하여야 했던 것으로 보인다. 원고 조합은 원고의 소식지에 위 임금지급청구 소장의 접수 등 진행 경과에 대하여 지속적으로 알려 왔다.
2) 조사연구수당 등이 통상임금 산정에 포함되는지에 관한 법률적 판단을 받기 위하여 소송을 제기하는 것은 노동조합의 정당한 활동이다. 근로자들이 노동조합이 주도한 소 제기에 참여하는 방법 이외에 개별적으로 회사를 상대로 조사연구수당 등의 통상임금 해당성을 다투기가 현실적으로 어려웠을 것으로 보인다.

### 나. 이 사건 차별취급은 이 사건 소 제기 근로자들에 대한 차별에 해당하며 부당노동행위 의사도 인정된다.

1) 이 사건 소의 제기는 근로자가 노동조합에 가입하지 아니하면 제기할 수 없었던 것으로 보이며, 이 사건 소 제기는 노동조합 활동의 일환으로 원고 조합의 주도하에 이루어졌다.
2) 참가인은 이 사건 소를 제기하여 노동조합의 정당한 활동에 참여한 근로자들과 그렇지 않은 근로자들을 '소 제기' 여부에 따라 차별하여 임금을 지급하였고, 그러한 차별취급의 이유에 대해 합리적이고 납득할 만한 설명을 하지 못하고 있다.
3) 참가인은 이 사건 소 제기로 인해 원고 조합원들이 승소하는 경우 연 20% 내지 12%의 높은 이자를 지급받게 되었고, 그에 따라 소 제기를 한 사람들이 오히려 더 유리한 측면도 있다고 주장한다. 하지만 이는 소송의 장기화와 쟁점의 복잡성으로 인하여 지연손해금이 커지게 되었기 때문에 발생한 부수적인 결과에 불과하다.

4) 노동조합의 정당한 활동에 참여하였다는 이유로 이 사건 소 제기 근로자들에 대하여 임금을 차별 지급하는 불이익을 준 사실이 인정되는 이상, 임금의 차별 지급 당시 10년 치 임금을 지급받은 조합원이 있다거나 판결에 따른 금원만 지급받은 비조합원인 근로자가 있다는 사정은 불이익 취급의 부당노동행위의 성립을 인정함에 있어 장애가 되지 않는다.

## 4. 의의 및 시사점

대상판결의 경우, 노동조합이 조합원들을 모아 임금에 관한 집단소송을 제기한 것을 정당한 노동조합 활동으로 보았다는 점에서 의미가 있습니다. 나아가 소송에 참여하지 않은 근로자들에게 일견 시혜적인 조치로 해석될 여지가 있다고 하더라도, 노동조합 조합원들에게 실질적으로 불이익한 결과가 발생하고 그에 대한 합리적인 이유가 존재하지 않는다면 부당노동행위가 성립한다는 점도 주목할 필요가 있습니다.

임금 소송 등 근로계약관계에 관한 소송이 종결된 이후 사후처리를 하는 과정에서 사용자에게 부당노동행위가 성립하는 경우가 발생하고 있어 주의가 필요합니다.

# 위장폐업에 대해 부당노동행위와 부당해고를 인정한 사례

대상판결 : 서울행정법원 2024. 9. 27. 선고 2023구합62656 판결

## 1. 사안의 개요

자동차 및 자동차부품을 제조하는 회사가 2022. 7. 울산공장을 폐업하면서 생산직 및 사무직 근로자들을 해고(이하 '이 사건 해고')하였습니다. 회사의 울산공장에서는 2020. 9.에도 정리해고를 둘러싼 갈등이 있었으나 당시 노사 간 정리해고 철회에 대해 합의하여 해고자들이 2021. 6.에 복직한 바 있습니다. 그러나 복직 1년여 만에 울산공장이 폐업하여 재차 부당해고 문제가 대두되었습니다.

전국금속노동조합은 위장폐업을 주장하며 노동위원회에 부당해고 및 부당노동행위 구제신청을 하였고, 관할 지방노동위원회와 중앙노동위원회 모두 부당해고 및 부당노동행위를 인정하였습니다. 이에 회사가 중앙노동위원회 판정을 다투는 행정소송을 제기하였습니다.

## 2. 판결 요지

대상판결은 회사가 다른 사업 부문은 계열사로 이전시키고, 울산공장의 국내 완성차 생산은 베트남 법인 등을 통한 OEM 생산 및 국내 역수출 방식을

도모해 여전히 예전의 기업활동을 계속하고 있는 것으로 보고, 회사의 해산을 명목으로 한 울산공장 폐업은 위장폐업에 해당해 이 사건 해고는 부당하다고 판단했습니다. 회사의 해산은 울산공장을 폐업하는 것에 주된 목적이 있었고, 울산공장을 폐업하는 경영상 판단을 한 주된 동기는 참가인 노동조합의 활동에 대한 반감에서 기인한 것이라고 판단한 것입니다.

이어서 대상판결은 회사가 2020. 3.경부터 노조를 경영 악화의 원인으로 지목하고 적대적인 관계로 인식했다면서, 해산을 내세워 실제로는 회사의 여러 사업 부문 및 사업장 중에서 울산공장만을 폐쇄하고 그 기능을 베트남 법인이 대체하도록 하는 계획을 장기적 관점에서 일관되게 실행해 왔다고 지적하면서 부당노동행위도 인정하였습니다.

이에 따라 대상판결은 회사의 경영 판난 과정에서 노조의 존재 및 활동에 대한 반감과 노조에 대한 배타적 인식이 상당히 일관되고 노골적으로 확인된다며 이는 노동조합법에서 금지하는 불이익 취급 및 지배·개입의 부당노동행위에 해당한다고 판단했습니다.

### 3. 의의 및 시사점

위장폐업의 방법으로 근로자를 해고하는 것은 부당해고에 해당하는데, 여기서 위장폐업이란 기업이 진실한 기업폐지의 의사 없이, 다만 근로자를 해고하기 위한 수단으로서 기업을 해산하고 목적한 근로자를 해고한 다음 새로운 기업을 설립하는 등의 방법으로 기업의 실체가 존속하면서 어느 근로자를 배제한 채 기업활동을 계속하는 경우를 말하고, 다만 회사의 경영자가 노사분규로 인한 생산성의 급격한 저하 등으로 경영의욕을 상실하여 실질적으로 폐업하였다면 이를 직업선택의 자유나 영업의 자유를 남용한 것으로서 무효라고 할 수는 없습니다(대법원 1991. 12. 24. 선고 91누2762 판결 등 참조).

기업의 해산이 위장폐업인가의 여부를 판단함에 있어서는 폐업의 동기, 폐업시기, 폐업 당시 및 그 이전 상당기간의 영업실적, 동종 사업의 재개가능성, 사업장 주요설비의 유출 여부, 거래처와의 계약존속 여부 등을 판단기준으로 하고, 폐업 회사와 신설 회사의 실질적 동일성의 여부에 관하여는 신설 회사의 자본계열, 자본금, 설립자, 출자자, 임원, 명칭, 소재지, 영업목적, 거래상대방, 종업원 등을 판단기준으로 하여 구체적으로 비교 검토하여야 합니다(서울행정법원 2006. 4. 18. 선고 2005구합34015 판결[23], 대전지방법원 2022. 5. 26. 선고 2020구합987 판결[24]).

대상판결은 공장 폐쇄와 사업 이전, 정리해고와 관련하여 장기간 노사분규가 계속되었던 사업장의 위장폐업에 관한 판결입니다. 법원은 구체적인 사정을 고려하여 공장 폐쇄를 위장폐업으로 인정하고, 부당노동행위로 판단하였습니다.

현재 원고 회사가 항소하여 서울고등법원 2024누66091 사건으로 항소심 진행 중입니다.

23) 피고 중앙노동위원회위원장이 항소 및 상고하였으나 2007. 1. 12. 항소기각, 2007. 4. 13. 심리불속행기각으로 확정되었습니다.

24) 원고 근로자들이 항소하였으나 2023. 2. 17. 항소기각으로 확정되었습니다.

# 04

# 노동칼럼

- 저성과나 업무 역량 부족을 이유로 한 해고에 있어 유의할 사항
- 근로자의 작업중지권 행사 사례
- 단속적 근로 종사자에 대한 판단기준
- 임금피크제의 효력에 관한 최근 하급심 판례의 동향(2)
- 직장 내 괴롭힘 금지 제도를 둘러싼 인사노무 이슈
- 근로기준법상 '관리·감독 업무에 종사하는 근로자'를 판단하는 기준의 최근 판례 동향
- 교섭단위 그리고 협력업체 노조와 노무제공자 노조
- 정당한 이유 없는 이사(임원)의 해임과 손해배상
- 근로자 채용을 둘러싼 인사노무 이슈(1)
- 평균임금 산정 기준 기간과 관련한 문제
- [글로벌 노동법] 베트남① 노동법·제도 주요 내용
- 경업금지약정의 제한 관련 미국의 최근 동향 및 시사점
- 대기발령에 관한 최근 대법원 판결의 시사점
- 외국기업의 국내 사업(장) 상시 근로자 수 판단기준에 관한 대법원 판결
- 대체근로금지 조항에서 '당해 사업'의 의미
- 교섭대표 노동조합 선정 과정에서 발생할 수 있는 법적 문제
- 산업안전보건법상 건설공사발주자와 도급인의 구분과 중대재해처벌법상 안전보건확보의무

# 저성과나 업무 역량 부족을 이유로 한 해고에 있어 유의할 사항

법무법인(유) 지평

권영환 변호사　정석환 변호사

## 1. 들어가며

근로기준법 제23조 제1항은 정당한 이유 없이 해고를 할 수 없다고 할 뿐, 해고의 목적 및 이유를 징계로만 한정하고 있지 않습니다. 따라서 정당한 이유가 있다면 직무 수행을 위해 요구되는 업무능력이 현저히 부족한 직원에 대한 해고(이하 '저성과자 해고') 역시 가능합니다. 아래에서는 최근 선고된 판결들을 바탕으로 저성과자 해고와 관련하여 유의하여야 할 사항들을 살펴보도록 하겠습니다.

## 2. 대법원이 제시하고 있는 저성과자 해고의 정당성 판단 기준

대법원 2021. 2. 25. 선고 2018다253680 판결은 저성과자 해고의 정당성 판단 기준을 아래와 같이 제시하였습니다.

(1) 사용자가 근로자의 근무성적이나 근무능력이 불량하다고 판단한 근거가 되는 평가가 공정하고 객관적인 기준에 따라 이루어진 것이어야 함.

(2) 근로자의 근무성적이나 근무능력이 다른 근로자에 비하여 상대적으로 낮은 정도를

넘어 상당한 기간 동안 일반적으로 기대되는 최소한에도 미치지 못하고 향후에도 개선될 가능성을 인정하기 어렵다는 등 사회통념상 고용관계를 계속할 수 없을 정도이어야 함.

사회통념상 고용관계를 계속할 수 없을 정도인지는 아래와 같은 사정을 종합적으로 고려하여 판단하여야 한다고 보았습니다.

(i) 근로자의 지위와 담당 업무의 내용, (ii) 그에 따라 요구되는 성과나 전문성의 정도, (iii) 근로자의 근무 성적이나 근무능력이 부진한 정도와 기간, (iv) 사용자가 교육과 전환배치 등 근무성적이나 근무능력 개선을 위한 기회를 부여하였는지 여부, (v) 개선의 기회가 부여된 이후 근로자의 근무성적이나 근무능력의 개선 여부, (vi) 근로자의 태도, (vii) 사업장의 여건

### 3. 위 대법원 2018다253680 판결 이후 저성과자 해고에 관한 판결례

#### 가. 대법원 2023. 12. 28. 선고 2021두33470 판결

최근 선고된 대법원 2023. 12. 28. 선고 2021두33470 판결은 위 대법원 2018다253680 판결의 판단 기준을 근거로 저성과자 해고의 정당성을 인정하는 취지로 판결하였습니다. 자세한 내용은 아래와 같습니다.

◦ 참가인은 입사 25년 차이자 '원가절감 업무'를 담당하는 12년 차 과장급 간부사원으로 그 직책과 경력에 따른 성과와 전문성이 요구됨.

◦ 2007년부터 2017년까지 근무성적이나 근무능력이 부진한 기간이 11년으로 장기간이었음. 특히 해고 전 3년간의 인사평가결과는 11,229명 중 11,222위로 최하위 그룹에 속함.

◦ 2017년 인사평가에서 여전히 업무능력이 미흡하고 성과가 부족하며 관련부서 및 팀원 간의 소통이 원활하지 못하다는 평가를 받았음.

◦ 2017년 PIP 현업수행 기간 중에도 업무를 매우 미흡하게 처리하였고, 팀원들과 협업을 하거나 조직에 융화되는 모습을 전혀 보이지 못한다는 평가를 받았음.

◦ PIP 교육을 7회나 실시하는 등 개선의 기회가 충분히 부여되었음에도 업무성과가 개선되지 않음. 2012년 PIP 대상자로 선정된 당시 전환배치 대상자로 면담을 한 사실이 있는데 참가인이 기존 부서에서 계속 근무하겠다는 의사를 밝혀 전보발령이 이루어지지 않았음.

### 나. 저성과자 해고의 정당성을 인정한 판결례

위 대법원 2018다253680 판결이 판단 기준을 제시한 이후 하급심 법원들 역시 위 기준에 비추어 저성과자 해고의 정당성을 판단하고 있습니다.

먼저 서울중앙지방법원은 2016년부터 2018년까지 대부분 D등급을 받아 저성과자 프로그램 대상이 되어 여러 차례 개선을 위한 기회를 부여받았음에도 개선이 없어 해고된 사안에서 아래와 같은 사정을 들어 해고의 정당성을 인정하였습니다(서울중앙지방법원 2023. 5. 18. 선고 2021가합544824 판결).

◦ 공정하고 객관적인 기준에 따라 평가가 이루어졌는지
- 불이익을 주기 위하여 의도적으로 부적절한 평가기준을 적용하였다고 볼만한 사정은 없음. 저성과자 프로그램 등은 명시된 목적대로 적합하게 운영되어 온 것으로 보임.

• 사회통념상 고용관계를 계속할 수 없을 정도인지
- 평가기간에만 전산망에 접속하고, 보고서를 짜집기하는 등 부실하게 업무를 수행함.
- 근무시간 중 자주 장기간 이석 행위를 하였고, 근태 사항을 관리자 승인 없이 일방적으로 하여 지적받았으나 개선하지 않음. 면담 시 "해도 저평가이고 안 해도 저평

가인데 무엇을 하라고 하냐"고 불만을 표시하는 등 부적절한 근무태도를 보임.
- 1차 저성과자 프로그램에서는 보고서를 전혀 제출하지 않았고, 2차 저성과자 프로그램에서는 개선 계획서만을 제출하고 실질적인 개선 업무는 수행하지 않았음.
- 회사가 부여한 대부분의 업무를 사실상 방치함.
- 타 부서로 이동하여 계속 근무할 수 있는 기회를 부여하였으나 서류 심사와 면접 심사에서 역량 부족 및 역량 향상에 대한 의지 부족을 지적받으며 전부 탈락하였음.

법원은 4년 연속 근무성적 미흡을 받고 개선되지 않은 사안에서도 사회통념상 고용관계를 계속할 수 없는 경우에 해당한다고 판단하였습니다(대법원 2022. 3. 31. 2021다307297 판결).

◦ 2016년부터 2019년까지 4년 연속 근무성적 미흡 평가를 받았는데, 이는 하위 10%에게 부여되는 평정으로 원고의 근무성적 부진의 정도와 기간이 중함.

◦ 업무재배치를 위해 각 부서의 부서장들과 업무협의를 진행하였으나 부서장들도 모두 원고와 업무를 같이 할 수 없다는 의견을 밝힘. 이에 따라 정직 기간 만료 이후 4차례에 걸쳐 대기발령이 이루어졌으나 대기기간 만료 시까지 직무를 부여받지 못함.

◦ 근무능력 개선이나 회사 동료들과의 신뢰관계 회복을 위하여 적극적인 노력을 한 것으로 보이지 않고 향후로도 개선될 가능성을 인정하기 어려움.

### 다. 저성과자 해고의 정당성을 부정한 하급심 판결례

1) 먼저 법원은 평가가 객관적이고 공정하게 이루어지지 않았음을 이유로 해고의 정당성을 부정하였습니다. 서울행정법원은 예술단 단원이 정기평정에서 3년 연속 아래에서 두 번째 등급의 평가를 받아 해고된 사안에서 정기평정과 관련하여 소명할 기회도 주지 않음 등을 지적하며 정기평정이 공정하게 실시되었다고 보기 어렵다고 판단하였습니다(서울행정법원 2021. 8. 19. 선고

2020구합83553 판결). 평가의 자의성을 방지하기 위한 내부통제 장치인 평정 점수 공개 및 이의신청 절차가 마련되지 않았다는 점을 지적하기도 했습니다(서울행정법원 2023. 1. 13. 선고 2022구합51079 판결).[25]

2) 법원은 근무성적이나 근무능력 불량을 객관적으로 인정할 증거가 없다는 점을 지적하기도 했습니다. 서울행정법원은 근로자가 2회 연속 최하위등급을 받아 해고된 사안에서, 최하위등급은 평가대상자 중 5%가 언제나 받게 되는 것이어서, 이것만으로 객관적으로 근무능력이 불량한 것이라고 단정할 수 없음에도, 근무능력이 얼마나 낮은지를 알 수 있는 구체적인 자료가 제출되지 않았다고 판단하였습니다(서울행정법원 2023. 2. 10. 선고 2022구합51161 판결).[26] 대구지방법원 김천지원 역시 원고의 근무능력이 개선되지 않았다고 인정할 증거가 없다고 판단하였습니다(대구지방법원 김천지원 2023. 5. 12. 선고 2022가합15819 판결).

3) 개선의 기회가 부여되지 않은 경우에 정당성이 부정되기도 했습니다. 서울북부지방법원은 해고 통지가 있을 시점까지 징계나 교육을 하였다는 점에 대한 구체적인 증명이 없기에, 교육과 전환배치 등 근무능력 개선을 위한 기회를 부여하였고 보기 어렵다고 판단하였습니다(서울북부지방법원 2023. 7. 11. 선고 2021나40738 판결). 서울행정법원 또한 직원에게 업무능력 개선의 기회를 제공하였는지가 확인되지 않는다고 판단하였습니다(위 서울행정법원 2020구합83553 판결).

25) 확정되었습니다.

26) 확정되었습니다.

## 4. 저성과자 해고에 있어 유의하여야 하는 부분

위와 같은 법원 판결례들을 종합하면 아래와 같은 사항을 유의하여야 할 것으로 보입니다.

### 가. 정당한 이유의 증명 책임이 사용자에게 있음을 염두하여야 합니다.

해고에 정당한 이유가 있다는 점은 사용자가 주장・증명하여야 하고 증명의 정도는 통상인이라면 의심을 품지 아니할 정도일 것이 필요합니다(대법원 2016. 11. 24. 선고 2015두54759 판결). 저성과자 해고의 정당성 역시 사용자가 증명하여야 한다는 점을 유념하여야 합니다.

### 나. 객관적이고 공정한 평가 기준 마련이 필요합니다.

저성과자 해고의 정당성을 부정한 판례들은 평가가 객관적이고 공정한 기준에 따라 이루어지지 않았음을 지적하고 있습니다. 따라서 성과 평가에 앞서 객관적이고 공정한 기준을 마련할 필요가 있습니다. 실체적 평가기준뿐만 아니라 평가절차도 주의가 필요합니다. 낮은 평점이 예상되는 근로자들에게 소명의 기회를 부여하거나 평가의 자의성 배제를 위해 평가 점수 공개 또는 이의신청 절차를 마련해 둘 필요도 있습니다. 객관적으로 업무 능력이 평가될 수 있는 영역(ex. 코딩, 외국어 능력 등)은 외부기관의 평가를 통해 객관성을 확보할 수도 있습니다.

상대평가에서 최하 등급을 맞았다는 것만으로는 근무능력이 부족하다고 단정할 수 없기에, 구체적으로 어떠한 측면에서 부족한지에 대한 근거자료가 함께 마련되어야 할 필요도 있습니다.

**다. 주기적인 평가를 통해 근로자들의 직무 능력을 평가해야 할 필요가 있습니다.**

대법원은 근로자의 근무 성적이 부진한 정도와 기간을 판단 기준 중 하나로 제시하고 있기에 주기적인 평가를 통해 부진의 정도와 기간을 평가할 필요가 있습니다. 평가 기준이 일관되지 못하다면 부진의 정도 및 기간이 객관적으로 파악되기 어려우므로 일관성 있는 평가 기준을 가져가는 것이 유리할 것입니다.

**라. 전환 배치 등의 개선의 기회 역시 충분히 부여되어야 합니다.**

근로자의 업무 능력이 부족하다는 사정만으로 곧바로 해고할 수는 없습니다. 따라서 교육, 직무 전환 등 개선의 기회 부여가 반드시 이루어져야 합니다. 이와 관련하여 법원은 실제 직무전환이 이루어졌는지보다는 충분한 기회가 부여되었는지에 주목하고 있는 것으로 보입니다.

**마. 근로자의 태도에 대한 기록 역시 함께 유지될 필요가 있습니다.**

근로자의 태도 역시 정당성 판단 기준에 해당합니다. 따라서 면담기록 등을 작성하는 과정에서 근로자가 어떠한 태도를 보였는지도 기록해 둘 필요가 있습니다.

**바. 해고의 과정에서는 회사 내부적인 절차가 준수되었는지를 꼼꼼히 살펴야 합니다.**

통상해고(저성과자 해고)의 형식을 취하더라도 업무 부진 등이 징계사유로 기재되어 있을 경우에는 징계와 관련된 절차를 준수하여야 합니다(위 대법원

2021두33470 판결). 따라서 저성과자 해고에 앞서서는 업무 부진과 관련된 징계 규정이 있는지를 확인하고, 관련 규정이 존재할 경우에는 징계에 관한 절차를 준수하여야 합니다. 경우에 따라서는 취업규칙 변경 절차를 통해 징계해고와 통상해고의 사유 및 절차를 분리하는 것도 적정한 방안이 될 수 있습니다.

법무법인(유) 지평

# 근로자의 작업중지권 행사 사례

권영환 변호사

## 1. 들어가며

07:56 산업단지 내의 한 공장에서 유해 화학물질 누출사고가 발생하여 소방대, 군부대가 출동했습니다. 소방본부는 08:30 사고지점 반경 50m 거리까지 대피하라는 방송을 했습니다. 산업단지 관리사무소장은 재난지휘통제소에 문의한 다음 통제선 내에 있는 공장들에 대해 대피를 유도했습니다. 09:30 소방본부 측정 결과 반경 10m 이상 거리에는 유해 화학물질이 검출되지 않았습니다. 09:30경 2차 누출사고가 있었고, 방제작업은 10:30 종료됐습니다. 그런데 10:36부터 사고업체 인근 공장에서도 환자가 발생해 병원으로 이송됐습니다(통제선 밖에 있는 공장 직원들도 일부 포함). 소방본부는 18:35경 사고현장에서 철수했습니다.

한편, 사고지점에서 200m 떨어져 소방본부 통제선 밖에 있던 갑 회사 환경안전담당자는 08:10 재난지휘통제소를 찾았는데 '갑 회사가 대피해야 하는 상황은 아니고 혹시 대피가 필요하면 연락주겠다'는 답변을 받았습니다. 이에 08:40 경영진 및 기업별노조 대표자 등에게 보고했습니다. 기업별노조 노동안전국장은 30분간 공장을 둘러보았는데 조합원들에게 이상 징후는 없었습니다.

한편, 산별노조 지회장인 A도 회사 환경안전담당자와 여러 차례 통화하며 상황을 파악했습니다. 환경안전담당자는 A에게 '관계자로부터 무슨 일 있으면 바로 연락해 주겠다는 약속을 받았고, 계속 상황을 지켜보고 있으니 걱정하지 말라'고 했습니다. 10:00경 노무이사, 기업별노조 위원장, A, 관할 근로감독관이 대책을 논의하는 자리에서 근로감독관은 대피를 권유했습니다. 그러자 기업별노조 위원장이 사고 현장 방문을 제안했는데, A는 응하지 않았습니다. 기업별노조 위원장과 환경안전담당자는 10:40 재난지휘통제소를 방문해 '현재 추가 위험사항 없어 대피를 고려하지 않아도 된다'는 답변을 들었습니다.

A는 10:21 소방본부에 전화를 걸어 누출 화학물질의 유해 정도를 질의한 다음 10:30 작업장을 이탈하면서 조합원 28명에게 대피를 지시했습니다. 회사 노무이사에게는 '대피를 지시할 수밖에 없는 상황'이라고 통보했습니다. 그리고 10:46경 소방본부에 전화해 대피명령이 내려지지 않는 이유를 물었는데 '이미 대피방송이 있었다'는 취지의 답변을 들었습니다. 산별노조 조합원들은 11:30 이후 모두 회사를 이탈했습니다. A는 갑 회사, 대표이사, 환경안전담당자를 산업안전보건법상 작업중지조치 의무 위반으로 고발했는데, 검찰은 무혐의 처분했습니다. 갑 회사 직원 중에는 병원으로 후송된 사람이 없고 회사 보건실에 진료받으러 온 사람도 없었습니다.

이러한 행동을 한 A에게 징계사유가 인정될까요?

## 2. A의 징계사유 : 제1, 2심 인정, 대법원 부정

제1심(대전지방법원 2018. 5. 16. 선고 2017가합101663 판결)과 제2심(대전고등법원 2018. 10. 31. 선고 2018나12405 판결)은 1) 객관적으로 산업재해가 발생할 급박한 위험이 있었다고 보기 어렵고, 2) A가 작업 중지 당시 인식한 사실을 객관적으로 평가하더라도 산업재해가 발생할 급박한 위험이 있었다고 보기 어렵다고 하며 정당한 징계사유로 인정했습니다. 제2심은 A가 쟁의행위의 일환으로 작업중지권을 행사했다고도 판단했습니다.

그에 반해 대법원은, 1) 상당한 거리까지 유해물질이 퍼져나갈 가능성을 배제할 수 없고, 누출사고 지점으로부터 200m 이상 떨어진 공장에서도 오심, 구토, 두통을 호소하는 피해자들이 발생하였던 사정 등에 비추어 보면 누출사고 지점으로부터 반경 200m 정도의 거리에 있던 갑 회사 작업장이 유해물질로부터 안전한 위치에 있었다고 단정하기 어렵고, 2) A의 주관적 인식을 보면, 이미 대피명령을 하였다는 취지의 소방본부 설명과 대피를 권유하는 근로감독관의 발언을 토대로 산업재해가 발생할 급박한 위험이 존재한다고 인식했을 여지가 있다며, A의 행동은 정당한 작업중지권 행사라는 취지로 파기환송했습니다(대법원 2023. 11. 9. 선고 2018다288662 판결).

## 3. 산업안전보건법 개정과 주관적 인식에 기초한 작업중지권 행사 요건 해당성 판단

1995년 개정 산업안전보건법[27)]은 "근로자는 산업재해발생의 급박한 위험으로 인하여 작업을 중지하고 대피한 때에는 지체없이 이를 직상급자에게 보고하고, 직상급자는 이에 대한 적절한 조치를 취하여야 한다."(제26조 제2항)는 규정을 두었습니다. 그러다가 1996년 "사업주는 산업재해발생의 급박한 위험이 있다고 믿을 만한 합리적인 근거가 있는 때에는 제2항의 규정에 의하여 작업을 중지하고 대피한 근로자에 대하여 이를 이유로 해고 기타 불리한 처우를 하여서는 아니 된다."라는 규정(제26조 제3항[28)])을 신설해 근로자의 권한 행사에 대한

27) 1995. 1. 5. 법률 제4916호로 개정된 것

28) 1996. 12. 31. 법률 제5248호로 개정된 것

보호장치를 마련하기 시작합니다. 그런데 위 규정이 근로자에게 작업중지를 할 수 있는 권한을 부여한 것인지, 급박한 위험의 판단 주체는 누구인지에 관하여 논란의 여지가 있었습니다.

그러다가 2019년 전부 개정된 산업안전보건법은 제52조에 "근로자의 작업중지"를 표제로 한 조항을 신설합니다. 제1항은 "근로자는 산업재해가 발생할 급박한 위험이 있는 경우에는 작업을 중지하고 대피할 수 있다."라고 해 근로자에게 작업중지 및 대피권이 있음을 명확히 하였습니다. 제4항은 "사업주는 산업재해가 발생할 급박한 위험이 있다고 근로자가 믿을 만한 합리적인 이유가 있을 때에는 제1항에 따라 작업을 중지하고 대피한 근로자에 대하여 해고나 그 밖의 불리한 처우를 해서는 아니 된다."라고 하여 작업중지권을 행사한 근로자에 대한 보호장치를 유지하였습니다. 동시에, 산재 발생의 급박한 위험의 판단 주체가 근로자임을 명확히 하였습니다. 다만, 산업안전보건법 제52조 제4항을 위반한 사업주에 대한 형사처벌이나 과태료 부과에 대한 근거 규정은 없습니다.

한편, 위 내용은 국제노동기구(ILO) 제155호 협약(산업안전보건 및 작업환경에 관한 협약) 제13조,[29] 제19조 (f)항[30]과 대동소이합니다.

산업안전보건법 제52조가 명시하듯이 근로자의 작업중지권은 "산업재해가 발생할 급박한 위험이 있는 경우"에 행사할 수 있습니다. 따라서 산업재해가 현실로 발생하였어야만 행사할 수 있는 권리는 아니고 발생할 급박한 위험이 있으면 행사할 수 있는 권리입니다.

---

29) 근로자가 자신의 생명이나 보건에 급박하고 중대한 위험이 존재한다고 믿는 경우 이에 합리적인 정당성이 있어 작업환경으로부터 스스로 이탈한 경우 국내여건과 국내관행에 따른 부당한 대우로부터 보호받아야 합니다.

30) 근로자가 자신의 생명이나 보건에 급박하고 중대한 위험이 존재한다고 합리적으로 판단한 모든 상황을 자신의 직속감독자에게 보고하여야 합니다. 필요한 경우 사용자는 구제조치를 취하기 전에 생명이나 보건에 급박하고 중대한 위험이 계속되고 있는 작업상황으로 복귀할 것을 근로자에게 요구할 수 없습니다.

그리고 "산업재해가 발생할 급박한 위험"은 누구를 기준으로 판단할 것인지가 문제 되는데, 앞서 본 사건에서 대법원은 작업중지 당시의 객관적 사정에 더하여 근로자의 주관적 인식에 합리적 이유가 있는지를 고려해 판단한 것입니다.

## 4. 정당한 작업중지권 행사를 인정한 것으로 볼 수 있는 사례

과거 작업중지권 행사로 인해 업무방해죄로 기소되었다가 무죄선고를 받은 사례들이 있습니다. 형법상 업무방해죄 구성 요건에 해당하지 않거나 고의가 없어 무죄로 선고된 사례들이기는 하지만, 정당한 작업중지권 행사 사례로 참고할 수 있을 것이다.

[사례 1] 자동차 공장에서 연료탱크를 차체에 리프트로 장착하는 과정에서 차체 하부에 매달린 금속밴드가 휘어지는 사고가 발생했습니다. 관리자가 그 원인을 찾지 못한 상태에서, 노조 반대에도 불구하고, 라인 재가동을 지시하자 노조 대의원이 '정확한 원인이 밝혀지지 아니한 상태에서는 작업을 할 수 없다'고 하면서 근로자들을 분임 토의장으로 모이게 해 1시간가량 작업을 중단하게 했습니다.

법원은 위 사고가 작업자의 안전에 위해를 가할 가능성이 전혀 없는 사고였다고 단정할 수 없다고 했습니다. 설령 그렇지 않다 해도 당시로서는 위 대의원을 비롯한 작업자들이 그와 같이 생각할 수 있었던 것으로 보이는 점, 이와 같은 사고가 그 전날에도 발생하여 원인을 파악하고자 하였으나 이를 밝히지 못한 채 라인이 가동되었고 이후 또다시 사고가 일어난 것인 점 등을 들어, 작업중단의 목적을 '원인을 모르는 반복된 사고로 인하여 작업자가 신체에 위해를 입게 될 안전사고를 방지하기 위한 의도'로 평가하면서 무죄를 선고했습니다(대법원 2011. 1. 27. 선고 2010도14155 판결).

[사례 2] 도어 모듈 작업 중 근로자가 턱을 부딪쳐 약 2주간의 치료를 요하는 안면부 열상을 입는 사고가 발생하였으나 생산공정은 그대로 진행되었습니다. 산업안전보건위원인 근로자가 이를 이유로 사고 13분 뒤에 비상스위치를 조작하여 생산공정을 중단시켰습니다. 그리고 근로자들을 분임토의장에 모이게 해 약 40분간 근로를 제공하지 못하도록 했습니다. 그로부터 6일 뒤에도 알 수 없는 원인으로 차량 도어의 유리창이 파손되는 사고가 발생했는데, 같은 근로자는 이번에도 비상스위치를 작동시킨 다음 근로자들을 모이게 하여 1시간 동안 근로를 제공하지 못하게 했습니다.

이 사건에서 법원은 무죄를 선고했습니다. 근로자의 행동을 각 사고의 원인 및 대책에 대하여 의견을 모으고, 사고가 발생하였다는 사실을 근로자들에게 알림으로써 계속하여 유사한 안전사고 발생을 방지하고 근로자들 주의 환기를 위한 목적의 행동으로 평가했기 때문입니다(수원지방법원 2011. 2. 17. 선고 2010노5562 판결).

## 5. 근로자의 작업중지권 행사의 정당성을 부정한 사례와 근로자의 책임

### 가. 징계책임

[사례 1] 설비점검 업무를 하는 작업자가 20:30경 원인미상으로 중단된 자동화설비를 점검하다 손가락이 협착되는 안전사고가 발생했습니다. 해당 설비의 전원을 차단하지 않은 채 설비를 접촉한 것은 회사의 안전작업절차서를 준수하지 않은 행위였습니다. 회사는 곧바로 응급조치 후 봉합수술을 받게 하였습니다. 그리고 해당 기계에 대한 안전점검 후 21:10부터 공정을 재개했습니다. 그런데 당시 회식을 마치고 공장에 돌아온 노조 대의원이 21:40 해당 공정의 메인라인을 정지시켜 약 27분 동안 제품 생산을 중단시켰습니다.

이 사안에서 법원은, 해당 대의원이 라인을 정지시킬 당시 근로자들이 즉시 대피하지 않으면 작업 중인 근로자들에게 중대한 재해가 발생할 만한 위험요소가 있었다고 할 만한 자료가 보이지 않는다고 평가했습니다. 그리고 장비 가동

중에 보전(점검)작업을 실시하더라도 안전작업절차서를 준수하면 사고위험이 높지 않을 것으로 판단했습니다. 이런 이유로 '재해발생의 급박한 위험'이 있는 때에 해당하지 않으므로 대의원의 라인정지행위가 정당한 작업중지권 행사에 해당하지 않아 징계사유가 되고 정직 2월의 징계가 정당하다고 판단했습니다(서울고등법원 2013. 4. 24. 선고 2012누32453 판결, 대법원 2013. 9. 12.자 2013두10823 심리불속행 기각 판결 확정).[31]

[사례 2] 언론사 기자였던 사람이 내근직 디지털뉴스편집팀으로 발령을 받자 전보의 부당성을 설명하고 재고를 요청하였으나 받아들여지지 않았습니다. 그러자 '공정보도를 심히 훼손하는 작업환경의 급박한 위험으로부터 벗어나기 위해 작업중지권을 행사한다'고 통보한 사례도 있었습니다.

이 사건에서 법원은 해당 근로자가 전보와 관련한 업무상 사유로 사망 또는 부상하거나 질병에 걸리는 등의 산업재해가 발생할 급박한 위험에 처해 불가피하게 회사 승인 없이 결근할 수밖에 없었다거나, 해당 근로자로서는 그와 같이 믿을 만한 합리적인 이유가 있었다고 보이지 않는다고 평가했습니다. 그리고 '정직의 징계가 산업안전보건법 제52조 제4항을 위반한 것'이라는 근로자 주장을 받아들이지 않았습니다(서울행정법원 2023. 3. 31. 선고 2022구합67388 판결, 서울고등법원 2024. 1. 26. 선고 2023누39528 판결).

31) 다만 위 판결은 '산업재해가 발생할 급박한 위험이 있는 때'란 '객관적으로 보아 산업재해의 위험이 곧 발생할 것으로 충분히 예견되어 즉시 대피하지 아니하면 작업 중인 근로자의 생명 · 신체에 중대한 위험이 가해질 수 있는 상태'를 의미하는 것으로 해석된다고 하여 객관적인 사정만을 중시하였는데, 이 부분 판시는 현행 산업안전보건법 하에서는 유지되기 어려울 것입니다.

### 나. 형사책임

어느 날 06:55 근로자의 손가락 압착사고, 07:40 공장 내 차량과 사람의 충돌사고가 발생하여 라인이 중단되었습니다. 노조 대의원과 관리자는 약 1시간 현장 확인 후 09:00 생산라인을 가동하기로 합의하였습니다. 그런데 노조 대표자가 노동안전분과위원회 협의 절차 미준수를 이유로 노조 자체 특별안전 점검을 하기로 한 다음, 공장 전체의 비상정지 스위치를 눌러 09:00부터 2시간 반 동안 생산을 중단시킨 사례가 있었습니다.

이 때 법원은 업무방해죄 성립을 긍정했습니다(울산지방법원 2014. 6. 27. 선고 2014노129 판결).

## 6. 마치며

작업중지권 행사의 정당성에 관한 사례들을 살펴보았습니다. 대법원이 근로자의 주관적 판단의 합리성을 고려해 근로자의 작업중지권 행사의 정당성을 판단하므로 근로자의 작업중지권 행사의 문턱은 낮아졌습니다. 그러나 당시의 상황을 기초로 산업재해가 발생할 급박한 위험이 있다고 믿을만한 합리적 근거를 제시할 수 없는 권리행사는 정당성을 인정받을 수 없습니다. 근로자의 작업중지권이 정당하게 행사되어 근로자의 재해예방 및 산업안전보건 확보에 활용되길 바랍니다.

**※ 이 글은 월간 노동법률 2024년 2월호에 게재된 글을 수정한 것입니다.**

법무법인(유) 지평

# 단속적 근로 종사자에 대한 판단기준

양지윤 변호사

## 1. 들어가며

근로기준법 제63조 제3호에 따르면 감시(監視) 또는 단속적(斷續的)으로 근로에 종사하는 사람으로서 사용자가 고용노동부 장관의 승인을 받은 사람에 대해서는 근로기준법 제5장에서 정한 근로시간, 휴게와 휴일에 관한 규정이 적용되지 않습니다. 이때 감시적 근로자는 감시업무를 주 업무로 하며 상태적(狀態的)으로 정신적·육체적 피로가 적은 업무에 종사하는 자를 의미하고, 단속적 근로자는 근로가 간헐적·단속적으로 이루어져 휴게시간이나 대기시간이 많은 업무에 종사하는 자를 의미합니다(근로기준법 시행규칙 제10조 제2항). 이러한 근로기준법 및 시행규칙에 따라 고용노동부는 근로감독관 집무규정에 감시적 또는 단속적 근로자에 대한 적용제외 승인기준을 구체적으로 마련하고, 그에 따라 감시·단속적 근로자에 대한 적용제외 승인 여부를 판단하고 있습니다.

그런데 최근 대법원은 고용노동부 장관으로부터 감시적 근로자에 대한 적용제외의 승인을 받았더라도 그 업무가 실질적으로 감시적 근로에 해당하지 않는다면 연장근로수당 지급의무가 면책되지 않는다고 판단했습니다(대법원 2024.

2. 8. 선고 2018다206899, 2018다206912, 2018다206905 판결). 대법원은 고용노동부의 승인과는 별개로 해당 업무가 감시·단속적 근로에 해당하는지를 구체적인 업무수행 양태에 비춰 실질적으로 판단한 것입니다.

이에 아래에서는 고용노동부의 감시·단속적 근로종사자 적용제외 승인요건을 먼저 살펴본 다음, 구체적인 법원의 판단 사례를 중심으로 감시·단속적 근로 종사자에 대한 법원의 판단기준을 살펴보겠습니다.

## 2. 고용노동부의 감시·단속적 근로종사자 적용제외 승인요건

### 가. 감시적 근로자에 대한 적용제외 승인요건(근로감독관 집무규정 제68조 제1항)

1) 수위·경비원·물품감시원 또는 계수기감시원 등과 같이 심신의 피로가 적은 노무에 종사하는 경우 감시적 근로자로 승인받을 수 있습니다. 다만, 감시적 업무라 하더라도 잠시도 감시를 소홀히 할 수 없는 고도의 정신적 긴장이 요구되는 경우는 제외됩니다. 감시적인 업무가 본래의 업무이나 불규칙적으로 단시간 동안 타 업무를 수행하는 경우에도 승인이 가능하지만, 타 업무를 반복해 수행하거나 겸직하는 경우는 제외됩니다.

2) 해당 근로자의 사업주의 지배하에 있는 1일 근로시간이 12시간 이내인 경우에 해당해야 합니다. 다만 격일제 근로자(24시간 교대)인 경우에는 ① 수면시간 또는 근로자가 자유로이 이용할 수 있는 휴게시간이 8시간 이상 확보돼 있는 경우거나, ② 공동주택(아파트, 연립주택, 다세대주택, 기숙사) 경비원의 경우 당사자 간의 합의가 있고 다음 날 24시간의 휴무가 보장돼 있는 경우에 승인이 가능합니다.

3) 근로자가 자유로이 이용할 수 있는 별도의 수면시설 또는 휴게시설을

갖추거나, 별도의 장소가 아니라고 하더라도 수면 또는 휴식을 취할 수 있는 충분한 공간과 시설이 마련돼 있어야 합니다. 해당 시설은 ① 적정한 실내 온도(여름 20~28℃, 겨울 18~22℃)를 유지할 수 있는 냉・난방 시설을 갖추고 ② 유해물질이나 수면 또는 휴식을 취하기 어려울 정도의 소음에 노출되지 않고, ③ 식수 등 최소한의 비품을 비치하고, 주기적인 청소 등을 통해 청결을 유지하며, 각종 물품을 보관하는 수납공간으로 사용하지 않고, ④ 야간에 수면 또는 휴게시간이 보장돼 있는 경우에는 몸을 눕혀 수면 또는 휴식을 취할 수 있는 충분한 공간과 침구 등 필요한 물품 등이 구비돼 있어야 합니다.

4) 해당 근로자가 감시적 근로자로서 근로시간, 휴게, 휴일에 관한 규정의 적용이 제외된다는 것을 근로계약서 또는 확인서 등에 명시해야 하고, 근로자의 근로시간보다 짧은 휴게시간(사업장 특성상 불가피하고 휴게시간에 사업장을 벗어나는 것이 허용되는 경우에는 예외), 휴게시간 보장을 위한 외부 알림판 부착, 소등 조치, 고객(입주민) 안내 등의 조치, 월평균 4회 이상의 휴(무)일이 보장돼야 합니다.

### 나. 단속적 근로자에 대한 적용제외 승인요건(근로감독관 집무규정 제68조 제2항)

1) 평소의 업무는 한가하지만 기계고장 수리 등 돌발적인 사고발생에 대비해 간헐적・단속적으로 근로가 이루어져 휴게시간이나 대기시간이 많은 업무에 해당해야 합니다.

2) 실 근로시간이 8시간 이내이면서 전체 근무시간의 절반 이하인 업무여야 합니다. 다만 격일제(24시간 교대) 근무인 경우에는 이에 대한 당사자 간 합의가 있고, 실 근로시간이 전체 근무시간의 절반 이하면서 다음날 24시간의 휴무가 보장돼야 합니다.

3) 감시적 근로자에 관한 위 가. 3) 및 4)항의 요건도 모두 충족해야 합니다.

## 3. 감시 · 단속적 근로종사자에 관한 법원의 판단 사례

### 가. 원자력본부에서 근무한 청원경찰의 경우

원자력본부에서 3조 2교대 형태로 근무했던 청원경찰에 대해, 고용노동부는 2007. 12. 감시적 근로자로 보고 적용제외를 승인했습니다. 해당 승인의 효력은 2012. 3.까지 유지됐는데, 청원경찰들은 고용노동부의 적용제외 승인의 효력이 있었던 기간에 대해서도 시간외근무에 따른 연장근로수당을 청구하는 소송을 제기했습니다.

이 사건의 제2심인 부산고등법원은 "업무의 성질상 감시 또는 단속적으로 근로에 종사하는 근로자에 해당하지 않는다면, 설사 고용노동부장관의 승인을 받았다고 하더라도 근로기준법 제63조 제3호는 적용되지 않는다"고 전제하고, 원자력본부에 근무하는 청원경찰들은 감시업무를 주업무로 하고 있으나, '상태적으로 정신적 · 육체적 피로가 적은 업무'에 해당하지 않으므로 감시적 근로자가 아니라고 판단했습니다. 재판부는 청원경찰들이 국가중요시설인 원자력발전소의 특성상 비상상황 외에도 상시 방호체계를 가동해야 하고 지속적인 탐지와 24시간 경계근무 및 상시순찰을 유지해야 하는 점, 원자력시설법 등 관계 법령에 따라 체계적이고 강도 높은 훈련을 받는 점, 출입증 소지자가 5,600명에 이르는 등 출입증 소지자의 출입통제 업무만으로도 업무량이 적지 않은 점, 대기조라 하더라도 수시로 현장 확인 등 업무를 수행했던 점 등을 근거로 들었습니다(부산고등법원 2017. 12. 13. 선고 2015나56314, 2015나56321, 2015나56338 판결). 대법원 또한 이와 같은 원심의 판단을 그대로 수긍하였습니다(대법원 2024. 2. 8. 선고 2018다206899, 2018다206912, 2018다206905 판결).

### 나. 발전소에서 근무한 특수경비원의 경우

발전소에서 3조 2교대로 업무를 수행한 특수경비원들에 대해, 고용노동부장관으로부터 적용제외 승인이 있었던 사안에서, 부산지방법원은 원고들의 경비업무는 1일 12시간 근무하고 고도의 정신적 긴장이 요구되는 업무이며 상태적으로 신체 또는 정신적 긴장이 적은 업무에 해당하지 않는다고 보고 미지급 연장근로수당을 지급해야 한다고 보았습니다(부산지방법원 2021. 11. 4. 선고 2020가합41234 판결). 재판부는 통합방위법, 경비업법 등에 따라 국가중요시설인 C 발전소에서 일반경비원보다 강화된 경비업무를 담당하면서 소속 상사의 허가 또는 정당한 사유 없이 경비구역을 벗어날 수 없는 점, 원고들은 발전소의 경비업무를 하면서 한 장소에 머물지 않고 여러 초소를 옮겨 다니며 수행하게 되는데, 그 시간 간격이 2시간이고 이동거리는 길게는 1.2㎞에 이르며, 휴식은 이동 근무 중간에 지정된 장소(경비사무실 내 휴게실)에서 취해야 하고, 이러한 근무방식은 주야 구분 없이 적용되는 점, 원고들은 위 경비업무 외에 정문 및 후문 초소에서 출입 인원 및 차량 통제, 물품반출입 통제 등의 업무를 수행해야 하고, 경계근무 강화를 위해 연 2회 모의침투 훈련을 받아야 하는 점 등을 근거로 설시했습니다.

### 다. 아파트 경비원의 경우

A 아파트에서 근무하는 경비원들에 대해, 고용노동부는 이들을 감시적 근로자로 보고 적용제외 승인을 했다가, 이후 경비원의 근무형태에 변경이 있고 감시적 근로자가 감시적 업무 외의 타 업무(주차관리)를 반복 수행하거나 겸직한 때에 해당한다고 보고 승인을 취소했습니다. 이에 대해 아파트입주자대표회의가 적용제외취소처분의 취소를 구했는데, 수원고등법원은 아파트 경비원들

의 주된 업무는 경비업무로서 감시적 근로의 형태가 유지됐고 그 외의 다른 업무를 반복 수행하거나 겸직한 경우에 해당하지 않는다고 판단했습니다(수원고등법원 2021. 5. 14. 선고 2020누12571 판결확정). 재판부는 해당 아파트의 주차 공간이 부족해 아파트 경비원들이 주차 관리 업무를 수행한 사실을 인정하면서도, 해당 업무가 본래의 경비업무와 동떨어진 업무라고 보기 어렵고, 근무시간의 일부분만을 주차 관련 업무에 할애하고 있어 본래의 감시업무에 부수해 이루어진 것에 불과해 주차관리 업무를 규칙적으로 장시간 수행하거나 겸직하는 수준에 이르지 않았다고 보았습니다.

아파트 경비원으로 근무하는 원고가 경비업무 외에도 단지 청소, 분리수거 업무 등을 수행하였다면서 감시적 근로자에 해당하지 않는다고 주장했던 사안에서도, 대구지방법원은 해당 아파트에서 경비원으로 근무했던 증인의 진술 등을 근거로 아파트 경비원이 경비업무 외에 분리수거업무 등을 일부 수행하기는 했으나 그러한 업무에 많은 시간을 소요하지 않았고 경비업무와 비교할 때 그 비중이 매우 작으므로 원고가 감시적 업무 외에 분리수거업무 등을 주로 수행 또는 겸직했다거나 정신적·육체적 피로가 과다하다고 볼 수는 없다고 판단하였습니다(대구지방법원 2023. 6. 23. 선고 2022나301485 판결, 확정).

### 라. 병원에서 근무하는 환자감시원(보호사)의 경우

서울고등법원은 병원에서 근무하는 환자감시원(보호사)에 대해 감시적 근로자 적용제외 승인을 했다가 이를 소급적으로 취소했던 사안에서, 보호사들은 24시간 동안 환자들과 같이 병동 내에 머물면서 환자의 안전보호와 사고 예방을 주요 업무로 하고 있고, 신경정신병원에 입원 중인 환자의 특성상 이러한 업무는 감시를 소홀히 할 수 없는 정신적 긴장이 요구되는 점, 보호사들이 환자감시 외에도 병동에서 발생하는 환자들의 일상생활 전반에 대한 지도·감독·

지원 등의 역할을 수행하므로 타 업무를 반복해 수행하거나 겸직하는 경우에 해당하는 점, 보호사들은 환자 식사 운반 및 환자 식사 보조 등 업무를 수행하면서 자신들의 식사를 해야 하고, 야간 휴게 시간 중에도 간호사실 또는 면담실에서 대기하면서 응급상황 발생 시 이에 대응하고 있어 1일 휴게시간이 8시간 이상 확보돼 있었다고 보기 어려운 점 등을 근거로 감시적 근로자에 해당하지 않는다고 판단하였습니다(서울고등법원 2017. 5. 31. 선고 2017누34904 판결, 확정).

## 4. 마치며

위에서 살펴본 바와 같이 법원은 근로기준법 시행규칙에서 정한 감시・단속적 근로의 정의규정을 기초로 고용노동부의 승인요건을 참조해 해당 근로자의 구체적인 업무수행 방식을 검토해 감시・단속적 근로에 해당하는지를 판단하고 있습니다. 특히 법원은 업무의 종류 자체보다는 구체적인 업무수행의 양태를 기준으로 판단하고 있는바, 감시업무를 주 업무로 하는 경우에 해당하더라도 구체적인 업무수행 과정에서 잠시도 감시를 소홀히 할 수 없는 고도의 정신적 긴장이 요구되는지, 즉 상태적으로 정신적・육체적 피로가 적은 업무인지 여부를 중점적으로 검토하고 있습니다.

따라서 각 사업장에서 감시적 또는 단속적 근로 종사자에 대해 연장근로수당 등을 지급하지 않고자 한다면 우선 근로감독관 집무규정에서 정하는 요건을 갖춰 적용제외 승인을 받아야 함은 물론, 적용제외 승인을 받은 이후에도 주된 담당업무 외의 업무를 수행하지 않도록 관리하고 업무강도가 증가하지 않도록 점검할 필요가 있습니다. 특히 근로자의 휴게시간에는 업무와 관련한 지휘감독을 지양하고 근로자들이 자유롭게 휴게장소에 머무르며 쉴 수 있도록 하는 등 근로자의 휴게시간이 실질적으로 보장될 수 있도록 주의해야 합니다. 또한 분쟁 발생의 가능성에 대비해 근로자의 업무수행 방식이나 휴게시간의 활용 등을 증명할 수 있는 객관적인 자료(근무상황부 등)을 확보할 필요가 있습니다.

**※ 이 글은 월간 노동법률 2024년 3월호에 게재된 글을 수정한 것입니다.**

법무법인(유) 지평

# 임금피크제의 효력에 관한 최근 하급심 판례의 동향(2)

김성수 변호사 김은별 변호사

## 1. 들어가며

대법원은 지난 2022년 임금피크제가 합리적인 이유 없이 연령을 이유로 한 차별에 해당하여 무효라는 판결을 선고하면서, 임금피크제의 유효성을 판단할 때 1) 임금피크제 도입 목적의 타당성, 2) 대상 근로자들이 입는 불이익의 정도, 3) 임금 삭감에 대한 대상 조치의 도입 여부 및 그 적정성, 4) 임금피크제로 감액된 재원이 임금피크제 도입의 본래 목적을 위하여 사용되었는지 등 여러 사정을 종합하여 고려하여야 한다고 판단하였습니다(대법원 2022. 5. 26. 선고 2017다292343 판결, 이하 '대상판결').

대상판결이 선고된 이후 임금피크제의 효력을 다투는 유사 소송이 계속해서 이어지고 있는바, 이하에서는 임금피크제의 효력에 관한 최근 하급심 판례 중 주목할 만한 판결 위주로 그 동향을 살펴보겠습니다.

## 2. 임금피크제의 효력에 관한 최근 하급심 판례의 동향

### 가. 정년보장형(정년유지형) 임금피크제에 대한 최근 판례의 태도

정년유지형 임금피크제의 경우 연령을 이유로 일률적으로 임금을 감액하는 것으로 판단되는 경우 무효라고 판단되는 사례도 있지만,[32] 대상판결의 법리를 적용하되, 대상판결에서의 판단요소에 따라 대상 근로자들이 입는 불이익이 적고, 대상조치가 충분하며, 임금피크제로 감액된 재원이 신규 채용 등 본래 목적으로 사용된 경우 그 유효성이 인정된 판결들이 잇따라 선고되고 있습니다. 특히 공공기관의 임금피크제의 경우 2015년 공공기관 임금피크제 권고안에 따라 2016년에 임금피크제가 도입되었기 때문에 도입 목적의 정당성이 인정된다고 판단되고 있습니다.

#### (1) A공사 임금피크제

A공사가 시행한 임금피크제(2급 이상 직원의 경우 정년유지형, 3급 이하 직원의 경우 정년연장형)에 대해 2급 이상 직원들이 그 무효를 주장하였던 사안에서, 정년유지형 임금피크제가 유효하다고 판단한 판결이 확정되었고(대법원 2023. 6. 1. 선고 2022다272343 판결), 같은 임금피크제에 대하여 서울남부지방법원이 임금삭감에 따른 충분한 대상조치가 강구되지 않았다고 보아, 2급 이상 직원에 대한 정년유지형 임금피크제는 고령자고용법에 위반하여 무효라고 판단한 사건의 항소심에서도 원심 판결을 뒤집고 1) 임금피크제 도입 이후 일반직 신입공채와는 별도의 정원을 산정하여 임금피크제 관련 신규채용을 실

32) 서울중앙지방법원 2023. 5. 26. 선고 2022가단5221119 판결, 창원지방법원 2023. 11. 16. 선고 2022가단118855 판결, 서울고등법원(인천) 2024. 1. 18. 선고 2022나16749 판결(상고심 진행 중) 등

시하였고, 2) 임금피크제 운영지침에 따라 임금피크제 적용 직원의 근로시간 조정이 가능하게 되었으며, 임금피크제 도입과 연계하여 전문위원직 제도가 도입되었고, 3) 다른 공공기관과 비교하여 임금피크제 적용기간 및 감액율이 과도하지 않은 점 등을 근거로 정년유지형 임금피크제의 유효성을 인정하였는데, 이는 확정되었습니다(서울고등법원 2023. 8. 18. 선고 2022나2049787 판결).

### (2) B공단 임금피크제

법원은 1) 임금피크제에는 '정년연장형' 뿐 아니라 '정년보장형'도 포함되는 점, 2) 공공기관인 피고는 정부의 권고 및 경영상 위기에 따라 노사 협약을 통해 임금피크제를 도입한 점, 3) 다른 공공기관과 비교하여 임금피크제 적용기간 및 감액율이 과도하지 않은 점, 4) 고용보험법상 지원금 수령을 통해 임금감액율이 현저히 완화된 점, 5) 임금 삭감 이외의 나머지 사항에 관하여는 불이익이 없도록 한 점, 6) 퇴직예정자 공로연수 프로그램을 실시한 점, 정년이 연장되지 않은 것은 고령자고용법 개정 전부터 이미 60세 정년이라는 유리한 규정을 적용 받고 있음으로 인한 반사적 효과에 불과한 점 등을 근거로 정년보장형 임금피크제(정년 60세로 종전과 동일, 2년간 임금감액)의 유효성을 인정하였습니다(서울고등법원 2023. 9. 15. 선고 2022나2045983 판결).[33]

### (3) C공단 임금피크제

다만, 임금삭감에 대한 충분한 대상조치가 없는 사안에서 대상판결의 법리에 따라 정년유지형 임금피크제가 고령자고용법에 위반하여 무효라고 판단하

33) 대법원 2024. 1. 11.자 2023다284824 심리불속행기각 판결로 확정되었습니다.

기도 하였습니다(부산지방법원 2023. 5. 25. 선고 2022가합44060 판결).

### 나. 정년연장형 임금피크제에 대한 최근 판례의 태도

하급심 법원은 "대상판결이 '정년유지형 임금피크제' 사안에 관한 법리이나, 이 사건과 같은 '정년연장형 임금피크제' 사안에 관하여도 하나의 참고기준이 될 수 있다"고 하면서도 정년연장형 임금피크제의 유효성을 인정하는 경향을 계속하여 보이고 있습니다.[34)]

특히 대상조치나 근로자의 불이익 정도를 판단할 때 정년연장 자체를 임금 삭감에 대응하는 가장 중요한 보상으로서 고려하여 판단하기도 하므로,[35)] 정년연장형 임금피크제의 경우 그 효력이 인정될 가능성이 비교적 높습니다. 대상판결의 판단기준을 적용하여 '정년연장형' 임금피크제의 효력을 유효하다고 판단한 서울고등법원 2023. 1. 18. 선고 2022나2025057 판결이 대법원 2023. 5. 18. 선고 2023다211550 판결로 확정되기도 하였습니다.

다만 정년연장형 임금피크제의 경우에도 임금삭감의 폭이 지나치게 큰 경우 무효로 판단된 사례가 있습니다. D사 임금피크제의 경우 법원은 대상판결의 법리를 적용하여 근로자의 불이익이 과도하고, 그에 대한 대상조치가 부족하다고 판단하였습니다. 구체적으로 근로자들이 임금피크제 도입 전에는 만 55세

---

34) 서울중앙지방법원 2023. 1. 19. 선고 2020가합604507 판결, 서울중앙지방법원 2023. 8. 25. 선고 2019가합515236 판결, 수원지방법원 2023. 12. 14. 선고 2021가합13113 판결, 서울남부지방법원 2024. 1. 30. 선고 2023가단207029 판결, 서울남부지방법원 2024. 3. 27. 선고 2023가합110139 판결 등

35) 서울중앙지방법원 2023. 6. 13. 선고 2021가단5067417 판결, 서울중앙지방법원 2023. 8. 8. 선고 2022가단5271367 판결, 서울중앙지방법원 2023. 8. 8. 선고 2022가단5367664 판결, 울산지방법원 2023. 8. 22. 선고 2022가단117438 판결, 부산지방법원 2023. 9. 8. 선고 2022가단340556 판결, 울산지방법원 2023. 12. 13. 선고 2023가합12285 판결, 서울남부지방법원 2024. 1. 30. 선고 2023가단207029 판결, 서울남부지방법원 2024. 3. 27. 선고 2023가합110139 판결 등

이후부터 정년인 만 58세에 도달할 때까지 3년간 기존 연간 보수 총액 대비 약 300% 상당액을 수령할 수 있었는데, 임금피크제 도입 후 성과평가에서 매년 높은 등급을 받아야 기존과 같은 임금수준인 300% 수령이 가능하고, 매년 성과평가 최저등급시 기존 연간보수 총액 대비 225%만 수령이 가능하여 임금 총액이 삭감될 가능성이 크다는 점을 지적하였습니다(서울중앙지방법원 2023. 5. 11. 선고 2020가합575036 판결[36]). 이는 '정년연장형' 임금피크제의 경우에도 비용 절감, 직원 퇴출 등의 목적으로 특정 연령의 근로자의 임금을 과도하게 감액하는 경우에는 지나치게 그 불이익이 커 효력이 없다고 본 서울고등법원 2021. 9. 8. 선고 2019나2016657 판결과 유사한 취지입니다.

또한 적법한 취업규칙 불이익 변경 절차를 거치지 않은 경우 그 효력이 부정되기도 합니다. E협동조합 임금피크제의 경우 법원은 정년연장형임을 인정하면서도, 임금피크제 운영규정의 제정이 실질적으로 기존 취업규칙 중 임금피크제 적용 근로자의 임금 부분을 불리하게 개정한 것으로서 취업규칙의 불이익 변경에 해당하는데, 회사의 개입이나 간섭이 배제된 상태에서 근로자 상호간에 의견을 교환하여 찬반을 집약한 후 이를 전체적으로 취합하는 회의 방식에 의한 근로자 과반수의 동의가 있었다고 보기 어려워 절차적 요건이 충족되지 못하였다고 판단하였습니다(대구지방법원 2023. 4. 27. 선고 2021가합205418 판결[37]).

---

36) 항소심 계속 중입니다.

37) 항소 제기되지 않고 확정되었습니다.

### 3. 마치며

대상판결 선고 이후 법원은 정년유지형 임금피크제의 경우 대상판결의 법리를 적용하되, 임금삭감에 대응하는 대상조치가 충분히 마련되어 있는지를 판단요소로 삼아 개별 사안에 따라 구체적으로 판단하고 있습니다. 또한 정년연장형 임금피크제의 경우 기존 경향과 유사하게 유효성을 비교적 넓게 인정하는 것으로 보입니다. 결국 정년유지형이나 정년연장형인지 여부가 그 효력 여부 판단에 중요하다기 보다는, 근로자가 입는 불이익의 정도나 구체적인 대상조치의 내용이 유・무효 판단에 핵심적인 판단 기준이 되고 있습니다.

정년연장형 임금피크제의 경우에도 대상판결의 법리에서 자유로운 것은 아니므로, 적법한 도입절차를 거쳤다는 자료, 대상조치 관련 자료를 충분히 확보하여 분쟁에 대비할 필요가 있겠습니다. 한편 계속하여 임금피크제에 대한 중간 점검을 하여 대상조치가 보완될 수 있도록 노력하는 것도 중요합니다.

법무법인(유) 지평

# 직장 내 괴롭힘 금지 제도를 둘러싼 인사노무 이슈

**박종탁** 변호사

## 1. 들어가며

직장 내 괴롭힘 문제는 근로자의 정신적·신체적 건강에 악영향을 끼칠 뿐만 아니라 기업에도 막대한 비용부담을 초래하였습니다. 그에 대한 대책으로 2019년 근로기준법을 개정하면서 직장 내 괴롭힘 금지 제도를 도입하였는데, 현재 근로기준법령에선 직장 내 괴롭힘과 관련하여 1) 사용자의 객관적인 조사·조치 의무, 2) 신고자 및 피해자에 대한 불리한 처우 금지 등 기본 방침을 규정하고 있을 뿐, 세부적인 사항까지 규정하고 있지는 않습니다. 따라서 직장 내 괴롭힘 금지 제도의 세부적인 사항은 법원의 판례, 고용노동부의 행정해석 등을 통해 구체화될 필요가 있습니다. 이번 글에서는 판례, 행정해석 등을 중심으로 하여 직장 내 괴롭힘 관련 실무에서 문제되는 사항들을 살펴보겠습니다.

## 2. 직장 내 괴롭힘 관련 쟁점

### 가. 퇴사한 근로자가 종전 사용자에게 직장 내 괴롭힘 신고를 하였을 경우 그 사용자는 직장 내 괴롭힘 조사를 할 의무를 부담하는지 : ○

직장 내 괴롭힘 관련하여 위와 같은 쟁점을 직접 다룬 대법원 판례를 찾아보긴 어렵습니다. 다만, 근로기준법의 문언, 취지 등을 고려하면, 직장 내 괴롭힘 신고를 한 사람이 이미 퇴사한 근로자라고 하더라도 사용자는 그 신고에 대하여 객관적인 조사를 할 의무를 부담할 것으로 보입니다. 근로기준법 제76조의3 제1항에서는 "누구든지" 직장 내 괴롭힘 발생 사실을 신고할 수 있다고 규정하여, 특별히 신고자를 '근로관계가 존재하는 자'로 제한하고 있지 않고 있습니다. 같은 조 제2항에 따르면 사용자는 위 제1항의 신고가 접수되면 그 사실 확인을 위한 조사를 할 의무를 부담하기에, 퇴사자가 종전 직장에 직장 내 괴롭힘 신고를 하였을 경우에도 사용자는 조사 의무를 부담하게 될 것으로 보입니다.

참고로 퇴사자가 한 직장 내 괴롭힘 신고를 바탕으로 사용자가 가해자에 대한 징계 처분을 하더라도, 신고인 자격을 이유로 징계 처분의 효력이 부인되지는 않을 것으로 보입니다. 법원은 퇴사한 근로자가 직장 내 성희롱 신고를 한 사안에서, 사용자가 그 신고를 바탕으로 조사를 진행하여 가해자에 대해 해고 처분을 한 경우 그 해고 처분을 정당하다고 판단했습니다(서울고등법원 2021. 1. 7. 선고 2020누40817 판결, 대법원 심리불속행 기각 판결로 확정). 위 판결에서 신고인의 자격이 직접적인 쟁점이 된 것은 아니지만, 법원은 퇴사한 근로자가 한 직장 내 성희롱 신고를 특별히 문제 삼지는 않은 것으로 보이며(위 신고는 사용자가 가해자의 비위행위를 인지하는 계기가 된 단순한 사실행위라는 점도 고려된 것으로 생각됩니다), 이러한 법리는 조문 구조가 사실상 동일한 직장 내 괴롭힘 사안에서도 원용될 가능성이 높습니다.

### 나. 업무 범위 내에서 이루어진 행위도 직장 내 괴롭힘에 해당할 수 있는지 : ○

직장 내 괴롭힘 행위에는 '폭행·상해 등의 신체적 공격행위'나 '폭언·협박 등의 정신적인 공격행위'와 같이 명백히 업무 범위를 벗어나는 행위뿐만 아니라 '업무상 명백히 불필요한 것이거나 수행 불가능한 것을 강제하는 행위', '업무상 합리성이 없이 능력이나 경험에서 동떨어진 정도의 낮은 업무를 명령하는 행위' 등 외견상 업무 범위 내의 행위로 보이는 행위도 포함됩니다(대전고등법원 2022. 5. 12. 선고 2021나13620 판결, 대구지방법원 2022. 6. 15. 선고 2021나314644 판결 등 참조). 고용노동부 역시도 업무 범위 내로 볼 수 있는 '업무를 과도하게 부여'하거나 '업무 수행과정에서 의도적인 무시·배제'는 직장 내 괴롭힘 행위에 해당할 수 있다는 입장입니다[「직장 내 괴롭힘 예방·대응 매뉴얼(2023. 4.)」 46쪽).

### 다. 하급자가 상급자에 대한 직장 내 괴롭힘 가해자가 될 수 있는지 : ○

직장 내 괴롭힘은 '직장에서의 지위 또는 관계 등의 우위'를 이용한 경우에 한하여 성립하게 됩니다(근로기준법 제76조의2 참조). 따라서 직장에서 대체로 상급자에 비해 열위한 지위에 놓인 하급자의 경우 상급자에 대한 직장 내 괴롭힘 가해자가 될 수 있는 것인지 문제되는데, 결론적으로 하급자도 상황에 따라서는 상급자에 대한 직장 내 괴롭힘 가해자가 될 수 있습니다. 직장 내 괴롭힘에서 말하는 "관계 등의 우위"란 상대방이 저항 또는 거절하기 어려울 개연성이 높은 상태로, 사실상 우위를 점하고 있다는 모든 관계가 포함되기 때문입니다. 연령, 학벌, 성별, 근속연수, 전문지식 등 다양한 요소를 토대로 관계의 우위성을 판단하기에, 설령 하급자라 하더라도 제반 사정에 따라 상급자에 대한 관계의 우위성이 인정될 수 있습니다.

법원 역시 같은 입장입니다. 법원은 가해자가 피해자의 하급자였지만, 피해자보다 상급자와 합세하여 피해자에게 욕설을 하고 정신적인 압박을 가한 사안에서 가해자의 우위성을 인정하여 직장 내 괴롭힘 행위를 인정하였습니다(서울행정법원 2021. 9. 9. 선고 2020구합74627 판결, 당심 확정). 또한 청원경찰이 자신의 감독자인 조장에 대하여, 자신의 긴 근무경력과 나이 등을 내세워 모욕적인 언사를 하고 비꼬는 말투를 하며 부당한 업무지시를 한 사안에서도 가해자의 우위성을 인정하였습니다(서울행정법원 2022. 1. 18. 선고 2020구합84143 판결, 당심 확정). 이처럼 제반 사정에 따라 하급자의 상급자에 대한 관계의 우위성이 충분히 인정될 수 있습니다.

### 라. 직장 내 괴롭힘 신고에 따라 조사를 하였는데 혐의가 드러나지 않았을 경우 곧바로 피해근로자의 지위를 상실하는 것인지 : ×

직장 내 괴롭힘 신고에 따라 사용자가 조사를 완료하였지만, 가해자의 직장 내 괴롭힘 혐의가 확인되지 않았다고 하여, 신고인이 곧바로 근로기준법에서 규정하고 있는 피해근로자의 지위를 상실하게 되는 것은 아닙니다. 사용자의 사실확인 조사가 객관적임을 담보할 제도적 장치가 없을 뿐만 아니라 직장 내 괴롭힘은 은밀하게 이루어지며 발각되더라도 조직적인 은폐시도가 빈번하기 때문입니다(청주지방법원 2022. 4. 13. 선고 2021노438 판결, 대법원 2022. 7. 12.자 2022도4925 결정으로 상고기각). 따라서 위와 같은 신고인에 대하여 사용자가 정당한 근거 없이 불리한 처우를 할 경우 근로기준법 제76조의3 제6항에 저촉될 수 있습니다.

나아가 법원은 근로자의 직장 내 괴롭힘 신고가 기각되었다고 하더라도 신고한 근로자를 징계함에 있어서는 매우 엄격하고 신중해야 한다는 입장으로 보입니다. 법원은 직장 내 성희롱 사안에서 관련 법령에서 직장 내 성희롱 피해자의 보호와 권리구제 장치로서 신고 제도를 마련한 이상, 해당 신고가 도저히 받아들일 수 없을 정도로 현저히 부당한 경우에 한하여 징계사유로 삼을 수 있다고 판단했습니다(광주고등법원 2022. 5. 11. 선고 2021나24966 판결, 당심 확정). 이러한 법리는 논리 구조가 사실상 동일한 직장 내 괴롭힘 사안에서 그대로 원용될 가능성이 높기에, 특별한 사정이 없는 한 직장 내 괴롭힘 신고 사실이 확인되지 않았다는 사유만으로 신고인을 징계하기는 어려울 것으로 보입니다.

### 마. 근로기준법상 직장 내 괴롭힘 금지 제도가 공무원에게도 적용가능한지 : △

공무원에게 근로기준법상 직장 내 괴롭힘 관련 규정이 적용되는지를 정면으로 판단한 대법원 판결을 찾아보긴 어렵습니다. 다만, 고용노동부는 질의회시를 통해, 근로기준법상 직장 내 괴롭힘 관련 규정은 공무원에게 직접 적용되지 않으며, 공무원에게는 국가공무원법, 공무원행동강령, 공무원고충처리규정 등이 우선 적용된다는 견해를 밝혔습니다(근로기준정책과-122, 2020. 1. 6.). 따라서 고용노동부는 공무원의 경우 인사혁신처 및 각 기관에 설치된 고충처리심사위원회 등을 통해 괴롭힘에 대한 구제를 받을 수 있다는 입장입니다. 다만, 법원은 공무원 역시 근로기준법상 근로자로, 명시적인 특별 규정이 없는 한 근로기준법이 적용된다는 입장이기에(대법원 1987. 2. 24. 선고 86다카1355 판결, 대법원 1996. 4. 23. 선고 94다446 판결 등 참조), 근로기준법상 직장 내 괴롭힘 금지 제도가 공무원에게도 적용될 여지는 있습니다. 따라서 이 부분

쟁점은 정리하기 위해서는, 근로기준법상 직장 내 괴롭힘 관련 규정과 공무원 고충처리규정 등의 관계에 대한 추후 법원의 판단을 주목할 필요가 있습니다.

## 3. 마치며

근로기준법 개정에 따라 직장 내 괴롭힘 금지 제도가 시행되면서 근로자의 권익은 더 두텁게 보호될 수 있었지만, 실무적으로 다양한 사항이 쟁점화되고 있습니다. 직장 내 괴롭힘 관련 사항은 법원의 판결 등을 통해 구체화될 예정이기에, 추후 관련 판결을 주목할 필요가 있습니다.

**※ 이 글은 월간 노동법률 2024년 4월호에 게재된 글을 수정한 것입니다.**

# 근로기준법상 '관리 · 감독 업무에 종사하는 근로자'를 판단하는 기준의 최근 판례 동향

법무법인(유) 지평

백규하 변호사

## 1. 들어가며

사용자는 근로자의 연장근로에 대하여 통상임금의 100분의 50 이상을 가산한 연장근로수당을 근로자에게 지급하여야 합니다(근로기준법 제56조 제1항). 그런데 근로기준법은 아래와 같이 예외를 두어, 특정한 업종 내지 업무에 종사하는 근로자에 대하여는 연장근로수당 지급의무 규정을 적용하지 않는 것으로 정하고 있습니다.

**근로기준법 제63조(적용의 제외)** 이 장과 제5장에서 정한 근로시간, 휴게와 휴일에 관한 규정은 다음 각 호의 어느 하나에 해당하는 근로자에 대하여는 적용하지 아니한다.

1. 토지의 경작 · 개간, 식물의 식재(植栽) · 재배 · 채취 사업, 그 밖의 농림 사업
2. 동물의 사육, 수산 동식물의 채취 · 포획 · 양식 사업, 그 밖의 축산, 양잠, 수산 사업
3. 감시(監視) 또는 단속적(斷續的)으로 근로에 종사하는 사람으로서 사용자가 고용노동부장관의 승인을 받은 사람
4. 대통령령으로 정하는 업무에 종사하는 근로자

**근로기준법 시행령 제34조(근로시간 등의 적용제외 근로자)** 법 제63조제4호에서 "대통령령으로 정한 업무"란 **사업의 종류와 관계없이 관리 · 감독 업무 또는 기밀을 취급하는 업무**를 말한다.

대법원은 "경영자와 일체를 이루는 입장에 있어 그 소속 직원들에 대한 채용이나 근로조건과 같은 근로자에게 중대한 영향을 미치는 요소에 대한 결정 권한이 있고, 출퇴근시간이나 근로에 있어 재량권한이 있어야 한다"는 기준을 제시한 바 있습니다(대법원 1989. 2. 28. 선고 88다카2974 판결).

관련하여 하급심 판결은 근로시간, 휴게와 휴일에 관한 근로기준법 규정의 입법 취지를 고려하여, 어떤 근로자가 '관리·감독 업무에 종사하는 근로자'에 해당하는지는 형식상 지위에 관계없이 실질적인 내용을 감안하여 엄격하게 판단하여야 한다는 태도를 보이고 있습니다(수원지방법원 2016. 11. 22. 선고 2015나28088 판결, 전주지방법원 2020. 6. 17. 선고 2020노378 판결 등 참조).

고용노동부 역시 위와 같은 판례의 태도를 반영하여 "'관리·감독업무에 종사하는 자'라 함은 근로조건의 결정 기타 노무관리에 있어서 경영자와 일체적인 지위에 있는 자를 말하는 것으로 사업장 내 형식적인 직책에도 불구하고 노무관리방침의 결정에 참여하거나 노무 관리상의 지휘·감독 권한을 가지고 있는지 여부, 출·퇴근 등에 있어서 엄격한 제한을 받는지 여부, 그 지위에 따른 특별수당을 받고 있는지 여부 등을 종합적으로 검토하여 판단하여야 한다"고 해석해 왔습니다(근로개선정책과-41, 2011. 3. 3.).

## 2. 근로기준법상 "관리·감독 업무에 종사하는 근로자"에 해당하는 것으로 판단된 사례

### 가. 기술연구소의 팀장으로서 관리업무를 담당하였고 시간외 근로에 대하여 별도의 통제를 받지 않은 경우(수원지방법원 2016. 11. 22. 선고 2015나28088 판결)[38)]

피고 회사의 3급~8급 직원은 호봉제 적용을 받아 수당을 지급받았으나, 2

급 이상 직원은 연봉제 적용을 받고 시간외 근로수당을 지급받지 않았습니다.

원고는 팀장으로 근무하는 기간 동안에는 팀원들의 시간외 근로 신청에 대하여 1차 결재권자로서 결재를 하였고, 본인 부서의 2급 이하 직원들에 대한 인사평가 업무 및 4급 이하 직원들에 대한 최종 인사평가를 담당하였습니다. 또한 협력업체 관리 등의 관리 업무를 담당하면서 팀 내 일정 규모의 비용 지출에 관한 최종 결재 권한을 가지고 있었습니다. 반면 원고는 자신의 시간외 근로에 대하여는 별도의 통제를 받지 않았습니다.

수원지방법원은 원고가 시간외 근로에 대한 통제를 받지 않으면서 일정 범위의 직원들에 대하여 인사평가 등을 담당했다는 점을 들어, 최소한 팀장으로 근무한 이후의 기간에 대해서는 '관리・감독 업무에 종사하는 근로자'에 해당한다고 보았습니다.

### 나. 골프장의 총무부장으로서 실질적으로 운영을 총괄하면서 근무시간 및 근태에 대하여 별도로 관리를 받지 않은 경우(부산지방법원 2021. 5. 12. 선고 2019가단322756 판결)[39]

원고는 타 골프장에서 운영팀장, 총지배인 등으로 근무하다가 피고 회사의 골프장 개장 시 채용된 자로서, 직원들의 근태・노무관리, 채용업무 등을 담당하였습니다. 원고는 직접 해당 골프장의 취업규칙 초안을 작성하였으며, 신규 직원 채용 시 1차 면접을 진행하여 채용 여부를 상부에 품의해 왔습니다. 또한 원고는 본사의 사전 결재 없이 직원들의 근무 일정, 휴가 등을 관리하였습니다.

한편 원고의 근로시간 역시 다른 직원들과 마찬가지로 9:00부터 18:00까지

38) 심리불속행기각으로 2017. 4. 14. 확정되었습니다.

39) 2021. 6. 1. 확정되었습니다.

로 규정되어 있었으나, 실제로는 근무시간에 대하여 별도로 통제를 받지는 않았으며 다른 직원들과 달리 휴가원을 제출하지 않고 휴가를 사용하였습니다. 원고는 다른 직원들 보다 두 배 가량 높은 연봉을 받기도 했습니다. 원고보다 직급이 높은 근로자(상무)가 존재하였지만 해당 근로자는 대외 업무만을 담당하였으며 원고를 관리・감독하지는 않았습니다. 오히려 원고보다 낮은 연봉을 받았습니다.

원고는 자신이 1차 결재권을 가지고 있었을 뿐 최종결정권을 가지고 있지는 않았으며 자신보다 상위의 결재라인에 상무가 있었다는 등의 주장을 하였으나, 부산지방법원은 그와 같은 형식에도 불구하고 실질적으로는 원고가 해당 골프장 내에서 총괄적인 관리업무를 담당하는 지위에 있었다는 점을 들어 '관리・감독 업무에 종사하는 근로자'에 해당한다고 보았습니다.

## 3. 근로기준법상 '관리 · 감독 업무에 종사하는 근로자'에 해당하지 않는 것으로 판단된 사례

### 가. 부서장으로 근무하였으나 해당 부서 소속 직원에 대해서만 업무지시 및 근태관리를 할 수 있었던 경우(부산고등법원 (울산) 2023. 5. 10. 선고 2022나11032 판결)[40]

원고들은 2급 직원으로서 회사 각 지사 내지 지역본부 소속 부서의 팀장 내지 부장으로서 소속 직원들을 통솔하고, 업무 수행 및 복무를 관리・감독하는 책임을 맡고 있었습니다.

그러나 이들은 인사위원회에 위원으로 참여하여 의견을 표명할 수 있는 정

40) 2023. 6. 3. 확정되었습니다.

도의 역할에 그쳤을 뿐 1급 내지 지사장과 같이 직원의 임용 등의 중요한 근로조건을 결정할 수 있는 권한이 없었으며, 규정된 근로시간과 근로일을 준수하면서 휴가, 조퇴 등을 위해서는 결재권자(1급 내지 지사장)의 허가를 받았어야 했습니다.

부산고등법원(울산)은 이들이 1) 경영자와 일체를 이루는 입장으로서 근로조건을 결정할 수 있는 지위에 있다거나 그와 같은 권한이 존재한다고 보기는 어렵다는 점 2) 출퇴근이나 근로시간에 있어 자유 재량권이 존재한다고 보기 어렵다는 점 등을 들어 '관리・감독 업무에 종사하는 근로자'에 해당하지 않는다고 판단하였습니다.

해당 사안의 경우 근로자들이 부서장이라는 직위에서 자신의 하급 직원에 대한 관리업무를 수행하였지만, 조직 전체를 기준으로 일반적인 근로조건을 정할 수 있을 정도의 권한은 없었으며 자신 역시 다른 근로자들과 마찬가지로 근로시간과 근로일과 관련한 복무규정의 제한을 받았다는 점이 중요한 판단요소로 고려되었습니다.

### 나. 현장소장으로 근무하면서 직책수당 및 유류대를 별도로 지급받았으나 근로조건을 결정할 권한이나 근무시간을 자유롭게 사용할 만한 재량이 부여되지는 않은 경우(서울중앙지방법원 2020. 5. 26. 선고 2018가단5013335, 2018가단5041040 판결)[41)]

원고는 현장소장으로서 공사현장의 관리업무를 담당하였으며, 매월 기본급 외에 별도로 직책수당 20만 원과 유류대 20만 원을 지급받았습니다. 원고는 현장 근로자들에 대하여 근태관리도 수행하였습니다. 다만 공사현장에는 원고

41) 2020. 6. 16. 확정되었습니다.

의 상급직원이자 관리 인력인 현장총괄관리인이 별도로 배치되어 있었습니다. 그 외 원고는 현장 근로자들의 채용 및 근로조건을 결정할 권한을 가지고 있지는 않았습니다.

서울중앙지방법원은 원고의 관리업무는 현장에서 이루어지는 구체적인 작업방법 등에 관하여 지시·감독하거나 상급직원으로서 근태관리를 한 것에 불과하며, 현장에 상급직원이 있었고, 다른 근로자들에 비해서 출퇴근에 제약이 덜했다고 하더라도 근무시간을 자유롭게 결정할 재량까지 부여되어 있었다고 보기는 어렵다고 하면서 원고가 '관리·감독업무에 종사하는 근로자'에 해당하지 않는다고 판단하였습니다.

한편 서울중앙지방법원은 직책수당에 대해서는, 이와 같은 수당이 "단순히 현장 관리자로서의 추가적인 업무수행에 상응하는 정도를 넘어 경영자와 일체적 관계로서 부담하는 막중한 경영상 책임에 대한 대가로서 지급된 것이라고 단정할 수 없다"고 하여 직책수당이 매월 지급되었다는 점만으로 '관리·감독업무에 종사하는 근로자'로 인정할 수는 없다고 설시하였습니다.

## 4. '관리·감독 업무에 종사하는 근로자'의 판단기준과 관련한 최근 대법원 판결(대법원 2024. 4. 12. 선고 2019다223389 판결)

### 가. 사실관계

피고 회사의 보수규정에서는 "1) 실무책임자 2) 부장·과장·지점장(부·과제의 경우) 3) 팀장·지점장(팀제의 경우) 4) 내부통제책임자"를 책임자수당 지급대상자로 지정하여 이들에게 책임자수당을 지급하고, 대신 이들에게는 시간외 근무수당은 지급하지 않는 것으로 정하고 있었습니다(이하 '이 사건 보수규정').

원고들은 단체협약에 따라 재계산된 수당 등을 청구하면서, '책임자수당'을 지급받는 원고들에게 미지급된 시간외 근무수당 또한 청구하였습니다.

### 나. 원심의 판단

원심은 원고의 여러 가지 다른 수당 청구 부분을 인용하면서도, 시간외 근무수당에 대해서는 그 지급을 제한하는 이 사건 보수규정이 근로기준법을 위반하여 무효라고 볼 수 없으며 이 사건 보수규정에 따라 시간외 근무수당이 지급될 수 없다고 판단하였습니다.

### 다. 대법원의 판단

대법원은 우선, 회사의 보수규정이 책임자수당을 지급받는 근로자들에 대하여 시간외 근무수당을 지급하지 아니한다고 규정하고 있더라도 이러한 근로자들 중 근로기준법령에서 말하는 '관리・감독 업무에 종사하는 근로자'에 해당하지 않는 근로자가 포함되어 있다면 시간외 근무수당이 지급되어야 한다고 보면서, 취업규칙 규정에도 불구하고 근로기준법상 '관리・감독 업무에 종사하는 근로자' 여부가 별도로 판단되어야 함을 분명히 하였습니다.

이어 대법원은 피고 회사의 직원 12명 중 8명이 책임자 수당을 지급받는 자로 되어 있다는 점 및 원고들의 시간외 근무에 대하여 일자 및 시간, 목적, 근무자가 구체적으로 기재되고 결재권자의 도장이 날인되어 있다는 점을 지적하면서, 이들이 단순히 직제규정에 따른 책임자로서 책임자수당의 지급 대상자라는 점만으로 '관리・감독 업무에 종사하는 근로자'라고 볼 수는 없고, 원고별로 담당 업무의 내용과 성격, 상급자로부터 받는 감독의 정도 등을 고려하여 판단하여야 한다고 보았습니다.

이에 따라 대법원은 원심 중 시간외 근무수당과 관련된 부분을 파기환송하였습니다.

## 5. '관리 · 감독 업무에 종사하는 근로자'의 판단기준에 대한 검토

'관리 · 감독 업무에 종사하는 근로자'는 특정한 사업을 그 대상으로 하고 있지 않다는 점에서 근로기준법 제63조 제1호("토지의 경작 · 개간, 식물의 식재(植栽) · 재배 · 채취 사업, 그 밖의 농림 사업"), 제2호("동물의 사육, 수산 동식물의 채취 · 포획 · 양식 사업, 그 밖의 축산, 양잠, 수산 사업")와 명확히 구분됩니다.

나아가 '관리 · 감독 업무에 종사하는 근로자'가 '사업'이 아닌 '업무'를 판단기준으로 하고 있다는 점에서는 제3호("감시(監視) 또는 단속적(斷續的)으로 근로에 종사하는 사람으로서 사용자가 고용노동부장관의 승인을 받은 사람")와 유사하다고 볼 수도 있겠으나, '관리 · 감독 업무에 종사하는 근로자'의 경우에는 법원이 단순히 업무의 종류 그 자체[수평적 구분]를 넘어서 대상 근로자의 지위 내지 입장이 일반 근로자보다 기업경영자에 가까울 것[수직적 구분]까지 요구하고 있다는 점에서 제3호와도 구분된다고 볼 수 있습니다.

이번 대법원 판결이 전에 없던 새로운 기준을 제시한 것으로 보기는 어렵습니다. 법원은 '관리 · 감독 업무에 종사하는 근로자' 뿐만 아니라 근로기준법상 근로자성 등 다양한 노동법 쟁점에서 형식이 아닌 실질에 따라 판단합니다. 이에 따라 기존에도 법원은 '1) 중요한 근로조건을 결정하는 등 기업경영자와 일체를 이루는 입장에 있는지 2) 자기의 근무시간에 대하여 자유재량권을 가지는지'라는 두 가지 요건에 따라 실질적 · 구체적인 사정을 고려하여 판단해 왔습니다. 따라서 취업규칙에서 특정 직책에 해당하는 근로자를 시간외 근로수당을 지급받을 수 없는 자로 규정하고 있다고 하여 자동으로 '관리 · 감독 업무에 종사하는 근로자'에 해당한다고 볼 수는 없습니다.

앞서 살펴본 하급심 판결례에 따르면 '중요한 근로조건'이란 채용, 인사평가 등 일상적인 업무 수준 이상으로 근로자에게 영향을 끼치는 사항을 의미하며, '근무시간에 대한 자유재량권'이 인정되기 위해서는 단순히 근무시간에 대한 제약이 느슨한 수준을 넘어서 상부의 승인 없이 자유롭게 본인의 근무시간을 결정할 수 있는 정도에 이르러야 하는 것으로 볼 수 있습니다.

한편 직책수당, 책임자수당 등 다른 직원들과 구분되는 상급자 내지 관리자로서의 보상이 지급된다면 이는 유리한 요소로 작용할 수 있겠으나, 그것만으로 요건이 충족된다고 보기는 어렵습니다(위 서울중앙지방법원 2018가단5013335, 2018가단5041040 판결 참조).

사용자로서는 특정한 근로자가 '관리・감독 업무에 종사하는 근로자'로 인정받을 가능성을 높이기 위해서는 1) 수행하는 업무의 종류 2) 임금수준 3) (일반 근로자와 비교되는) 상대적 지위 등 근로조건의 다양한 측면에서 대상 근로자를 일반 근로자와는 확연히 구분되는 지위에 두어야 할 것으로 생각됩니다.

**※ 이 글은 월간 노동법률 2024년 5월호에 게재된 글을 수정한 것입니다.**

법무법인(유) 지평

권영환 변호사

# 교섭단위 그리고 협력업체 노조와 노무제공자 노조

## 1. 들어가며

2011년 7월부터 시행된 복수노조제도가 14년째를 맞고 있습니다. 복수노조의 사업장이 되는 일반적인 모습은, 총연합단체가 다른 여러 노동조합이 설립되어 있는 경우, 생산직 중심의 노조 대신 사무직들이 별도 노조를 설립한 경우, 기존의 노조들과 다른 활동을 표방하는, 이른바 MZ노조가 생긴 경우, 노조 있는 회사를 합병하는 경우 등이었습니다.

그런데 노동조합법상 근로자 개념을 근로기준법의 그것과 다르다고 인정한 학습지 교사 판결(대법원 2018. 6. 15. 선고 2014두12598, 12604 판결) 이래 특수형태근로종사자/노무제공자들로 구성된 노조가 생겨 복수노조 사업장이 되는 경우도 나타났습니다. 여기에 실질적 지배력설에 따라 도급인(원청)을 단체교섭의 상대방으로 인정하는 판결이 대법원에서 확정된다면 도급사 노조와 협력업체 노조 사이의 관계도 복수노조의 또 다른 유형이 될 수 있습니다.

그런데 이질적인 집단을 조합원으로 하는 노동조합이 2개 이상인 경우 노사관계 당사자는 누구라도 교섭단위 분리 제도 활용을 고려해 볼 수 있습니다(노동조합법 제29조의3 제2항).

이하에서는 교섭단위의 의미, 하청노조 그리고 특수형태근로종사자노조의 교섭단위 및 분리와 관련된 쟁점들, 그리고 몇 가지 사례를 소개하고자 합니다.

## 2. 교섭단위와 원하청 교섭

### 가. 교섭단위의 개념 및 의의

교섭단위란 하나의 사업 또는 사업장에서 조직형태에 관계없이 근로자가 설립하거나 가입한 노동조합이 2개 이상인 경우 교섭창구단일화절차에 따라 교섭대표노동조합을 결정해야 하는 단위입니다(노동조합법 제29조의3 제1항).

즉, 교섭단위는 하나의 사업 또는 사업장에 2개 이상의 복수노조가 있는 상황을 전제한 개념입니다. 또한 교섭대표노동조합은 교섭단위에 포함된 다른 노동조합을 대표하여 교섭하고 협약을 체결하기 때문에(노동조합법 제29조 제2항), 교섭단위는 교섭대표노동조합의 교섭대표권 범위를 정하는 의미를 갖습니다.[42)]

### 나. 교섭단위의 원칙 : 하나의 사업 또는 사업장

교섭단위는 "하나의 사업 또는 사업장"을 원칙적 단위로 합니다(노동조합법 제29조의3 제1항).

하나의 "사업"은 특별한 사정이 없는 한 경영상의 일체를 이루는 기업체 그 자체를 의미합니다(대법원 1993. 2. 9. 선고 91다21381 판결).

한편, "사업장"은 개념상 장소의 의미를 담고 있지만, 법적인 의미에서는 장소적 개념으로 보지 않습니다. "하나의 사업장"에 관하여 대법원 2011. 5. 6.

42) 국제노동법연구원, "교섭단위분리제도에 관한 연구", 중앙노동위원회, 2010, 93~94쪽.

자 2010마1193 결정은 "독립한 근로조건의 결정권이 있는 하나의 사업 또는 사업장"이라는 표현을 사용하고 있는데, 이는 독립한 근로조건의 결정권이 사업장의 결정단위임을 전제합니다. 서울행정법원 2018. 11. 12. 선고 2018구합59533 판결도 '사업장'이란 경영상 일체를 이루는 기업체, 즉 '사업'에 준할 정도의 운영상 독립성을 가진 조직체를 의미하므로, 재무와 회계, 인사와 노무관리가 분리 운영되는 등 운영상 독립성이 인정되는 사업장은 사업과 독립하여 별개의 교섭단위를 구성한다고 하였습니다.

이처럼, 교섭단위는 근로조건의 결정 내지 운영에 관하여 독립성이 있는 조직체(사업 또는 사업장)를 기준으로 설정됩니다.

교섭단위 분리는 위와 같이 동일한 교섭단위에 속한 복수의 집단을 분리하는 문제입니다. 만약 처음부터 교섭단위가 다르다면 교섭창구단일화나 교섭단위 분리는 문제 되지 않습니다.

### 다. 수급인(하청)노조의 원청 상대 단체교섭 요구 시 교섭단위

최근 도급인(원청)의 하청노조 상대 단체교섭의무를 인정한 서울고등법원 2024. 1. 24. 선고 2023누34646 판결이 있었습니다. 그리고 원청의 단체교섭의무를 부정했던 부산고등법원 2018. 11. 14. 선고 2018나53149 판결의 상고심(2018다296229)은 2024. 3. 전원합의체에 회부되었습니다.

이와 관련해 원청의 하청노조에 대한 단체교섭 의무가 인정된다면, 교섭단위는 어떻게 보아야 하는지 문제 될 수 있습니다. 이 문제가 쟁점이 된 중노위 2022. 3. 24.자 2021부노268 판정은, 사내하청 근로자들이 가입 내지 조직한 노동조합의 교섭단위는 '하청 사업'으로서 도급인 노조가 속한 원청의 교섭단위와는 별개라고 보았습니다. 이어진 중노위 2022. 12. 7.자 2022교섭42 결정도 하청기업을 '하나의 사업 또는 사업장'으로 보면서, 하청 노동조합은 원청

노동조합과의 교섭창구 단일화 절차를 거칠 필요 없이 하청 노동조합 간 교섭창구 단일화 절차를 거친 뒤 원청과 교섭할 수 있다고 판단했습니다. 원청은 원청 노조를 고려함이 없이 하청 기업들의 교섭대표노동조합과 개별 또는 공동교섭을 진행하여야 한다는 것입니다.

원청이 단체교섭 의무를 부담하는 '사업 또는 사업장' 개념에 하청기업이라고 하는 별개의 사업체가 포함될 수 있는지 의문입니다. 또, 복수의 하청기업체들을 하나의 '하청 사업'으로 볼 수 있는 근거는 무엇인지도 의문이고, 이를 별개의 교섭단위로 본다면 어느 범위의 하청기업들까지 포함될 수 있는지도 불명확한 문제가 있습니다.

## 3. 교섭단위 분리제도와 노무제공자 노조

### 가. 예외로서 교섭단위 분리 제도

#### (1) 의의

동일한 교섭단위가 언제나 유지되어야 하는 것은 아닙니다. 같은 교섭단위 내에서도 분리가 허용되는 경우가 있습니다.

#### (2) 노동조합법 규정의 형식

노동조합법 제29조의3 제2항은 "제1항에도 불구하고 하나의 사업 또는 사업장에서 현격한 근로조건의 차이, 고용형태, 교섭 관행 등을 고려하여 교섭단위를 분리할 필요가 있다고 인정되는 경우에 노동위원회는 노동관계 당사자의 양쪽 또는 어느 한쪽의 신청을 받아 교섭단위를 분리하는 결정을 할 수 있다." 라고 규정하고 있습니다. "제1항에도 불구하고"라는 표현을 보면, 제1항의 교섭단위 결정이 원칙이고 제2항의 교섭단위 분리제도는 예외라는 것이 입법자의 의사임을 알 수 있습니다.

대법원도 "노동조합법 규정의 내용과 형식, 교섭창구 단일화를 원칙으로 하면서도 일정한 경우 교섭단위의 분리를 인정하고 있는 노동조합법의 입법 취지 등을 고려하면, 노동조합법 제29조의3 제2항에서 규정하고 있는 '교섭단위를 분리할 필요가 있다고 인정되는 경우'란 예외적인 경우를 의미하는 것"이라고 합니다(대법원 2018. 9. 13. 선고 2015두39361 판결).

### (3) 교섭단위 분리의 필요성 판단기준

노동조합법 제29조의3 제2항은 "하나의 사업 또는 사업장에서 현격한 근로조건의 차이, 고용형태, 교섭 관행 등을 고려하여 교섭단위를 분리할 필요가 있다고 인정되는 경우"를 교섭단위 분리 결정의 요건으로 규정하고 있습니다.

이에 관하여 대법원은 '교섭단위를 분리할 필요가 있다고 인정되는 경우'란 하나의 사업 또는 사업장에서 별도로 분리된 교섭단위에 의하여 단체교섭을 진행하는 것을 정당화할 만한 현격한 근로조건의 차이, 고용형태, 교섭 관행 등의 사정이 있고, 이로 인하여 교섭대표노동조합을 통하여 교섭창구를 단일화하는 것이 오히려 근로조건의 통일적 형성을 통해 안정적인 교섭체계를 구축하고자 하는 교섭창구 단일화 제도의 취지에도 부합하지 않는 결과를 발생시킬 수 있는 예외적인 경우를 의미한다고 해석합니다(대법원 2018. 9. 13. 선고 2015두39361 판결).

그리고 교섭단위의 분리를 인정할 수 있는 예외적인 경우에 대해서는 분리를 주장하는 측이 그에 관한 구체적 사정을 주장・증명하여야 할 책임을 부담합니다(대법원 2022. 12. 15. 선고 2022두53716 판결). 교섭단위 분리의 필요성이 명확하지 않으면 신청자에게 불리하게 해석하는 것입니다.

### 나. 노무제공자 직군에 대한 교섭단위 분리

노동조합법상 근로자로 인정되지만 근로기준법상 근로자로 인정되지 않는 노무제공자 노조와 근로자가 가입한 노조가 병존하는 경우 근로조건의 결정권 있는 사업 또는 사업장은 동일할 수 있습니다. 그리고 일반적으로도 양자는 같은 교섭단위에 속한 것으로 봅니다.

하지만 서울고등법원 2021. 7. 9. 선고 2020누39428 판결은 위탁계약을 체결한 학습지 교사와 일반직원 사이의 교섭단위 분리 필요성을 인정하였습니다.

중노위 2022. 12. 29.자 2022단위16 결정은, 보험설계사들로 구성된 보험설계사직군과 근로기준법상 근로자들로 구성된 일반직군은 채용 자격과 경로・절차, 고용형태, 임금(보수)체계 및 노무제공 조건, 인사・노무・관리・감독 체계, 제재와 상벌, 취업규칙 등 적용되는 규정, 인사교류 등 노무제공 관계 성립 전후 및 노무제공 과정 전반에서 뚜렷한 차이가 있어 별도의 교섭단위로 분리하여야 할 필요성이 인정된다고 판정하였습니다. 서울지노위 2023. 11. 17.자 2023단위16 결정도 보험설계사직군을 일반직군과의 별도의 교섭단위로 분리함이 상당하다고 인정하였습니다.

교섭단위 분리 제도가 예외적으로 인정되는 것임에도 불구하고, 근로기준법상 근로자로 인정되는 직군과 노무제공자 직군 사이에서는 교섭단위 분리가 비교적 용이하게 받아들여지는 것입니다.

**※ 이 글은 월간 노동법률 2024년 6월호에 게재된 글을 수정 보완한 것입니다.**

법무법인(유) 지평

양지윤 변호사

# 정당한 이유 없는 이사(임원)의 해임과 손해배상

## 1. 들어가며

사용자는 정당한 이유 없이 근로자를 해고할 수 없습니다(근로기준법 제23조 제1항). 반면 근로기준법상 근로자가 아닌 이사(임원)의 경우, 회사는 정당한 이유가 없더라도 '언제든지' 주주총회의 특별결의로써 이사를 해임할 수 있습니다(상법 제385조 제1항 본문). 다만, 상법은 회사가 임기가 정해져 있는 이사를 그 임기 만료 전에 정당한 이유 없이 해임하는 경우 그 해임으로 인한 손해배상책임을 부담하도록 해(상법 제385조 제1항 단서), 주주의 회사에 대한 지배권 확보와 경영자 지위의 안정이라는 주주와 이사의 이익을 적절히 조화시키고 있습니다.

그런데 상법은 손해배상책임 유무를 좌우하는 '정당한 이유'가 구체적으로 무엇인지 규정하지 않고 있으므로, 정당한 이유는 결국 판례의 해석을 참조할 수밖에 없습니다. 이에 아래에서는 대법원 및 하급심의 판단 사례를 중심으로 정당한 이유의 의미 및 판단기준 등에 대해 살펴보겠습니다.

## 2. '정당한 이유'의 의미 및 판단기준

### 가. 정당한 이유의 의미

회사가 이사의 해임에 따른 손해배상책임을 부담하지 않는 정당한 이유가 무엇인지에 관해, 대법원은 주주와 이사 사이에 불화 등 단순히 주관적인 신뢰관계가 상실된 것만으로는 부족하고, 이사가 법령이나 정관에 위배된 행위를 했거나 정신적·육체적으로 경영자로서의 직무를 감당하기 현저하게 곤란한 경우, 회사의 중요한 사업계획 수립이나 그 추진에 실패함으로써 경영 능력에 대한 근본적인 신뢰 관계가 상실된 경우 등과 같이 '당해 이사가 경영자로서 업무를 집행하는 데 장해가 될 객관적 상황이 발생한 경우'에 비로소 임기 전에 해임할 수 있는 정당한 이유가 있다고 보아(대법원 2004. 10. 15. 선고 2004다25611 판결 등 참조), 다소 엄격한 기준을 적용하고 있습니다.

이러한 법리에 따라 대법원 또는 하급심이 해임의 정당한 이유가 있다고 본 사례는 다음과 같습니다.

가) 대법원 2014. 5. 29. 선고 2012다98720 판결

A가 B회사의 대표이사로 재임하는 동안 B회사의 매출실적이 40% 정도 감소하는 등 영업실적이 현저히 악화됐고, 2008년 세계 금융위기를 감안하더라도 B회사를 제외한 같은 그룹 내 아시아·태평양 지역 회사들의 영업실적과 비교해 보면 B회사의 영업이 상당히 부진했던 사안에서, A의 경영 능력에 대한 근본적인 신뢰가 상실돼 A가 B회사의 이사로서 직무를 집행하는 데 장해가 될 객관적인 상황이 발생했다고 보고 해임의 정당한 이유를 인정했습니다.

나) 서울고등법원 2023. 1. 26. 선고 2022나2030974 판결

전남 동부지역을 시청권역으로 하는 지역 방송사에서 대표이사 직위에 있던 A가 5·18 민주화운동을 폄훼하는 발언을 하는 등 논란을 일으켜 그러한 내용이 언론에 보도되는 등 파장이 있었고, 이로 인해 노조와의 갈등이 심화됐습니다. 노조가 A의 퇴진을 요구하

면서 총파업을 함에 따라 장기간 회사의 방송이 파행되자, 회사가 장기간 방송 파행의 책임 등 조직통할능력의 부족, 경영 능력의 부재, 회사의 명예와 국민 신뢰 실추를 이유로 A를 해임했던 사안에서, 재판부는 A의 해임에 정당한 이유가 있다고 보았습니다.

**다) 대구고등법원 2022. 10. 25. 선고 2022나22167 판결**

대표이사 A가 다수인이 참여하는 주간 회의에서 여러 차례 하급자들에게 욕설을 하거나 모욕했고, 경영계획 대비 부진한 성과를 냈으며, 소속 직원이 업무와 관련한 범죄행위를 저질러 회사 역시 양벌규정에 따라 영업정지 처분을 받았던 사안에서, 재판부는 A가 법령에 위배된 행위를 했거나 회사의 중요한 사업계획 수립이나 그 추진에 실패함으로써 경영 능력에 대한 근본적인 신뢰 관계가 상실됐다고 보고 A의 해임에 정당한 이유가 있다고 보았습니다.

반면, 대법원 또는 하급심은 다음과 같은 사례에서 해임의 정당한 이유를 부정하였습니다.

**가) 대법원 2013. 9. 26. 선고 2011다42348 판결**

회사가 임기 3년의 감사 A를 감사정보비 등을 부적절하고 과다하게 집행한 점, 법인카드를 일부 부정하게 사용한 점, 회사의 계약 체결 과정에 부당하게 관여한 점, 직원들에게 모욕적인 언사를 사용하는 등 감사업무 수행 방식이 부적절한 점 등을 이유로 해임한 사안에서, 원심(서울고등법원 2011. 4. 29. 선고 2010나46123 판결)은 A가 일부 비용을 부적절하게 집행했으나 개인적 목적으로 감사정보비 등을 사용해 회사에 실질적으로 손해를 입혔음이 분명하지 않은 점, A의 법인카드 부정 사용 사실이 분명하게 밝혀지지 않았고, 일부 개인적 목적으로 사용하거나 용도가 불분명한 비용은 총 200만 원을 넘지 않으며, 회사 역시 부당 사용에 대해 아무런 조치를 취하지 않았던 점, 달리 A가 감사업무를 소홀히 했거나 감사업무의 잘못으로 회사에 손해가 발생했다는 사정이 없는 점 등을 종합해 A에게 일부 잘못이 있다 하더라도 그러한 사유들만으로는 감사로서 업무를 집행하는 데 장해가 될 만한 객관적 상황을 인정할 정도의 잘못이라고 볼 수 없어 정당한 해임 사유가 존재하지 않는다고 보았습니다. 대법원 역시 이러한 원심의 판단을 수긍했습니다.

### 나) 대법원 2016. 6. 10. 선고 2016다201715 판결

대표이사 A가 대주주 D의 주식 양도를 위법하게 방해했다는 이유로 A를 임기 만료 전에 해임한 사안에서, 대법원은 A가 D의 주식 양도 자체를 반대하면서 거래를 파탄에 이르게 하려 했거나 다른 임직원들에게 D의 주식 양도를 기필코 저지하자고 선동했다고 보기는 부족하고, A가 대표이사로서 의견을 표명한 것을 넘어 D의 주식 처분의 자유를 실질적으로 침해할 정도의 행위를 했다고 볼 수 없으며, 이러한 사유는 D가 주관적으로 A에 대한 신뢰를 상실한 원인이 될 수 있을 뿐 회사의 경영자로서 업무를 집행하는 데 장해가 될 객관적 상황이 발생했다고 볼 수는 없다고 보고 정당한 해임 사유가 존재하지 않는다고 보았습니다.

### 다) 서울고등법원 2022. 3. 31. 선고 2021나2025180 판결

갑 그룹의 계열사 직원들 사이에 성희롱 사건이 발생해 갑 그룹의 회장은 가해자 A가 소속된 을 회사의 B 대표이사에 대해 그룹 차원의 인사위원회(이른바 가족사 인사위원회)를 통해 A의 징계 심의를 하도록 지시했는데, B가 징계위원회를 통한 징계 절차에 부정적인 의견을 피력하자 B를 해임한 사안에서, 재판부는 징계위원회를 통한 징계 관행의 존재를 인정할 증거가 없는 점, 가해자와 피해자가 각각 별개의 회사에 소속돼 법률에서 말하는 직장 내 성희롱에 해당하는지 이견이 있을 수 있는 점, B는 을 회사의 규정에 따라 A의 절차적 권리를 보장할 의무가 있으므로 을 회사의 규정에 따라 징계 절차를 진행하고자 한 B의 행동이 부적절하다고 보기도 어려운 점 등을 이유로 정당한 해임 사유가 존재하지 않는다고 보았습니다.

## 나. 정당한 이유의 판단 시기

구체적으로 보면, 을 회사는 임시주주총회를 개최해 갑이 고철 대금 관련 배임 및 횡령행위를 했다는 이유로 갑 등을 이사직에서 해임했는데, 갑은 검찰에서 혐의없음의 불기소 처분을 받았습니다. 이에 갑은 잔여임기 동안의 보수 상당액 등 손해배상을 청구했는데, 알고 보니 갑은 이사직 해임 전에 을 회사와 동종영업을 하는 회사를 설립하고 대표이사 등으로 취임해 경업금지의무를 위반한 사실이 밝혀졌습니다. 이에 대해 1, 2심 재판부는 갑에 대한 해임결의 당시 을 회사가 경업금지의무 위반 사실을 인지하지도 못해 해임 사유로 삼지 않았으므로 이는 정당한 이유의 판단으로 고려할 수 없다고 보았습니다. 그러나 대법원은 상법 제385조 제1항에 따라 회사가 부담하는 손해배상책임은 무과실 법정책임에 해당하므로, 이사의 해임 당시 정당한 이유가 있었는지는 '해임결의 당시 객관적으로 존재했던 사유'를 참작해 판단할 수 있는 것이고, 반드시 회사가 그 사유를 사전에 인식해 그 사유를 주주총회에서 해임 사유로 삼아야 한다거나, 해임결의 시 참작한 사유에 한정해 판단해야 하는 것은 아니라고 판단하였습니다. 즉, 대법원은 해임결의 당시 갑 등의 경업금지의무 위반행위가 이미 발생해 그러한 해임 사유가 객관적으로 존재했던 이상, 회사가 이를 사전에 인지하지 못해 주주총회에서 해임 사유로 삼지 않았더라도 그 사유를 정당한 이유 판단에 참작할 수 있다고 본 것입니다(대법원 2023. 8. 31. 선고 2023다220639 판결).

1) 대법원은 이사의 해임에 정당한 이유가 있는지 여부는 '이사 해임 당시(즉, 해임결의 당시)'를 기준으로 판단해야 하고, 그 증명 책임은 손해배상을 청구하는 이사가 부담한다고 보았습니다(대법원 2006. 11. 23. 선고 2004다49570 판결).

2) 나아가 최근 대법원은 회사가 이사를 해임할 당시 인식하지 못했던 사정이라 하더라도 '정당한 이유'에 대한 판단에 참작할 수 있다고 판시하였습니다(대법원 2023. 8. 31. 선고 2023다220639 판결).

### 다. 해임으로 인한 손해의 의미

상법 제385조 제1항에 기한 '해임으로 인한 손해'란 이사가 임기 만료 전에 해임됨으로써 입게 될 손해로서, 해임되지 않았더라면 재임기간 동안 지급받을 수 있는 보수 상당액을 의미합니다. 이에 법원은 이사가 어떠한 이유로 해임 당시 무보수로 근무 중이었다면 해당 이사는 해임으로 인한 손해의 발생이 없어 손해배상을 청구할 수 없다고 보았습니다(대전고등법원 2015. 1. 30. 선고 2014나1155 판결).

### 3. 마치며

위에서 살펴본 바와 같이, 회사는 이사가 그 업무의 실질 등에 의해 근로기준법상 근로자에 해당하지 않는 한 정당한 이유가 없는 경우라도 언제든지 그 이사를 해임할 수 있습니다. 그러나 회사가 이사의 경영자로서의 업무 집행에 장해가 될 객관적인 상황이 없는데도 이사를 해임했다면 손해배상책임을 부담할 수 있으므로, 해임의 사유가 단순히 주관적인 신뢰 상실에 그치는 것은 아닌지 면밀하게 검토할 필요가 있습니다. 특히 이사가 어떤 비위행위를 저지른 경우라도 그 비위행위의 정도가 경영자로서 업무를 집행하는 데 장해가 될 만한 객관적인 상황에 이르지 않는다면 손해배상책임을 부담할 수도 있음을 주의할 필요가 있습니다.

**※ 이 글은 월간 노동법률 2024년 7월호에 게재된 글을 수정 보완한 것입니다.**

법무법인(유) 지평

박종탁 변호사

# 근로자 채용을 둘러싼 인사노무 이슈(1)

## 1. 들어가며

근로기준법 등 근로관계를 다룬 대부분의 법령에선 근로계약이 체결된 이후의 법률관계를 중점적으로 다뤄왔습니다. 그런데 근로계약 체결 전인 채용 단계에서의 공정성 및 구직자의 권익 등에 대한 관심이 높아지면서, 2014. 1. 21. 「채용절차의 공정화에 관한 법률」이 제정·시행되는 등 채용 단계에서의 법률관계 역시 중요해지고 있습니다. 이후 몇 차례 칼럼을 통해 채용 단계에서의 인사노무 이슈와 실무에서 문제 되는 사항들을 살펴보겠으며, 이번 칼럼에서는 채용 절차의 특수한 형태인 '채용내정'과 '시용(試用)'에 대하여 살펴보겠습니다.

## 2. 채용내정 관련 이슈

채용내정의 정의, 취지 등에 대해서는 관련 법령에서 명확한 규정을 두고 있지 않습니다. 다만, 실무에서는 사용자가 정식채용을 하게 되는 상당한 기간 전에 사전에 채용할 자를 확정적으로 결정하는 것을 말하며, 사용자는 일반적으로 우수한 인재를 미리 확보하기 위한 방법으로 채용내정을 활용하고 있습니다. 법원은 채용내정에 따른 근로계약관계 창설이 유효하다는 입장입니다(대법원 2000. 11. 28. 선고 2000다51476 판결, 대법원 2002. 12. 10. 선고 2000다25910 판결 등 참조).

### 가. 채용내정에 따른 근로계약 성립 시점 : 채용내정의 의사표시가 외부적으로 명확히 표시된 때

일반적인 근로계약에서 채용 공고의 게시 등은 '청약의 유인'으로, 그에 대하여 근로자가 지원서를 제출하는 것은 '청약의 의사표시'로, 이후 사용자가 확정적인 합격 통지를 하는 것은 '승낙의 의사표시'로 보고 있는데 채용내정 역시 동일하게 볼 수 있습니다. 즉, 사용자가 채용내정 혹은 합격통지 등을 표시하는 것은 근로계약관계 성립에 대한 '승낙의 의사표시'이며, 해당 의사표시가 채용내정자에게 도달하는 시점에 근로계약이 성립하게 됩니다(다만, 양 당사자가 격지자일 경우 사용자가 채용내정 통지 등을 발송하는 때에 성립합니다).

법원 역시 같은 입장으로, 사용자가 채용내정자와 근로조건을 합의한 다음 확정적인 근무개시일까지 통보하였다면, 이는 채용내정의 의사를 외부적으로 명확히 표시한 것으로서 그 무렵 근로계약이 성립하였다고 판단하였습니다[서울고등법원 2023. 5. 31. 선고 2022누39491 판결(당심 확정) 참조]. 반면, 지원자가 회사 임원과 통화하던 과정에서 일부 근로조건을 제시받았고 그 직후 회사 기숙사에서 하룻밤을 보냈다고 하더라도 1) 취업규칙상 채용 절차를 거치지 않았고 2) 근로계약서 등 근로관계 서류도 작성하지 않았으며 3) 취업 시 필요한 서류도 제출하지 않았다면 사용자가 지원자에게 확정적으로 채용내정의 의사표시를 한 것으로 볼 수 없어 근로계약이 성립하지 않았다고 보았습니다[대전고등법원 2017. 11. 16. 선고 2017누12443 판결(상고장 각하로 확정) 참조].

이처럼 법원은 채용내정의 경우 근로계약 성립 시점을 일반적인 근로계약과 동일하게 승낙의 의사로서 '사용자의 채용내정 의사 등'이 외부적으로 명확히 표시된 시점으로 보고 있습니다.

### 나. 근로 제공 이전 시점에 사용자가 임의로 채용내정을 취소할 수 있는지 : 근로기준법의 해고 관련 규정이 적용되므로, 정당한 사유 없이 임의로 취소할 수 없음

채용내정이 되었을 경우 근로계약이 유효하게 성립한 것으로 볼 수 있습니다. 따라서 채용내정 된 이후 근로 제공을 시작하기 전의 기간에 사용자가 채용내정을 취소할 경우, 이는 실질적으로 근로계약관계를 사용자의 일방적인 의사에 따라 소멸시키는 것으로 근로기준법상 해고로 평가될 수 있습니다(위 2000다25910 판결, 2022누39491 판결 등 참조). 따라서 사용자는 근로기준법 제23조에 따라 정당한 사유 없이 채용내정을 취소할 수 없습니다.

다만, 법원은 일반적인 해고의 경우보다 채용내정 취소에서의 정당한 사유를 더 넓게 인정하고 있으며, 내정자가 핵심적인 경력 사항을 충족하지 못한 것으로 사후 확인되어 채용내정을 취소하는 것은 정당하다고 보았습니다[서울고등법원 2020. 4. 22. 선고 2019누58034 판결(심리불속행 기각 판결로 확정) 참조]. 또한 채용내정자의 경우 현실적으로 근로를 제공하지 않은 상태로 근로관계에서의 밀접도가 통상적인 근로자에 비해 떨어지므로 정리해고 대상자로 우선 선정하더라도 위법하지 않다는 입장인데(위 2000다25910 판결 참조), 같은 맥락으로 볼 수 있습니다.

### 다. 채용내정 취소 시 절차 : 근로기준법에 따라 서면 통지가 필요함

앞서 살펴본 것처럼, 채용내정을 취소하는 것은 근로기준법상 해고에 해당합니다. 따라서 채용내정을 취소할 경우 근로기준법 제27조에 따라 해고사유와 해고시기 등을 기재한 서면으로 통지해야 합니다. 법원 역시 같은 입장으로, 채용내정자에게 SNS 메시지를 통해 '좋은 기회라고 생각해서 제안했던 건데, 이런 상황이 생길 줄은' 등의 내용을 보내 채용내정 취소 사실을 통지한 것은 해고 시 서면통지의무를 위반한 것으로 위법하다고 판단하였습니다(위 2022누39491 판결 참조).

## 3. 시용 관련 이슈

'시용'에 대해서도 근로기준법 등 관계 법령에서 명확한 규정을 두고 있지 않습니다. 다만, 판례 및 실무에서는 시용을 본 근로계약 체결 이전에 해당 근로자의 직업적 능력, 자질, 인품, 성실성 등 업무적격성을 관찰·판단하고 평가하기 위해 일정기간 시험적으로 "고용"하는 것으로 보고 있습니다(대법원 2022. 2. 17. 선고 2021다218083 판결 등 참조). 따라서 시용계약을 체결할 경우 그 자체로 근로계약관계가 성립한 것으로 본다는 점에 주의하여야 합니다.

나아가 시용기간 중에 있는 근로자를 해고하거나 시용기간 만료 시 정식 근로계약 체결을 거부하는 것은 사용자에게 유보된 해약권을 행사하는 것으로 보고 있으며, 이러한 취지에 따라 보통의 해고보다는 그 정당성을 넓게 인정하는 편입니다. 다만, 정식 근로계약 체결 거부 등의 실질이 근로기준법상 해고에 해당하므로, 거부 시 합리적인 이유가 존재하여 사회통념상 상당하다는 점은 인정되어야 합니다(대법원 2003. 7. 22. 선고 2003다5955 판결 등 참조). 참고로 '수습'과 '시용'은 엄밀하게 정식 근로계약 체결을 위한 적격성 평가 유무에 따라 구분되어야 하나, 실무 및 일부 판례에서는 수습과 시용을 혼용하여 사용하고 있기에 아래에서는 모두 시용으로 통일하였습니다.

### 가. 시용계약을 체결한 것으로 볼 수 있는지 : 시용 관련 사항에 대한 명확한 합의가 필요함

사용자와 근로자가 시용계약을 체결한 사실이 인정되기 위해서는 시용 관련 내용이 근로계약에 포함되어야 합니다. 양 당사자가 근로계약 체결 시 시용 관련 내용에 대하여 합의를 하였고, 그 합의 사실이 근로계약서 등을 통해 확인된다면 시용계약 체결 사실이 문제 될 여지는 적습니다. 다만, 양 당사자 사이에 시용계약 체결에 대한 명확한 의사 합치가 없었다면 시용기간이 없는 일반적인 근로계약 체결로 인정될 가능성이 높습니다.

법원 역시 같은 입장으로, 취업규칙상 신규 채용자에 대한 시용기간 적용 여부가 선택적 사항으로 규정된 경우 근로계약서 등에 시용기간을 명시하지 않았다면 해당 근로자는 시용 근로자가 아닌 정식 사원으로 채용된 것으로 판단하였습니다(대법원 1999. 11. 12. 선고 99다30473 판결 참조). 또한 취업규칙에 시용기간 관련 규정이 존재하지만, 근로자를 채용하면서 채용 공고 및 근로계약서 등에 시용기간에 대한 내용을 전혀 기재하지 않았다면 그 근로자는 정식 사원으로 채용된 것으로 보았습니다[서울고등법원 2015. 11. 19. 선고 2015누51776 판결(당심 확정) 참조]. 반면, 근로계약서에 '전 직원은 3개월의 시용기간이 적용되며 시용기간 중 근태 불량, 업무 미숙 등으로 부적격 판단 시 해고할 수 있다'는 취지의 내용이 있을 경우 시용계약을 체결한 것으로 판단했습니다[서울고등법원 2021. 12. 9. 선고 2021누48832 판결(심리불속행 기각 판결로 확정) 참조].

결국, 사용자와 신규 채용자가 체결한 계약이 시용계약으로 평가받기 위해서는 양 당사자 사이에 시용 관련 사항에 대해 합의한 후 이를 근로계약서 등에 근거로 남기는 것이 필요합니다.

### 나. 특별한 의사표시 없이 시용기간 도과 시 : 일반적인 근로계약 관계로 전환됨

사용자가 신규 채용자와 시용계약을 체결한 다음 특별한 의사표시 없이 시용기간을 도과하였다면, 통상 해약권의 유보가 없는 일반적인 근로계약관계로 전환된 것으로 보고 있습니다. 법원 역시 같은 입장으로 보이는데, 별다른 사유 없이 신규 채용자의 시용근로기간이 도과하였다면 사용자에게 유보된 해약권은 소멸하게 되며 그에 따라 일반적인 근로관계로 전환된다고 판단하였습니다 [서울행정법원 2006. 9. 5. 선고 2006구합20655 판결(위 판단 부분은 당심 확정), 서울고등법원 2018. 5. 25. 선고 2017누72180 판결(상고장 각하 명령으로 확정) 등 참조].

### 다. 시용근로자에 대하여 정식 근로계약 체결 거부 시 정당성을 판단하는 요소

시용근로자에 대하여 정식 근로계약 체결을 거절하는 것 등은 근로기준법상 해고로 평가될 수 있습니다. 이는 사용자에게 유보된 해약권을 행사하는 것으로서, 그 정당성이 일반적인 해고보다는 넓게 인정되고 있는데, 판결을 통해 드러난 구체적인 판단요소 및 기준은 다음과 같습니다.

### (1) 시용근로자의 업무 능력, 적격성 등에 대한 판단은 합리적인 기준에 따라 공정하게 진행되어야 합니다.

법원은 (i) 정식 근로계약 체결 시 업무 수행상 필요한 자질, 숙련도 및 근무 태도 등을 요구한 점, (ii) 일부 평가에 주관적인 부분이 있다고 하더라도 대부분의 평가요소를 업무 적합성에 따라 세부적으로 마련한 점 등의 사정을 평가기준의 공정성, 합리성을 긍정하는 요소로 보았습니다[서울고등법원 2015. 1. 14. 선고 2014누52475 판결(당심 확정), 서울고등법원 2018. 8. 31. 선고 2018누37290 판결(심리불속행 기각 판결로 확정), 서울행정법원 2024. 3. 28. 선고 2023구합269 판결(미확정) 등 참조]. 또한 시용조건부 근로계약 해지라는 특성상 시용근로자에 대한 업무 적격성 등의 판단은 상대평가 방식보다는 절대평가 방식이 적절하다는 점을 지적했습니다(대법원 2006. 2. 24. 선고 2002다62432 판결 등 참조).

반면, 평가항목 대부분을 인상, 팀워크, 신뢰성 등 정성적인 요소로 구성한 경우, 10개의 평가요소 중 9개 항목에 대하여 양호를 받더라도 1개 요소에 대해 보통을 받을 경우 정식 근로계약 체결이 거부되는 등 평가기준이 지나치게 엄격한 경우 등의 사정을 평가기준의 합리성을 부인하는 근거로 삼았습니다[서울고등법원 2008. 5. 9. 선고 2007누30057 판결(당심 확정), 위 2018누37290 판결 등 참조].

### (2) 사용자가 평가기준 등을 미리 마련하여 시용근로자에게 공지하였는지도 정식 근로계약 거절의 정당성을 판단하는 기준이 될 수 있습니다.

법원은 사용자가 정식 근로계약 체결과 관련된 기준을 사전에 마련한 다음 이를 시용근로자들이 열람·확인할 수 있도록 하였다면, 이러한 사정을 평가의 정당성을 긍정하는 근거로 삼고 있습니다[서울행정법원 2002. 8. 27. 선고 2002구합7210 판결(당심 확정), 위 2014누52475 판결 등 참조]. 다만, 사용자가 미리 마련한 기준에 어긋나는 방식으로 시용근로자에 대한 평가를 진행할 경우 공정성을 의심할 수 있는 근거로 보았습니다(위 2002다62432 판결 참조).

### (3) 시용근로자에 대한 평가에 다수 평가자가 관여했는지 역시 정당성 판단의 기준이 될 수 있습니다.

법원은 다수 평가자가 시용근로자의 적격성을 판단하였을 경우 정식 근로계약 체결 거부 등의 정당성을 인정하는 근거로 보았습니다. 구체적으로, (i) 시용근로자와 함께 근무하는 직원들이 점수를 부여하면서 구체적인 평가 내용을 기재하도록 한 경우, (ii) 두 명이 시용근로자에 대한 평가를 하였는데, 두 명의 평가가 대체로 일치하고 평가 내용에 부합하는 업무 성과가 존재한 경우 및 (iii) 평가자는 직근상급자이나 차상급자가 있을 경우 평가를 병행하도록 하고, 평가 시 동료·부하직원들과의 면담 및 타 부서 평판 등을 확인하는 절차를 거친 경우 등의 사정을 평가의 정당성을 인정하는 근거로 삼았습니다[서울고등법원 2012. 11. 2. 선고 2011누38980 판결(심리불속행 기각 판결로 확정), 서울고등법원 2022. 7. 14. 선고 2022누36911판결(당심 확정), 서울행정법원 2024. 3. 7. 선고 2022구합72533 판결, 위 2014누52475 판결 등 참조].

반면, 시용근로자에 대한 평가가 (i) 사실상 부서장 1명에 의하여 진행된 경우나 (ii) 대부분의 사항에 대하여 특정 직원 1명이 평가한 경우 등의 사정은 평가의 정당성을 부인하는 사정으로 보았습니다[서울고등법원 2023. 1. 20. 선고 2021누76301 판결(상고 취하로 확정), 위 2018누37290 판결 등 참조].

#### (4) 시용근로자에게 개선 촉구나 재교육 등 충분한 기회를 주었는지도 정당성을 판단하는 요소가 됩니다.

법원은 시용근로자에게 실적과 그에 따른 회사의 평가 등 구체적인 상황을 알리면서 개선을 촉구하거나 재교육을 제공하는 등 충분한 기회를 줄 필요가 있다는 입장으로, 충분한 기회를 주었는지를 평가의 정당성을 판단하는 요소로 삼고 있습니다. 특히, 시용기간 중 단계적인 평가를 할 경우 각 단계의 평가 결과를 시용근로자에게 알려 부족한 부분에 대한 개선을 촉구하는 것이 적절하다고 판단하였습니다[서울행정법원 2022. 4. 26. 선고 2021구합77647 판결(당심 확정), 서울행정법원 2024. 1. 26. 선고 2023구합57722 판결(당심 확정) 등 참조].

### 라. 정식 근로계약 체결 거부 시 절차 : 근로기준법에 따라 서면 통지가 필요함

시용기간 중인 근로자에 대하여 정식 근로계약 체결을 거부할 경우, 근로기준법상 해고에 해당합니다. 따라서 사용자는 근로기준법 제27조에 따라 해고사유와 해고시기를 서면으로 통지해야 합니다(대법원 2015. 11. 27. 선고 2015두48136 판결 등 참조).

구체적으로, 법원은 정식 근로계약 체결을 거부하면서 단순히 '시용기간의 만료로 해고한다'는 취지만을 통지할 경우 서면통지의무에 위반하는 것으로 판단하였습니다(위 2015두48136 판결). 또한 정식 근로계약 체결을 거부하면서 통지서에 취업규칙의 규정만 나열하고, '일을 함에 있어 제대로 이루어지지 않은 것들이 있고', '일을 제대로 안 합니다'라는 취지의 설명만 한 경우 시용근로자가 거부 처분의 구체적·실질적 이유를 알 수 없었다고 보아 서면통지의무를 위반한 것으로 보았습니다[서울고등법원 2024. 4. 3. 선고 2023누46397 판결(당심 확정) 참조].

반면, 사용자가 시용근로자에게 구체적인 안전수칙 미준수 사실 및 근무태도 불량 사실을 적시하여 정식 근로계약 체결 거부 사실을 알렸을 경우 근로기준법에 따른 적법한 해고 통지로 보았습니다(위 2022구합72533 판결 참조).

### 마. 정식 근로계약 체결 거부 시 취업규칙의 징계절차를 준수해야 하는지 : 특별한 사정이 없는 한 징계절차를 거칠 필요 없음

시용기간 중에 있는 근로자를 해고하거나 정식 근로계약 체결을 거부하는 것은 사용자에게 유보된 해약권의 행사로, 일반적인 징계 해고와는 성질을 달리합니다. 따라서 시용근로자에 대한 정식 근로계약 체결을 거부하면서 별도로 징계절차를 거칠 필요는 없습니다[서울고등법원 2006. 2. 14. 선고 2004누23638 판결(심리불속행 기각 판결로 확정) 등 참조]. 다만, 취업규칙에서 시용근로자에 대한 해고 및 정식 근로계약 체결 거부 시 징계절차를 거치도록 규정하고 있다면, 취업규칙의 징계절차 관련 규정이 적용될 수 있습니다.

## 4. 맺음말

이상에서 채용내정 및 시용의 인사노무이슈에 대하여 살펴보았습니다. 채용내정 및 시용 시 위와 같은 사항에 주의가 필요합니다. 다음 칼럼에서는 채용관계의 다른 인사노무 이슈에 대하여 살펴보겠습니다.

※ 이 글은 월간 노동법률 2024년 8월호에 게재된 글을 수정 보완한 것입니다.

법무법인(유) 지평

권영환 변호사 정석환 변호사

# 평균임금 산정 기준 기간과 관련한 문제

## 1. 들어가며

근로자들의 수당이나 보상을 계산할 때 기준이 되는 금액으로는 '평균임금'과 '통상임금'이 있습니다. 그중 '평균임금'은 퇴직금(근로자퇴직급여 보장법 제8조), 휴업수당(근로기준법 제46조), 연차 유급휴가 미사용 수당(근로기준법 제60조 제5항), 휴업보상·장해보상 등의 재해보상금(근로기준법 제78조 이하), 구직급여(고용보험법 제45조) 등을 계산하기 위한 기준이 됩니다. 이와 같이 평균임금을 바탕으로 수당이나 보상을 산정하는 이유는 평균임금이 근로자의 통상 생활 임금을 사실대로 산정하는 것을 기본원리로 삼고 있기 때문일 것입니다[노동법실무연구회, 근로기준법 주해Ⅱ(제2판), 278쪽].

한편 평균임금이란 '이를 산정하여야 할 사유가 발생한 날 이전 3개월 동안에 그 근로자에게 지급된 임금의 총액을 그 기간의 총일수로 나눈 금액'을 말합니다(근로기준법 제2조 제1항 제6호).

그런데 근로기준법 제2조 제1항 제6호에 따라 '산정을 하여야 할 사유가 발생한 날'을 기준일로 산정하거나, 역일 상의 '3개월'을 절대적 기준으로 평균임금을 산정할 경우 평상시보다 평균임금이 과잉 또는 과소 계산되어 근로자의 생활 임금으로서의 실질을 반영하지 못하는 결과가 발생할 수 있습니다.

이에 근로기준법은 평균임금 산정 기준에서 일부 예외 사유를 정하고 있으며, 법원 역시 예외적인 경우에 원칙과 다른 평균임금 산정 방법을 인정하고 있습니다. 아래에서는 이에 대하여 정리하여 설명드리도록 하겠습니다.

## 2. 근로기준법 시행령상 '3개월'의 기간에서 제외되는 기간

휴업, 육아휴직, 쟁의행위 등을 하게 될 경우 해당 기간 동안 근로자가 받는 임금이 일시적으로 감소하여, 평균임금이 지나치게 적어지는 문제가 발생할 수 있습니다. 이에 근로기준법 시행령 제2조 제1항은 아래에 해당하는 기간과 해당 기간 수령한 임금을 평균임금 계산에서 제외하도록 정하고 있습니다.

1. 근로계약을 체결하고 수습 중에 있는 근로자가 수습을 시작한 날부터 3개월 이내의 기간
2. 「근로기준법」 제46조에 따른 사용자의 귀책사유로 휴업한 기간
3. 「근로기준법」 제74조제1항부터 제3항까지의 규정에 따른 출산전후휴가 및 유산·사산 휴가 기간
4. 「근로기준법」 제78조에 따라 업무상 부상 또는 질병으로 요양하기 위하여 휴업한 기간
5. 「남녀고용평등과 일·가정 양립 지원에 관한 법률」 제19조에 따른 육아휴직 기간
6. 「노동조합 및 노동관계조정법」 제2조제6호에 따른 쟁의행위기간
7. 「병역법」, 「예비군법」 또는 「민방위기본법」에 따른 의무를 이행하기 위하여 휴직하거나 근로하지 못한 기간. 다만, 그 기간 중 임금을 지급받은 경우에는 그러하지 아니하다.
8. 업무 외 부상이나 질병, 그 밖의 사유로 사용자의 승인을 받아 휴업한 기간

예를 들어 근로자 A가 2024. 10. 1. 퇴사하기로 하여 퇴직금을 지급하여야 하는데, 9. 1.부터 9. 30.까지 한 달간 업무상 부상으로 휴업을 하였다면, 9. 1.부

터 9. 30.까지의 기간과 해당 기간 동안 수령한 임금을 제외하고, 7. 1.부터 8. 31.까지의 일수와 해당 기간 동안 수령한 임금만을 바탕으로 평균임금을 계산해야 합니다.

참고로 고용노동부는 근로자에 대한 대기발령이 부당한 경우에는 해당 대기발령 기간을 근로기준법 시행령 제2조 제1항 제8호에 준하는 것으로 보아 평균임금 산정 기간에서 제외하는 것이 타당하다고 행정해석하고 있습니다(2003. 7. 16., 임금 68207-562).

또한 법원은 근로기준법 시행령 제2조 제1항의 입법취지와 목적을 감안하면, 사용자가 쟁의행위로 적법한 직장폐쇄를 한 결과 근로자에 대해 임금지급 의무를 부담하지 않는 기간은 원칙적으로 근로기준법 제2조 제1항 제6호에 해당한다고 판시하고 있습니다(대법원 2019. 6. 13. 선고 2015다65561 판결).

## 3. 고용노동부 고시에 따라 평균임금을 산정하여야 할 사유가 발생한 날의 시점이 변화하는 경우

평균임금을 산정하여야 할 사유가 발생한 날 이전 3개월 전체가 평균임금 산정기간에 포함되는 것이 적절하지 않은 경우도 있습니다. 이 경우 근로기준법 시행령 제2조 제1항에 따라 평균임금을 산정하는 것이 불가능합니다.

이러한 문제를 해결하기 위해 근로기준법 시행령 제4조는 법 제2조 제1항 제6호, 이 영 제2조 및 제3조에 따라 평균임금을 산정할 수 없는 경우에는 고용노동부장관이 정하는 바에 따른다고 정하고 있습니다. 그리고 고용노동부고시인 「평균임금 산정 특례 고시」는 근로기준법 시행령에 제2조 제1항에 따라 평균임금 계산에서 제외되는 기간이 3개월 이상인 경우에는 제외되는 기간의 최초일을 평균임금 산정사유가 발생한 날로 보아 평균임금을 산정한다고 정하고 있습니다.

「평균임금산정 특례 고시」
**제1조(평균임금의 계산에서 제외되는 기간이 3개월 이상인 경우)** ①「근로기준법 시행령」 제2조 제1항에 따라 평균임금의 계산에서 제외되는 기간이 3개월 이상인 경우 제외되는 기간의 최초일을 평균임금의 산정사유가 발생한 날로 보아 평균임금을 산정한다.

예를 들어, 근로자 B가 2024. 10. 1. 퇴직하여 평균임금을 산정하여야 하는데, 2024. 6. 1.부터 2004. 9. 30.까지 업무상 질병으로 휴직을 하였을 경우에는, 2024. 6. 1.을 '평균임금을 산정하여야 할 사유가 발생한 날'로 보아 평균임금을 산정하면 됩니다.

## 4. 근로기준법 및 근로기준법 시행령과 다른 방법으로 평균임금을 산정하는 경우

대법원은 근로기준법 및 근로기준법 시행령 등이 정한 원칙에 따라 평균임금을 산정하였다고 하더라도, 통상의 경우보다 현저하게 적거나 많게 산정된 것으로 인정되는 예외적인 경우라면 근로자의 통상적인 생활임금을 사실대로 반영할 수 있는 합리적이고 타당한 다른 방법으로 평균임금을 따로 산정하여야 한다고 하여(대법원 2020. 6. 25. 선고 2018다292418 판결), 예외적으로 근로기준법이 정한 방식과 다르게 평균임금을 산정하는 것을 허용하고 있습니다. 구체적인 예시는 아래와 같습니다.

### 가. 평균임금 산정 시점 자체를 변화시키는 경우

대법원은 택시운전근로자가 퇴직 전 평균임금을 높이기 위하여 의도적으로 퇴직 전 3개월 동안 평소에 비하여 월등히 많은 초과운송수입금을 회사에 입금하여 퇴직 전 3개월의 임금이 그 이전 5개월 간의 월 평균임금 대비 약 73% 증가하였던 사안에서, 이를 평균임금 산정이 불가능한 경우로 보아 의도적으로 평균임금을 증가시킨 기간을 뺀 그 직전 3개월간의 임금을 기준으로 평균임금을 산정하여야 한다고 판시하였습니다(대법원 1995. 2. 28. 선고 94다8631 판결).

대법원은 근로자가 구속되어 3개월 이상 휴직하였다가 퇴직한 사안에서, 휴직 전 3개월간의 임금을 기준으로 평균임금을 산정하여야 한다고 판단하기도 했습니다(대법원 1999. 11. 12. 선고 98다49357 판결).

### 나. 3개월보다 긴 기간을 기준으로 평균임금을 산정하는 경우

근로자가 간헐적으로 근무하거나 계절적 특수성으로 인해 직전 3개월을 기준으로 평균임금을 산정할 경우 평균임금이 지나치게 낮거나 높아지는 문제가 발생할 수 있습니다. 이는 생활 임금의 반영이라는 평균임금의 목적에 반합니다. 이에 법원은 경우에 따라 3개월보다 긴 기간을 바탕으로 평균임금을 산정하고 있습니다.

일례로 법원은 일용직 근로자의 퇴직금 지급을 위한 평균임금 산정이 문제된 사안에서, 퇴직 직전 3개월 동안의 평균임금(74,355.06원)이 퇴직 직전 1년의 평균임금보다(114,312.32원) 현저히 적기에, 퇴사하기 직전 1년 동안의 평균임금을 기준으로 평균임금을 산정하는 것이 타당하다고 판단하였습니다(대법원 2024. 3. 12. 선고 2023다302579 판결).

법원은 실적수수료의 비중이 높아 월별 급여액이 크게 차이나는 채권추심원의 평균임금 산정이 문제된 사안에서, 퇴직 전 3개월간 평균임금이 통상의 수준보다 현저히 높고 기간에 따른 평균임금 변동 폭이 매우 크다는 점을 감안하여, 퇴직 전 1년 간의 월 평균임금을 기준으로 평균임금을 산정하는 것이 타당하다고 판단하기도 했습니다(서울중앙지방법원 2016. 9. 28. 선고 2016가단5065400 판결, 항소 취하 확정).

### 다. 수당 항목별로 산정 기준을 달리하는 경우

평균임금 산정 시점 직전에 근로자가 성과급 등 특정 수당만을 고의적으로 증가시켜 평균임금이 왜곡되는 경우가 발생할 수 있습니다. 이와 관련하여 법원은 앞서 말씀드린 것과 같이 근로자가 고의적인 행위를 하기 이전 시점으로 평균임금 산정 시점을 변경한바 있습니다(위 대법원 94다8631 판결). 다만 여러 수당이 합쳐져 있는 경우 근로자가 고의로 왜곡시킨 해당 수당의 산정 시점만을 달리하고 나머지 수당은 원칙적인 방법으로 평균임금을 산정하는 것이 타당하다고 판단한 사례도 있습니다(대법원 2009. 10. 15. 선고 2007다72519 판결).

구체적으로 법원은 기본급, 제수당, 상여금, 초과운송수입금 등의 임금 구조를 가진 택시운전근로자가 퇴직금을 더 많이 받기 위해 의도적으로 퇴직 직전 5개월 동안 평소보다 많은 초과운송수입금을 납부한 사안에서, 초과운송수입금에 대하여는 의도적인 행위를 하기 직전 3개월 동안의 임금을 기준으로 평균임금을 산정하되 '의도적인 행위를 한 기간 동안의 동종 근로자들의 평균적인 초과운송수입금의 증가율'을 곱하여 산출하고, 이를 제외한 나머지 임금 항목들에 대하여는 원칙대로 퇴직 전 3개월 동안 지급받은 임금총액을 기준으로 평균임금을 산정함이 적절하다고 판단하여 수당 항목별로 평균임금 산정 기준을 달리하였습니다.

법무법인(유) 지평

김용문 변호사

# 베트남 ①
# 노동법 · 제도 주요 내용

베트남은 중국, 미국에 이어 3위의 교역상대국이자 대외 누적투자 1위국으로 자리매김했고, 2023년 기준 약 9600여 개의 한국 기업이 진출해 100만 명 이상의 현지 인력을 고용하고 있습니다. 이에 따라 우리 기업에게 베트남 노동법 · 제도에 대한 이해와 안정적인 현지 인사노무관리가 중요해졌습니다. 이하에서 베트남 노동법 · 제도의 주요 내용을 간략히 살펴보기로 합니다.

## 1. 노동법의 구조

2021년 1월 1일부터 시행된 개정 베트남 노동법은 기업단위의 복수 노동조합 허용, 근로계약 형식 인정 범위 확대, 최저임금제도 개선 및 불시 근로감독제도 도입 등 준법경영과 노동자의 권리 향상을 강조하고 있습니다. 다만, 노동법 내 노동조합 외의 단위 근로자 대표조직(즉, 기업 내 근로자 조직)의 구성 및 분쟁 해결 등에 관한 시행령 규정은 아직 마련되지 못했습니다.

베트남에도 별도의 노동조합법(12/2012/QH13)이 있는데, 노사 간 교섭 및 쟁의에 관한 사항은 노동법에서 규율하며, 노동조합법은 주로 노동조합의 운영 등에 관한 사항을 정합니다. 그리고 사회보험에 관한 사회보험법(58/2014/QH13),

실업보험에 관한 고용법(38/2013/QH13), 의료보험에 관한 의료보험법(25/2008/QH12), 산업안전보건에 관한 노동안전위생법(84/2015/QH13) 등이 있습니다.

베트남 노동관계 법령을 위반한 경우에 대한 제재는 베트남 형법(100/2015/QH13)에 의한 '형사 처벌'과 노동, 사회보험, 해외 노동 송출 분야의 규정 위반에 대한 행정처분 시행령(28/2020/NĐ-CP, 이하 '행정처분 시행령')에 의한 '행정 처벌'로 구분됩니다. 다만, 개별 법령에는 해당 법령을 위반했을 때 적용되는 처벌 규정이 따로 없습니다.

행정처분 시행령은 노동관계 법령 전반의 위반 사항에 대한 행정처분 사항을 정하며, 이는 매우 광범위합니다. 반면, 형법상 형사처벌의 대상이 되는 노동관계 법령 위반 사항은 1) 사회보험료 납부 회피죄, 2) 부당해고죄, 3) 노동안전 및 위생 위반죄, 4) 16세 미만 근로자를 일정한 위험 업무에 종사하게 한 죄, 5) 강제노동죄 등 몇 가지로 한정됩니다.

## 2. 적용 대상

베트남 노동법은 그 적용 대상을 1) 근로자, 직업훈련생, 견습생 및 근로관계가 없이 근로하는 자, 2) 사용자, 3) 베트남에서 근로하는 외국인 근로자, 4) 근로관계와 직접적 관련이 있는 기타 기관, 단체, 개인으로 규정하고 있습니다(제2조).

여기에서 '근로자'란 합의에 따라 사용자를 위해 근로하고, 임금을 받으며 사용자의 관리, 통솔, 감독을 받는 자를 말하고, '사용자'란 합의에 따라 근로자를 고용・사용하는 기업, 기관, 단체, 협동조합, 가구 또는 개인을 말합니다(노동법 제3조). 따라서 베트남에서 근무하는 모든 근로자(외국인 포함)와 사용자는 일상적 노무제공지, 계약에 따라 사용자에게 고용됐는지, 사용자에게 임금을 지급받고 관리 및 감독되는지 여부와 무관하게 베트남 노동법이 적용된다고 볼 수 있습니다.

### 3. 주요 노동 기준 ① 임금 및 최저임금

베트남 노동법상 임금은 사용자가 업무 수행에 합의한 대로 근로자에게 지급하는 금액을 말하며, 업무 또는 직위에 따른 임금, 수당 및 기타 보충금을 포함합니다(제90조). 베트남 노동법에서 상여금이란 '생산・경영의 성과, 근로자의 업무 완성도에 근거해 사용자가 근로자에게 보상하는 금원, 자산 및 그 밖의 형태의 수단'을 의미합니다(노동법 제104조). 베트남의 근로계약 시행규칙 제3조 제5항은 이러한 임금, 수당 및 기타 보충금에 관한 사항을 자세하게 정하고 있습니다.

베트남에서 사용자는 동일한 가치의 직무 또는 업무에 대해 근로자에게 성별과 관계없이 임금을 동등하게 지급해야 하고, 임금은 베트남 화폐인 동으로 지급해야 합니다. 다만 근로자가 베트남 내 외국인인 경우 외화로도 지급할 수 있습니다.

베트남 노동법은 평균임금이나 통상임금과 같은 별도의 개념이나 용어를 사용하지 않기 때문에 퇴직금 내지 연장근로수당 계산의 기초가 되는 임금의 범위는 노동법 제90조의 임금과 동일합니다(노동법 시행령 제8조 제5항, 제55조 제1항).

한편, 베트남 노동법도 최저임금제도를 도입하고 있습니다. 베트남의 최저임금은 지역, 월・시간에 따라 설정되고, 근로자와 그 가족의 최저생활수준, 최저임금과 시장 임금수준의 상관관계, 소비자 물가지수와 경제성장률, 노동수급관계, 고용 및 실업, 노동생산성, 기업의 지급능력 기준에 따라 조정됩니다(제91조).

## 4. 주요 노동 기준 ② 근로시간

베트남 노동법상 통상근로시간은 1일에 8시간, 1주에 48시간을 초과할 수 없습니다(제105조 제1항). 다만, 사용자는 일 또는 주 단위 근로시간에 대해 규정할 권리가 있으나 그 내용을 근로자가 알 수 있도록 통지해야 하며, 주 단위로 근로시간을 정하는 경우에도 통상근로시간이 1일에 10시간, 그리고 1주에 48시간을 초과할 수 없고 국가는 사용자가 근로자를 위해 주 40시간 근로를 시행하도록 권장해야 합니다(제105조 제2항).

베트남의 야간근로시간은 22시부터 다음 날 6시까지이고, 연장근로 시 근로자의 동의를 받아야 합니다. 다만, 베트남에서 근로자의 연장근로시간은 1일 통상근로시간의 50%를 초과하지 않도록 보장되고, 주 단위로 통상근로시간을 정하는 경우에는 통상근로시간과 연장근로시간의 총합이 1일에 12시간을 초과하지 않고 1개월에 40시간을 초과하지 않도록 해야 합니다(제107조 제2항).

이러한 연장근로시간은 원칙적으로 1년에 200시간을 초과하지 않도록 보장됩니다. 다만, 1) 섬유・직물・가죽・신발・전기・전자 제품의 제조・가공 및 수출, 농업・임업・제염업・수산업 가공, 2) 전기・통신・정유의 생산 및 공급, 급・배수, 3) 노동시장에서 적시에 제대로 공급하지 못하는 전문성・첨단기술을 갖춘 근로를 요하는 업무를 처리하는 경우, 4) 원료・제품의 계절 및 시기적 특성으로 인해 긴급히 지체없이 업무를 처리하는 경우 또는 사전에 예상치 못한 객관적 요소 및 날씨・천재지변・화재・적에 의한 재난・전력난・원료 부족・생산라인의 기술적 문제 여파로 발생하는 업무를 처리하기 위한 경우, 5) 정부에서 규정하는 기타의 경우 등은 300시간을 초과하지 않는 범위에서 연장근로를 하게 할 수 있습니다(노동법 제107조 제2, 3항).

**※ 이 글은 월간 노동법률 2024년 9월호에 게재된 글을 수정 보완한 것입니다.**

법무법인(유) 지평

백규하 변호사

# 경업금지약정의 제한 관련 미국의 최근 동향 및 시사점

## 1. 미국에서의 경업금지약정 제한에 관한 논의 경과

미국은 캘리포니아 등 일부 주에서 주법을 통해 경업금지약정을 제한하는 경우가 있으나, 미국 연방법을 통하여 경업금지약정을 전국적으로 금지하고 있지는 않으며 개별 사안의 판결을 통해 이를 규율하는 구조를 가지고 있습니다.[43]

그런데 미국 민주당 정부는 오랜 기간 동안 경업금지약정의 유효성에 대한 의문을 가져왔습니다. 미 재무부는 2016. 3. 보고서를 통하여 기업들이 영업기밀을 보호하는 등의 이유로 경업금지약정을 사용하고 있으나, 경업금지약정이 지나치게 광범위하게 사용되어 근로자들의 복지와 이직에 부정적인 영향을 끼치는 부분이 있으므로 기업의 이익과 근로자들의 이익의 균형을 꾀하는 정책에 관한 논의의 필요성이 있음을 시사하였습니다.

이후 조 바이든 미국 대통령은 2021. 7. '미국 경제 경쟁 촉진 행정명령(Executive Order on Promoting Competition in the American Economy)'에 서명하

43) Non-compete Contracts : Economic Effects and Policy Implications, 미 재무부, 2016. 3. 1.

였습니다. 해당 행정명령은 노동을 포함하여 헬스케어, 운송, 농업 등 광범위한 분야에 대하여 다루었는데, 그 중 노동분야에 대해서는 "공정거래위원회(Fair-Trade Committee)로 하여금 경업금지약정을 금지하거나 제한하도록 촉구(encourage)한다"는 내용이 포함되어 있었습니다. 절반에 달하는 사기업들이 근로자들에게 경업금지약정을 체결하도록 요구하고 있으며, 이는 노동시장에서 기업들 간의 경쟁을 제한하여 근로자의 임금과 이직에 악영향을 끼치고 있다는 이유에서였습니다.[44), 45)] 다만 위 행정명령이 그 자체로 경업금지규정에 대하여 어떠한 제한을 두지는 않았습니다.

조 바이든 대통령은 2023. 7. 19. 백악관 경쟁위원회(White House Competition Council)에서도, 경업금지약정이 "경비원들부터 소매업 근로자들에게까지" 지나치게 광범위하게 적용되고 있으며, 이들이 특별한 영업비밀을 가지고 있는 것이 아님에도 불구하고 경업금지약정을 적용하는 데에는 합리적인 논거가 없다("there's no rationale for that")고 강조하기도 했습니다.[46)]

## 2. 미국 연방거래위원회의「경업금지 조항 제한 규칙」제정

이러한 기조에 따라, 연방거래위원회(Federal Trade Commission)는 2018년부터 공청회 등을 통해 경업금지약정에 대한 조사를 마친 후 2024. 4. 23.

44) FACT SHEET : Executive Order on Promoting Competition in the American Economy, 미 백악관, 2021. 9. 7.
https://www.whitehouse.gov/briefing-room/statements-releases/2021/07/09/fact-sheet-executive-order-on-promoting-competition-in-the-american-economy/

45) 미국의 경쟁정책 및 플랫폼 독점규제 입법 동향과 시사점, 대외경제정책연구원, 2021. 8. 19., 7~10쪽.

46) Remarks by President Biden in Meeting of the White House Competition Council, 미 백악관, 2023. 7. 19.
https://www.whitehouse.gov/briefing-room/speeches-remarks/2023/07/19/remarks-by-president-biden-in-meeting-of-the-white-house-competition-council/

「경업금지약정 제한 규칙(Non-Compete Clause Rule, 이하 '경업금지 제한규칙')」을 최종 발표하였습니다. 경업금지 제한규칙은 연방거래위원회법 제5조 및 제6조 g항에 근거하여 모든 근로자의 경업금지약정을 "불공정한 경쟁방법(an unfair method of competition)"으로 보고, 경업금지약정의 적용을 2024. 9. 4.부터 전면적으로 제한하는 한편, 사용자로 하여금 이와 같은 내용을 근로자들에게 통지하도록 하였습니다. 경업금지 제한규칙의 주요 내용은 아래와 같습니다.[47]

[일반 근로자[48]에 대한 경업금지약정 금지]
- 새롭게 경업금지약정을 맺거나 맺으려고 시도하는 행위
- 경업금지약정을 집행(enforce)히거나 집행하려고 시도하는 행위
- 근로자에게 기존의 경업금지약정이 적용된다고 진술(represent)하는 행위

[고위임원(Senior Executive)[49]에 대한 경업금지약정의 금지]
- 고위임원에 대하여 새롭게 경업금지약정을 맺거나 맺으려고 시도하는 행위
- 경업금지약정을 새로이 집행(enforce)하거나 집행하려고 시도하는 행위
- 경업금지 제한규칙 시행일 이후에 경업금지약정을 체결한 경우, 해당 고위임원에게 경업금지약정이 적용된다고 진술(represent)하는 행위

[경업금지 제한규칙의 적용 예외]
- 비밀유지계약(Non-disclosure Agreements)
- 근로계약 중 경업금지약정(In-term non-compete agreements)

---

47) 미국 FTC 「경업금지 조항 제한 규칙(Non-Compete Clause Rule)」의 도입 가능성 분석, 국회입법조사처, 2024. 5. 13.

48) 계약의 명칭과 관계없이, 독립사업자를 포함하여 노무를 제공하거나 기존에 제공한 자

49) (i) 회사의 정책을 결정하는 지위(Policy-Making Position)에 있으면서 (ii) 직전 년도 총 임금 151,164달러를 받은 자(직전 년도의 일부만 근무한 경우 연간 기준으로 환산하여 151,164달러를 받은 자)

- 은행 · 보험사 · 비영리단체 등 연방거래위원회법의 적용대상이 아닌 사용자가 체결한 경업금지약정
- 가맹점주와 가맹사업자간의 계약(franchisee-franchisor contracts)

이와 같은 경업금지 제한규칙은 기존에 체결된 고위임원에 대한 경업금지 약정을 제외한 모든 경업금지약정을 전면적으로 금지하는 것으로서 매우 큰 파급효과가 예상되었습니다.

## 3. 텍사스 연방지방법원의「경업금지 조항 제한 규칙」적용 제한 판결

연방거래위원회의 발표 이후 텍사스, 펜실베이니아, 플로리다 등 각지에서 경업금지 제한규칙을 무효화하기 위한 소가 제기되었습니다. 그중 텍사스 연방지방법원은 2024. 7. 3. 미국 상공회의소를 포함한 원고들의 효력금지가처분을 받아들였으며, 이후 2024. 8. 20. 본안 판결을 통하여 "경업금지 제한규칙이 적용되거나 효력을 가질 수 없다"고 판단하였습니다. 텍사스 연방지방법원의 주요한 판단은 아래와 같았습니다.

1. 경업금지 제한규칙은 연방거래위원회의 법정 권한(statutory authority)을 벗어남.

- 연방거래위원회법의 문언과 구조, 그리고 연혁에 비추어 볼 때, 연방거래위원회는 '불공정한 경쟁방법(unfair methods of competition)'과 관련한 실체적 규칙(substantive rule)을 제정할 권한을 가지고 있지 않음.
- 연방거래위원회법은 1975년 개정을 통해 '불공정 내지 기만행위(unfair or deceptive practice)'와 관련하여 실체적 규칙을 제정할 권한을 부여하였으나, '불공정한 경쟁방법'에 대하여는 실체적 규칙을 제정할 권한을 부여하지 않았음.
- 연방거래위원회를 포함한 규제기관(agency)의 권한은 의회가 명확하게(explicit) 위임한 권한 내로 제한될 뿐이므로, 정책목표를 달성하기 위하여 필요한 무제한적인 권한이 연방거래위원회에게 있다고 볼 수 없음.

2. 경업금지 제한규칙은 불합리하게 광범위함(unreasonably overboard).
- 연방법전 제5장 제706조 제2항(A)에 근거한 자의성·변덕성 심사(arbitrary and capricious review)에 비추어 판단해 볼 때, 경업금지 제한규칙은 합리적인 설명 없이 불합리하게 광범위함.
- 경업금지 제한규칙과 같이 광범위한 규정을 적용한 주(state)는 없음.
- 연방거래위원회는 경업금지약정의 장점을 도외시한 채, 유해한 경업금지약정만을 규제 대상으로 하는 대신 실질적으로 모든 경업금지약정을 제한하였음.
- 연방거래위원회는 경업금지 제한규칙 외에 다른 예외나 대안을 고려하지 않았음.

텍사스 연방지방법원은 위와 같은 점을 들어 연방거래위원회는 경업금지 제한규칙을 제정할 권한이 없으며 해당 규칙이 자의적이고 변덕스러운 것으로서 위법(unlawful)하다고 판단하고, 경업금지 제한규칙을 파기(set aside)하였습니다.

미국 상공회의소는 해당 판결이 정부의 기업에 대한 지나친 간섭(micro-management)을 저지하려는 중요한 승리라는 성명을 발표하였습니다.[50] 연방거래위원회는 해당 판결에 대한 항소를 고려하고 있습니다.

## 4. 시사점

경업금지약정의 전면적인 제한에 일단 제동이 걸린 것은 사실입니다. 그러나 해당 판결은 연방지방법원의 판결일 뿐만 아니라, 미국에서의 경업금지제한과 관련된 법적 공방은 '경업금지약정의 효력 여부'라는 쟁점 이외에도 연방거래위원회를 비롯한 정부기관(agency)의 규제권한 범위라는 광범위한 쟁점을

---

50) U.S. Chamber Wins Lawsuit Over FTC Noncompete Agreements Ban, 미국 상공회의소, 2024. 8. 20.
https://www.uschamber.com/lawsuits/u-s-chamber-wins-lawsuit-over-ftc-noncompete-agreements-ban

포함하고 있는 것으로서 한동안 법적 공방이 계속될 가능성이 높아 보입니다. 미국 상공회의소는 공동사용자의 범위를 확대하는 연방노동관계위원회(NLRB)의 '2023년 공동사용자 지위 결정에 관한 규칙(The Standard for Determining Joint-Employer Status)'에 대해서도 소를 제기하여 위법하다는 판결을 받는 등 정부기관의 규제권한의 제한과 관련된 소송을 지속적으로 제기하고 있습니다.

이외에도 뉴욕, 로드 아일랜드, 메인 등에서는 주 의회가 경업금지약정을 제한하는 법안을 통과시켰으나 주지사가 거부권을 행사하고, 워싱턴 주에서는 기존에 있었던 경업금지약정에 대한 제한을 강화하는 등 경업금지약정을 둘러싼 공방이 동시다발적으로 발생하고 있습니다.

다만, 설령 추후에 연방거래위원회의 실체적 규제 제정 권한이 인정된다고 하더라도, 모든 전직금지약정이 전면적으로 금지되기보다는 지위・습득 기술・임금 수준 등 여러 요소를 종합한 기준을 통해 보호필요성이 없는 전직금지약정에 한정하여 체결 및 적용을 금지할 가능성이 좀 더 높을 것으로 생각됩니다.

한편 우리나라 법원은 경업금지약정에 대하여 보호가치 있는 사용자의 이익, 근로자의 지위, 경업 제한의 기간・지역 및 대상 직종, 대가 제공 여부 등을 종합적으로 고려하여, 근로자의 직업선택의 자유와 근로권 등을 과도하게 제한하거나 자유로운 경쟁을 지나치게 제한하는 경우 민법 제103조상 선량한 풍속 기타 사회질서에 반하는 법률행위로서 무효로 판단하고 있습니다(대법원 2010. 3. 11. 선고 2009다82244 판결).

우리나라에서도 직업의 자유 등 근로자의 권리와 관련한 의식이 계속 높아지면서, 경업금지약정을 광범위하게 유효한 것으로 보기보다는 필요한 경우에 한하여 선별적으로 적용하려는 움직임이 계속될 것으로 보입니다.

다만 우리나라는 제조업 중심 국가로서 반도체, 디스플레이 등 국가 핵심기술의 해외유출을 방지할 필요성이 높다고 볼 수 있습니다. 실제로도 우리 법원은 사용자가 보유한 기술이 「산업기술의 유출방지 및 보호에 관한 법률」에서 정하는 '국가핵심기술'에 해당하며 관련 업체의 경쟁이 갈수록 치열해지는 상황에서 건전한 시장경쟁질서를 확립할 공공의 이익이 있다는 점을 들어 2년의 전직금지약정을 유효한 것으로 인정하기도 합니다(서울고등법원 2019. 7. 8. 선고 2019라20390 결정, 서울중앙지방법원 2023. 5. 24.자 2022카합21499 결정, 서울중앙지방법원 2023. 7. 24.자 2023카합20311 결정, 의정부지방법원 고양지원 2023. 8. 30.자 2023카합5193 결정, 서울중앙지방법원 2024. 2. 29.자 2023카합21014 결정 등 참조).

따라서 향후 미국 등 해외의 경업금지약정 규제와 관련된 동향을 주시하되, 국내의 특유한 사정에도 주목하면서 경업금지약정을 다듬어 나가야 할 것입니다.

※ 이 글은 월간 노동법률 2024년 9월호에 게재된 글을 수정 보완한 것입니다.

법무법인(유) 지평

# 대기발령에 관한 최근 대법원 판결의 시사점

김성수 변호사 김은별 변호사

## 1. 들어가며

대기발령 또는 직위해제는 일시적으로 당해 근로자에게 직위를 부여하지 않음으로써 직무에 종사하지 못하도록 하는 잠정적인 조치를 의미합니다(대법원 2011. 10. 13. 선고 2009다86246 판결 등 참조). 실무상 비위행위에 대한 조사가 개시되어 징계의결이 요구 중인 경우, 범죄행위로 기소된 경우 등의 상태에서 해당 근로자가 업무에 종사하면 업무수행에 곤란한 상황이 발생할 경우를 방지하기 위하여 업무종사를 하지 못하게 하는 사용자의 잠정적 처분으로 이루어집니다.

대기발령이 이루어지는 경우 취업규칙에 따라 승진소요기간이나 보수에서의 불이익이 발생하기도 하기 때문에, 근로자들은 대기발령 자체를 징계와 유사하게 받아들여 대기발령에 대한 구제신청이나 효력정지 가처분 등을 통하여 그 효력을 다투기도 합니다. 이때 문제되는 쟁점들을 살펴보고, 대기발령과 관련하여 선고된 최근 대법원 판결의 의의와 유의사항을 살펴보겠습니다.

## 2. 신청의 이익

근로자는 부당한 대기발령에 대하여 노동위원회에 신청하여 구제를 받을 수 있고(근로기준법 제28조 제1항), 법원에 제소하여 사법적 구제를 받을 수도 있습니다. 이때 대기발령 신청의 이익이 없는 경우 그 신청이 각하되므로 신청의 이익이 문제가 됩니다.

대기발령이 장래를 향하여 실효되더라도 대기발령에 기하여 발생한 효과는 특별한 사정이 없는 한 소급하여 소멸하지 않으므로, 취업규칙 등에서 대기발령에 따른 효과로 승진·승급에 제한을 가하는 등의 법률상 불이익을 규정하고 있는 경우 대기발령을 받은 근로자는 이러한 법률상 불이익을 제거하기 위하여 그 실효된 대기발령에 대한 구제를 신청할 이익이 있습니다(대법원 2010. 7. 29. 선고 2007두18406 판결 참조).

최근 대법원은 육아휴직 기간 전에 대기발령을 받은 근로자가 회사의 취업규칙에 따라 1) 대기발령 기간이 승진소요기간에 산입되지 않고, 2) 육아휴직 전 2주간의 대기발령 기간에 제 수당이 제외된 기본급만 지급받는다는 불이익을 입은 사안에서, 대기발령에 대한 구제신청을 하기 전에 육아휴직 기간이 개시되면서 대기발령이 실효되었다고 가정하더라도, 참가인이 구제신청 당시 원고의 근로자 지위를 유지한 채 위와 같은 불이익에서 회복되지 못한 상태에 있었다면 대기발령에 대한 구제를 신청할 이익이 있었다고 보아야 한다고 판단하였습니다[대법원 2024. 9. 13. 선고 2024두40493판결, 이하 '대상판결(1)'].

한편 대법원은 전원합의체 판결을 통해 근로자가 부당해고 구제신청을 하여 해고의 효력을 다투던 중 정년에 이르는 등의 사유로 원직에 복직하는 것이 불가능하게 된 경우에도 '해고기간 중 임금 상당액을 지급하라'는 내용의 구제명령을 받을 이익은 유지된다고 판단하였습니다(대법원 2020. 2. 20. 선고 2019두52386 전원합의체 판결). 즉, 전원합의체 판결은 '구제신청을 할 당시 근로자 지위가 유지되는 것'을 전제한 뒤, 해고기간 중의 임금 상당액을 받을 필요성이 있는지를 고려하여 신청의 이익을 판단하였습니다.

대상판결(1)도 이러한 측면에서 근로자가 구제신청 당시 근로자 지위를 유지한 채 위와 같은 불이익에서 회복되지 못한 상태에 있었다면, 그 불이익이 단 2주라는 기간에 해당하는 경우에도 신청의 이익이 있다고 판단하였다는 점을 주목할 만합니다.

## 3. 대기발령의 정당성 판단 기준

법원은, 대기발령은 장래에 있어서 예상되는 업무상 장애를 예방하기 위한 조치로서, 과거의 비위행위에 대하여 기업질서 유지를 목적으로 행하여지는 징벌적 제재인 징계와 그 성질이 다르다는 점에서, 대기발령은 원칙적으로 인사권자인 사용자의 고유 권한에 속하여, 근로기준법 등에 위반되거나 권리남용에 해당하는 등의 특별한 사정이 없는 한 위법하다고 판단하기 어렵다고 보아(대법원 2006. 8. 25. 선고 2006두5151 판결, 대법원 2007. 5. 31. 선고 2007두1460 판결 등 참조), 징계의 정당성보다는 비교적 넓게 그 정당성을 인정하고 있습니다.

정당성은 1) 대기발령 사유 존재 여부, 2) 절차 규정의 위반 여부, 3) 대기발령이 지속되는 기간 등을 종합적으로 고려하여 판단되고 있습니다. 이하에서 구체적으로 살펴보겠습니다.

### 가. 징계절차의 준수 필요성

대기발령은 징계처분이 아니기 때문에, 별도로 대기발령의 절차가 취업규칙 등에 규정되지 않은 한 징계절차를 반드시 준수할 필요는 없습니다. 그렇더라도, 대기발령을 하는 과정에서 근로자와의 협의 등 신의칙상 요구되는 절차를 거쳤는지 여부가 정당한 인사권의 행사인지의 여부를 판단하는 하나의 요소로 고려됩니다(대법원 2002. 12. 26. 선고 2000두8011 판결).[51]

한편, 회사의 단체협약, 취업규칙 등에 대기발령이 징계처분의 하나로 규정되어 있거나, 사실상 징계 목적으로 행하여지는 경우에는 징계처분으로 판단되므로, 이 경우에는 징계절차를 거치지 않은 직위해제의 효력은 부정된다는 점에 유의하여야 합니다(대법원 1992. 7.28. 선고 91다30729 판결).

### 나. 적절한 기간 부여의 필요성

대기발령의 기간은 합리적인 범위 내에서 이뤄져야 합니다. 법원은 상당한 기간에 걸쳐 근로의 제공을 할 수 없다거나, 근로제공을 함이 매우 부적당한 경우가 아님에도 부당하게 장기간 동안 대기발령 조치를 유지하는 것은 특별한 사정이 없는 한 무효라고 판단합니다(대법원 2007. 2. 23. 선고 2005다3991 판결).

대기발령이 과도하게 장기간 지속되는 경우, 대기발령 전체를 무효로 보아야 하는지가 문제됩니다. 최근 대법원은 '대기발령의 필요성이 없어진 시점'을 기준으로 하여, 대기발령의 필요성이 있을 수 있는 부분에 관하여는 사유를 별도로 따져 보아야 한다며 대기발령이 언제부터 무효인지에 관한 추가 심리가 필요하다고 보아 대기발령 처분이 전부 무효라고 판단한 원심 판결을 파기하였습니다[대법원 2024. 9. 12. 선고 2024다250873 판결, 이하 '대상판결(2)'].

대상판결(2)는 앞서 대법원의 대기발령이 사회통념상 합리성이 없을 정도

51) 그러한 절차를 거치지 아니하였다는 사정만으로 대기발령이 권리남용에 해당되어 당연히 무효가 된다고는 볼 수 없습니다(대법원 2002. 12. 28. 선고 2000두8011 판결, 대법원 2005. 2. 18. 선고 2003다63029 판결 등 참조).

로 부당하게 장기간 동안 잠정적 지위의 상태로 유지되는 경우, 특별한 사정이 없는 한 정당한 이유가 있다고 보기 어려우므로 '합리성이 없을 정도로 부당하다고 볼 만한 시점 이후부터의 대기발령은 무효라고 보아야 한다'(대법원 2007. 2. 23. 선고 2005다3991 판결, 대법원 2013. 5. 9. 선고 2012다64833 판결 등 참조)는 법리를 구체화한 것으로 보입니다.

대상판결(2)에 따라, 대기발령이 부당하게 장기간 지속된 경우에도 대기발령 전체가 무효가 되는 것은 아니기 때문에, 유효하다고 판단되는 기간에 대한 승진소요기간 산입이나 급여에서의 근로자의 불이익이 유지되게 됩니다.

### 4. 마치며

사용자로서는 대기발령 사유를 취업규칙 등에 명확하게 규정해 두어 임의적인 인사명령을 하지 않도록 유의하고, 대기발령이 지나치게 장기화되지 않도록 주의할 필요가 있습니다. 수시로 대기발령의 사유가 소멸하였는지를 점검하여, 그 사유가 소멸한 때에는 직위를 부여하도록 노력하여야 합니다. 이러한 노력 없이 근로자를 장기간 대기발령 상태에 두는 것은 권리남용으로 판단될 수 있습니다. 특히 대상판결(2)에서 대법원이 기존과 달리 특정 시점을 기준으로 대기발령의 유효 부분과 무효 부분을 구분하여 판단하고 있기 때문에, 대기발령이 필요한 기간과 시점에 대한 면밀한 고려가 좀 더 요구될 것으로 보입니다.

나아가, 대기발령으로 입는 근로자의 승진연수나 급여 등의 불이익이 클수록, 구제신청의 이익이 크다고 판단될 수 있기 때문에 대기발령에 따라 근로자가 입게 되는 불이익이 크지 않은지에 대한 점검이 필요합니다.

법무법인(유) 지평

김용문 변호사 김혜인 변호사

# 외국기업의 국내 사업(장) 상시 근로자 수 판단기준에 관한 대법원 판결

## 1. 들어가며

근로기준법 제11조는 “이 법은 상시 5명 이상의 근로자를 사용하는 모든 사업 또는 사업장에 적용한다.”라고 규정하고(제1항), “상시 4명 이하의 근로자를 사용하는 사업 또는 사업장에 대하여는 대통령령으로 정하는 바에 따라 이 법의 일부 규정을 적용할 수 있다.”라고 규정하여(제2항) ‘상시 사용하는 근로자 수’를 기준으로 근로기준법의 적용 범위를 달리 정하고 있습니다.

그런데, 본사가 외국에 소재한 외국기업의 국내 사업 또는 사업장이 ‘상시 5명 이상의 근로자를 사용하는 사업 또는 사업장’에 해당하여 근로기준법이 적용되는지 여부에 관하여는 그 사업 또는 사업장의 형식, 규모 및 실질에 따라 일률적으로 규율하기 어려운 경우도 있습니다.

이와 관련하여, 대법원이 최근 ‘국제적 근로관계에서 근로기준법 제11조 제1항의 상시 5명 이상 근로자를 사용하는 사업 또는 사업장의 판단기준 및 상시 사용 근로자 수 산정방법’에 관한 구체적 기준을 제시하여 주목을 받고 있습니다. 이하에서는 최근 선고된 대법원 판결의 의의와 시사점을 살펴보겠습니다(대법원 2024. 10. 25. 선고 2023두46074 판결, 이하 ‘대상판결 1’, 대법원 2024. 10. 25. 선고 2023두37391 판결, 이하 ‘대상판결 2’, 대법원 2024. 10.

25. 선고 2023두57876 판결, 이하 '대상판결 3').

## 2. 상시 사용 근로자 수 산정 – '국내 사용 근로자 수'를 기준으로 판단 (대상판결 1, 2)

대법원은 "외국기업이 국내에서 사업활동을 영위하며 근로자를 사용하는 국제근로관계에서는 원칙적으로 '국내에서 사용하는 근로자 수'를 기준으로 근로기준법이 전면적으로 적용되는 '상시 5명 이상의 근로자를 사용하는 사업 또는 사업장'에 해당하는지 여부를 판단하여야 한다"고 판시하였고, 주된 근거는 아래와 같습니다.

① 근로관계의 각종 규율이 통일적으로 적용될 수 있는 실질적으로 동일한 경제적 · 사회적 활동 단위라고 볼 수 있는 경우에 한하여 하나의 사업 또는 사업장을 구성할 수 있으므로, 근로기준법 제11조의 사업 또는 사업장은 대한민국 내에 위치한 사업 또는 사업장을 말한다고 봄이 타당함.

② 외국기업이 외국에서 사용하는 근로자에 대하여는 특별한 사정이 없는 한 외국의 노동관계법령이 적용될 뿐이므로, 대한민국 근로기준법이 적용되지 않는 외국에서 사용하는 근로자 수까지 합산하여 근로기준법 제11조 제1항의 '상시 5명 이상의 근로자를 사용하는 사업 또는 사업장'에 해당하는지 여부를 판단할 수는 없음.

이에 따라, 대법원은 미국에 본사를 둔 법인인 A가 아시아 · 태평양 지역의 신규 프로젝트 수주 업무를 위하여 국내에서 근로자 1명을 사용한 대상판결 1 사안에서, A가 국내에서 상시 사용하는 근로자 수가 1명에 불과한 이상 외국에서 사용하는 근로자 수까지 합산하면 상시 사용 근로자 수가 5명 이상이 된다고 하더라도 A가 근로기준법 제11조 제1항이 정한 상시 5명 이상의 근로자를 사용하는 사업 또는 사업장에 해당한다고 볼 수 없다고 판단하였습니다.

또한 대법원은 대상판결 2 사안에서 독일에 본사를 둔 법인인 B가 대한민국 내에서 영업을 위하여 설립한 한국법인 C는 2명이 근무하고 있었으므로, B가 외국에서 사용하는 근로자 수까지 합산하면 상시 사용 근로자 수가 5명 이상인 된다고 하더라도 C는 근로기준법 제11조 제1항이 정한 상시 5명 이상의 근로자를 사용하는 사업 또는 사업장에 해당한다고 볼 수 없다고 판단하였습니다.

### 3. '사업 또는 사업장'의 판단 기준(대상판결 3)

대법원은 '사업 또는 사업장'의 개념에 관하여는 "근로기준법의 적용 단위가 되는 근로기준법 제11조 제1항의 '사업 또는 사업장'이라 함은 경영상 일체를 이루면서 유기적으로 운영되는 경제적·사회적 활동단위를 의미한다."라고 판시하면서 그 판단의 원칙과 예외를 구분하였습니다.

구체적으로 "법인격의 분리 여부가 독립된 사업 또는 사업장에 해당하는지를 판단하는 우선적인 기준이 되므로 법인격이 다른 기업조직은 특별한 사정이 없는 한 하나의 사업 또는 사업장을 구성할 수 없음이 원칙이다. 다만, 별개의 법인격을 가진 여러 개의 기업조직 사이에 단순한 기업 간 협력관계나 계열회사, 모자회사 사이의 일반적인 지배종속관계를 넘어 실질적으로 동일한 경제적·사회적 활동단위로 볼 수 있을 정도의 경영상의 일체성과 유기적 관련성이 인정되는 특별한 사정이 있는 경우에는 이들을 하나의 사업 또는 사업장이라고 볼 수 있다."라고 설시하면서, 복수의 기업조직이 하나의 사업 또는 사업장에 해당하는 특별한 사정이 있는지 여부는 아래와 같은 사정을 종합적으로 고려해야 한다는 기준을 제시하였습니다.

① 업무의 종류, 성질, 목적, 수행방식 및 장소가 동일한지

② 업무지시와 근로자의 채용, 근로조건의 결정, 해고 등 인사 및 노무관리가 기업조직별로 구분되지 않고 동일한 사업주체 내지 경영진에 의하여 통일적으로 행사되는지

③ 각 단위별 사업활동의 내용이 하나의 사업목적을 위하여 결합되어 인적 · 물적 조직과 재무 회계가 서로 밀접하게 관련되어 운영되는지 등

대법원은 위 법리에 따라 한국법인인 D와 두바이에 본사를 둔 E법인(한국영업소 F)이 호주에 본사를 둔 G를 최상위 지배기업으로 둔 계열회사가 된 대상판결 3 사안에서, D와 F는 경영상의 일체를 이루면서 유기적으로 운영된 하나의 사업 또는 사업장에 해당한다고 보아 D(3명)와 F(6명)의 상시 사용 근로자 수를 합산하면 5인 이상이므로 D에서 근무하다 해고당한 근로자에게 근로기준법상의 해고제한 및 부당해고 구제신청에 관한 규정이 적용된다고 판단하였습니다.

## 4. 마치며

대상판결의 내용을 종합하여 살펴보면, 그림과 같이 정리할 수 있습니다.

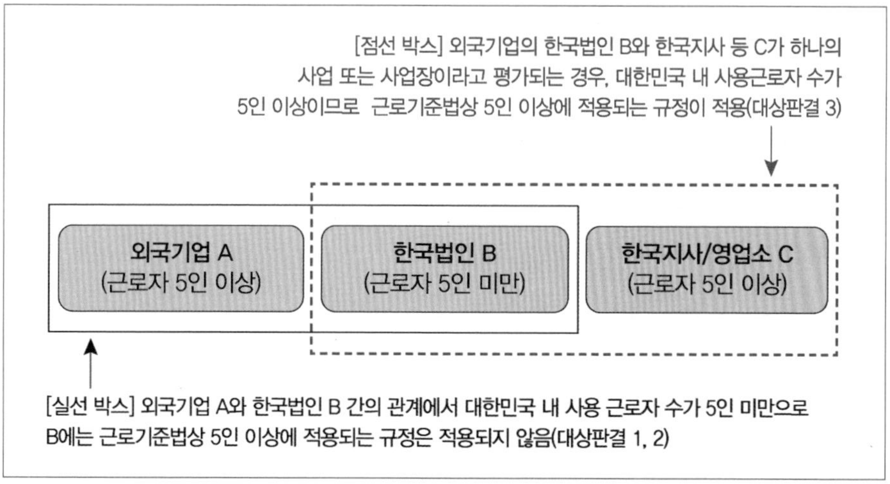

대법원은 국제근로관계에서는 원칙적으로 '국내에서 사용하는 근로자 수'를 기준으로 상시 5명 이상의 근로자를 사용하는지 여부를 판단하여야 한다는 기준을 설시하고(대상판결 1, 2), 근로기준법의 적용 단위가 되는 사업 또는 사업장의 판단에 있어서는 우선적으로 법인격의 분리 여부를 기준으로 하되 예외적으로 별개의 법인격을 가진 여러 개의 기업조직이 하나의 사업 또는 사업장으로 판단될 수 있는 특별한 사정에 관한 판단기준을 제시하였습니다(대상판결 3).

대상판결에 따르면, 외국기업 국내 사업(장)의 근로자 수가 5인 미만인 경우에는 특별한 사정이 없는 한 외국기업의 본사 등에 근무하는 근로자 수가 아무리 많더라도 근로기준법상 상시 근로자 수 5인 이상에 적용되는 사용자의 의무에 관한 법령이 적용되지 않습니다. 그러나 만일 외국기업이 대한민국 내에 여러 개의 사업(장)을 둘 경우, 각 사업(장)이 실질적으로 동일한 경제적·사회적 활동단위로 볼 수 있을 정도의 경영상의 일체성과 유기적인 관련성이 인정되는 경우에는 국내의 각 사업(장)이 하나의 사업(장)으로 평가되어 근로자 수가 합산될 가능성이 있습니다.

근로기준법상 해고제한 규정이나 부당해고 등의 구제신청, 연장근로에 따른 가산임금, 휴업수당, 연차유급휴가 규정 등은 근로자의 지위에 중요한 영향을 미치고, 기업의 경영에도 중요한 문제입니다. 따라서 외국기업의 국내 소규모 사업장 등에서는 대상판결에 비추어 그 사업 또는 사업장의 상시 근로자 수를 명확히 파악하여 근로기준법 적용과 준수 여부에 관한 리스크를 점검하고 대비하여 분쟁을 사전에 예방할 필요성이 있습니다.

법무법인(유) 지평

# 대체근로금지 조항에서 '당해 사업'의 의미

장현진 변호사

## 1. 들어가며

노동조합법 제43조 제1항은 쟁의행위 시 사용자로 하여금 그 쟁의행위로 중단된 업무의 수행을 위하여 '당해 사업'과 관계없는 자를 채용 또는 대체할 수 없다고 규정하고 있습니다(이하 '대체근로금지 조항'). 우리나라 노동관계법은 그 적용대상 내지 단위로 '사업 또는 사업장'이라는 용어를 빈번하게 사용하고 있습니다. 그러나 노동관계법은 '사업' 내지 '사업장'의 의미에 대한 별도의 정의규정을 두고 있지 않기 때문에 '사업 또는 사업장'을 적용단위로 하는 조항은 그 해석을 둘러싼 다툼이 빈번합니다. 특히 최근에는 대체근로금지 조항에서 '당해 사업'의 의미를 두고 하급심 판결례들의 결론이 엇갈려 주목을 받기도 하였습니다. 이하에서는 대체근로금지 조항을 중심으로 '당해 사업'의 해석에 관한 하급심 판결례들의 입장과 구체적인 해석론에 대해 정리하겠습니다.[52]

52) 이 글은 장현진, 「쟁의행위 시 대체근로금지 제도에 관한 연구」, 고려대학교 대학원 법학과 박사학위논문, 2024, 97~107쪽의 내용을 발췌 · 재구성한 것입니다.

## 2. '사업'의 의미에 관한 기존 대법원 판결 및 행정해석

근로기준법 및 노동조합법은 '사업'의 개념을 달리 정의하고 있지 않습니다. '사업'이라 함은 개인사업체 또는 독립된 법인격을 갖춘 회사 등과 같이 경영상의 일체를 이루면서 계속적·유기적으로 운영되고 전체로서의 독립성을 갖춘 하나의 기업체조직을 뜻한다고 판례상 일반적으로 해석되는바[53] 같은 맥락에서 이해해야 한다는 견해가 지배적입니다.[54]

'사업'의 판단 기준에 관하여는 근로기준법상 '사업'의 의미에 관한 판결들이 여럿 존재합니다. 대법원은 구 근로기준법(1980. 12. 31. 법률 제3349호로 개정된 것) 제28조 제2항의 입법취지와 관련하여 하나의 사업 내에서 직종, 직위, 업종별로 서로 다른 퇴직금제도를 두어 차별하는 것을 금지하고 하나의 퇴직금제도를 적용하게 하고자 함에 그 목적이 있는 것이므로 여기에서 말하는 '사업'은 특별한 사정이 없는 한 경영상의 일체를 이루는 기업체 그 자체를 의미한다고 판단하였습니다(대법원 1993. 10. 12. 선고 93다18365 판결, 대법원 1993. 2. 9. 선고 91다21381 판결). 다만, 사업을 기업체와 달리 볼 수 있는 '특별한 사정'에 대해서 별도로 판단한 경우는 존재하지 않습니다.

이외 대법원 판결에서 '하나의 사업'에 해당한다고 한 사례로는 방송국 내의 방송업무부문과 시청료 징수업무부문이 하나의 사업이라는 것(대법원 1993. 2. 9. 선고 91다21381 판결), 서울 본사와 부산 공장이 하나의 사업이라는 것(대법원 1993. 10. 12. 선고 93다18365 판결), 국내 사업과 리비아 건설 현장이 하나의 사업이라는 것(대법원 1997. 11. 28. 선고 97다24511 판결), 학교법인

53) 대법원 1990. 3. 13. 선고 89다카24445 판결, 대법원 1992. 5. 12. 선고 90누9421 판결, 대법원 1993. 2. 9. 선고 91다21381 판결, 대법원 1993. 10. 12. 선고 93다18365 판결, 대법원 1997. 11. 28. 선고 97다24511 판결, 대법원 1999. 8. 20. 선고 98다765 판결 등 참고

54) 사법연수원, 「노동조합 및 노동관계조정법」, 사법연수원 출판부, 2014, 303쪽

산하의 대학교와 그 부속 의료원, 대학병원은 모두 하나의 사업이라는 것(대법원 1999. 8. 20. 선고 98다765 판결), 본사와 차고지는 하나의 사업이라는 것(대법원 2015. 3. 12. 선고 2012두5176 판결) 등이 있습니다.

한편, 고용노동부는 대체근로금지 조항에서 '당해 사업' 여부는 장소적 관념을 기준으로 판단하는 것이 아니라 일괄된 공정 하에 통일적으로 업무가 수행되는지 여부에 따라 판단하여야 한다는 입장입니다.[55] 구체적으로, 법인체를 달리한다면 원칙적으로 경영주체가 다르므로 각각의 사업으로 보며 이때 다른 법인체 소속 근로자를 통한 대체근로는 허용되지 않는다고 합니다. 또한, 실질적인 사장이 동일하더라도 법인의 존재가 형식적·명목적인 것에 지나지 않고 법인격이 부인되어 그 실체성을 전혀 인정할 수 없는 경우가 아니라면 각각 별개의 사업으로 보아 법인 간 대체근로 투입이 어렵다고 하였습니다.[56]

## 3. '사업'의 해석에 관하여 엇갈리는 하급심 판결들

### 가. 관련 하급심 판결례

대리점 택배기사들로 구성된 노동조합이 각 대리점을 상대로 단체교섭을 요구하다 파업에 돌입하여 택배회사(씨제이대한통운)가 직접 고용하고 있는 택배기사들(이하 '직고용 택배기사')로 하여금 일부 배송을 하도록 하였는데, 이에 노동조합 조합원들이 직고용 택배기사의 업무를 방해하거나, 택배회사의 관리·지배 하에 있는 택배 터미널에서 택배회사의 택배 운송업무를 방해하거나, 기타 상해나 폭행·공동폭행 등의 행위를 하여 업무방해, 상해, 폭력행위등처벌에관한법률위반 등으로 기소된 형사 사안에서 하급심 법원별로 '사업'의

55) 고용노동부, 「집단적 노사관계 업무매뉴얼」, 고용노동부, 2022, 379쪽

56) 노사관계법제과-275, 2018. 1. 30.

의미를 다르게 판단하여 이목이 집중되었습니다.

### 나. '사업'의 의미를 넓게 해석하는 판결들

관련 형사사건인 대구지방법원 2021. 8. 11. 선고 2020노820 판결, 부산지방법원 2022. 11. 24. 선고 2020노3003 판결, 대구지방법원 경주지원 2020. 10. 15. 선고 2019고단589 판결, 울산지방법원 2020. 12. 16. 선고 2018고단3498・2019고단2055・2020고단2840(병합) 판결(이하 사건번호로 약칭[57]) 및 씨제이대한통운이 택배기사들을 상대로 손해배상청구를 한 사건인 서울중앙지방법원 2021. 1. 21. 선고 2018가합582246 판결[58]은 '사업'의 의미를 비교적 넓게 해석하였습니다.

대표적으로, 울산지방법원 2018고단3498 등 판결은 노동조합법 제43조 제1항에서는 '쟁의행위로 중단된 업무'와 '당해 사업'을 구별하여 규정하고 있고, 사전적으로도 '업무'와 '사업'의 의미는 엄연히 구별되어 있는 점, '사업'이라 함은 개인사업체 또는 독립된 법인격을 갖춘 회사 등과 같이 경영상의 일체를 이루면서 계속적, 유기적으로 운영되고 전체로서의 독립성을 갖춘 하나의 기업체조직을 뜻하는 것으로 해석되고 있는 점[59] 등을 고려하여 택배회사가 각 지역별로 사업장(집배점)을 두고 각 지역의 택배화물 운송업무를 영위하고 있다고 하더라도 그 경영주체가 동일한 법인격체인 이상 그 전체를 '하나의 사업'이

57) 관련 사건들 중 아직 대법원 판결을 선고받은 사건은 없습니다. 관련 사건들은 대법원 계류 중이거나 추정 중입니다.

58) 확정되었습니다.

59) 대법원 1999. 8. 20. 선고 98다765 판결 등 참조. 울산지방법원은 대법원 1998. 8. 20. 선고 98다765 판결이 근로기준법(근로자퇴직급여보장법)상의 퇴직금제도와 관련한 것이기는 하나 노동조합법에서도 그러한 해석을 따르지 아니하여야 할 이유가 없다고 판시하였습니다.

라고 봄이 타당하다고 판단하였습니다. 이와는 달리 '당해 사업'의 의미를 피고인들이 쟁의행위를 하는 개별 지역의 택배 업무를 담당하는 사업장, 즉 대리점으로 국한하는 것으로 해석한다면, '쟁의행위로 중단된 업무'와 '당해 사업'의 의미가 동일하거나 유사해져 규정의 취지가 몰각되고 만다고 보았습니다. 부산지방법원 2020노3003 판결은 울산지방법원 2018고단3498 등 판결의 취지에 더하여, 노동조합법 제43조 제1항이 정한 '당해 사업'의 의미를 '쟁의행위로 중단된 업무'에 가깝게 축소하여 해석하면 그만큼 처벌의 범위가 늘어나게 되는 바 위와 같은 축소 해석에는 신중을 기하여야 하는 점 등을 바탕으로 '사업'의 범위를 넓게 해석하고 택배회사의 직고용 택배기사들이 '당해 사업과 관계없는 자'라고 단정하기 어렵다고 판단하였습니다.

### 다. '사업'의 의미를 좁게 해석하는 판결들

한편, 위 택배회사 관련 형사사건 중 대구지방법원 김천지원 2020. 2. 12. 선고 2019고단579 판결 및 부산지방법원 서부지원 2020. 9. 9. 선고 2019고정1106 판결은 '사업'의 의미를 좁게 해석하였습니다(참고로, 이 판결들의 '사업'에 관한 판단 부분 및 피고인들에 대한 유·무죄 판단은 항소심 판결에서 결론이 변경되었습니다.[60] 이하 위 판결들은 사건번호로 약칭).

대구지방법원 김천지원 2019고단579 판결은 "노동조합법 제43조 제1항의 문언이 '중단된 업무의 수행을 위하여'라고 정하고 있는 점, 일부 예외를 제외하고 대체 근로를 제한한 취지 등을 고려하면 '당해 사업'의 범위 및 그와 관계가 있는지는 쟁의행위로 업무가 중단된 그 사업장을 기준으로 장소적 기준뿐만

60) 대구지방법원 김천지원 2019고단579 판결의 항소심으로 대구지방법원 2020노820 판결 ; 부산지방법원 서부지원 2019고정1106 판결의 항소심으로 부산지방법원 2020노3003 판결

아니라 업무나 노무 관리가 서로 일체로서 관리되고 있는지 등을 함께 고려하되, 결과적으로 대체 근로로 말미암아 파업 근로자들의 단체 행동권이 침해되거나 교섭상 불균형이 생기지 않도록 제한해서 해석할 필요가 있다"고 판시하였습니다. 또한, 해당 택배회사와 같이 전국에 여러 지점을 두고 택배사업을 하는 대기업의 소속 인원과 차량의 규모를 고려할 때, '당해 사업'의 범위를 너무 넓게 해석할 경우, 피고인들의 단체행동권이나 교섭권은 형해화될 수밖에 없다는 점 등을 고려하여 '사업'의 범위를 상대적으로 좁게 해석하였습니다.

부산지방법원 서부지원 2019고정1106 판결은 위 판결과 유사한 맥락에 더하여, '사업'을 기업체조직과 같이 해석할 경우 "사용자의 사업 규모가 클수록 대체인력 투입에 따른 부담은 더욱 적어지고 반대로 근로자들의 쟁의권이 형해화될 가능성은 더욱 높아지게 되므로, 사용자의 대체고용의 자유를 제한함으로써 노동자의 쟁의권을 실질적으로 보장하고자 하는 위 규정의 입법취지에 반하는 결과를 초래한다"는 점을 지적하고 '당해 사업'의 범위는 근로자들의 쟁의권이 침해되지 않도록 제한적으로 해석할 필요가 있다고 판단하였습니다.

## 4. 검토 및 결론

### 가. 사업, 사업장, 업무의 구분

우선 노동조합법상 사업, 사업장, 업무의 비교를 통해 '당해 사업'을 해석해 볼 수 있습니다. 문언해석상 사업'장'(事業場)이란 사업을 하는 '장소'를 의미하는 것이어서 사업은 사업장보다는 넓은 개념으로 해석됩니다. 그리고 노동조합법의 다른 조항들이 '사업 또는 사업장'이라고 명시한 것과는 달리 대체근로금지 조항은 사업장을 제외하고 '당해 사업'이라고만 명시한 점이 특징적입니다. 이러한 문언을 고려하면 대체근로금지 조항의 '당해 사업'이란 장소적 의미를 주요하게 가지는 '사업장'과는 그 개념상 구분되고, '사업장'보다는 넓은 개념으로 이해하는 것이 타당합니다.

다음으로 '사업'과 '업무'를 구분해 보면, 대구지방법원 2020노820 판결이 설시한 것과 같이 대체근로금지 조항은 '쟁의행위로 중단된 업무'와 '당해 사업'을 구분하고 있는데 '업무'의 부문·범위와 '당해 사업'을 동일하다고 해석할 경우 쟁의행위로 중단된 업무에 대해서는 사실상 채용·대체가 불가능하게 되어 법의 입법 취지가 몰각됩니다. 따라서 '쟁의행위로 중단된 업무'와 '당해 사업'의 범위는 구별되며, '당해 사업'의 범위는 '쟁의행위로 중단된 업무'의 단위를 포괄하는 더 넓은 개념으로 해석하는 것이 타당합니다. 이에 더하여 구 노동쟁의조정법의 행정해석과 입법 연혁[61]을 보더라도 '당해 사업'은 동일·유사한 세부 업무로 한정되는 것이 아니라 보다 넓은 의미로 해석해야 한다고 판단됩니다.

### 나. 노동조합법의 취지를 고려한 해석

이에 더하여 노동조합법의 취지를 고려하여 해석할 필요도 있습니다. 참고 판결로, 대법원은 장소적으로 분리된 사업 또는 사업장에 대하여 별개의 독립된 사업 또는 사업장으로서 별개의 산업재해보상보험 보험료율을 적용해야 하는지가 문제된 사안에서 사업 또는 사업장의 의미에 관하여 산업재해보상보험법의 취지를 고려하여 해석해야 한다고 설명하였습니다.[62] 앞서 정리한 것과 같이 노동조합법은 '사업 또는 사업장'이라는 표현을 빈번하게 사용하고 있는데 '사업 또는 사업장'은 교섭창구 단일화의 단위(노동조합법 제29조의2)이자 노사 간 단체교섭을 하는 교섭단위(법 제29조의3)라는 점이 특징적입니다. 노동조합법이 헌법상 근로3권인 단결권·단체교섭권·단체행동권 실현을 구체

61) 세부 내용은 장현진, 「쟁의행위 시 대체근로금지 제도에 관한 연구」, 고려대학교 대학원 법학과 박사학위논문, 2024, 104~105쪽 참고

62) 대법원 2015. 3. 12. 선고 2012두5176 판결

화하기 위한 법이라는 입법 목적[63]을 염두에 두었을 때, 노동조합법상 '사업'에 관하여 하나의 단체교섭 단위라는 점을 바탕으로 설명해 볼 여지도 있다고 판단됩니다.

참고 사례로, 복수노조 도입이 처음 문제가 되었던 시기에 대법원은 노동조합 및 노동관계조정법 부칙(1997. 3. 13.) 제5조 제1항의 '하나의 사업 또는 사업장에 노동조합이 조직되어 있는 경우'는 그 입법 취지에 비추어 기업별 단위 노동조합이 설립되어 있는 경우를 가리킨다고 설명한 바 있습니다(대법원 2002. 7. 26. 선고 2001두5361 판결). 이러한 사정을 참고하면 노동조합법상 '사업'의 의미에 관하여도 근로기준법상 '사업'의 의미와 유사하게 경영상의 일체를 이루는 기업체로 해석할 여지가 있다고 판단됩니다.

### 다. 결론

노동조합법에서 '사업' 및 '사업장'은 여러 법 조항들의 적용 대상 내지 단위가 되는 중요한 기준임에도 불구하고 그 정의가 분명하지 않다는 점에서 실무상 혼란이 큽니다. 근로기준법상 사업 또는 사업장의 의미에 관한 대법원 판결을 참고하여 해석을 하는 경우가 많으나, 노동조합법상 사업 또는 사업장 개념은 노동조합법의 취지를 고려한 보다 엄밀한 해석이 요구됩니다. 장기적으로는 수규자들의 예측가능성 확보를 위해 대법원 판결 또는 입법을 통해 정리될 필요가 있다고 생각합니다.

**※ 이 글은 월간 노동법률 2024년 10월호에 게재된 글을 수정 보완한 것입니다.**

---

63) 노동조합법 제1조

법무법인(유) 지평

정석환 변호사

# 교섭대표 노동조합 선정 과정에서 발생할 수 있는 법적 문제

## 1. 들어가며

현행 노동조합 및 노동관계조정법(이하 '노동조합법')은 사업장 내 두 개 이상의 노동조합의 설립 및 가입을 허용하고 있습니다. 이에 맞춰, 단체교섭에 앞서 교섭창구 단일화 절차를 통해 하나의 사업(장)에 하나의 단체협약이 적용되도록 하고 있습니다(교섭단위가 분리되거나 사용자의 동의에 따라 개별교섭이 이루어지는 경우에는 복수의 단체협약이 체결될 수 있습니다). 교섭창구 단일화 절차에 대한 자세한 사항은 노동조합법 시행령에 명시되어 있으며, 구체적인 절차는 다음과 같습니다.

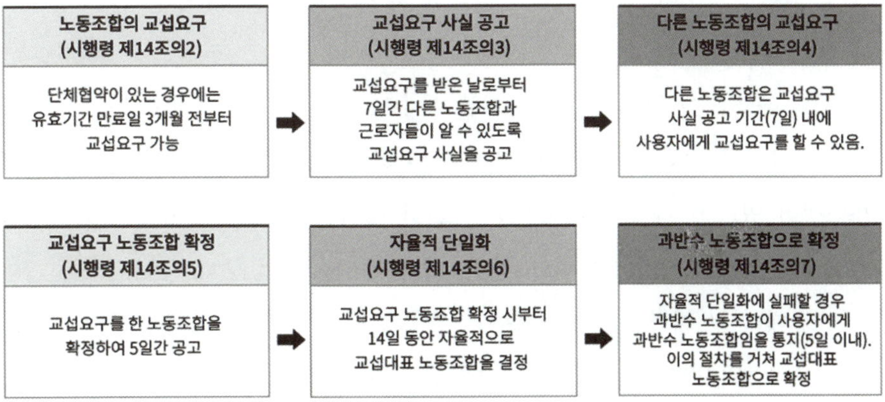

교섭창구 단일화 절차는 궁극적으로 교섭대표 노동조합을 선정하기 위한 과정으로, 교섭대표 노동조합은 교섭요구 노동조합들을 대표하여 사용자와 직접적으로 단체교섭을 진행하게 됩니다. 교섭대표 노동조합은 공정대표의무를 준수하여야 하지만(노동조합법 제29조의4), 단체교섭 사안 선정 및 최종적인 단체협약 체결 여부 등에 있어 주도적인 권한을 행사하게 됩니다. 이에 따라 노동조합들은 교섭대표 노동조합으로 선정되는 것을 최우선 과제로 삼을 수밖에 없고, 교섭창구 단일화 절차와 관련하여 여러 분쟁들이 발생하고 있습니다. 최근 교섭창구 단일화 절차를 생략할 수 있는지에 관한 논쟁이 대법원 판결을 통해 정리되기도 하였습니다(대법원 2024. 3 28. 선고 2023두49387 판결). 아래에서는 해당 판결을 비롯하여 교섭대표 노동조합을 선정하는 과정에서 문제될 수 있는 사안들을 살펴보겠습니다.

## 2. 교섭요구 사실 공고를 생략할 수 있는지

교섭요구 사실 공고는 교섭창구 단일화의 시작을 알리는 단계로, 다른 노동조합이 교섭창구 단일화 절차에 참여할 수 있도록 하기 위해 존재합니다. 따라서 사업장 내에 하나의 노동조합만이 있는 경우, 교섭요구 사실 공고를 반드시 해야 하는지 의문이 제기될 수 있습니다. 추가적으로 교섭요구를 할 노동조합이 없기 때문입니다.

이와 관련하여 종전 고용노동부는 복수노조 사업장이 아니면 사용자가 교섭창구 단일화 절차를 진행해야 할 의무는 없지만 실제로는 복수노조가 존재할 가능성이 있기에 가급적 교섭창구 단일화 절차를 거치는 것이 바람직하다는 유보적인 입장에 있었습니다(노사관계법제과-1838, 2012. 6. 15.).

그런데 최근 대법원은 교섭요구 사실 공고를 생략할 수 없음을 분명히 하였습니다(대법원 2024. 3 28. 선고 2023두49387 판결). 노동조합 교섭요구 사실의 공고는 단체교섭을 요구한 노동조합이 있음을 알려 다른 노동조합이나 근로자에게 향후의 교섭창구 단일화 절차 또는 단체협약 체결 과정에 참여하거나 의사를 반영할 기회 등을 제공하는 데 그 취지가 있습니다. 그런데 교섭요구 사실 공고가 복수 노동조합이 존재하는 경우에만 적용된다고 본다면, 2개 이상의 노동조합이 존재하는지 여부가 명확하지 않은 상태에서는 사용자의 주관적인 인식에 따라 교섭요구 사실 공고 여부가 좌우될 수 있게 된다는 것이 주된 근거입니다. 노동조합법 시행령 제14조의3는 공고 제도가 복수 노동조합이 존재하는 경우에만 적용된다는 제한을 두고 있지 않다는 점도 지적하였습니다.

이와 같이 대법원이 교섭요구 사실 공고를 생략할 수 없다는 점을 분명히 한 만큼 사용자는 노동조합이 교섭요구를 할 경우 그 사실을 반드시 공고하여야 합니다.

## 3. 사업장 내 유일한 노동조합이 교섭대표 노동조합의 지위를 취득할 수 있는지

사업장 내 노동조합이 단 하나만 존재하는 경우에도 교섭창구 단일화 절차를 생략할 수 없습니다. 그렇다면 사업장 내 유일한 노동조합이 단체교섭을 요구하여 교섭창구 단일화 절차를 모두 마쳤다면, 해당 노동조합을 교섭대표 노동조합으로 볼 수 있는지 의문이 생길 수 있습니다. 교섭대표 노동조합은 여러 노동조합을 대표한다는 의미를 가지는데, 사업장 내 단 하나의 노동조합만 존재하기 때문입니다.

이와 관련하여 대법원은 사업장 내 유일한 노동조합은 교섭창구 단일화 절차를 거치더라도 교섭대표 노동조합이 될 수 없다고 판단하고 있습니다(대법원 2017. 10. 31. 선고 2016두36956 판결). 교섭대표 노동조합은 모든 교섭요구 노동조합을 대신해 사용자와 단체교섭을 진행하고 단체협약을 체결한 권한을 가지는데, 다른 노동조합의 의사를 반영할 여지가 처음부터 없었던 경우에는 교섭대표 노동조합의 개념이 무의미해진다는 것이 주된 근거 중 하나입니다.

이러한 맥락에서 서울동부지방법원은 단수 노동조합이 교섭창구 단일화 절차를 거쳐 단체교섭을 진행하던 중 새로운 노동조합이 설립되었다면, 기존 단수 노동조합과 새로운 노동조합은 교섭창구 단일화 절차를 거쳐 교섭을 요구해야 하며, 기존 단수 노동조합이 단독으로 사용자에게 단체교섭을 요구할 수 없다고 판시하기도 하였습니다(서울동부지방법원 2021. 6. 18. 자 2021카합10135 결정). 고용노동부 역시 단수노조와 사용자가 단체교섭을 진행하던 도중 새로운 노동조합이 신설되어 단체교섭을 요구하는 경우, 새롭게 교섭창구 단일화 절차를 거쳐야 한다고 행정해석하고 있습니다[고용노동부, 노동조합 및 노동관계조정법 질의회시집(2020. 9.), 322쪽].

## 4. 교섭요구 노동조합이 확정된 후 신설된 노동조합이 개별 교섭을 요구할 수 있는지

앞선 사안과 달리 복수의 노동조합이 교섭요구를 한 경우를 가정해 봅시다. 이 경우 교섭요구 노동조합들은 14일 동안 자율적으로 교섭대표 노동조합을 결정하게 됩니다(노동조합법 시행령 제14조의6). 이 기간에 사용자가 동의를 한다면 교섭을 요구한 노동조합은 사용자와 개별교섭을 할 수도 있습니다(노동조합법 제29조의2 제1항).

그런데 교섭창구 단일화 과정 후 새로운 노동조합이 설립되어 사용자에게 개별교섭을 요청하는 경우가 발생할 수 있습니다. 설립이 늦어져 교섭요구 과정에 참여할 수 없었고, 자율적 단일화에도 참여할 수 없었기에 개별교섭에 응해달라는 것입니다.

결론적으로 사용자는 해당 노동조합의 개별교섭 요구를 받아들여서는 안됩니다. 교섭창구 단일화 절차에 관한 규정은 전반적으로 강행규정으로 해석해야 하므로 임의로 위 절차를 변동하여서는 안 된다는 것이 법원의 입장이기 때문입니다(위 대법원 2023두49387 판결, 대법원 2014. 10. 30. 선고 2014두38750 판결). 고용노동부도 노동조합법 제29조의2 제1항 단서에 따른 개별교섭 동의 기한은 강행규정에 해당하여 교섭요구 노동조합이 확정된 때로부터 14일 이내에만 사용자의 개별동의가 허용된다고 행정해석하고 있습니다(노사관계법제과-626, 2011. 5. 6.). 고용노동부는 사용자가 임의로 신설 노동조합과의 개별교섭에 임하는 것이 부당노동행위에 해당할 수 있다고 지적하고 있기도 합니다[고용노동부, 노동조합 및 노동관계조정법 질의회시집(2020. 9.), 301쪽].

## 5. 과반수 노동조합 산정 기준 시점을 언제로 보아야 하는지

교섭요구 노동조합이 자율적 단일화에 실패할 경우 과반수 노동조합이 사용자에게 과반수 노동조합임을 통지하고, 이의절차를 거쳐 교섭대표 노동조합이 됩니다(노동조합법 시행령 제14조의7). 그런데 노동조합의 조합원수는 시시각각 바뀔 수 있기에, 과반수 노동조합 산정 시점에 따라 과반수 노동조합이 변경될 수 있습니다.

이에 대하여 노동조합법 시행령 제14조의7 제6항은 '같은 법 시행령 제14조의5 제1항에 따라 교섭을 요구한 노동조합의 명칭 등을 공고한 날'로 규정하고 있으며, 여기에서 '교섭을 요구한 노동조합의 명칭 등을 공고한 날'이란 같은 법 시행령 제14조의3 제1항에 규정된 '교섭요구 사실의 공고기간(7일간, 초일불산입)'이 끝난 다음 날을 의미합니다. 다만 여기서 다음 날 몇 시가 기준이 되는지 문제가 되었습니다.

그리고 최근 중앙노동위원회는 '교섭을 요구한 노동조합의 명칭 등을 공고한 날' 0시를 과반수 노동조합 조합원 수 산정기준 시점으로 보는 것이 타당하다는 판단을 내렸습니다(중앙노동위원회 2023. 9. 18. 자 2023교섭45 결정). 과반수 노동조합 결정을 위한 조합원 수 산정의 기준시점을 24시로 볼 경우, 사용자가 교섭요구 노동조합 및 종사근로자인 조합원 수 등을 확정공고 한 이후에도 조합 가입 및 탈퇴로 인해 조합원 수에 변동이 생길 수 있고, 이로 인해 혼란과 갈등이 지속될 수 있으므로 교섭창구 단일화 제도의 취지에 부합하지 않는 측면이 있다는 점에서 바람직한 해석으로 보기 어렵다는 이유에서입니다.

이러한 중앙노동위원회의 입장에 따를 때 교섭요구 노동조합 확정공고일의 '0시'를 기준으로 과반수 노동조합을 산정하여야 합니다.

## 6. 교섭요구 노동조합 확정공고가 지연될 경우 과반수 노동조합 산정 기준 시점을 언제로 보아야 하는지

앞서 살펴본 것처럼 시점에 따라 과반수 노동조합이 바뀔 수 있기에, 과반수 노동조합 산정 기준 시점은 중요합니다. 그런데 사용자의 고의 또는 과실로 법령상 정해진 시점보다 늦게 교섭요구 노동조합 확정공고가 이루어질 경우, 어느 시점을 기준으로 과반수 노동조합을 판단해야 하는지 문제가 될 수 있습니다.

이에 대하여 법원은 법에 따라 정상적으로 진행되었을 경우 교섭요구 노동조합 확정공고일이 되어야 하는 날을 기준으로 해야 한다고 판단하고 있습니다(대법원 2014. 10. 30. 선고 2014두38750 판결, 대전지방법원 2013. 4. 17. 선고 2012가합35037 판결). 교섭창구 단일화 절차에 관한 규정은 전반적으로 강행규정으로 해석되어야 하고, 위와 같이 해석하지 않을 경우에는 사용자가 확정공고를 지연함에 따라 과반수 노동조합이 달라지게 되어 불합리한 결과가 초래되기 때문입니다.

고용노동부 역시 사용자가 교섭요구사실 공고 또는 확정공고를 언제 했는지 여부와 관계없이 법령에 따른 날이 과반수 노동조합 산정 기준 시점이 된다고 행정해석하고 있습니다(노사관계법제과-1554, 2011. 8. 18.).

교섭요구 노동조합 확정공고가 지연될 경우에는 실제로 확정공고가 된 날이 아닌 법령상 확정공고가 되었어야 하는 날을 기준으로 과반수 노동조합을 산정하여야 합니다.

## 7. 마치며

교섭창구 단일화 절차는 규정상 공백이 많아 운영상 어려움이 있었습니다. 다만 14년의 세월 동안 판례들이 축적되며 점차 그 공백이 메워지고 있습니다. 소수 노동조합의 단체교섭권, 단체행동권을 침해할 수 있다는 주장에 대해서도 헌법재판소가 최근 제도의 정당성을 인정하는 등(헌법재판소 2024. 6. 27. 2020헌마237 결정 등) 제도가 안정적으로 정착되어 가고 있습니다. 그러나 여전히 해석이 필요한 부분들이 존재하는 만큼 신중한 제도 운영이 필요합니다. 자칫 절차를 잘못 적용하였다가 애써 합의한 내용이 무위로 돌아가거나, 새롭게 교섭대표 노동조합을 선정하여 단체교섭을 진행해야 하는 불상사가 생길 수 있습니다. 이 글이 노사관계 실무자에게 도움이 되기를 바랍니다.

**※ 이 글은 월간 노동법률 2024년 11월호에 게재된 글을 수정 보완한 것입니다.**

법무법인(유) 지평

**권영환** 변호사 **김서율** 변호사

# 산업안전보건법상 건설공사발주자와 도급인의 구분과 중대재해처벌법상 안전보건확보의무

## 1. 들어가며

산업안전보건법 제2절(도급인의 안전조치 및 보건조치)은 도급인의 관계수급인에 대한 안전보건조치의무를 규정하고 있습니다(산업안전보건법 제62조 내지 제66조). 다만, 산업안전보건법상 건설공사발주자는 건설공사의 시공을 주도하여 총괄・관리하지 않는 자(산업안전보건법 제2조 제10호)로서 도급인에서 제외(산업안전보건법 제2조 제7호 단서)되기 때문에 산업안전보건법상 도급인의 안전보건조치 의무를 부담하지 않습니다.

따라서 건설공사현장에서 협력업체 근로자가 사망한 경우 원청이 산업안전보건법상 건설공사발주자인지, 도급인인지에 따라 산업안전보건법상 책임주체가 달라지므로 건설공사발주자와 도급인의 구분은 큰 의미가 있습니다. 그런데 최근 대법원은 2024. 11. 14. 선고 2023도14674 판결(이하 '대상판결')을 통해, 산업안전보건법상 건설공사발주자와 도급인을 구별하는 기준을 제시하였습니다.

아래에서는 대상판결과 기타 하급심 판결을 중심으로 산업안전보건법상 건설공사발주자/도급인의 판단기준을 살피고, 건설공사발주자의 중대재해처벌법상 '실질적인 지배・운영・관리책임'의 범위를 살피도록 하겠습니다.

## 2. 산업안전보건법상 건설공사발주자/도급인 구분기준에 관하여

### 가. 대상판결의 사실관계 및 쟁점

A공기업은 B회사에 갑문 정기보수공사를 약 22억 원에 도급주었고, B회사 소속 피해자가 갑문 상부에서 윈치를 이용하여 18m 아래 갑문 하부 바닥으로 H빔 등을 내리는 작업을 진행하던 중 윈치프레임이 전도되면서 갑문 아래로 추락하자 윈치프레임의 컨트롤러 및 H빔에 연결된 가이드 줄을 잡고 있던 피해자도 갑문 바닥으로 추락하여 사망하였습니다. A공기업과 B회사는 추락할 위험이 있는 2m 이상의 장소임에도 안전대를 걸어 사용할 수 있는 안전대 부착설비를 설치하지 아니하였고(안전보건규칙 제44조), 중량물을 취급하는 작업임에도 추락 등 위험을 예방할 수 있는 안전대책을 포함한 작업계획서를 작성하지 않았습니다(안전보건규칙 제38조 제1항 제11호).

위와 같은 사실관계 하에서, A공기업이 산업안전보건법상 도급인인 경우 도급인의 사업장에서 진행되는 위 공사에 관해 안전보건규칙에서 정한 안전보건조치(안전대 부착설비 설치 및 작업계획서 작성)에 대한 의무를 부담하게 되는바 A공기업이 건설공사발주자에 해당하는지, 아니면 도급인에 해당하는지가 문제되었습니다.

### 나. 대상판결과 하급심 판결

대상판결의 1심 판결은 A공기업이 항만관리, 운영에 관한 사업 등을 주된 목적으로 하는 점, 그렇다면 갑문 정기보수공사는 A공기업의 본질적인 사업에 해당하는 점, 갑문 보수공사와 관련하여 발생하는 재해를 처리하는 부서가 존재하는 점, A공기업의 인력, 자산, 시설 등에 비추어 보더라도 B회사에 비해 월등히 우월한 지위에 있는 점 등을 바탕으로 A공기업을 도급인으로 판단하였습니다. 반면 2심 판결은 A공기업이 갑문 유지보수공사에 필요한 건설업자격(철강구조물공사업)을 가지고 있지 않은 점, 갑문 보수공사를 직접 시공할 수 있을 정도의 인력이나 전문성을 가지고 있지 않은 점 등에 비추어 A공기업을 건설공사발주자로 판단하였습니다.

대법원은, 먼저 도급인의 범위와 의무를 대폭 확대・강화한 개정 산업안전보건법의 입법취지를 설명하면서 "도급 사업주가 자신의 사업장에서 시행하는 건설공사 과정에서 발생할 수 있는 산업재해 예방과 관련된 유해・위험요소에 대하여 실질적인 지배・관리 권한을 가지고 있었는지를 중심으로, 해당 건설공사에 대하여 행사한 실질적 영향력의 정도, 도급 사업주의 해당 공사에 대한 전문성, 시공능력 등을 종합적으로 고려하여 규범적인 관점에서 판단하여야 한다"고 판시하였습니다. 이러한 법리 하에, 갑문의 유지 및 관리는 A공기업의 주된 설립 목적인 점, A공기업이 설계・시공・감리 등 준공까지의 전 과정을 기획하고 설계도면도 직접 작성했으며, 공정률에 따라 설계도면을 직접 변경하기도 한 점, 갑문 운영・관리 및 갑문시설물의 유지보수를 주 업무로 하는 전담부서를 두고 있는 점, A회사는 거대 공기업인 반면, B회사는 상시 근로자수 약 10명에 해당하는 소규모 기업인 점 등, 제1심 판결과 유사한 근거를 제시하며 A공기업을 도급인으로 판단하였습니다.

대상판결은 결국 1) 갑문 보수공사가 A공기업 사업의 주목적을 수행하는데 필수적일 뿐만 아니라, 2) A공기업에 갑문 유지보수에 관한 전담부서를 두고 있고, 예산, 시설, 인력 등의 규모를 고려하였을 때 A공기업이 산업재해예방을 위한 유해・위험요소에 대하여 실질적인 지배・관리 권한을 가지고 수급인에게 실질적인 영향력을 행사하였다는 점을 들어 A공기업을 도급인이라고 판단한 것입니다.

### 다. 기타 하급심 법원의 판단

이와 관련해, 하급심 법원은 제조업 회사가 공장동 지붕 및 벽체 일부 보수공사를 도급한 사안(울산지방법원 2021노1261 판결), 제조업 회사가 빗물받이 지붕판넬 교체 및 물받이 보수공사를 도급한 사안(수원지방법원 2022노6306 판결), 제조업 회사가 천막의 제작·설치·보수공사를 도급한 사안(인천지방법원 2022노1366 판결)에서는 원도급인을 발주자라고 판단하였습니다.

반면 모 에너지 공기업이 발전소 공사 일부를 도급한 사안(대전지방법원 2022노2555 판결), 전자전기통신 관련 공사업을 목적으로 하는 회사가 배터리 유지보수 작업을 도급한 사안(의정부지방법원 2023노44 판결), 제지 제조 및 판매를 목적으로 하는 상장회사가 영세 건설공사 업체에 대정비작업의 일부인 스팀배관 공사를 도급한 사안(수원지방법원 2023노1420 판결)에서 원청이 도급인이라고 판단하였습니다. 또한 대상판결 직후 선고된 하급심 역시 농업기반시설을 관리하는 공기업이 취수탑 보수 공사를 도급한 사안(대구지방법원 2023노1081 판결)에서 해당 공기업이 도급인에 해당한다고 판단하였습니다.

위 사안들을 종합해 보면, 수급인에게 도급 준 작업들이 원청 회사 사업을 영위하는데 필수적일수록, 도급 준 회사 규모가 도급받은 회사에 비해 클수록, 해당 공사에 대한 주도권이 도급인에게 있을수록 도급인으로 평가하여 안전보건조치의무를 부담하게 해야 한다고 판단한 것으로 보입니다.

## 3. 중대재해처벌법상 '실질적인 지배 · 운영 · 관리'에 관하여

대상판결은 건설공사발주자와 도급인을 구분하는 데 있어서 '유해·위험요소에 대하여 실질적인 지배·관리 권한을 가지고 있었는지'를 중심으로 판단해야 한다고 하였습니다. 즉 건설공사발주자는 일반적으로 공사 과정 전반의 유해·위험요소에 대하여 실질적인 지배·관리 권한이 없다는 것입니다.

그런데 중대재해처벌법 제5조는 시설, 장비, 장소 등에 대하여 실질적으로 지배·운영·관리하는 책임이 있는 경우 제3자 종사자에 대한 안전보건확보의무를 이행하여야 한다고 규정하고 있습니다. 따라서 건설공사의 유해·위험요소에 대하여 실질적인 지배·관리 권한이 없어 산업안전보건법상 건설공사발주자로 인정되는 경우 중대재해처벌법상 안전보건확보의무를 부담하지 않는 것으로 볼 수 있는지가 문제됩니다.

이와 관련해 고용노동부는 유권해석을 통해, "건설공사발주자는 해당 공사를 실질적으로 지배·운영·관리하지 않는 것이 일반적이며, 이 경우 그 발주자는 중대재해처벌법 적용 대상에 해당하지 않고, 건설공사를 발주받아 해당 공사를 실질적으로 지배·운영·관리하는 시공사가 중대재해처벌법의 적용 대상"이라고 하였습니다(중대산업재해감독과-2051, 2022. 5. 31. 등). 즉, 유권해석에 따르면 산업안전보건법상 건설공사발주자는 일반적으로는 중대재해처벌법이 적용대상이 아니게 됩니다.

그러나 산업안전보건법상 건설공사발주자 내지 도급인의 구분은 공사 전반의 유해위험요소에 대한 실질적 지배·관리 여부에 따라 판단해야 하는 반면, 중대재해처벌법의 안전보건확보의무는 '시설, 장비, 장소 등'에 대한 '실질적인 지배·운영·관리'가 인정되는지 여부를 기준으로 판단하고 있어, 개념적으로는 구별됩니다. 따라서 건설공사발주자가 특정 시설, 장비, 장소를 실질적으로 지배·운영·관리하였고, 해당 시설, 장비, 장소 등에 내재된 유해·위험요인으로 사고가 발생하였다면 산업안전보건법상 건설공사발주자라고 평가되더라도 중대재해처벌법이 적용될 가능성을 완전히 배제할 수는 없습니다.

예를 들어, 건설공사발주자가 특정 시설, 장비, 장소 등에 대해 실질적으로 지배·운영·관리하면서도 시공사가 파악하거나 개선하기 어려운 특정 유해·

위험요인에 대한 정보를 제공하지 않거나 유해·위험요인을 개선하지 않아서 사고가 발생한 경우 산업안전보건법상 건설공사발주자도 중대재해처벌법의 적용대상이 될 수 있다는 점을 유의해야 할 것입니다.

## 4. 마치며

법원은 산업안전보건법상 건설공사발주자를 판단함에 있어 책임을 부여하는 것이 타당한가라는 규범적 평가를 하고 있습니다. 따라서 건설공사발주자인지 도급인인지를 사전에 명확하게 예측하기는 쉽지 않게 되었습니다. 사업에 필수적인 사항에 관해 공사를 발주하고, 그 공사가 사내에서 이루어지며, 전문성의 관점에서 수급인보다 열위에 있다고 단언할 수 없는 회사들이라면, 도급인으로 평가될 수 있고, 시설, 장비, 장소에 대한 실질적 지배력이 있다는 전제에서 중대재해처벌법상 안전보건확보의무도 이행하는 것이 리스크 방지 관점에서 타당해 보입니다.

# 05

# 주요 행정해석

- 단시간 근로자 1주 12시간 위반 여부의 판단
- 출산휴가일수 90일에 휴일이 포함되는지
- 임신근로자 선택근무제 시행시 시간외근로 가능 여부
- 1년간 80% 미만 출근자의 연차휴가
- 1년 근무한 다음날 부여해야 하는 연차휴가일수
- 공휴일에 출근하지 않은 경우 '개근' 여부
- 채용관련서류의 보존기간
- 연차휴가를 시간차로 청구한 경우 거부할 수 있는지
- 법정육아휴직이 아닌 약정육아휴직을 사용한 경우, 연차휴가 산정방법
- 퇴직금을 지급해야 하는 14일의 기간은 기간말일의 종료로 만료하는지

# 단시간 근로자 1주 12시간 위반 여부의 판단

고용차별개선과-347, 2024.2.1

## [질 의]

단시간 근로자의 경우 1주간의 실근로시간을 산정하여 1주간의 소정근로시간을 초과하는 연장근로가 12시간을 초과하는 경우 법위반인지? 아니면 1일 소정근로시간을 초과한 연장근로의 합이 1주 12시간을 초과한 경우 법위반인지?

## [관련 법리]

**기간제 및 단시간근로자 보호 등에 관한 법률**

**제6조(단시간근로자의 초과근로 제한)** ① 사용자는 단시간근로자에 대하여 「근로기준법」 제2조의 소정근로시간을 초과하여 근로하게 하는 경우에는 해당 근로자의 동의를 얻어야 한다. 이 경우 1주간에 12시간을 초과하여 근로하게 할 수 없다.

## [질의 배경]

### (1) 2023.12.7 대법원 판결

근기법 제53조 제1항은 연장근로시간의 한도를 1주간을 기준으로 설정하고 있을 뿐이고 1일을 기준으로 삼고 있지 아니하므로, 1주간의 연장근로가 12시간을 초과하였는지는 근로시간이 1일 8시간을 초과하였는지를 고려하지 않고 1주간의 근로시간 중 40시간을 초과하는 근로시간을 기준으로 판단해야 한다(대법 2020도15393. 2023.12.7).

### (2) 행정해석의 변경(임금근로시간정책과-165, 2024.1.19)

| 변경 전<br>※ 출처 : 근로시간 제도의 이해(2021.8) | | 변경 후 |
|---|---|---|
| 1주 총 근로시간이 52시간 이내이더라도 1일 법정근로시간 8시간을 초과한 시간은 연장근로이며 이 연장근로가 1주 12시간을 초과하면 법 위반에 해당 | ⇨ | 1주 총 근로시간 중 1주 법정근로시간 40시간을 초과한 시간이 연장근로이며 이 연장근로가 1주 12시간을 초과하면 법 위반에 해당 |

### [답 변]

법 규정, 대법원 판례의 취지를 고려할 때, 「기간제법」의 적용을 받는 단시간근로자의 경우 1주 총 근로시간 중 1주 '소정근로시간'을 초과하는 시간이 연장근로이며, 이 연장근로가 1주 12시간을 초과하면 법 위반에 해당된다.

**[인사노무관리 참고사항]**

✓ 1주 12시간 연장근로 한도 위반 여부를 판단함에 있어서 1일이 아닌 1주를 기준으로 한다는 대법 2020도1539 판결에 따라, 단시간근로자의 경우도 마찬가지로 해석해야 한다는 의미이다.

# 출산휴가일수 90일에 휴일이 포함되는지

법제처 24-0050, 2024.4.12

## [질 의]

「근로기준법」 제74조 제1항 전단에서는 사용자는 임신 중의 여성에게 출산 전과 출산 후를 통하여 90일(한 번에 둘 이상 자녀를 임신한 경우에는 120일)의 출산전후휴가를 주어야 한다고 규정하고 있는바, 출산전후휴가 일수인 90일을 산정할 때 같은 법 제55조에 따른 휴일 등 '소정근로일(법령에 위배되지 않는 범위에서 당사자가 근로하기로 정한 날)이 아닌 날'(이하 "휴일 등"이라 함)은 제외되는지?

## [관련 법리]

**근로기준법**

**제55조(휴일)** ① 사용자는 근로자에게 1주에 평균 1회 이상의 유급휴일을 보장하여야 한다.

② 사용자는 근로자에게 대통령령으로 정하는 휴일을 유급으로 보장하여야 한다. 다만, 근로자대표와 서면으로 합의한 경우 특정한 근로일로 대체할 수 있다.

## [답 변]

「근로기준법」 제60조에 따른 연차유급휴가의 경우 소정근로일의 근로제공 의무를 면제받는 것으로서 휴가의 시작일과 종료일 사이에 휴일등이 있으면 해당 휴일등을 제외하고 휴가일수를 계산하는바, 같은 법 제74조 제1항 전단에 따른 출산전후휴가의 경우에도 마찬가지로 휴일등을 제외하고 90일의 휴가일수를 산정해야 한다는 의견이 있으나, 같은 법 제60조에 따른 연차유급휴가의 경우 원칙적으로 근로자가 그 휴가의 시기를 선택하여 청구할 수 있고(제5항 본문), 근로자가 1년간 행사하지 아니하면 휴가가 소멸(제7항 본문)되는 반면, 같은 법 제74조 제1항 전단에 따른 출산전후휴가의 경우 휴가의 시기가 출산 전후로 제한되고, 근로자가 법정기간보다 짧은 휴가를 청구하더라도 사용자는 법정기간(90일)의 휴가를 주어야 하는 등 '연차유급휴가'와 '출산전후휴가'는 그 제도의 취지 및 그 부여방법 등에서 차이가 있는 별개의 제도라는 점에서 그러한 의견은 타당하다고 보기 어렵다. 따라서 이 사안의 경우, 「근로기준법」 제74조 제1항 전단에 따른 출산전후휴가 일수인 90일을 산정할 때 휴일등이 제외되지 않는다.

### [인사노무관리 참고사항]

✓ 배우자출산휴가는 달력상의 일수가 아닌 소정근로일수를 기준으로 산정하지만, 출산휴가일수는 소정근로일수가 아닌 달력상의 일수로 산정한다.

✓ 취업규칙 등에서 소정근로일로 계산한다고 되어 있는 경우에는 휴일, 휴무를 제외하고 산정한다.

# 임신근로자 선택근무제 시행시 시간외근로 가능 여부

법제처 24-0033, 2024.4.30

## [질 의]

'선택적 근로시간제'(근로기준법 제52조)를 실시하는 사업장에서 임신근로자가 특정일에 1일 8시간을 초과하여 근로하는 것이 근로기준법 제74조 제5항에서 임신근로자에게 금지되는 "시간외근로"에 포함되는지?

## [관련 법리]

**근로기준법**

**제52조(선택적 근로시간제)** ① 사용자는 근로자대표와 서면으로 합의하여 1개월 이내의 정산기간을 평균하여 1주간의 근로시간이 1주 40시간을 초과하지 않는 범위에서 1주 40시간을, 1일 8시간을 초과하여 근로하게 할 수 있다.

**제74조(임산부의 보호)** ⑤ 사용자는 임신 중의 여성 근로자에게 시간외근로를 하게 하여서는 아니 되며, 그 근로자의 요구가 있는 경우에는 쉬운 종류의 근로로 전환하여야 한다.

〈벌칙〉 2년 이하 징역 또는 2천만원 이하 벌금

## [답 변]

임신근로자에 대한 시간외근로의 금지는 임신근로자들의 개별적인 사정이나 의사와 무관하게 동일하게 적용된다고 보아야 한다. 근로기준법 제74조제5항은 소정근로시간이나 선택적 근로시간제 적용 여부 등과 관계없이 모든 임신근로자에게 동일하게 적용되어야 한다. 따라서 임신한 근로자가 1일 8시간을 초과하면(정산기간 평균 1주 40시간을 초과하지 않더라도), 근기법 제74조 제5항 위반에 해당한다.

### [인사노무관리 참고사항]

✓ 임신한 근로자는 '탄력 근무제'(근로기준법 제51조)뿐만 아니라 '선택 근무제'(같은 법 제52조)도 적용대상이 될 수 없다.

# 1년간 80% 미만 출근자의 연차휴가

법제처 24-0114, 2024.6.3

## [질 의]

계속하여 근로한 기간이 1년 이상인 근로자가 1년간 80퍼센트 미만 출근한 경우에도 해당 1년간 개근한 달마다 1일의 연차유급휴가가 발생하는지?

## [관련 법리]

**근로기준법**

**제60조(연차유급휴가)** ① 사용자는 1년간 80퍼센트 이상 출근한 근로자에게 15일의 유급휴가를 주어야 한다.

② 사용자는 계속하여 근로한 기간이 1년 미만인 근로자 또는 1년간 80퍼센트 미만 출근한 근로자에게 1개월 개근 시 1일의 유급휴가를 주어야 한다.

## [답 변]

계속하여 근로한 기간이 1년 이상인 근로자가 1년간 80퍼센트 미만 출근한 경우에도 해당 1년간 개근한 달마다 1일의 연차유급휴가가 발생한다. 연차유급휴가는 계속하여 근로한 기간이 1년 미만인 근로자를 제외하고는 그 전년도 1년간의 근로에 대한 대가에 해당하는 것이다(대법원 2017.5.17, 2014다232296, 232302). 따라서 전년도에 출근한 사실이 있다는 것을 전제로 전년도 1년간의 총 소정근로일수 중 근로자가 근로를 제공한 출근일수 비율을 산정하여, 그 비율이 80퍼센트 이상인 경우와 80퍼센트 미만인 경우를 구분하여 연차유급휴가를 규정한 것이다(법제처 2020.2.20, 19-0427).

**[인사노무관리 참고사항]**

✓ 〈예시〉 입사 후 1년 동안 정직으로 인해 3개월을 출근하지 않은 경우
(9개월은 정상 출근, 출근율 80% 미만에 해당)

◦ 입사 후 1년 미만에 대한 연차휴가
- 정상적으로 출근한(즉, 개근한) 9개월에 대해 9일 발생

◦ 입사 후 1년에 대해 2년차에 발생하는 연차휴가
- 정상적으로 출근한(즉, 개근한) 9개월에 대해 9일 발생

# 1년 근무한 다음날 부여해야 하는 연차휴가일수

법제처 24-0345, 2024.7.9

## [질 의]

사용자는 최초 1년의 근로기간 동안 매월 개근하여 근로기준법 제60조 제2항에 따라 총 11일의 유급휴가를 부여받은 근로자에게, 최초 1년의 근로를 마친 다음 날에 추가로 15일의 유급휴가를 주어야 하는지, 아니면 4일의 유급휴가를 주어야 하는지?

## [관련 법리]

**근로기준법**

**제60조(연차유급휴가)** ① 사용자는 1년간 80퍼센트 이상 출근한 근로자에게 15일의 유급휴가를 주어야 한다.
② 사용자는 계속하여 근로한 기간이 1년 미만인 근로자 또는 1년간 80퍼센트 미만 출근한 근로자에게 1개월 개근 시 1일의 유급휴가를 주어야 한다.

## [답 변]

최초 1년의 근로를 마친 다음 날에 추가로 15일의 유급휴가를 주어야 한다. 첫째, 근로자의 최초 1년의 근로기간 동안에는 '계속하여 근로한 기간이 1년 미만인 근로자'에 해당하여 1개월 개근 시마다 1일의 유급휴가가 주어져 총 11일의 유급휴가가 부여되고, 둘째, 해당 근로자가 1년을 초과하여 근로하게 되는 시점에는 최초 1년의 근로기간 동안 80퍼센트 이상을 출근했다면 '1년간 80퍼센트 이상 출근한 근로자'에 해당하여 15일의 유급휴가가 추가로 부여될 것이며, 근로기준법 제60조에서 '제2항에 따라 이미 유급휴가를 부여받은 근로자에 대해서는 제1항을 적용하지 않는다'거나 '제1항에 따른 유급휴가일수를 조정하여 적용한다'는 내용을 별도로 규정하고 있지 않다.

**[인사노무관리 참고사항]**

✓ 1년을 초과한 날에 발생하는 15일의 연차휴가에서 1년 미만 근무에 대해 발생하는 11일의 휴가를 제할 수 없다는 의미이다.

# 공휴일에 출근하지 않은 경우 '개근' 여부

법제처 24-0586, 2024.10.8

## [질 의]

근로자가 「관공서의 공휴일에 관한 규정」에 따른 공휴일에 출근하지 않은 경우, 「근로기준법 시행령」 제30조제1항의 "개근"을 하지 않은 것으로 보아 「근로기준법」 제55조 제1항의 유급휴일 보장대상에서 제외되는지?

## [관련 법리]

**근로기준법**

**제55조(휴일)** ① 사용자는 근로자에게 1주에 평균 1회 이상의 유급휴일을 보장하여야 한다.

**근로기준법 시행령**

**제30조(휴일)** ① 법 제55조제1항에 따른 유급휴일은 1주 동안의 소정근로일을 개근한 자에게 주어야 한다.

## [답 변]

근로자가 공휴일에 출근하지 않았다고 해서 "개근"을 하지 않은 것으로 볼 수 없으므로, 유급휴일 보장대상에서 제외되지 않는다.

첫째, 유급휴일을 보장받기 위한 요건은 '1주 동안의 소정근로일을 개근할 것'이고, "개근"은 소정근로일에 모두 출근 또는 근무한다는 의미, 즉 소정근로일에 결근하지 않는다는 의미이다(대법원 2023.11.30, 2023도6112).

둘째, "1주 동안의 소정근로일"이란 근로자에게 근로제공의 의무가 있는 날을 전제로 하는 것으로 "1주 동안의 소정근로일"에는 공휴일은 당연히 포함되지 않는다고 보아야 하므로(대법원 2018.6.21, 2011다112391), 근로자가 주중에 있는 공휴일에 출근하지 않았다고 하여 이를 '결근'으로 볼 수 없다(대법원 2004.6.25, 2002두2857).

따라서 근로자가 주중에 있는 공휴일이 아닌 다른 소정근로일에 모두 출근 또는 근무하였다면, 1주 동안의 소정근로일에 개근한 것으로 보아야 한다.

### [인사노무관리 참고사항]

✓ 주 소정근로일 중에 휴일이나 휴가를 사용하여 하루만 근무한 경우에도 휴일이나 휴가사용을 결근으로 볼 수 없으므로, 유급주휴는 정상적으로 부여해야 한다는 의미이다.

✓ 만약 휴일이나 휴가 등의 사용으로 주 소정근로일을 하루도 출근하지 않은 경우에는 취업규칙 등에서 유급주휴로 한다는 별도의 약정이 없는 한 개근으로 볼 수 없다(즉, 유급주휴대상이 아님).

# 채용관련서류의 보존기간

법제처 24-0660, 2024.11.4

## [질 의]

"남녀고용평등법" 제33조에서 모집과 채용, 임금, 임금 외의 금품 등, 교육·배치 및 승진, 정년·퇴직 및 해고에 관한 서류를 3년간 보존하도록 규정하고 있는바, 3년간 보존해야 하는 서류에 "채용절차법" 제2조에 따른 채용서류가 포함되는지?

## [관련 법리]

**남녀고용평등과 일·가정 양립 지원에 관한 법률**

**법 제33조, 시행령 제19조(관계서류의 보존)** 사업주는 다음 서류를 3년간 보존하여야 한다.

1. 모집과 채용, 임금, 임금 외의 금품 등, 교육·배치 및 승진, 정년·퇴직 및 해고에 관한 서류
2. 직장 내 성희롱 예방교육을 하였음을 확인할 수 있는 서류
3. 직장 내 성희롱 행위자에 대한 징계 등 조치에 관한 서류
4. 배우자 출산휴가의 청구 및 허용에 관한 서류
5. 육아휴직의 신청 및 허용에 관한 서류
6. 육아기 근로시간 단축의 신청 및 허용에 관한 서류

**채용절차의 공정화에 관한 법률**

**제2조(정의)** 이 법에서 사용하는 용어의 뜻은 다음과 같다.

3. "기초심사자료"란 구직자의 응시원서, 이력서 및 자기소개서를 말한다.
4. "입증자료"란 학위증명서, 경력증명서, 자격증명서 등 기초심사자료에 기재한 사항을 증명하는 모든 자료를 말한다.
5. "심층심사자료"란 작품집, 연구실적물 등 구직자의 실력을 알아볼 수 있는 모든 물건 및 자료를 말한다.
6. "채용서류"란 기초심사자료, 입증자료, 심층심사자료를 말한다.

## [답 변]

채용절차법에 따른 서류는 3년간 보존해야 하는 서류에 포함되지 않는다. 남녀고용평등법에서 사업주가 3년간 보존해야 하는 '채용에 관한 서류'란 사업주가 근로자의 모집과 채용을 하는 과정에서 작성·관리하게 되는 서류를 의미한다. 채용절차법의 적용대상이 되는 채용서류는 구직자가 직업을 구하기 위하여 구인자의 채용광고에 응시하면서 작성·제출하는 서류를 말한다.

**[인사노무관리 참고사항]**

✓ 채용절차법상 구직자가 직업을 구하기 위하여 구인자의 채용광고에 응시하면서 작성·제출하는 서류는 사업주가 3년간 보존해야 하는 서류에 포함되지 않는다.

✓ 채용절차법상의 채용서류는 다음과 같이 처리해야 한다.

◦ 구인자는 구직자의 채용 여부가 확정된 이후 구직자(확정된 채용대상자는 제외)가 채용서류의 반환을 청구하는 경우에는 본인임을 확인한 후 구직자가 반환청구를 한 날부터 14일 이내에 구직자에게 해당 채용서류를 발송하거나 전

달. 다만, 홈페이지 또는 전자우편으로 제출된 경우나 구직자가 구인자의 요구 없이 자발적으로 제출한 경우에는 그러하지 아니함(채용절차법 제11조, 영 제2조).

- ◦ 구인자는 구직자의 반환청구에 대비하여 다음에서 정한 기간 동안 채용서류를 보관. 다만, 천재지변이나 그 밖에 구인자에게 책임 없는 사유로 채용서류가 멸실된 경우 구인자는 채용서류의 반환 의무를 이행한 것으로 봄(채용절차법 제11조, 영 제3조).

〈구직자가 채용서류의 반환을 청구한 경우가 아닌 경우〉

- ◦ 구직자의 반환 청구기간. 채용서류의 반환 청구기간은 구직자의 채용 여부가 확정된 날 이후 14일부터 180일까지의 기간의 범위에서 구인자가 정한 기간. 이 경우 구인자는 채용 여부가 확정되기 전까지 구인자가 정한 채용서류의 반환 청구기간을 구직자에게 알려야 함(채용절차법시행령 제4조).

〈구직자가 채용서류의 반환을 청구한 경우〉

- ◦ 구인자가 특수취급우편물을 발송하거나 전달한 시점까지의 기간
  - 구인자는 반환의 청구기간이 지난 경우 및 채용서류를 반환하지 아니한 경우에는 「개인정보보호법」에 따라 채용서류를 파기

# 연차휴가를 시간차로 청구한 경우 거부할 수 있는지

법제처 24-0775, 2024.11.20

## [질 의]

회사의 취업규칙에는 시간단위 연차휴가 사용관련 규정이 없는 상황에서 근로자가 연차유급휴가를 1일 2시간(반반차) 단위로 청구하는 경우, 사용자는 휴가사용시기를 변경할 수 있는지?

## [관련 법리]

**근로기준법**

**제60조(연차유급휴가)** ⑤ 사용자는 제1항부터 제4항까지의 규정에 따른 휴가를 근로자가 청구한 시기에 주어야 하고, 그 기간에 대하여는 취업규칙 등에서 정하는 통상임금 또는 평균임금을 지급하여야 한다. 다만, 근로자가 청구한 시기에 휴가를 주는 것이 사업운영에 막대한 지장이 있는 경우에는 그 시기를 변경할 수 있다.

## [답 변]

근로자가 연차유급휴가를 반반차 단위로 청구하는 경우, 사용자는 "근로자가 청구한 시기에 휴가를 주는 것이 사업운영에 막대한 지장이 있는 경우" 외에는 청구한 휴가시기를 변경할 수 없다.

첫째, 제60조 제5항 단서는 근로자의 연차유급휴가 사용시기 보장에 대한 예외규정으로써, 이러한 예외규정을 해석할 때에는 합리적인 이유 없이 문언의 의미를 확대하여 해석해서는 안 되고 엄격하게 해석할 필요가 있다.

둘째, 근기법 제60조의 규정에 어긋나는 취업규칙은 같은 법 제96조 제2항에 따라 고용노동부장관이 변경을 명할 수 있고, 같은 법 제60조의 규정을 위반한 자는 제110조 제1호에 따라 2년 이하의 징역 또는 2천만원 이하의 벌금에 처하도록 규정하고 있다.

### [인사노무관리 참고사항]

✓ 근로자가 시간단위 연차휴가를 신청하는 경우 '사업운영에 막대한 지장'이 있는 경우가 아닌 한 휴가신청을 거부하기 어렵다. 즉, 근로자가 시간단위 연차휴가를 신청하고 임의로 휴가를 사용한 것을 이유로 근로자를 징계하기 위해서는 '사업운영에 막대한 지장'이 있었다는 것을 사용자가 입증해야 한다.

✓ 회사 업무에 지장이 없는 범위에서 근로자가 시간단위 연차휴가를 사용할 수 있도록 관련 규정을 개정할 필요가 있다.

# 법정육아휴직이 아닌 약정육아휴직을 사용한 경우, 연차휴가 산정방법

법제처 24-0674, 2024.11.4

## [질 의]

가. 계속하여 근로한 기간이 1년 이상인 근로자가 "법정육아휴직"을 10개월 동안 사용한 후 복직하여 2개월간 개근한 경우 사용자는 그 근로자에게 「근로기준법」 제60조제1항에 따라 연차유급휴가를 주어야 하는지 아니면 같은 조제2항에 따라 연차유급휴가를 주어야 하는지?

나. 계속하여 근로한 기간이 1년 이상인 근로자로서 1년간 80퍼센트 미만 출근한 근로자에게 「근로기준법」 제60조제2항에 따라 연차유급휴가를 주는 경우, 사용자는 그 근로자에게 1개월 개근시 주어지는 1일의 연차 유급휴가를 "즉시" 주어야 하는지, 아니면 "다음 연도"에 주어야 하는지?

## [답 변]

가. 계속하여 근로한 기간이 1년 이상인 근로자가 약정육아휴직을 10개월 동안 사용한 후 복직하여 2개월간 개근한 경우, 사용자는 그 근로자에게 「근로기준법」 제60조제1항에 따라 연차유급휴가를 주어야 한다.

나. 계속하여 근로한 기간이 1년 이상인 근로자로서 1년간 80퍼센트 미만 출근한 근로자에게 「근로기준법」 제60조제2항에 따라 연차유급휴가를 주는 경우, 사용자는 그 근로자에게 1개월 개근 시 주어지는 1일의 연차유급휴가를 "다음 연도"에 주어야 한다.

**[인사노무관리 참고사항]**

✓ 근로기준법 제60조에 따른 '법정육아휴직기간'은 연차유급휴가 산정시 출근으로 본다고 되어 있으므로(동조 제6항), 정상적으로 연차유급휴가를 부여한다.

✓ 취업규칙, 단체협약 등에 따른 '약정육아휴직기간'(공공기관의 경우 대부분 육아휴직기간을 3년으로 하고 있는데, 이 경우 1년을 초과한 2년)은 그 기간을 제외한 나머지 소정근로일수에 따른 출근일수만큼 비례 부여한다.

# 퇴직금을 지급해야 하는 14일의 기간은 기간말일의 종료로 만료하는지

법제처 24-0211, 2024.6.14

## [질 의]

사용자가 퇴직급여보장법 제9조 제1항 본문에 따라 퇴직금을 지급해야 하는 '14일'의 기간은 기간말일의 종료로 만료하는지 아니면 기간말일의 금융기관 영업시간의 종료로 만료하는지?

## [답 변]

사용자가 퇴직급여보장법 제9조 제1항 본문에 따라 퇴직금을 지급해야 하는 14일의 기간은 기간말일(즉, 당일 24시)의 종료로 만료한다.

**[인사노무관리 참고사항]**

✓ 금품청산 지급기한인 14일의 만료시점이 금융기관의 영업종료일이 아니라 14일째 밤 12시까지이므로, 그 시간까지 지급하면 된다는 의미이다.